PPP项目

运作·评价·案例

中 南 大 学　张彦春　王孟钧
湖南省建筑设计院　周　卉　肖绍斌　编著

中国建筑工业出版社

图书在版编目（CIP）数据

PPP 项目运作·评价·案例 / 张彦春等编著 . —北京：中国建筑工业出版社，2016.9
ISBN 978-7-112-19768-2

Ⅰ.①P···　Ⅱ.①张···　Ⅲ.①政府投资—合作—社会资本—研究　Ⅳ.①F830.59　②F014.391

中国版本图书馆CIP数据核字（2016）第213715号

　　本书从PPP项目的运作、评价、案例三个方面进行介绍，使读者能够更全面、更完整地了解PPP项目运作的全过程。其中，运作篇包括PPP模式与PPP项目、PPP项目运作方式与回报机制、PPP项目投融资、PPP项目风险、PPP项目采购与合同；评价篇包括PPP项目财务评价、PPP项目物有所值评价与财政承受能力论证、PPP项目绩效评价；案例篇包括××市城市生活垃圾焚烧发电PPP项目、RT县城乡给水排水一体化PPP项目以及JBJ生态新镇建设PPP项目。

　　本书适合于从事PPP项目运作的工程管理人员、技术人员以及政府行政管理人员参考使用，也适用于土木工程相关高等院校师生使用。

责任编辑：赵晓菲　朱晓瑜
书籍设计：京点制版
责任校对：李欣慰　姜小莲

PPP项目运作·评价·案例

中　南　大　学　张彦春　王孟钧
湖南省建筑设计院　周　卉　肖绍斌　编著
*
中国建筑工业出版社出版、发行（北京西郊百万庄）
各地新华书店、建筑书店经销
北京京点图文设计有限公司制版
大厂回族自治县正兴印务有限公司印刷
*
开本：787×1092 毫米　1/16　印张：21¼　字数：428 千字
2016 年 11 月第一版　2016 年 11 月第一次印刷
定价：**50.00** 元
ISBN 978-7-112-19768-2
（29319）

PPP 已经不再是一个简单的政策，化解地方债风险、稳定经济增长、改善公共服务、填补银行资产荒、解决民生难题……几乎一切热门话题都能和 PPP 扯上关系。正因如此，自从 2014 年财政部明确 PPP 模式以来，关于 PPP 的讨论和争议就从未停止过。不可否认的是，经过近 30 年的起起伏伏，PPP 已经再次站上历史舞台的中央，而这是 PPP 前所未有的一次机遇期。

为何看好 PPP？

在过去 30 多年内，PPP 模式在我国的基础设施和公共服务供给方面发挥了积极作用。当前经济步入新常态，推广 PPP 模式具有战略意义，可归纳为"五个有利于"。

(1)有利于结构性改革，PPP 模式作为供给侧改革的重要内容，可增加有效供给，进而促进稳增长，补短板，扩就业，惠民生，这一点在经济下行压力下显得尤为重要。(2) 有利于控制地方债务，PPP 模式可平滑政府债务，缓释财政风险，PPP 模式正是在 43 号文《国务院关于加强地方政府性债务管理的意见》(国发〔2014〕43 号)颁发后才形成燎原之势。(3) 有利于打破准入限制，PPP 模式可鼓励引导民间资本参与基础设施领域，提高基础设施供给的质量和效率，在民间投资持续"双降"的背景下，PPP 模式已成为促进民间投资的新抓手。(4) 有利于创新投融资机制，PPP 模式可促进各类资本融合，实现优势互补，进而推动混合所有制经济发展。(5) 有利于理顺政府与市场的关系，PPP 模式可加强政府职能转变，从传统"运动员"的角色转变为"裁判员"，发挥市场资源配置功能。

在各部门的通力合作下，我国 PPP 的制度框架已逐步建立，形成了"顶层设计＋配套政策＋操作指引"三位一体、覆盖"全生命周期"的制度体系。

在上述制度体系的保驾护航下，我国的 PPP 发展已取得了阶段性成效。目前，全国 PPP 综合信息平台已公布最新季报，截至 2016 年 6 月末，入库项目 9285 个，总投资额 10.6 万亿元，成功突破 10 万亿元，表明中国在不到 3 年的时间内已发展成世界最大的 PPP 市场。另外，除了项目总量的增长外，项目落地情况亦在逐渐加快，已进入执行阶段的项目数量 619 个，投资额突破 1 万亿元，其中第二季度新增 250 个落地项目，投资额增加近 0.5 亿元。从落地率上看，一月末为 20%，第一季度为 21.7%，第二季度为 23.8%，稳步提升。不可忽视的是，示范项目的落地情况更加乐观，232 个项目中已有 105 个落地，投资额高达 3078 亿元，落地率为48.4%，示范效应逐步显现。

据统计，示范项目平均落地周期为 13.5 个，相信经过前期全面而周密的论证，实现物有所值和财政可承受后，准备和采购进程相对高效，进展加快，未来 PPP 项目落地潮可期。

如何做好 PPP？

虽然 PPP 模式在我国被寄予厚望，正如火如荼地推进着，但不可否认的是，新一轮的 PPP 尚处于起步阶段，由于操之过急，存在一些误解，亟待纠正。

（1）PPP 不是一种单纯的融资模式，而是一种综合的管理模式。PPP 带来的不只是社会资本，还包括出资方的知识技能、管理经验、创新能力、市场约束等"附加值"。在社会资本的催化之下，PPP 项目往往更具效率。因此，政府与社会资本的合作过程中，除了关注社会资本的融资能力外，还应综合考量其运营管理能力。

（2）PPP 不是基建融资的主要来源，只是一种重要补充。无基建，不复苏，而基建传统融资来源受限的情况下，很多人寄望 PPP 成为拯救基建投资的万能药。仅交通运输类入库项目就达 1132 个，总投资额 3.3 万亿元，占比超过 30%，但从国际经验看，PPP 占基建融资的比例一般不会超过 15%。例如，英国为 5% ~ 10%，加拿大则不到 5%，韩国较高，但也没超过 15%。由此可见，PPP 只能作为基建融资的一种重要补充，无法完全取代传统融资模式。

（3）PPP 不是适合短期投机的暴利项目，而是适合长期投资的微利项目。PPP 项目往往有回收期长、现金流稳定、与公共利益直接相关等特点，且需通过物有所值论证，因而难以从中牟取暴利。从已经实施和公开招标的项目看，收益率基本在 6% ~ 8% 左右，相对于银行贷款基准利率并不算太高。但在资产配置荒的背景下，PPP 项目亦是不错的投资选择。

（4）PPP 不是转移风险，而是共担风险。PPP 模式的核心是"收益共享、风险共担"，通过对风险的优化分担，将特定的风险分配给最善于管理这种风险的一方，有利于降低成本，提高基础设施和公共服务的供给效率。

（5）PPP 不是新的地方融资平台，也不是重搞大规模刺激。不同于传统的地方融资平台依赖政府信用担保、以融资主体为导向、忽视项目可行性的融资方式，

PPP是项目导向,由专门的项目公司运营管理,政府和社会资本双方均承担有限责任,项目融资更注重项目资质,不会形成债务的无序扩张。

(6)PPP融资不是单纯的债权融资,也不是单纯的股权融资,而是多种方式结合。PPP模式正在推动中国的投融资体制改革,项目融资方式呈现多元化,包括股权、贷款、债券、资产支持票据、信托等,对应的投资者可能包括中标成员企业、投行、银行、产业基金、养老基金、保险公司等。

误读产生的根源是对PPP模式认识不足。在这样的背景下,《PPP项目运作·评价·案例》一书的出版便具有重要的意义。

本书是由中南大学和湖南省建筑设计院共同完成,张彦春副教授和王孟钧教授一直专注于PPP项目运作研究,多次主持国家级、省部级课题,成果颇丰,且课题组成员均参与过PPP项目咨询工作,对PPP模式认识全面,积累了丰富的实战经验。本书有以下两个亮点:第一,专业性强,从学术视角全面完整地梳理了PPP项目运作流程;第二,实操性强,对PPP项目的几种评价进行了充分的论述,并结合具体案例予以分析,认真学习消化吸收后可用于指导PPP实践工作。

中国的万亿PPP盛宴才刚刚开启,其意义和价值尚待进一步发掘,理论和实践也在不断创新。对于PPP模式,考虑到其复杂性,涉及多个领域,我们还需要继续学习,及时交流,促使PPP模式在发展中规范,在规范中完善,为中国式PPP的发展贡献自己的一份力量!

民生证券副总裁、研究院院长

序二

当前我国经济已步入新常态，国家大力推进新型城镇化建设，全面推行供给侧结构性改革，改变传统的政府投资建设管理模式的PPP模式应运而生。PPP模式在我国具有广阔的发展空间，首先，推进了公共资源配置市场化，有利于创新投融资机制，促进投资主体多元化，增强经济增长内生动力；其次，促使政府加快职能转变，从"管理者、经营者"转变为"监管者、合作者"；再者，将政府政策目标、社会公众目标和社会资本的运营效率、技术进步结合起来，从而提高公共产品和服务的供给效率。鉴于PPP模式的必要性及其重要作用，国内掀起了PPP项目建设的热潮，PPP项目的总投资额在万亿量级，逐步成为引领我国经济发展新常态的发展方式，成为各方关注的"焦点"。

PPP项目涉及行业广泛，合作周期较长，为了合理分配风险、促进PPP项目顺利实施，需要充分发挥专业咨询机构的作用。同时，政府方与社会资本方存在着一定程度的信息不对称，PPP项目咨询机构的参与有力地缓解了这种不对称，成为双方合作沟通的桥梁。湖南省建筑设计院开展和参与PPP咨询的历史源远流长，从20世纪90年代出现BOT项目开始，湖南省建筑设计院便以顾问身份参与多个BOT项目的运作。在新型城镇化建设的浪潮中，湖南省建筑设计院作为一个有责任感的大型国有企业，积极承担起自身肩负的社会责任，依托强大的专业技术实力，为项目实施提供全过程、全方位专业咨询服务：以城乡规划顶层设计为牵引，明确城乡发展目标和方向，建立待开发项目库并编制分期实施规划；在整体规划体系下，针对具体项目，出具详细的设计方案和PPP实施思路，构建符合实际情况的交易结构与运作模式，为项目的规范化操作、为实现政府和社会资本互利合作、为项目的落地保驾护航。

本书正是湖南省建筑设计院在多年的基础设施建设、管理实践和经验基础上，与中南大学知名教授及其团队通力合作后应时而成的精品之作，既有理论知识的探讨和研究，又有项目案例分析与总结，理论与实践互相印证，相得益彰，可为PPP从业人员答疑解惑，助力PPP模式的推广。编者秉承严谨学术精神和精益求精的工作态度，学术团队和咨询团队就诸多重点难点多次深入讨论，几易其稿，才得以成书，力求深入浅出，以期能够指导 PPP 运作实践。

书中有几大亮点：第一，内容全面，"运作篇"涵盖了 PPP 项目前期运作中的所有环节，包括项目运作方式与回报机制、投融资、项目风险、项目采购及合同等内容，参照本书可以顺利完成 PPP 项目实施方案的编制。本书不仅解决了如何实施项目运作的问题，还从更深层次的视角解读其内在原理，归纳出具有普适性的规律，以更好地指导 PPP 项目运作。第二，项目评价单独成篇，这是其他同类书目所不具备的。评价部分从财务评价、物有所值评价与财政承受能力论证、绩效评价三个方面论述了 PPP 项目运作全过程所涉及的评价，对于如何测算项目的财务数据，如何判断项目是否适用于 PPP 模式，如何评价项目的运作效果，读者在书中都可以找到答案。第三，可操作性强，本书汇集了编者近年来从事 PPP 项目咨询的宝贵经验和理论思考，其成书目的即在于指导项目实践，为后来人提供借鉴，其可操作性不言而喻。在提供 PPP 操作指导的同时，引发读者的深入思考。第四，案例丰富且具有代表性，书中选取了编者负责咨询的三个不同类型 PPP 项目，对 PPP 项目运作实践具有极大的参考价值，其中不乏国家财政部示范项目，极具代表性。

本书是 PPP 模式热潮中难得的用心之作，是作者多年来理论知识的积累和经验的沉淀，与时俱进又能追本溯源，有理论分析更具实践指导。诚然，书中难免有纰漏或谬误之处，仍需编者再接再厉，不断完善，为助力 PPP 模式的运用与发展、经济发展新常态下新型城镇化建设奉献绵薄之力！

是为序。

湖南省建筑设计院院长

前言

自十八届三中全会明确允许社会资本通过特许经营等方式参与城市基础设施投资和运营以来，政府和社会资本合作（Public-Private-Partnerships，PPP）模式得到快速发展。国家已将PPP模式提升至重要的战略地位。为此，财政部、国家发改委联合各行业主管部门在组织安排、政策保障、项目试点等方面开展了大量工作。财政部专门成立了PPP中心，各省市以及部分地级市也陆续成立了省（市）级PPP（管理）中心或PPP办公室；国务院、财政部、国家发改委以及相关行业主管部门陆续出台了多项部门规章及政策文件，包括一系列指南和指引，为PPP项目规范化运作提供了政策支撑；2014、2015年财政部先后推出两批总投资额约为8389亿元的236个示范项目，国家发改委也向社会推介了两批总投资额为42300亿元的2531个项目，各省市以及部分地级（县级）市也推出一定数量的示范（试点或推介）项目。2016年6月，财政部、教育部、科技部等20个部委联合发布通知，在全国启动第三批PPP示范项目申报筛选工作，将实现从财政部示范到全国示范的升级。从全国情况来看，已入库项目的落地速度正在加快，落地投资规模超万亿元，一个统一规范、公开透明、竞争有序的PPP市场正在形成，成为供给侧结构性改革和经济稳增长的重要抓手。

PPP模式在我国得到长足发展，政府与社会资本合作领域不断深化，合作模式日益多样化，各级政府的PPP运作管理也开始走向规范化，但PPP在我国仍处于起步探索阶段，亟需结合近年来的PPP实践，系统梳理PPP项目运作流程及关键环节，总结我国PPP实践中探索出来的经验教训、典型案例。本书通过对PPP项目运作、评价的探讨，并结合典型案例剖析，以期帮助读者更加全面系统地了解PPP项目运作过程和要点，推动PPP项目运作实践的规范化和程序化。

本书共三篇：运作篇、评价篇和案例篇。

运作篇从PPP模式及本土化进程、PPP项目参与主体及操作流程，PPP项目运作方式、回报机制、定价与调价机制，PPP项目投融资，PPP项目风险识别、分配与控制以及PPP项目采购与合同等方面，结合编者在PPP项目实践中的经验积累和思考，对PPP项目运作的主要过程和关键问题进行阐述和深入分析。

评价篇从 PPP 项目最基础的评价——财务评价着手，分析了 PPP 项目财务评价的方法、程序和内容，进而分析 PPP 项目物有所值评价与财政承受能力论证的内容、流程，剖析物有所值评价与财政承受能力论证的局限性及优化措施。最后，对 PPP 项目绩效评价进行探讨，明确 PPP 项目绩效评价的范畴，包括运营绩效监测、中期评估和全周期绩效评价，梳理了各类评价的内容、流程，建立了 PPP 项目全周期绩效评价指标体系。本篇介绍的 PPP 项目评价具有普适性，对不同类型 PPP 项目的评价均具有一定指导作用。

案例篇选取垃圾焚烧发电、给水排水一体化和生态新镇建设等三类典型 PPP 项目，涉及城市基础设施、生态建设和环境保护等行业，项目复杂性程度不一，运作方式与回报机制多样，试图通过对这些项目的运作方式、交易结构、风险分配、项目采购等项目运作关键环节的剖析，与读者共享 PPP 项目运作与评价的实操过程和要点，以期为读者从事 PPP 项目运作实践提供一定的参考。

本书内容全面，注重理论与实践相结合，既涉及 PPP 项目前期运作过程中的关键环节和要点，又涉及项目执行过程中的绩效评价以及项目实施全过程的绩效评价；既有理论分析，又有结合实操经验的解读和阐述。本书既可为政府方、社会资本方、咨询机构等 PPP 实操人员提供参考，也可为高校教师、研究生等从事 PPP 研究提供实践素材和研究指引。

本书由中南大学和湖南省建筑设计院组成的团队共同撰写完成，团队成员充分发挥各自优势，圆满完成了书稿撰写任务。第一篇第一章由张彦春、邹德剑、侯文龙撰写完成，第二章由张彦春、翟松、马红宇撰写完成，第三章由周卉、丁山茗、胡雅清撰写完成，第四章由张彦春、方舒、易默然撰写完成，第五章由张彦春、罗海娟、戴娇撰写完成。第二篇第一章由陈东、张彦春、肖绍斌撰写完成，第二章由张彦春、陈东、王孟钧撰写完成，第三章由肖绍斌、陈东、张彦春撰写完成。第三篇案例一由邹德剑、侯文龙、彭凯撰写完成，案例二由冯昕、杨仕坤、李景超撰写完成，案例三由黄倬东、周卉、宇德明撰写完成。全书由张彦春、王孟钧统稿。本书编写过程中，参考了许多国内外专家学者的论文、专著、教材和资料，在此一并向他们表示衷心的感谢。

由于编者的学术水平与实践经验有限，难免存在疏漏不足之处，敬请各位读者批评指正并不吝赐教，我们将在以后的修订工作中，不断充实完善。

目 录

◆ **第一篇 运作篇** ◆

第三篇 案例篇

第一篇

运作篇

第一章 PPP 模式与 PPP 项目

当前，中国经济发展已进入"新常态"，全面深化改革稳步推进，而以基础设施为代表的公共产品不断增长的需求和受到约束的供给能力之间的缺口不断扩大。在此背景下推行 PPP 模式，既有利于缓解政府财政负担，又能激发社会资本的活力、促进投资主体多元化、发挥市场在资源配置中的决定性作用。

本章梳理了 PPP 模式的内涵特征，PPP 模式与相关模式的区别及其应用领域，PPP 模式在中国的发展阶段、推广背景及推广进程；介绍了各参与主体在 PPP 项目运作中的职责和任务，并梳理了政府与社会资本之间、政府与咨询机构之间的关系；以 PPP 项目操作流程为主线，介绍了 PPP 项目各操作阶段与关键步骤。

第一节 PPP 模式及本土化进程

一、PPP 模式本质及其应用领域

1. PPP 模式的内涵与特征

（1）PPP 模式内涵

PPP 是 Public-Private-Partnership 的英文缩写，直译为"公私合作伙伴关系"，在中国被译作"政府与社会资本合作"。《财政部关于推广运用政府和社会资本合作模式有关问题的通知》（财金〔2014〕76 号）中指出，政府和社会资本合作模式是在基础设施及公共服务领域建立的一种长期合作关系。通常模式是由社会资本承担设计、建设、运营、维护基础设施的大部分工作，并通过"使用者付费"及必要的"政府付费"获得合理投资回报；政府部门负责基础设施及公共服务价格和质量监管，以保证公共利益最大化。同时，《国家发展改革委关于开展政府和社会资本合作的指导意见》（发改投资〔2014〕2724 号）中指出，政府和社会资本合作模式是指政府为增强公共产品和服务供给能力、提高供给效率，通过特许经营、购买服务、股权合作等方式，与社会资本建立的利益共享、风险分担及长期合作关系。

（2）PPP 模式特征

PPP 模式既是一种投融资模式，更是一种运营管理模式，其运行具有四大特征：伙伴关系、利益共享、风险共担、提高效率。

1）伙伴关系

PPP 模式的首要特征就是政府与社会资本之间形成的伙伴关系，二者以特许权协议为基础进行全程合作，合作始于项目的确认和可行性研究阶段，并贯穿于项目建设与运营全过程，社会资本对项目的整个建设与运营周期负责。政府和社会资本之所以能形成伙伴关系，在于二者的共同目标，即以最少的资源实现最多最好的公共产品或服务的供给。社会资本基于此目标追求自身最大利益，政府则是以此目标实现公众福利最大化。良好的伙伴关系需要双方有自主和高度的参与意识以及有效的沟通。为了保证这种伙伴关系的长久与发展，需要伙伴之间相互为对方考虑问题，认真履约。

2）利益共享

大多数 PPP 项目的公益性质决定着项目不能以利润最大化为目的。对于社会资本而言，PPP 模式中的利益共享除了共享 PPP 项目的社会成果，还包括长期稳定的投资回报。利益共享是形成可持续的 PPP 伙伴关系的重要基础。值得注意的是，政府既是社会资本的合作者也是监督者，事先设定好合理的盈利空间十分重要。因此，项目策划设计时既要满足社会资本盈利需求从而吸引其投资，又不能让社会资本从中牟取暴利。

3）风险共担

PPP 模式具有合理分担风险的特征，这是其区别于传统政府采购模式的显著标志。PPP 模式下，特定风险通常分配给最善于管理这种风险的一方，即双方尽可能大地承担自己具有控制力的风险。原则上，项目设计、建设、财务和运营维护等商业风险由社会资本承担，法律、政策和最低需求等风险由政府承担，不可抗力等风险由政府和社会资本合理共担。

4）提高效率

PPP 模式下，政府的政策支持能力与社会资本充足的资金、先进的技术和良好的管理得以有机结合，可以有效解决政府部门缺少资金、缺乏效率的问题，社会资本可以获取长期稳定的合理回报，并且降低政府和社会资本单独投资的风险，提高项目运作效率，使公众能够以合理甚至更低的成本享用更好的公共产品或服务，实现政府、社会资本和公众三方共赢的目标，而且对促进我国投融资体制改革具有重要意义。

2. PPP 模式与相关模式的区别

基础设施建设历经传统 BOT 模式（为区别 PPP 模式运作方式中的 BOT 方式，将 PPP 模式之前的 BOT 模式称为传统 BOT 模式）、BT 模式、PFI 模式等，PPP 模式与这些模式具有本质区别。

（1）PPP 模式与传统 BOT 模式的区别

传统 BOT 模式（Build-Operate-Transfer，即建设—运营—移交）是指政府通过特许权协议，授权外商或私营商，允许其在一定时期内对项目（主要是基础设施、公用事业和自然资源开发）及其相应的产品与服务进行融资、设计、建造、经营和维护。

与传统 BOT 模式相比，PPP 模式更强调公开透明、竞争充分，二者的区别主要体现在以下几个方面：

1）关注点不同

传统 BOT 模式关注的是政府资金短缺下基础设施、公用事业项目的投资问题，如 20 世纪 90 年代以广东沙角 B 厂、温州电厂二期项目为代表的多个发电特许经营项目；而 PPP 项目更多关注公共服务的质量、价格以及效率等因素，激励社会资本通过管理创新、技术创新提高公共服务质量。

2）合作双方地位不同

传统 BOT 模式下，政府与社会资本之间是以等级式关系发生相互作用，政府作为行政主体，在合作双方中完全占主导地位；而 PPP 模式下，政府与社会资本是平等的民事主体，双方之间是受法律约束的契约关系。

3）政府参与程度不同

在传统 BOT 模式中，项目融资、建设、运营工作都由社会资本承担，政府一般仅提供支持和担保；而 PPP 模式更注重政府与社会资本的合作，强调让政府更多地参与到项目中去。在 PPP 项目中，政府并不是把项目的责任和风险全部转移给社会资本，而是根据政府及社会资本各自的承受能力，充分发挥各自的作用。

4）介入时间不同

在传统 BOT 模式中，社会资本从项目招投标阶段才开始参与项目；而在 PPP 模式中，如果项目由社会资本发起，社会资本在项目前期就开始介入，如果项目由政府发起，社会资本在项目前期就会进行跟踪，但主要是在项目招投标阶段才正式参与项目。

5）利润分配不同

在传统 BOT 模式下，由于项目主要由社会资本投资建设，因此利润分配不涉及政府；而在 PPP 模式中，政府可依法参股项目公司，政府作为出资人将涉及项目公司的利润分配。

（2）PPP 模式与 BT 模式的区别

BT 模式（Build-Transfer，即建设—移交）指一个项目的运作通过项目公司总承包、融资、建设验收合格后移交给业主，业主向投资方支付项目总投资加上合理回报的过程，是政府利用非政府资金来进行非经营性基础设施项目建设的一种融资模式，是 BOT 模式的变形。

BT 模式是一个短期的融资模式，仅强调建设环节；而 PPP 模式强调的是建成后的管理，社会资本方通过提高管理效率和质量来获得相应的投资回报，体现的是利益共享和风险共担。二者主要具有以下区别：

1）投资周期不同

BT 模式投资周期较短，一般是 3 ～ 5 年，通常不超过 8 年；而 PPP 模式投资周期较长，《财政部关于进一步做好政府和社会资本合作项目示范工作的通知》（财金〔2015〕57 号）中要求"原则上不低于 10 年"，一般为 20 ～ 30 年。

2）合作方式不同

采用 BT 模式时，政府授权私营部门独立建造公共设施，存在"垂直"关系；而采用 PPP 模式时，政府与社会资本是合作关系，政府与社会资本参股组建项目公司共同建设和经营公共设施。

3）介入时间和程度不同

在 BT 模式下，施工企业介入时间是在招投标阶段，项目建设完成即退出，缺少经营环节；在 PPP 模式中，如果项目由社会资本发起，在项目的可行性分析与论证阶段社会资本就已介入，如果项目由政府发起，社会资本会较早跟踪项目，但主要是在招投标阶段才正式参与进来。

4）资金来源与回款机制不同

BT 模式的资金来源 80% 以上都是施工企业垫资；PPP 模式的资金来源则较为广泛，包括商业银行贷款、财政引导基金、信托基金、保险资金等。

回款机制上，BT 模式以政府发包为主，政府全额回购；而 PPP 模式则是政府授权社会资本特许经营，社会资本参与投资、分享运营收益和投资补贴。

5）风险分担不同

采用 BT 模式时，施工企业要承担较大风险，包括投融资、总承包和回购风险；而采用 PPP 模式时，按照风险分配优化、风险收益对等和风险可控等原则，由政府和社会资本双方合理共担。

（3）PPP 模式与 PFI 模式的区别

PFI（Private Finance Initiative）即私人主动融资。英国财政部相关文件中指出：PFI 是公共部门基于一项长期协议或合同的方式从私人部门购买高质量的服务，包括双方协定的交付成果、相应的维护维修或者建设必要的基础设施。

实际操作中，PPP 模式与 PFI 模式经常被替代使用，但二者仍存在以下区别：

1）PPP 模式的概念涵盖更广

从广义角度来看，PPP 模式的概念更为宽泛，可以认为存在政府和社会资本长期合作关系的即为 PPP 模式，PFI 模式通常被看作 PPP 模式的其中一种类型。

从狭义角度来看，PPP 模式是一种所有权关系结构，强调政府和社会资本合作，政府有一定的控制权和所有权，而社会资本一般负责项目的设计、建设、运营、维护等部分工作；而 PFI 更强调社会资本的主动介入，政府的目的在于获得有效的服务，而非最终的设施所有权。

2）项目发起人不同

在 PPP 模式下，项目发起人既可以是政府，也可以是社会资本。而采用 PFI 模式需要先经过政府部门确定若干个初步方案并进行项目相关的成本和费用评估，项目发起人通常是政府部门。

3）运行模式不同

PPP 模式采用的是基于特许经营权的"使用者付费"运行模式，即政府授予社会资本方特许权，允许社会资本方向公用产品或服务的使用者收取费用，有时还通过"政府付费"或"可行性缺口补助"的方式，以补偿社会资本对建设和运营的投资并获得合理利润。

PFI 模式下，政府通过政府采购的形式与社会资本签订长期服务合同来建立契约关系，通常社会资本承担项目建设的全部成本，并由政府逐期按服务的"有效性"予以偿还，这种契约关系更像一种典型的委托代理关系。

4）政府管理体系不同

PPP 模式下，中央政府与地方政府相对分权、相互协调。而英国政府对 PFI 项目实施中央集权化管理与地方、行业监督并行的管理模式。英国财政部负责制定 PFI 政策及批准纲领，并通过项目审查小组提供用于政府支付的项目资金，这使得中央政府最终掌控 PFI 项目控制权。

5）适用范围的侧重不同

PPP 模式主要应用于供水、污水处理及交通领域。而 PFI 模式基于"服务有效性"，在交通、教育、卫生领域的应用更为突出。

3. PPP 模式的应用领域

当下，中国正大力推进和发展 PPP 模式，然而并不是所有的项目都适合使用 PPP 模式。是否采用 PPP 模式，很大程度上取决于项目本身的特点，如项目的规模、技术复杂性、收费的难易程度等。

PPP 模式适用于投资规模较大、需求长期稳定、价格调整机制灵活、市场化程度较高的基础设施及公共服务类项目，如公共服务领域的公用事业类项目（包括铁路、公路、桥梁、隧道等交通部门，电力煤气等能源部门以及电信网络等通信事业等）。其中，自然资源开发项目最适合采用 PPP 模式，其次是基础设施项目，因为这些项目通过自身的运营可以收回投资并盈利。对于财政、司法等领域的一些核心服务（如预算编制）不能采用 PPP 模式，但是这些领域内的辅助性服务（如后勤）则完全可以引进 PPP 模式。

另外，在决定是否采用 PPP 模式的决策中，政府应主要考虑经济发展和提高生活水平的要求是否物有所值，即能否提高项目的建设和运营效率。一般来说，政府在短期和长期都没有钱时，可优先选择经营性、用户付费的项目做 PPP 项目，如油、气、矿等自然资源开发项目、收费高速公路和桥隧等基础设施项目；政府短期没钱、长期有钱时，准经营性项目即用户付费加政府补贴运营的项目较适宜采用 PPP 模式；政府有钱时，除经营性和准经营性项目外，更适宜采用 PPP 模式做公益性项目，即主要由政府支付的学校、医院、养老院和监狱等社会事业项目。

二、PPP 模式的发展阶段与推广背景

1. PPP 模式的中国化历程

按照时间顺序，PPP 模式在中国的发展历程大致可分为三个阶段：

（1）20 世纪末～2003 年：前期探索阶段

此阶段基本没有中国民营企业参与公共领域运营，PPP 中的社会资本多数都是外资，且中国的相关法律法规极不完善。此阶段以吸引外商投资为主要目的，为以后 PPP 在中国的发展奠定了良好基础。

（2）2004～2013 年：曲折发展阶段

党的十六大提出的"更大程度发挥市场在资源配置中的基础性作用"成为 PPP 模式推广的"风向标"。随着 PPP 项目的推进，住房和城乡建设部又陆续出台了一些文件，掀起了 PPP 的热潮。此阶段民营企业得到发展，并成为 PPP 重要参与者。金融危机的出现使社会资本参与减少，此阶段多个 PPP 项目中断执行，PPP 在中国的发展受到冲击。

（3）2014 年至今：大力推广阶段

党的十八大提出的"让市场在资源配置过程中发挥决定性作用"促使中国 PPP 模式的制度化建设提上日程。2014 年 3 月 5 日，国务院总理李克强在政府工作报告中指出：非公有制经济是我国经济的重要组成部分，注重发挥企业家才能，全面落实促进民营经济发展的政策措施，增强各类所有制经济活力。2015 年 3 月 5 日，李克强总理在政府工作报告中谈到"协调推动经济稳定增长和结构优化"时提出"要增加公共产品有效投资，确保完成'十二五'规划重点建设任务，启动实施一批新的重大工程项目。但政府不唱'独角戏'，要更大激发民间投资活力，引导社会资本投向更多领域。"2016年 3 月 5 日，李克强总理在第十二届全国人民代表大会第四次会议上作政府工作报告，

首次明确提出"推动地方融资平台转型改制进行市场化融资，完善政府和社会资本合作模式，用好 1800 亿元引导基金，依法严格履行合同，充分激发社会资本参与热情"。此阶段中国政府积极从组织、立法、项目试点三方面大力推广 PPP，如出台相关政策法规、筛选 PPP 示范项目、建立 PPP 项目库等。

2. PPP 模式的推广背景

（1）中国经济新常态需要推广运用 PPP 模式

目前，中国经济已进入新常态，正在向形态更高级、分工更复杂、结构更合理阶段演化。经济新常态下，制度变革、结构优化和要素升级是中国经济发展的新动力。习近平总书记在 2015 年两会期间参加吉林代表团审议时强调，东北等老工业基地振兴发展，不能再唱"工业一柱擎天，结构单一"的"二人转"，要做好加减乘除。在加减乘除中，"加法"即增量，投资是拉动经济增长的最重要的力量，做好"加法"的关键是调动社会资本的活力。PPP 模式作为新型的公共产品和服务投入机制，正是扩大有效投资需求、推进经济结构调整、适应经济发展新常态的重要手段，是中国经济新常态下拉动经济增长的重要引擎。

（2）实施"一带一路"战略需要推广运用 PPP 模式

"一带一路"战略为中国基础设施建设"走出去"提供了广阔的潜在市场，而"一带一路"建设最先要做的就是基础设施建设投资。目前，国家已通过设立丝路基金和成立亚洲基础设施投资银行的方式为"一带一路"建设提供资金。解决"一带一路"基础设施建设投资资金不足的问题，不仅要靠公共资本的先导作用，也要充分调动私人资本的积极性。2014 年 12 月 24 日的国务院常务会议已明确指出"一带一路"战略将吸收社会资本参与，采取债权、基金等形式，为"走出去"企业提供长期外汇资金支持，需要采取金融创新的方式带动民间资本（如 PPP 模式等），使资金链更能满足大型基建的需求。在这种背景下，应充分挖掘 PPP 模式创新中的社会资本力量，通过相应的模式与丝路基金共同参与"一带一路"建设。

（3）推进新型城镇化建设需要推广运用 PPP 模式

2014 年初发布的《国家新型城镇化发展规划（2014—2020）》吹响了新型城市（镇）建设的号角。新型城镇化建设至少两个方面需要大量资金：一是基本公共服务，例如交通、供水、供电、通信、文化娱乐等公用基础设施的建设以及住房、就学、就业的需求；二是更高层次的公共服务，以人为中心的城镇化会关注生活质量的提高，例如对环境、生态的要求，这是一个长期的投入。

2016 年 3 月 5 日，财政部《关于 2015 年中央和地方预算执行情况与 2016 年中央和地方预算草案的报告》重点提出运用 PPP 模式投入住房保障和保障性安居工程两个方面,具体包括投资建设和运营管理公共租赁住房试点以及政府购买棚改服务等。2016 年 3 月 7 日,安徽省与住房和城乡建设部进行会商之后,住房和城乡建设部下发《关于做好城市基础设施建设 PPP 项目申报工作的紧急通知》,提出重点支持地下综合管廊、黑臭水体及水环境整治、海绵城市、市政道路和桥梁等 PPP 建设项目,并以市为单位打捆编报。

PPP 模式向社会资本开放基础设施和公共服务项目,可以拓宽新型城镇化建设融资渠道,形成多元化、可持续的资金投入机制,有利于整合社会资源、盘活社会存量资本、激发民间投资活力、拓展企业发展空间、提升经济增长动力,把市场在资源配置中的决定性作用与政府在经济发展中的引导作用有机结合,促进经济结构调整和转型升级。

(4) 实现国家治理现代化需要推广运用 PPP 模式

十八届三中全会提出,要推进国家治理体系和治理能力现代化。与以往采用的"国家管理"相比,现代国家治理更加注重契约精神、市场观念,更加注重公平参与、平等协商、绩效评估和结果导向。在十八届四中全会上,习近平总书记明确指出,法律是治国之重器,并确定了"全面依法治国"、"依法行政"的指导方针。

PPP 模式的灵魂和精髓,就是依法合作。政府和社会资本通过签订合同,明确双方权利义务、风险分担、利益补偿等事项,其中的法治精神和法治理念,正是全面推进依法治国的重要体现。而 PPP 模式运用的必要条件是,政府和社会资本共同参与、平等协商、公开透明。PPP 模式下的融资体制改革实现了政府和社会资本平等合作的关系,PPP 模式可以在降低融资成本和风险的条件下实现对公共产品或服务的有效供给,进而稳定经济增长。PPP 模式的推广强化了契约精神和市场观念,PPP 模式还能为政府科学决策和廉洁治理保驾护航。这些正是现代国家治理关注的重点和要点。

(5) 改变地方政府传统融资模式需要推广运用 PPP 模式

现阶段,公共产品或服务主要依靠政府财政甚至政府性举债。地方债务增长过快的主要原因之一在于政府部门的投资支出压力过大,而大部分项目的初始期现金流创造能力不足,地方政府不得不依靠过度举债来进行项目融资和偿还旧债。PPP 模式的推广运用可以促使地方政府债务规范化,政府对项目的投资规模在期初就得以明确,政府的财政支出逐渐透明化。

《国务院关于加强地方政府债务性管理的指导意见》(国发〔2014〕43 号)中要求"明确划清政府与企业界限,政府债务只能通过政府及其部门举借,不得通过企事业单位等举借"、"剥离融资平台公司政府融资职能,融资平台公司不得新增政府债务"。这一政策的出台,剥离了城投公司的核心融资功能,而部分城投公司缺乏自身经营性业务。PPP 模式的推广运用,能让城投平台市场化,同时作为社会资本出资方以 PPP 模式参与政府项目运作，让失去政府隐性担保的城投平台的债务风险平滑过渡，不至于短期失控。

"十三五"规划明确指出，发挥财政资金撬动功能，创新融资方式，带动更多社会资本参与投资；创新公共基础设施投融资体制，推广政府和社会资本合作模式。2016年3月，财政部《关于2015年中央和地方预算执行情况与2016年中央和地方预算草案的报告》肯定 PPP 模式缓解地方政府增量债务压力的作用，提出要发挥引导和强化 PPP 融资支持基金杠杆和导向的作用。

PPP 模式下的融资不是单纯的债权融资，也不是单纯的股权融资，而是多种方式结合。PPP 模式的推广运用促使投融资体制由传统的"计划经济的政府主导"向"竞争和合作下的市场多元主体参与"和"全生命周期管理和全过程信息透明公开"转变，由传统的"事前分配搞建设"改为"事后付费补运营"，实现以结果和绩效为导向的财政预算管理和投融资体制改革。

（6）建立现代财政制度需要推广运用 PPP 模式

2014年10月，财政部在《地方政府存量债务纳入预算管理清理甄别办法》中明确指出，对融资平台存量项目适合采用 PPP 的项目，要优先通过 PPP 模式融资。2015年4月1日，国务院总理李克强主持召开的国务院常务会议讨论了关于盘活和统筹使用沉淀的存量财政资金的相关事项，会议指出"将基金的信托贷款投资比例上限由5%提高到10%，加大对保障性住房、城市基础设施等项目的参与力度"。PPP 模式的推广运用，可以推动政府盘活和统筹使用存量财产，从而保障政府的财政能力，加大对城市基础设施项目的参与程度。

十八届三中全会提出的"建立现代财政制度，发挥中央和地方两个积极性"标志着现代财政制度的建立。PPP 模式强调市场机制的作用，强调政府与社会资本各尽所能，社会资本的深度参与，能够有效减轻政府债务压力，平滑年度间财政支出，符合现代财政制度优化资源配置、促进社会公平的要求，"一次承诺、分期兑现、定期调整"的预算管理方式，与现代财政制度的建设具有高度的一致性。

三、PPP 模式本土化的推广进程

目前，PPP 模式在我国基础设施领域正稳步推进，财政部、国家发改委陆续出台了一系列部门规章以及政策文件，财政部、国家发改委也会同相关行业主管部门陆续发布了 PPP 模式相关行业领域的实施细则或工作方案。同时，各省市有关部门也根据本地区实际发展情况，积极开展 PPP 模式在本地区的推广与实践工作。以下将从国家和地方两个层面简要介绍目前我国 PPP 模式的推进情况。

1. 国家层面

（1）法律法规与政策文件的制定与发布

PPP 项目的立项与实施是在现有法律框架下进行建立的，这也是 PPP 项目在实际操作过程中最容易被忽视的重要问题。PPP 模式相关法律法规如表 1-1-1 所示。然而上述法律框架与 PPP 模式存在一定的"水土不服"，这也是部分 PPP 项目难落地的原因之一，2014 年底，财政部将 PPP 立法列入财政部立法工作计划中。2015 年 12 月 29 日，财政部对《中华人民共和国政府和社会资本合作法（征求意见稿）》征求意见结束，标志着我国首次从法律（而非行政法规、部门规章或规范性文件）的层面对 PPP 模式予以规范。2016 年 3 月，全国"两会"期间提出的 PPP 相关提案，重点关注提高民营资本积极性和改善 PPP 项目分布地区和领域失衡问题等方面，致力于加快 PPP 立法并完善 PPP 制度框架与法规体系。PPP 模式相关的法律法规如表 1-1-1 所示。

PPP 模式相关的法律法规 表 1-1-1

序号	颁布时间（年/月/日）	施行时间（年/月/日）	法律法规名称
1	1999/03/15	1999/10/01	《中华人民共和国合同法》
2	1999/08/30	2000/01/01	《中华人民共和国招标投标法》
3	2002/06/29	2003/01/01	《中华人民共和国政府采购法》（2014 年 8 月 31 日修正）
4	1994/03/22	1995/01/01	《中华人民共和国预算法》（2014 年 8 月 31 日修正）
5	2011/11/30	2012/02/01	《中华人民共和国招标投标法实施条例》
6	2014/12/31	2015/03/01	《中华人民共和国政府采购法实施条例》

自财政部、国家发展改革委员会（简称"国家发改委"）牵头推广 PPP 模式以来，两部委起草并发布了一系列的部门规章与政策文件，引导并规范地方政府开展 PPP 工作。同时，国务院也在 PPP 模式相关问题上提出了意见，同意并转发了财政部、国家发改委以及相关部门的指导意见，为 PPP 模式推广提供了重要的政策支撑与保障。国务院以及财政部、国家发改委等部委关于 PPP 模式相关法规规章与政策文件（部分）如表 1-1-2 所示。

国务院以及财政部、国家发改委等部委关于 PPP 模式相关政策法规（部分） 表 1-1-2

序号	发文时间（年/月/日）	发文部门	文件名称	发文字号
1	2010/05/13	国务院	国务院关于鼓励和引导民间投资健康发展的若干意见	国发〔2010〕13 号

续表

序号	发文时间 (年/月/日)	发文部门	文件名称	发文字号
2	2010/11/26	国务院办公厅	国务院办公厅转发发展改革委卫生部等部门关于进一步鼓励和引导社会资本举办医疗机构意见的通知	国办发〔2010〕58 号
3	2013/07/04	国务院	国务院关于加快棚户区改造工作的意见	国发〔2013〕25 号
4	2013/09/06	国务院	国务院关于加强城市基础设施建设的意见	国发〔2013〕36 号
5	2013/09/26	国务院	国务院办公厅关于政府向社会力量购买服务的指导意见	国发〔2013〕96 号
6	2014/09/21	国务院	国务院关于加强地方政府性债务管理的意见	国发〔2014〕43 号
7	2014/11/16	国务院	国务院关于创新重点领域投融资机制鼓励社会投资的指导意见	国发〔2014〕60 号
8	2014/12/20	国务院办公厅	国务院办公厅关于进一步做好盘活财政存量资金工作的通知	国办发〔2014〕70 号
9	2015/05/05	国务院办公厅	国务院办公厅转发文化部等部门关于做好政府向社会力量购买公共文化服务工作意见的通知	国办发〔2015〕37 号
10	2015/05/11	国务院办公厅	国务院办公厅转发财政部、人民银行、银监会关于妥善解决地方政府融资平台公司在建项目后续融资问题意见的通知	国办发〔2015〕40 号
11	2015/05/19	国务院办公厅	国务院办公厅转发财政部、发展改革委、人民银行关于在公共服务领域推广政府和社会资本合作模式指导意见的通知	国办发〔2015〕42 号
12	2015/08/03	国务院办公厅	国务院办公厅关于推进城市地下综合管廊建设的指导意见	国办发〔2015〕61 号
13	2004/08/11 (2004/09/11 施行)	财政部	政府采购货物和服务招标投标管理办法	财政部令第 18 号
14	2013/10/28 (2014/02/01 施行)	财政部	政府采购非招标采购方式管理办法	财政部令第 74 号
15	2013/12/04	财政部	财政部关于做好政府购买服务工作有关问题的通知	财综〔2013〕111 号
16	2014/01/24	财政部	财政部关于政府购买服务有关预算管理问题的通知	财预〔2014〕13 号
17	2014/04/14	财政部	财政部关于推进和完善服务项目政府采购有关问题的通知	财库〔2014〕37 号
18	2014/09/23	财政部	财政部关于推广运用政府和社会资本合作模式有关问题的通知	财金〔2014〕76 号
19	2014/10/23	财政部	财政部关于印发《地方政府存量债务纳入预算管理清理甄别办法》的通知	财预〔2014〕351 号
20	2014/10/24	财政部等	财政部、民政部关于支持和规范社会组织承接政府购买服务的通知	财综〔2014〕87 号
21	2014/11/29	财政部	财政部关于印发《政府和社会资本合作模式操作指南(试行)》的通知	财金〔2014〕113 号

序号	发文时间 (年/月/日)	发文部门	文件名称	发文字号
22	2014/11/30	财政部	财政部关于印发政府和社会资本合作示范项目实施有关问题的通知	财金〔2014〕112号
23	2014/12/15	财政部等	财政部、民政部、工商总局关于印发《政府购买服务管理办法（暂行）》的通知	财综〔2014〕96号
24	2014/12/30	财政部	财政部关于规范政府和社会资本合作合同管理工作的通知	财金〔2014〕156号
25	2014/12/31	财政部	财政部关于印发《政府采购竞争性磋商采购方式管理暂行办法》的通知	财库〔2014〕214号
26	2014/12/31	财政部	财政部关于印发《政府和社会资本合作项目政府采购管理办法》的通知	财库〔2014〕215号
27	2015/02/13	财政部等	关于市政公用领域开展政府和社会资本合作项目推介工作的通知	财建〔2015〕29号
28	2015/04/07	财政部	财政部关于印发《政府和社会资本合作项目财政承受能力论证指引》的通知	财金〔2015〕21号
29	2015/04/09	财政部等	财政部、环保部关于推进水污染防治领域政府和社会资本合作的实施意见	财建〔2015〕90号
30	2015/04/20	财政部等	财政部、交通运输部关于在收费公路领域推广运用政府和社会资本合作模式的实施意见	财建〔2015〕111号
31	2015/04/21	财政部等	关于运用政府和社会资本合作模式推进公共租赁住房投资建设和运营管理的通知	财综〔2015〕15号
32	2015/06/25	财政部	财政部关于进一步做好政府和社会资本合作项目示范工作的通知	财金〔2015〕57号
33	2015/06/30	财政部	财政部关于政府采购竞争性磋商采购方式管理暂行办法有关问题的补充通知	财库〔2015〕124号
34	2015/09/25	财政部	财政部关于公布第二批政府和社会资本合作示范项目的通知	财金〔2015〕109号
35	2015/12/08	财政部	财政部关于实施政府和社会资本合作项目以奖代补政策的通知	财金〔2015〕158号
36	2015/12/18	财政部	财政部关于印发《PPP物有所值评价指引（试行）》的通知	财金〔2015〕167号
37	2015/12/18	财政部	财政部关于规范政府和社会资本合作（PPP）综合信息平台运行的通知	财金〔2015〕166号
38	2016/02/22	财政部等	关于推进交通运输领域政府购买服务的指导意见	财建〔2016〕34号
39	2016/05/28	财政部国家发改委	财政部、国家发改委关于进一步共同做好政府和社会资本合作（PPP）有关工作的通知	财金〔2016〕32号
40	2014/12/02	国家发改委	国家发展和改革委员会关于开展政府和社会资本合作的指导意见	发改投资〔2014〕2724号
41	2015/03/10	国家发改委等	国家发展改革委、国家开发银行关于推进开发性金融支持政府和社会资本合作有关工作的通知	发改投资〔2015〕445号

续表

序号	发文时间 （年/月/日）	发文部门	文件名称	发文字号
42	2015/03/17	国家发改委等	国家发改委、财政部、水利部关于鼓励和引导社会资本参与重大水利工程建设运营的实施意见	发改农经〔2015〕488号
43	2015/04/25 （2015/06/01施行）	国家发改委等	基础设施和公用事业特许经营管理办法	发改委令2015年第25号
44	2015/07/10	国家发改委等	国家发展改革委、财政部、国土资源部、银监会、国家铁路局关于进一步鼓励和扩大社会资本投资建设铁路的实施意见	发改基础〔2015〕1610号
45	2015/08/03	国家发改委	国家发改委关于加强城市停车设施建设的指导意见	发改基础〔2015〕1788号
46	2015/01/12	国家能源局	国家能源局关于鼓励社会资本投资水电站的指导意见	国能新能〔2015〕8号
47	2015/02/03	民政部等	民政部、发展改革委、教育部、财政部、人力资源社会保障部、国土资源部、住房城乡建设部、国家卫生计生委、银监会、保监会关于鼓励民间资本参与养老服务业发展的实施意见	民发〔2015〕33号
48	2015/05/05	交通部	交通运输部关于深化交通运输基础设施投融资改革的指导意见	交财审发〔2015〕67号
49	2015/12/10	住房和城乡建设部等	住房城乡建设部、国家开发银行关于推进开发性金融支持海绵城市建设的通知	建城〔2015〕208号
50	2016/03/31	国家能源局	国家能源局关于在能源领域积极推广政府和社会资本合作模式的通知	国能法改〔2016〕96号

（2）财政部PPP示范项目的评选

2014年11月30日，财政部印发《财政部关于政府和社会资本合作示范项目实施有关问题的通知》（财金〔2014〕112号），公布了天津新能源汽车公共充电设施网络等30个PPP示范项目（其中8个新建项目、22个存量项目），总投资规模约1800亿元，涉及供水、供暖、污水处理、垃圾处理、环境综合整治、交通、新能源汽车、地下综合管廊、医疗、体育等多个方面。

2015年10月12日，财政部公布了财政部第二批PPP示范项目名单，北京市兴延高速公路项目等206个项目入选，总投资金额6589亿元。同时，财政部按照"能进能出"的示范项目管理要求，因青岛体育中心项目、胶州湾海底隧道一期项目和江苏省昆山市现代有轨电车项目等3个项目不具备继续采取PPP模式的实施条件，将其调出第一批政府和社会资本合作示范项目名单。

统计发现，第二批PPP示范项目主要集中在市政、水务、交通等领域。市政领域主要涉及垃圾焚烧发电、城市地下综合管廊、垃圾处理等；水务领域主要集中在污水处理、河道整治、供水引水等；交通领域主要体现在城市轨道交通和公路。财政部第二批 PPP 示范项目分布情况如图 1-1-1 所示。

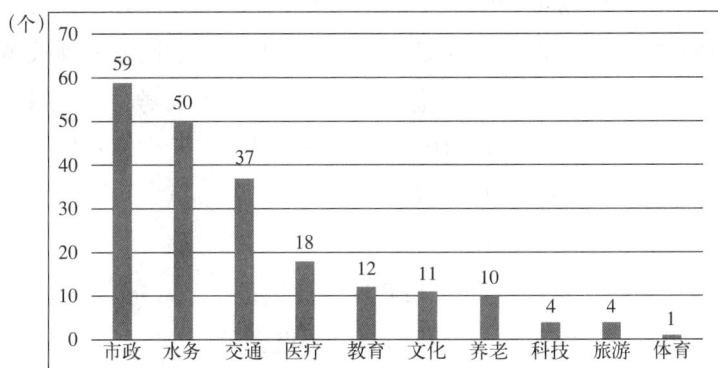

图1-1-1 财政部第二批PPP示范项目分布情况

（3）建立 PPP 专业咨询服务机构库

2015 年 4 月 10 日，财政部政府和社会资本合作中心发布《关于征集政府和社会资本合作（PPP）专业咨询服务机构的公告》，向社会公开征集符合条件的 PPP 专业咨询服务机构。PPP 专业咨询服务机构库，是为了积极发挥第三方专业机构作用，提高 PPP 项目开发、实施质量与效率，供有需要的 PPP 相关方参考而建立的。具体报名资格如下：

1）符合《中华人民共和国政府采购法》第二十二条的规定，即：具有独立承担民事责任的能力；具有良好的商业信誉和健全的财务会计制度；具有履行合同所必需的设备和专业技术能力；有依法缴纳税收和社会保障资金的良好记录；参加政府采购活动前三年内，在经营活动中没有重大违法记录；法律、行政法规规定的其他条件；

2）熟悉 PPP 政策，机构或机构多名核心骨干近三年有 PPP（含 BOT、TOT 等模式）项目咨询成功经验；

3）在城市供水、供暖、供气、污水和垃圾处理、保障性安居工程、地下综合管廊、轨道交通、医疗和养老服务设施等基础设施和公共服务领域，具有较强的 PPP 项目咨询能力；

4）有法律、技术、金融、财务、环保等方面的专家或有稳定合作的外部顾问团队。

（4）国家发改委网站开辟 PPP 专栏

国家发改委网站已开辟 PPP 专栏，网址为 http：//tzs.ndrc.gov.cn/zttp/PPPxmk/，由固定资产投资司和法规司共建。目前，该专栏包括工作动态、项目库、立法推进、政策法规和典型案例五个模块，国际经验和研究成果两个模块正在建设中。以下主要介绍项目库和典型案例模块。

15

1) 项目库。项目库中共包括两批推介的 PPP 项目以及国家发改委与全国工商联推介的 PPP 项目。

两批推介的 PPP 项目是经 34 个省、自治区、直辖市、计划单列市及新疆生产建设兵团的发展改革委推荐，由国家发展改革委审核并建立的国家发展改革委 PPP 项目库。入库项目涉及水利设施、交通设施、市政设施、公共服务、生态环境等领域。所有入库项目都提供了项目名称、项目所在地、所属行业、建设内容及规模、项目总投资、政府参与方式、拟采用的 PPP 操作模式、责任人及联系方式、发布时间等信息，为社会资本搭建了良好的 PPP 项目信息平台。

国家发改委与全国工商联推介的 PPP 项目主要提供了江苏、安徽、福建、江西、山东、湖北、贵州 7 个省份的推介项目信息以及推介项目情况通报。推介项目信息主要包括项目名称、项目所在地、所属行业、建设内容及规模、项目总投资、项目进展情况、政府参与方式、拟采用 PPP 操作模式、责任人及联系方式、备注等。上述 7 个省份推介项目的总体情况如表 1-1-3 所示。

江苏、安徽等 7 个省份推介项目总体情况（截至 2016 年 5 月）　　表 1-1-3

序号	省份	项目数量	涉及领域	计划总投资
1	江苏省	50 个	交通设施、城建设施、民生保障、公共服务、生态环保	2400 亿元
2	安徽省	51 个	水利、交通、公共服务、市政、生态环境、能源	1981 亿元
3	福建省	31 个	水利、交通、市政、公共服务	1008 亿元
4	江西省	30 个	基础设施、公共服务、生态环境	369 亿元
5	山东省	30 个	基础设施、市政建设、社会民生、文化创意、生态环保	2069 亿元
6	湖北省	38 个	交通、市政、城建基础设施、公共服务、生态环保、其他	821 亿元
7	贵州省	57 个	水利、交通、市政、公共服务设施、其他	777 亿元

2) 典型案例。国家发改委选取了 13 个具有一定代表性、示范性项目组成 PPP 项目案例库，如表 1-1-4 所示。这些 PPP 项目案例涉及水利设施、市政设施、交通设施、公共服务、资源环境等多个领域，涵盖 BOT、TOT、BOO 等多种运作模式，在社会资本选择、交易结构设计、回报机制确定等方面具有一定参考价值。

PPP 项目案例库（截至 2016 年 5 月）　　表 1-1-4

序号	项目名称
1	北京地铁 4 号线项目
2	大理市生活垃圾处置城乡一体化系统工程
3	固安工业园区新型城镇化项目

续表

序号	项目名称
4	合肥市王小郢污水处理厂资产权益转让项目
5	江西峡江水利枢纽工程项目
6	酒泉市城区热电联产集中供热项目
7	陕西南沟门水利枢纽工程项目
8	深圳大运中心项目
9	苏州市吴中静脉园垃圾焚烧发电项目
10	天津市北水业公司部分股权转让项目
11	渭南市天然气利用工程项目
12	张家界市杨家溪污水处理厂项目
13	重庆市涪陵至丰都高速公路项目

（5）PPP 专业委员会举办"中国 PPP 沙龙"

"中国 PPP 沙龙"由中国财政学会 PPP 专业委员会主办，大岳咨询公司承办，中铁一局、中节能水务、柏林水务中国有限公司等单位协办。"中国 PPP 沙龙"为期一年，每月一期。该沙龙以研讨案例为主，旨在总结以往项目的经验教训，探索未来我国 PPP 项目少走弯路的有效途径，将为推进国家 PPP 战略实施起到重要作用。截至 2016 年 5 月，"中国 PPP 沙龙"已举办 12 期，涉及城轨、供水、污水处理、垃圾处理、市政道路等多个领域，各期沙龙主题如表 1-1-5 所示。大岳咨询公司在其官网开辟了"中国 PPP 沙龙"专栏，提供了已举办的 12 期沙龙通知、会议实录和媒体报道等内容。

"中国 PPP 沙龙"各期沙龙主题目录（截至 2016 年 5 月）　　　　表 1-1-5

期数	举办时间（年 / 月 / 日）	沙龙主题
第一期	2014/05/05	北京地铁四号线 PPP 项目经验介绍
第二期	2014/06/09	泉州刺桐大桥 BOT 项目经验介绍
第三期	2014/07/09	哈尔滨太平污水处理厂 BOT 项目经验介绍
第四期	2014/09/17	江西省工业园区污水打包 BOT 项目经验介绍
第五期	2014/10/16	合肥市王小郢污水处理厂资产权益转让（TOT）项目经验介绍
第六期	2014/12/01	银川供水股权转让与增资项目经验介绍
第七期	2015/04/02	上海老港四期垃圾处理项目经验介绍
第八期	2015/05/21	大连中心城区垃圾焚烧 PPP 项目经验介绍
第九期	2015/06/23	常州市餐厨垃圾资源化 PPP 项目经验介绍
第十期	2015/07/24	洛阳市政道路 PPP 模式方案介绍及内蒙古 PPP 项目推介

期数	举办时间（年 / 月 / 日）	沙龙主题
第十一期	2015/08/27	福州海峡文化艺术中心 PPP 项目介绍和福建省 PPP 项目推介
第十二期	2015/09/29	山东省宁阳县引汶工程 PPP 项目介绍和山东省 PPP 项目推介

（6）财政部开发建设 PPP 综合信息平台

2015 年 12 月 28 日，财政部发布了《关于规范政府和社会资本合作（PPP）综合信息平台运行的通知》（财金〔2015〕166 号），对财政部开发建设的 PPP 综合信息平台以及制定的《政府和社会资本合作综合信息平台运行规程》相关情况进行了说明。PPP 综合信息平台网址为 http：//www.cpppc.org。

PPP 综合信息平台由财政部 PPP 工作领导小组办公室委托财政部 PPP 中心组织开发，由财政部 PPP 中心和信息网络中心共同承担运行和管理工作，共包括 PPP 信息发布平台和 PPP 信息管理平台两大部分，如图 1-1-2 所示。

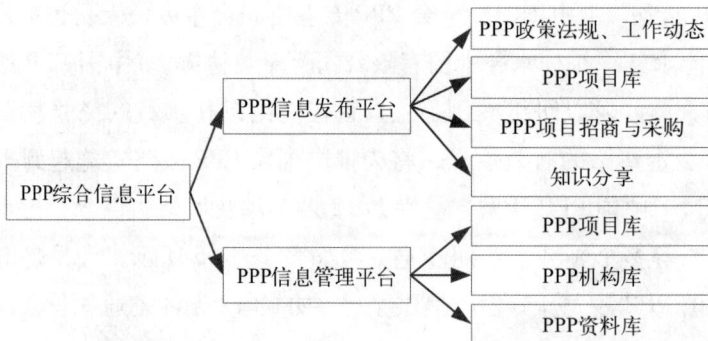

图1-1-2　PPP综合信息平台

PPP 信息发布平台以外网形式对社会发布 PPP 政策法规、工作动态、PPP 项目库、PPP 项目招商与采购公告以及知识分享等信息。PPP 信息管理平台为内部管理平台，用于对全国 PPP 项目进行跟踪、监督，为开展 PPP 工作或开发实施 PPP 项目提供技术支持，具体包括 PPP 项目库、机构库和资料库，具有录入、查询、统计和用户管理等功能。

（7）成立中国政府和社会资本合作融资支持基金

2016 年 3 月 4 日，财政部与国内 10 家大型金融机构、投资机构共同发起设立注册资本规模为 1800 亿元的政企合作投资基金，并成功召开了中国政企合作投资基金股份有限公司创立大会。这 10 家机构为：中国建设银行股份有限公司、中国邮政储蓄银行股份有限公司、中国农业银行股份有限公司、中国银行股份有限公司、中国光大集团股份公司、交通银行股份有限公司、中国工商银行股份有限公司、中国中信集团有限公司、全国社会保障基金理事会、中国人寿保险（集团）公司。该基金将对创新财政金融支持方式、优化 PPP 项目融资环境、促进 PPP 模式发展具有积极意义。

2. 地方层面

目前，全国各省市都积极开展 PPP 模式在本地区的推广与探索工作，主要包括以下几方面：

（1）成立省级 PPP 中心

财政部《政府和社会资本合作模式操作指南（试行）》（下称《操作指南》）第四条中要求，"各省、自治区、直辖市、计划单列市和新疆生产建设兵团财政部门应积极设立政府和社会资本合作中心或指定专门机构，履行规划指导、融资支持、识别评估、咨询服务、宣传培训、绩效评价、信息统计、专家库和项目库建设等职责"。目前，全国已有包括江苏、河南、海南、安徽、福建、湖南在内的多个省市挂牌成立了省级 PPP 中心或 PPP 专门机构，如"河南省财政厅 PPP 管理中心"、"安徽省城市基础设施 PPP 中心"、"湖南省财政厅 PPP 办公室"等。

（2）设立省级 PPP 基金

2015 年 5 月 22 日，《国务院办公厅转发财政部、发展改革委、人民银行关于在公共服务领域推广政府和社会资本合作模式指导意见的通知》（国办发〔2015〕42 号）中明确提出，"鼓励地方政府在承担有限损失的前提下，与具有投资管理经验的金融机构共同发起设立基金，并通过引入结构化设计，吸引更多社会资本参与"。2015 年 8 月，江苏省财政厅专门设立 PPP 融资支持基金，首期 PPP 融资支持基金达到 100 亿元，由江苏省、市、县财政局出资以及江苏银行、交通银行等多家银行认购。目前，PPP 基金规模较大的是山东和河南两省，山东省 PPP 发展基金总规模为 800 亿元，2015 年首批基金规模为 200 亿元；河南省 PPP 发展投资基金总规模达到 1000 亿元。安徽、四川、云南、海南、湖南等省市相继设立了 PPP 发展基金。

（3）打造省级 PPP 示范项目与试点项目

2015 年是地方政府推广 PPP 的重要年份，各省市财政部门在积极申报财政部 PPP 示范项目的同时，也在努力打造本省的 PPP 示范项目与试点项目，充分发挥 PPP 示范项目与试点项目的"示范性"、"带动性"，以经验促发展，推动本地区 PPP 项目平稳、快速、健康发展。2016 年 5 月 4 日，湖南省财政厅公布了"湖南省第三批 PPP 示范项目"名单，此次 117 个 PPP 示范项目涉及生态建设与环境保护、交通运输、片区开发、医疗卫生、市政工程、保障性安居工程等多个领域，湖南省 PPP 示范项目数量已达到 199 个。此外，江苏、天津、安徽、福建、四川、山东、山西等省市也陆续推出 PPP 试点项目与推介项目。

（4）征集专业咨询服务机构入库

2015 年 4 月 17 日，福建省财政厅公布了福建省 PPP 咨询机构库首批入库机构名单，包括大岳咨询有限公司、济邦投资咨询有限公司、福建省招标采购集团、上海建纬（福州）律师事务所等 12 家咨询机构，服务领域涉及招标代理、投融资咨询、管理咨询、财务顾问、法律服务等。目前，浙江、江苏、湖南、江西、宁夏等省份也已经建立或正在筹建本省 PPP 专业咨询服务机构库，一些城市如马鞍山、鹤壁、南昌、厦门、青岛等也已开展了相关工作。

（5）举办地方性 PPP 沙龙

从 2015 年 5 月开始，湖南省财政厅与上海建纬（长沙）律师事务所、湖南人和人律师事务所、北京大岳咨询有限责任公司、国家开发银行湖南省分行等机构已共同举办了四期"湖南省 PPP 沙龙"，四期 PPP 沙龙的主题分别为"如何识别 PPP 项目"、"PPP 项目的筹划与准备"、"PPP 项目下的法律问题"、"PPP 项目融资"。举办 PPP 沙龙既为 PPP 学习、探讨、研究和交流提供了平台，也为 PPP 模式的推广奠定了良好的基础。

第二节　PPP 项目参与主体及其关系

PPP 模式的推广需要众多 PPP 项目落地才能实现，而 PPP 项目顺利开展离不开各参与主体的协调配合。政府与社会资本是 PPP 项目的核心主体，双方在合作关系的基础上，实现风险共担和利益共享，同时也为最大化自身利益在合作过程中相互博弈。在政府与社会资本合作博弈的过程中，PPP 咨询机构的参与弥补了政府专业知识的不足。此外，PPP 项目参与主体还包括承包商、分包商、专业运营商、原料供应商、融资方、保险公司以及相关专业机构等。众多参与主体在 PPP 项目融资、建设、运营等不同阶段参与进来，为 PPP 项目运作发挥各自作用。

一、政府

在传统政府采购模式中，政府凭借财政支出以及通过政府信用获得的贷款进行项目投融资，集融资、建设、运营管理于一身，不仅加重了自身负担，也难以保证建设进度与质量，不能满足公众对公共产品或服务的需求。而在 PPP 模式中，政府的职能转变为制定社会资本进入公共服务领域的政策法规、完善投融资法规、规范投资行为、依法保护各类投资者的合法权益，建立公开、公平、公正、公信的市场秩序，制定公共服务设施产业政策及其中长期发展的规划，引导社会资金投向政府鼓励发展和重点支持的项目，负责项目招商、确定产权归属、进行资金补贴以及协调公众利益等。

1. PPP政策的制定者

完善的法律法规和有力的政策支持是PPP项目成功的关键因素之一。国内目前对PPP模式法律和制度制定的研究较少，立法工作滞后，这就凸显了政府在PPP政策制定方面的重要性。政府在现行法律授权的基础上，通过发布一系列政策文件为PPP项目的发展提供指导、支持及监管依据，在一定程度上弥补法律法规缺失的不足。政府在制定相关政策法规时，首先要保证政策稳定性，注意新旧政策的一致性和连贯性，避免因政策频繁变动降低社会资本的投资信心；其次要确保政策的全面性，政策范围应涵盖PPP项目所涉及的所有领域；最后要注意政策的灵活性，根据政策执行情况和PPP模式发展状况，在政策整体稳定前提下，适当调整政策也是必要的。

2. PPP项目的发起者

PPP模式下，要区分政府的决策职能和执行职能，政府的主要职责是"掌舵"而不是"划桨"，即政府不一定要亲力亲为提供公共产品和服务，可以通过引入社会资本提供公共产品和服务，实行公共产品和服务的市场化供给，有助于提升供给质量。由于公共服务和产品的收益相对较低，且公共服务领域门槛较高，社会资本难以进入也不愿进入。这就需要政府主动发出基础设施项目建设意愿，制定具体的发展规划和措施，利用优惠政策和政府承诺，保障社会资本合法权益和一定的盈利空间，从而吸引社会资本前来投资。

3. 公共产品和服务的购买者

部分公共服务产业经营利润较低，或者不具备可经营性，如垃圾焚烧发电项目和污水处理项目，仅靠项目自身经营难以收回投资，获取利润。而政府作为社会公众的代言人，需要承担公共产品和服务购买者的义务，为项目公司的项目产出需求提供保底，给予合理补贴以维持其可持续经营，但前提是项目公司需要按约定提供合格产品和优质服务。政府补贴额度及补贴方式需依据项目盈利水平和经营情况而定，并在PPP项目合同中明确规定。

4. 特许经营权的授予者

特许经营，是指政府采用竞争方式依法授权中华人民共和国境内外的法人或者其他组织，通过协议明确权利义务和风险分担，约定其在一定期限和范围内投资、建设、运营基础设施和公用事业并获得收益，提供公共产品或者公共服务。通过签订 PPP 项目合同，政府授予社会资本相应的特许经营权，这是转变政府职能、强化政府与社会资本协商合作的必然选择。

5. PPP 项目的监管者

为保证公共产品和服务质量，政府必须对项目运营效率和质量加强监督，实现从投资者向监管者的角色转换。政府应站在社会整体利益角度，结合 PPP 模式特点，对 PPP 项目进行全过程动态监管。全过程监管是为了保障监管的全面性，动态监管是为了能够根据项目实际情况和社会经济发展调整监管政策和方法。按照项目进展形态，可以将 PPP 项目全过程监管分为项目准入监管、前期监管、建设监管、运营监管、退出监管等。

在 PPP 项目前期，政府监管形式以行政监管为主，即利用行政审批手段对社会资本行为进行监督管理，保障项目在发起、筛选、评价及采购等环节的公平透明。在 PPP 项目合同签订之后，政府应将项目公司的履约行为作为监管重点，项目实施机构作为政府的"代理人"，应以 PPP 项目合同为依据，对项目公司行为进行履约管理，确保其在项目建设、运营、移交各阶段按照合同约定行事。

二、社会资本 / 项目公司

1. 社会资本定位

依据《关于印发政府和社会资本合作模式操作指南（试行）的通知》（财金〔2014〕113 号）（简称《操作指南》）和《国务院办公厅关于在公共服务领域推广政府和社会资本合作模式指导意见的通知》（国办发〔2015〕42 号），社会资本是指依法设立且有效存续的具有法人资格的企业，包括民营企业、国有企业、外国企业和外商投资企业，但本级人民政府下属的政府融资平台公司及其控股的其他国有企业（上市公司除外）不得作为社会资本方参与本级政府辖区内的 PPP 项目。

2. 社会资本 / 项目公司职责

（1）项目发起

政府发起公共项目建设主要是以公共需求和公共意愿为出发点，社会资本具有较高的市场敏感度和逐利性，其发起的项目必然有着潜在市场前景和利润空间，因此由社会资本作为项目发起方，能够开发盈利能力较强的项目，更好地契合市场需求，也能在一定程度上弥补政府发起项目的不足。

若社会资本作为项目发起方，应该以项目建议书的方式向财政部门（政府和社会资本合作中心）推荐潜在 PPP 项目。对于社会资本推荐的潜在项目，财政部门会同行业主管部门进行评估筛选，确定备选项目，并根据筛选结果制定项目年度和中期开发计划。

（2）出资成立项目公司

项目公司可由社会资本一方或者政府与社会资本双方出资设立。社会资本一般以注入资金的形式入股，政府则可以资金或其他合理形式入股，当然政府也可以选择不入股，但拥有对项目公司的监管权。为了确保社会资本在项目建设中占据主导地位，减少政府对项目公司建设、运营的干涉，规定政府在项目公司中的持股比例应低于 50%。

在政府允许的前提下，社会资本可以由 2 家以上的公司组成联合体参与项目采购，如果联合体中标，则由联合体与政府签订 PPP 项目合同，协商组建项目公司事宜。

（3）项目融资、建设、运营

项目公司成立之后，项目公司负责 PPP 项目的具体实施，包括项目融资、设计、建设、运营、维护等工作。项目公司应及时开展融资方案设计、机构接洽、合同签订和融资交割等项目融资工作。在签署 PPP 项目合同后，项目公司负责编制或最终确定初步设计和施工图设计，并完成全部的设计工作，并由项目公司按照合同约定的要求和时间负责完成项目的建设并开始运营。在 PPP 项目运营过程中，由项目公司负责根据合同约定及维护方案和手册的要求对项目设施进行维护和修理，在项目合作期限结束或者项目合同提前终止后，将全部项目设施及相关权益以合同约定的条件和程序移交给政府或者政府指定的其他机构。

3. 社会资本所需能力

（1）融资能力

PPP 项目多为公共基础设施建设项目，投资额巨大，而项目的融资任务主要是由社会资本来承担，因此社会资本的融资能力就成为政府采购时考虑的重要因素，社会资本能否顺利完成融资是决定 PPP 项目成功的关键因素。现阶段 PPP 项目融资方式多以商业贷款为主，社会资本只能依靠自身的资信水平和财务实力作为支撑获取贷款。因此，提高自身的信誉度和资本实力是提升融资能力的基础。

（2）盈利能力

社会资本作为企业，其主要目的是获得盈利，盈利能力是关系企业生存的关键所在。PPP 项目合同明确规定了项目公司的盈利方式。为了防止其获得暴利，政府往往会在合同中规定其利润上限或遏制超额利润的措施，避免项目公司以牺牲公众利益为代价获取超额利润。

PPP 项目大多为公共基础设施，这种性质决定了它需要在社会资本收益和公共利益之间寻求一种平衡。一方面社会资本需要调整收益预期，关注收益的长期性和稳定性以及风险的可控性；另一方面，社会资本可以通过完善管理和技术创新提高经营效率，从而降低成本，获得超预期收益，实现盈利能力的提升。

（3）风险控制能力

PPP 项目的长期性决定了其风险的多样性和不可预期性，诸多不确定因素的存在对项目公司风险控制能力提出了更高要求。PPP 模式要求项目风险由社会资本和政府双方共同承担，但是在项目建设运营阶段，项目公司作为责任主体，是项目风险主要承担者。项目公司只有具备一定的风险控制能力，才能及时识别风险因素，并采取有效手段将风险置于可控范围之内，避免造成经济损失。风险控制能力还体现在当不可抗力风险发生时，项目公司能够迅速采取补救措施和解决方案，将风险损失及负面影响降到最小。风险控制能力的提升，主要靠项目经验积累，因此，拥有丰富 PPP 项目建设、运营经验的社会资本更易获得政府青睐。

（4）持续运营能力

PPP 项目有较长的运营期，要靠后期运营收益来收回前期投资。因此，除了融资能力、盈利能力、风险控制能力等，还要求社会资本方有强大的持续运营能力。运营能力不足会对整个项目收益产生致命影响，政府招标时也要求投标方有相应的项目运营能力。

社会资本提高运营能力，涉及整个管理体系的调整和人才体系的构建，这需要长期的内部调整改革和大量的项目经营经验累积。目前比较通行的方法是与运营能力强的企业组成联合体来运营项目，或者由中标社会资本委托专业运营商进行运营管理工作，一方面可以保证项目顺利运营，另一方面可以起到技术扩散效应，提升社会整体技术水平。

三、PPP 咨询机构

《操作指南》中提出，"为确保示范项目操作规范和高效，必要时可聘请专业机构协助和积极发挥第三方专业机构作用"。《国家发展和改革委员会关于开展政府和社会资本合作的指导意见》（发改投资〔2014〕2724 号）也提出，"积极发挥各类专业中介机构在 PPP 项目中的积极作用，提高项目决策的科学性、项目管理的专业性和项目实施效率"。PPP 项目需要考虑如何引进社会资本、如何设计 PPP 项目运作模式与回报机制、如何确定项目边界条件、如何确定项目风险分配等诸多问题，需要咨询机构为政府提供专业咨询服务和决策支持。

1. 咨询机构作用

(1) 科学编制实施方案及合同，提高项目运作效率

作为 PPP 项目咨询机构，应该具备技术、经济、法律、项目管理等方面的专业知识，并具有广泛的项目实践经验积累，能够根据具体项目特点科学设计项目运作方式、回报机制、定价机制、风险分配、社会资本采购等 PPP 项目实施方案的核心内容，使项目合法合规运作。PPP 项目中，社会资本和政府部门之间建立了长期复杂的合同关系，PPP 项目合同是在项目实施方案确定的核心内容的基础上，对双方权利义务关系及项目各阶段具体实施的细化，咨询机构负责起草合同，并在合同谈判过程中根据双方意见不断修改完善。咨询机构利用其技术、经济、管理、法律等综合知识协助政府订立尽可能完备的 PPP 项目合同，可以显著提高项目运作效率。

(2) 增加项目吸引力，实现项目价值最优化

聘请具有丰富经验的专业咨询机构，充分利用其在招投标、投融资等方面的经验优势，可以使项目结构设计更加严谨和符合惯例，充分反映政府意志和资本市场的特点要求，易于被政府部门和社会资本接受。一个合法合规运作的 PPP 项目，对社会资本而言，无疑更加具有吸引力，会有更多潜在投资人参与，充分竞争可以实现项目价值的最优化。

(3) 平衡市场双方力量，保护政府正当利益

在 PPP 项目中，政府部门和社会资本力量是不均等的。社会资本参与 PPP 项目及同类项目的经验往往很丰富，而国内多数地方政府则缺少这方面的经验，双方在技术、设备以及投资、运营成本、收益等经济数据方面存在一定程度的信息不对称。由于 PPP 项目要求政府部门和社会资本方在签订合同前，对于项目的经济、技术、法律等方面的问题，做出细致、完整、严密的规定，而且每一个 PPP 项目的持续时间都很长，因此，即使是微小的疏忽，长期来看也可能带来不利后果，轻则致使项目失去公平，使政府处于不利地位，重则将导致 PPP 项目失败，甚至使政府遭受严重的经济损失。因此，聘请专业的咨询机构可以弥补政府部门在经验和专业知识上的欠缺。咨询机构帮助政府进行充分和细致的项目前期准备，明确项目基本条件，合理分配各方的风险、权利和义务，最大限度地降低项目风险，最大程度地保障政府方的正当利益。

2. 咨询机构职能

在 PPP 项目中，咨询机构的主要工作包括前期调查、编制 PPP 项目实施方案、设计项目交易结构和采购程序、设定边界条件和潜在社会资本选择标准、建立财务模型

并进行商业预测分析、编制招商文件、协助社会资本采购、参与商务谈判及协助签订项目特许经营协议等。在 PPP 项目运作的各个阶段，咨询机构的具体职能如下：

（1）项目识别阶段

协助政府根据物有所值评价体系对项目进行物有所值评价，并进行财政承受能力论证，筛选出适合采用 PPP 模式的项目。

（2）项目准备阶段

协助政府方组建管理架构，编制 PPP 项目实施工作计划；协助政府设计 PPP 项目的基本交易框架和商业模式，编制项目实施方案；与 PPP 项目实施机构进行充分沟通，并广泛听取政府方各职能部门意见，不断完善实施方案，协助实施机构完成 PPP 项目审批。

（3）项目采购阶段

协助政府确定对社会资本的资格要求（资信及业绩等），编制采购工作计划，协助政府选定的采购代理机构编制采购文件，根据现有法律法规的要求，编制 PPP 项目合同。参与资格预审、采购、确认谈判、合同谈判，提供专业建议，参与签署项目合同等。

四、其他参与主体

1. 融资方

在 PPP 模式下，向项目提供贷款的融资方主要是商业银行、多边金融机构（如世界银行、亚洲开发银行等）、出口信贷机构以及非银行金融机构（如信托公司）等。融资方在项目中的主要职能是为项目顺利实施提供资金支持和信用保证。对于小型 PPP 项目，一般单个银行可以为其提供所需资金，而大型 PPP 项目则需要多家银行或机构组成银团提供贷款。

融资方为了保证贷款安全，往往会要求项目公司（社会资本）质押相关银行账户，如基本账户、营业收入账户、分红账户、还款账户等。这些账户一般应当在融资方指定银行开户，并由银行在融资方监督下对账户进行有效控制。

2. 承包商和分包商

在 PPP 项目中，承包商和分包商的选择是影响项目成败的关键因素，其技术水平、资历、信誉以及财务能力在很大程度上会影响贷款人对项目的商业评估和风险判断，是项目能否获得贷款的一个重要因素。同时，其技术、管理水平直接决定项目质量、进度等目标能否顺利实现。

承包商主要负责项目的建设，通常与项目公司签订固定价格、固定工期的工程总承包合同。一般而言，承包商要承担工期延误、工程质量不合格等风险。

对于规模较大项目，承包商可能会与分包商签订分包合同，把部分工作分包给专业分包商。根据具体项目的不同情况，分包商从事的具体工作可能包括设计、部分非主体工程的施工，提供技术服务以及供应工程所需的货物、材料、设备等。承包商负责管理和协调分包商的工作。

3. 专业运营商

根据不同 PPP 项目运作方式的特点，项目公司有时会将项目的部分运营和维护事务交给专业运营商负责。但根据项目性质、风险分配以及运营商资质能力等不同，专业运营商在不同项目中所承担的工作范围和风险也会不同。例如，在一些采用政府付费机制的项目中，项目公司不承担需求风险或仅承担有限需求风险的，可能会将大部分的运营事务交由专业运营商负责；而在一些采用使用者付费机制的项目中，由于存在较大需求风险，项目公司可能会仅将部分非核心的日常运营管理事务交由专业运营商负责。

4. 设备和原材料供应商

设备供应商主要是为项目提供运营所需要的机械设备，设备采购费用是项目建设成本中的重要组成部分，设备质量的优劣也关系到后期项目运营的产出是否合格，关系到项目的可持续性经营。原材料供应则包括项目建设阶段建筑材料的供应和运营阶段生产原材料的供应，原料的及时、充足、稳定供应对于项目的顺利建设与平稳运营至关重要。

5. 保险公司

由于 PPP 项目通常资金需求规模大、生命周期长，在项目建设和运营期间面临着诸多难以预料的各类风险，因此项目公司以及承包商、分包商、供应商、运营商等通常均会就其面临的各类风险向保险公司进行投保，以进一步分散和转移风险。在 PPP 项目中涉及的保险包括工程一切险、信贷保险、出口信用保险、自然灾害保险等。同时，由于项目风险一旦发生就有可能造成严重经济损失，因此 PPP 项目对保险公司的资信有较高要求。

除上述参与主体外，PPP 项目还涉及法律、技术、财务等方面的专业技术机构。

五、参与主体关系

PPP 参与主体之间的关系本质上是一种契约关系，通过签订一系列合同，构成以

PPP 项目合同为中心的合同体系，将众多参与主体紧密联系到一起。各主体为了共同的项目目标达成合作关系，通过签订合同确定各自责、权、利，形成相互制约关系。在项目前期，参与主体以政府、社会资本、咨询机构为主，厘清三者之间的关系，对于项目顺利运作是十分必要的。

1. 政府与社会资本／项目公司的关系

（1）合作

PPP 项目是一个复杂的运行系统，需要政府和社会资本／项目公司协同合作才能高效运作，合作程度的高低直接影响项目产出的质和量，以及政府和社会资本的利益。政府和社会资本／项目公司之间应该从以下几个方面开展有效合作：

1）建立诚信基础，规范市场环境。政府应该致力于完善诚信制度，创造良好投资环境，为政府和社会资本／项目公司的合作打下坚实基础。政府与社会资本／项目公司合作是一个复杂的过程，双方通过合同约束规范各自的行为，诚信是双方合作的基础，也是打造良好投资环境的重要因素。政府讲信用，才能稳定社会资本的投资信心，共同推进双方合作 PPP 项目的进程，进而满足公众对公共产品和服务的需求。如果政府不能承诺并有效履行项目合同约定的事项，风险损失边界的划分就缺少了前提和基础，难以吸引社会资本前来投资，政府与社会资本的合作关系也无从建立。因此，政府信用至关重要，通过法律来规范政府的信用尤为重要。

政府必须创造一个良好的政治环境、投资环境、法律环境，保护投资者合法权益；通过规范市场、创建市场和扶持市场来促进公共基础设施投融资机制的市场化。在规范市场方面，政府一方面要重视相关基础设施建设规划的制定，避免重复建设；另一方面要注重确立公平竞争的市场规则。政府应消除行政壁垒和地区分割，实行公共项目的公告和公开招标制度，创造公开、公平、公正的市场竞争环境，保障社会资本投资者参与竞争的合法权益。

2）完善政策法规，加强沟通协作。完善的政策法规可以增强社会资本的投资信心，降低 PPP 项目风险，是 PPP 项目顺利实施的重要条件之一。政府与社会资本开展合作，需要有一套比较完善的法律体系和操作性较强的法律条款作为依据，使双方合作有章可循。目前相关法律法规还有待进一步完善，需要合并内容上相关和相近的法规，清理相互冲突的政策。此外，政府要对进入公共服务领域的社会资本实行资金政策支持；实施完善的财政补贴政策，对进入基础设施项目的社会资本投资者实行适当的税收优惠政策，对于某些投资预期回报低于社会平均收益水平的基础设施项目，实行行业投资收益补偿制度。

作为社会资本方，不能一味靠政府解决 PPP 项目推进过程中出现的问题。在 PPP

项目合作中，对于项目存在的问题，社会资本往往比政府更敏感，发现问题后，应该及时与政府进行沟通，及时探讨合适的解决方案。社会资本应树立与政府共进退的理念，不钻法律法规的空子，与政府共同推进 PPP 项目的开展，这样才能实现政府与社会资本双赢。

3）加强人才培养，奠定智力基础。PPP 项目从谈判签约到后期运营管理，涉及的专业面广，如工程技术、法律、商务、金融、采购、资产评估与清算、保险等等。而且政府与社会资本合作方式在项目建设资金筹措、合同谈判、项目实施、生产经营与管理、资产评估、收益计划与分配、产品检测、合同纠纷解决以及相关政策制定方面，都有一套独特的运行规则和方法，这需要专门机构和专业人员来组织实施项目的合作。PPP 项目的运作需要参与者既要懂技术、懂财务，还要具备法律法规、工程承包以及经济合同等方面的知识，也就是要有知识全面的"通才"。因此，要保证 PPP 项目得以顺利实施，还需要具备能够有效运作 PPP 项目的专业人员。政府和社会资本双方应加强培养通晓金融、法律等相关专业知识，又有丰富实践经验的专业人才。

（2）博弈

在政府与社会资本合作过程中，双方追求目标不同，政府希望利用社会资本解决资金缺口、提高公共产品或服务供给效率，社会资本则希望投入资本获得较大的投资回报，各参与方最根本的出发点仍然是自身利益，尤其在特许经营协议、合作协议签订之前，政府和社会资本之间在利益、责任及风险分担等一系列问题上可能存在分歧，伴随着不同程度的博弈。

1）项目采购博弈。社会资本在 PPP 项目采购阶段正式介入项目，是与政府展开合作关系的开端，也是双方博弈的开始。社会资本为了能够中标，可能采取一些围标、串标或者贿赂监管人员的违法方式，操纵招投标过程。相应地，政府为了预防社会资本的违规操作，会采取措施加强招标监管力度和违法处罚，以保障招投标过程公平公正。政府与社会资本这种相互博弈于 PPP 项目本身是没有任何益处的，反而会增加双方的交易成本，降低工作效率。在 PPP 项目采购阶段，双方应该尽量避免这类无谓的博弈消耗。

2）投资结构博弈。当政府和社会资本共同成立项目公司，对于不同的投资结构，投资者对项目资产的拥有形式、对项目现金流量的控制以及对所拥有的权利和承担的义务有很大差异。PPP 项目中政府和社会资本各自出资形式和出资比例，需要双方反复协商沟通。

3）风险分担博弈。风险共担是 PPP 模式的基本特征之一，由于 PPP 项目所具有的投资沉没性和项目干系人众多，使得 PPP 项目风险分配和管理极为重要。本质上，政府和社会资本间如何分担风险是一个博弈过程，如何公平合理地分担风险，使项目目标达到最优是 PPP 项目成功的关键之一。

4）监管与利益博弈。由于政府与社会资本各有不同的价值追求和责任分工，只有形成良好的监管框架，并且能有效执行，PPP 项目才得以顺利完成。政府必须对社会资本进行有效监管，避免其忽视公共利益。而企业的逐利性会促使项目公司为了谋取高额利润而避开政府监管，做出有损公共利益的行为。双方这种博弈关系会存在于项目整个合作期间，虽然政府处于强势一方，可以对项目公司的不法行为予以制裁，但是项目公司或更精于寻找监管空隙，规避政府监管。

尽管 PPP 模式的初衷在于实现政府和社会资本之间的资源互补，进而达到利益共享，但公私之间的合作伙伴关系实则是一个复杂的合同履行过程，政府部门与社会资本方在 PPP 项目运作过程中，总是体现着利益冲突与博弈。政府与社会方资本之间的博弈并不一定会对公众利益造成损失，在双方博弈过程中，公共产品和服务价格在政府与社会资本方的讨价还价中降低，PPP 项目风险能够在政府与社会资本之间合理分配，PPP 项目运营以及监管都会在双方博弈中更加完善，这是双方博弈所能带来的正面结果。当然，博弈关系也会导致诸多弊端，无论 PPP 协议的初始设计如何精心，契约的不完全性决定了社会资本在 PPP 项目中标之后，基于政府对项目建设的最终责任，很可能会以退出合同相威胁，要求对合同条款进行更改，或者增加政府公共投入，或者减少依据初始合同本应该承担的风险等因素；都很可能导致政府与社会资本方在 PPP 项目实施过程中彼此不配合，为了维护己方利益，双方都不愿意做出让步，阻碍 PPP 项目推进。

2. 政府与咨询机构的关系

政府与 PPP 咨询单位之间是直接的雇佣关系。政府通过政府采购的方式选择符合要求的咨询单位，通过签订咨询合同确认此雇佣关系，并支付咨询服务费用。在提供咨询服务时，需要双方相互协调配合，及时有效沟通，才能又好又快地推进 PPP 项目落地。

（1）雇佣关系

政府作为甲方，有权力要求咨询单位按照自己的意愿提供可行的咨询方案；咨询单位作为服务提供方，也必须从政府需求出发，结合项目实际情况给出最优方案。咨询单位首先应站在政府角度，考虑政府利益诉求，在设计项目实施方案时，在合法合理范围内，最大限度降低政府支出成本，使其获得最大收益。同时，考虑到 PPP 项目的公共属性，社会公众的利益诉求也应该得到重视，在满足政府要求前提下，应使公众利益不受损害。另一方面，政府聘请咨询机构的目的是确保 PPP 项目顺利实施，这就需要咨询机构以 PPP 项目为出发点，站在更加客观公正的角度提供咨询服务，合理平衡政府和社会资本的责、权、利，当政府提出过度侵犯社会资本的合理利益或有碍于 PPP 项目顺利推进的要求时，咨询机构不能一味服从其要求，应该从 PPP 项目健康发展的角度予以解释并打消其不合理诉求。

（2）相互配合

PPP 项目前期推进的主导方在于政府，咨询机构提供专业咨询意见。政府与咨询机构在信任的基础上相互配合，各自发挥自身优势，才能不断完善 PPP 咨询方案，为项目落地奠定坚实基础。

政府在行政审批和政策支持方面拥有绝对权力，应注重提高行政效率或者简化审批程序，以便能够高效地完成每一项审批工作，使咨询机构能够尽快开展下一步工作；同时，咨询机构在提供咨询服务过程中，需要收集项目相关资料和信息，征询政府意向、领导意见等，政府应及时回应咨询机构要求，为其调研安排对接人员、协助其收集相关资料，并及时召开各类协调、决策会议。

咨询机构应利用其技术、经济、法律、管理等各专业综合知识，统筹规划，提出项目实施方案，全面地考虑问题，配合政府做好相关工作。在提供核心问题解决方案时，应该提供两个以上方案供政府选择，并且详细分析每个方案的优劣利弊，以便为政府提供决策支持。此外，咨询机构应该定期汇报工作进展，按阶段提供工作成果，并配合实施机构向政府相关部门或领导汇报工作。

（3）高效沟通

实现相互配合是建立在高效沟通基础之上的，政府与咨询机构的沟通协调是影响咨询服务效率的主要因素。实现高效沟通应注意以下两点：

1）专人负责。PPP 项目前期涉及政府很多职能部门，咨询机构在与政府沟通过程中，往往会收到多个不同部门的意见，不同部门看待问题的视角和出发点不同，提出的要求经常存在互相矛盾之处，甚至有的部门提出违背 PPP 项目基本要求的意见，使咨询机构无所适从，难以开展工作。

因此，政府与咨询机构之间需要建立有效沟通机制，政府应指定项目指挥部办公室或项目实施机构等专门部门的专门人员代表政府与咨询机构进行协调沟通，以避免上述多头沟通现象发生。咨询机构也应指定专门人员如项目经理，与上述政府方专门人员对接。政府各部门之间的意见分歧应由政府内部协商解决，政府沟通人员所传达的信息应该是政府方的意见和要求。咨询机构的问题反馈和工作汇报也应通过该沟通专员传达给政府，以实现有效的双向沟通。

2）及时沟通。及时性是高效沟通的必然要求。当咨询机构需要向政府方就相关问题进行汇报或征询意见时，政府方专门部门或沟通专员需要及时组织相关部门人员听取汇报、提供相关意见。如果沟通不能及时进行，咨询机构就无法顺利开展工作。

第三节　PPP 项目操作流程

PPP 项目是推广运用 PPP 模式的载体和基本单元。依据《操作指南》，PPP 项目操作流程包括 5 个阶段、19 个步骤，如图 1-1-3 所示。

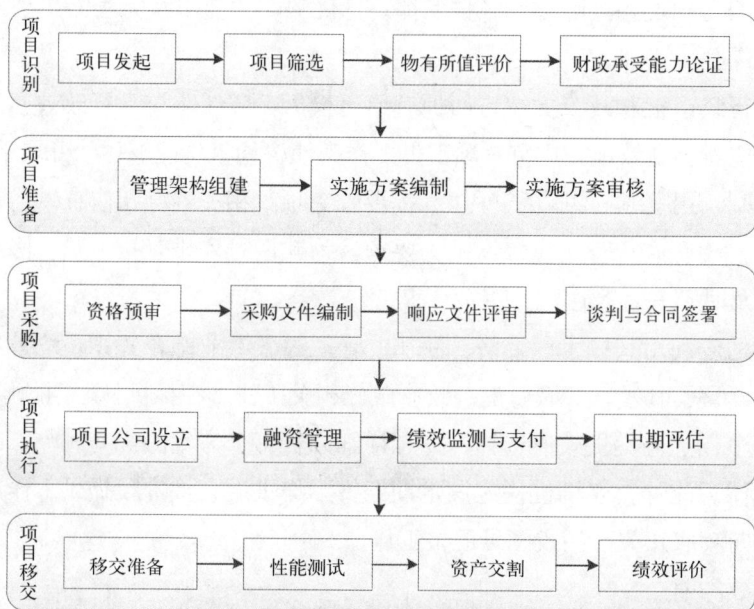

图1-1-3　PPP项目操作流程图

一、项目识别阶段

项目识别阶段是 PPP 项目操作流程的第一阶段，以筛选出一个合格其至优质的 PPP 项目为目标，包括项目发起、项目筛选、物有所值评价和财政承受能力论证四个步骤。上文提到，PPP 模式主要适用于投资规模较大、需求长期稳定、价格调整机制灵活、市场化程度较高的基础设施及公共服务类项目。各地方政府在推进新型城镇化建设以及贯彻国家"一带一路"、"长江经济带"等国家战略时，可优先考虑采用 PPP 模式，前提是相关项目要通过项目筛选、物有所值评价以及财政承受能力论证。需要地方政府注意的是，财政部门(PPP中心)是项目识别阶段重要参与主体。《操作指南》第四条中要求，"各省、自治区、直辖市、计划单列市和新疆生产建设兵团财政部门应积极设立政府和社会资本合作中心或指定专门机构，履行规划指导、融资支持、识别评估、咨询服务、宣传培训、绩效评价、信息统计、专家库和项目库建设等职责。"目前，江苏、河南、海南、安徽、福建、湖南等省市已建立省级 PPP 中心，为 PPP 项目运作"保驾护航"。

1. 项目发起

PPP 项目发起有两种途径：政府发起和社会资本发起，如图 1-1-4 所示。在项目实操中，PPP 项目一般由政府发起较为普遍。

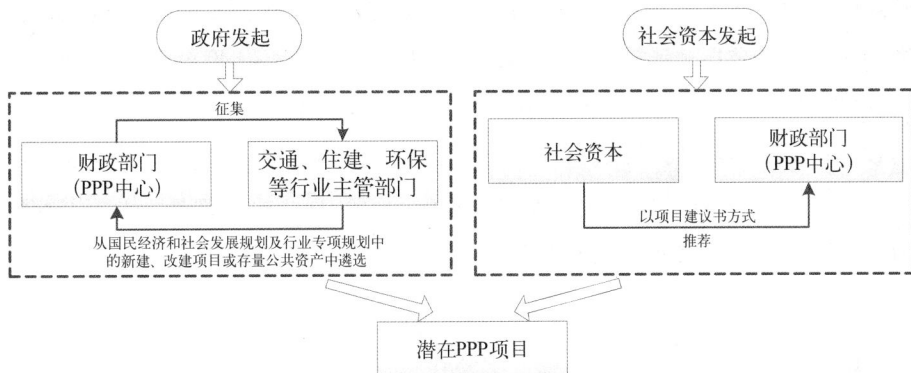

图1-1-4　PPP项目发起的两种途径

2. 项目筛选

潜在 PPP 项目评估筛选工作由财政部门（PPP 中心）与行业主管部门负责。确定备选项目后，财政部门（PPP 中心）需根据筛选结果制定项目年度和中期开发计划。

项目确认列入年度开发计划后，项目发起方需按照财政部门（PPP 中心）要求提交相关材料。《操作指南》中规定，"新建、改建项目应提交可行性研究报告、项目产出说明和初步实施方案；存量项目应提交存量公共资产的历史资料、项目产出说明和初步实施方案"。

3. 物有所值评价

物有所值评价是 PPP 项目实施的前置条件，由财政部门（PPP 中心）会同行业主管部门，从定性、定量两个方面开展工作。

定性评价重点关注项目采用 PPP 模式与采用传统政府采购模式相比能否增加供给、优化风险分配、提高运营效率、促进创新和公平竞争等。

定量评价主要通过对 PPP 项目全生命周期内政府支出成本现值与公共部门比较值进行比较，计算物有所值量值，判断 PPP 模式是否降低项目全生命周期成本。

事实上，我国在 PPP 项目中如何开展物有所值评价，如何使物有所值评价本土化，还需要进一步探索与实践。财政部于 2015 年 12 月 18 日发布的《PPP 物有所值评价指引（试行）》为我国开展 PPP 项目物有所值评价工作指明了方向，本书对该指引的相关解读详见第二篇第二章。

4. 财政承受能力论证

物有所值评价是从经济上考察一个项目采用 PPP 模式是否合理，而财政承受能力论证则从政府财政支出角度评判一个项目是否适宜采用 PPP 模式。财政部门进行财政承受能力论证时，要以财政中长期可持续为目标，确保每一年度全部 PPP 项目需要从预算中安排的支出责任，占一般公共预算支出比例应当不超过 10%。

财政部在 2015 年 4 月 7 日发布了《政府和社会资本合作项目财政承受能力论证指引》，财政承受能力论证具体操作详见第二篇第二章。只有通过物有所值评价和财政承受能力论证的 PPP 项目才能进行项目准备。

二、项目准备阶段

项目准备阶段是 PPP 项目操作流程的第二阶段，包括三个步骤：管理架构组建、实施方案编制和实施方案审核。基于对 PPP 项目投资盈利性、风险性等因素的考虑，目前社会资本方对 PPP 项目投资持较为谨慎态度。做好 PPP 项目的准备工作，无论是对政府方还是社会资本方，或是 PPP 项目的顺利实施都是至关重要的。

1. 管理架构组建

PPP 项目管理架构的组建主要从宏观与微观两个层面开展。宏观层面,由县级(含)以上地方人民政府建立 PPP 项目专门协调机构，涉及财政、发改、规划、环保、银行等多部门，主要负责项目评审、组织协调和检查督导等工作。专门协调机构具体工作内容如表 1-1-6 所示。

PPP 项目专门协调机构工作内容　　　　　　　　　　　　　　表 1-1-6

序号	主要工作	具体工作内容
1	项目评审	对各地上报的 PPP 备选项目进行评估审查，规范 PPP 运作，筛选规范的 PPP 项目。以 PPP 运作方式、采购程序、交易结构、风险分配、监管架构和物有所值六个方面作为审查重点
2	组织协调	每月对工程实施进度、吸引社会投资情况、投资完成情况等进行动态跟踪分析，推动重大工程实施
3	检查督导	督导对象为财政部门及行业主管部门，PPP 项目实施机构、社会资本参与方、中介机构和融资提供方等。主要针对项目概况、实施情况、政府履约安排、监督措施、项目实施时间表、项目实施等方面进行督导

以湖南省湘潭市为例，2015年4月，湘潭市对外重点推出了首批45个PPP项目，总投资389亿元，涉及市政基础设施建设、社会事业、生态环保、文化旅游等多个领域。湘潭市政府在推广本市级PPP项目的同时，成立了湘潭市政府和社会资本合作（PPP）决策委员会，负责对湘潭市PPP工作进行指导、组织和协调，对PPP模式推广运用和项目实施实行统一领导。此外，湘潭市财政局牵头组建市PPP工作中心，具体负责湘潭市级实施PPP模式的政策设计、项目储备、融资支持、招投标管理、争议解决等日常工作。微观层面，由政府或其指定的有关职能部门或事业单位作为PPP项目实施机构，负责项目准备、采购、监管和移交等工作。项目实施机构的选择既要考虑政府有关职能部门或事业单位运作PPP项目的能力，又要兼顾PPP项目的行业属性特征。鉴于PPP项目涉及政府多个职能部门，建议由财政部门、发改部门、各行业主管部门、第三方中介服务机构、项目实施机构等成立PPP项目的协调工作小组，主要负责项目立项、采购等协调工作。

2. 编制实施方案

PPP项目实施方案由项目实施机构负责编制，项目实施机构可通过公开招标等方式选择有资质的专业咨询机构完成实施方案编制工作。

《操作指南》中对PPP项目实施方案内容进行了规范，提出PPP项目实施方案应由项目概况、风险分配基本框架、项目运作方式、交易结构、合同体系、监管架构和采购方式选择七部分构成，如表1-1-7所示。

《操作指南》中的PPP项目实施方案内容   表1-1-7

实施方案框架		实施方案主要内容说明
第一部分	项目概况	基本情况主要明确项目提供的公共产品和服务内容、项目采用政府和社会资本合作模式运作的必要性和可行性，以及项目运作的目标和意义
		经济技术指标主要明确项目区位、占地面积、建设内容或资产范围、投资规模或资产价值、主要产出说明和资金来源等
		项目公司股权情况主要明确是否要设立项目公司以及公司股权结构
第二部分	风险分配基本框架	按照风险分配优化、风险收益对等和风险可控等原则，综合考虑政府风险管理能力、项目回报机制和市场风险管理能力等要素，在政府和社会资本间合理分配项目风险
第三部分	项目运作方式	具体运作方式的选择主要由收费定价机制、项目投资收益水平、风险分配基本框架、融资需求、改扩建需求和期满处置等因素决定
第四部分	交易结构	项目投融资结构主要说明项目资本性支出的资金来源、性质和用途，项目资产的形成和转移等
		项目回报机制主要说明社会资本取得投资回报的资金来源，包括使用者付费、可行性缺口补助和政府付费等支付方式
		相关配套安排主要说明由项目以外相关机构提供的土地、水、电、气和道路等配套设施和项目所需的上下游服务

续表

实施方案框架		实施方案主要内容说明
第五部分	合同体系	合同体系主要包括项目合同、股东合同、融资合同、工程承包合同、运营服务合同、原料供应合同、产品采购合同和保险合同等
		项目边界条件是项目合同的核心内容，主要包括权利义务、交易条件、履约保障和调整衔接等边界
第六部分	监管架构	授权关系主要是政府对项目实施机构的授权，以及政府直接或通过项目实施机构对社会资本的授权
		监管方式主要包括履约管理、行政监管和公众监督等
第七部分	采购方式选择	根据项目采购需求特点，依法选择适当采购方式

  然而在 PPP 项目实操过程中发现，表 1-1-7 中所述的 PPP 项目实施方案部分框架内容是值得商榷的，如交易结构中，项目投融资结构是以项目公司股权情况为基础，建议将项目公司股权情况调整至项目投融资结构前；项目边界条件中，没有涉及项目工作边界、投资边界等关键条款；监管架构中，授权关系与项目边界条件中权利义务部分所述内容重复；缺少潜在社会资本资格条件、竞价方式以及采购办法等内容。因此，本书对《操作指南》中的 PPP 项目实施方案框架内容进行了调整与补充，如表 1-1-8 所示。

调整后的 PPP 项目实施方案内容 表 1-1-8

实施方案框架		实施方案主要内容说明
第一部分	项目概况	基本情况
		经济技术指标
第二部分	项目运作方式	运作方式
		实施流程
		实施依据
第三部分	交易结构	项目投融资结构（含项目公司股权情况）
		项目回报机制
		收益分享机制（含超额收益分享机制）
		项目公司治理机构
		项目相关配套安排
第四部分	社会资本采购	采购方式
		社会资本资格条件
		竞价标的
		评标办法

续表

实施方案框架		实施方案主要内容说明
第五部分	项目主要边界条件（含合同体系）	特许经营权的授予（含特许经营期限）
		项目建设、运营、维护、移交
		项目工作边界、投资边界
		公共产品或公共服务价格形成机制
		政府支付与收费定价调整机制
		风险、保险与担保（含风险分配原则与框架）
		政府监管（含临时接管和提前终止、应急处置等措施）
		合同变更及争议解决

PPP 项目实施方案框架内容要视项目实际情况而定，并非千篇一律。精心编制的实施方案，既是 PPP 项目运作的良好开端，也是 PPP 项目成功的坚实基础，项目实施方案的重要性不言而喻。

3. 实施方案审核

实施方案编制完成后，财政部门要对项目实施方案进行物有所值评价和财政承受能力验证，通过验证的，由项目实施机构报政府审核；未通过验证的，在项目实施方案调整后重新验证，仍未通过验证的，不再采用 PPP 模式。

三、项目采购阶段

项目采购阶段是 PPP 项目操作流程的第三阶段，包括四个步骤：资格预审、采购文件编制、响应文件评审、谈判与合同签署。目前，PPP 项目采购工作主要依据《中华人民共和国政府采购法》、《中华人民共和国招标投标法》、《中华人民共和国政府采购法实施条例》、《中华人民共和国招标投标法实施条例》等法律法规以及《政府和社会资本合作项目政府采购管理办法》（财库〔2014〕215 号）、《政府采购竞争性磋商采购方式管理暂行办法》（财库〔2014〕214 号）、《操作指南》等部门规章和规范性文件开展。

PPP 项目采购不同于传统的政府采购，其采购方式除了公开招标、邀请招标、竞争性谈判、单一来源采购等传统采购方式外，还引入了"竞争性磋商"这一新的采购方式。PPP 项目的采购方式详见第一篇第五章。就细节而言，不同的采购方式其操作流程略有不同，但上述五种采购方式的一般流程如图 1-1-5 所示。

```
                      ┌─────────────────────┐
                      │   编制资格预审文件    │
                      └──────────┬──────────┘
                                 ↓
                      ┌─────────────────────┐
                      │   发布资格预审公告    │
                      └──────────┬──────────┘
  ┌───────────────┐             ↓              ┌───────────────┐
  │ 接收资格预审    ├──────────→ ←─────────────┤   成立评估小组  │
  │ 申请文件       │                           └───────────────┘
  └───────────────┘   ┌─────────────────────┐
                      │  资格预审申请文件评审  │
                      └──────────┬──────────┘  ┌───────────────┐
                                 ↓             │ 资格预审不足3家, │
                      ┌─────────────────────┐  │ 进行采购方式调整 │
                      │   公布资格预审结果    │  └───────────────┘
                      └──────────┬──────────┘ ┌ ─ ─ ─ ─ ─ ─ ─ ┐
                                 ↓ ─ ─ ─ ─ ─ →  评审报告交财政
                      ┌─────────────────────┐      部门备案
                      │    编制采购文件       │  └ ─ ─ ─ ─ ─ ─ ─ ┘
                      └──────────┬──────────┘
                                 ↓
                      ┌─────────────────────┐
                      │    发布采购公告       │
                      └──────────┬──────────┘
                                 ↓
                      ┌─────────────────────┐
                      │ 组织现场勘查或采购前答疑 │
                      └──────────┬──────────┘
  ┌───────────────┐             ↓
  │  接收响应文件   ├──────────→
  └───────────────┘   ┌─────────────────────┐
                      │    响应文件评审       │
                      └──────────┬──────────┘  ┌───────────────┐
                                 ↓ ←───────────┤ 成立确认谈判工作组 │
                      ┌─────────────────────┐  └───────────────┘
                      │     确认谈判          │
                      └──────────┬──────────┘
                                 ↓
                      ┌─────────────────────┐
                      │   确定中选社会资本     │
                      └──────────┬──────────┘
              ┌──────────────────┴──────────────────┐
  ┌───────────────────┐              ┌───────────────────────┐
  │   签署确认谈判备忘录  │              │   公示采购结果及合同文本  │
  └─────────┬─────────┘              └────────────┬──────────┘
            └──────────────────┬─────────────────┘
              ┌────────────────────────────────────────┐
              │ 与中选社会资本或与项目公司签署PPP项目合同    │
              │ （或关于继承PPP项目合同的补充合同）         │
              └────────────────────┬───────────────────┘
                                   ↓
                      ┌─────────────────────┐
                      │    公告项目合同       │
                      └─────────────────────┘
```

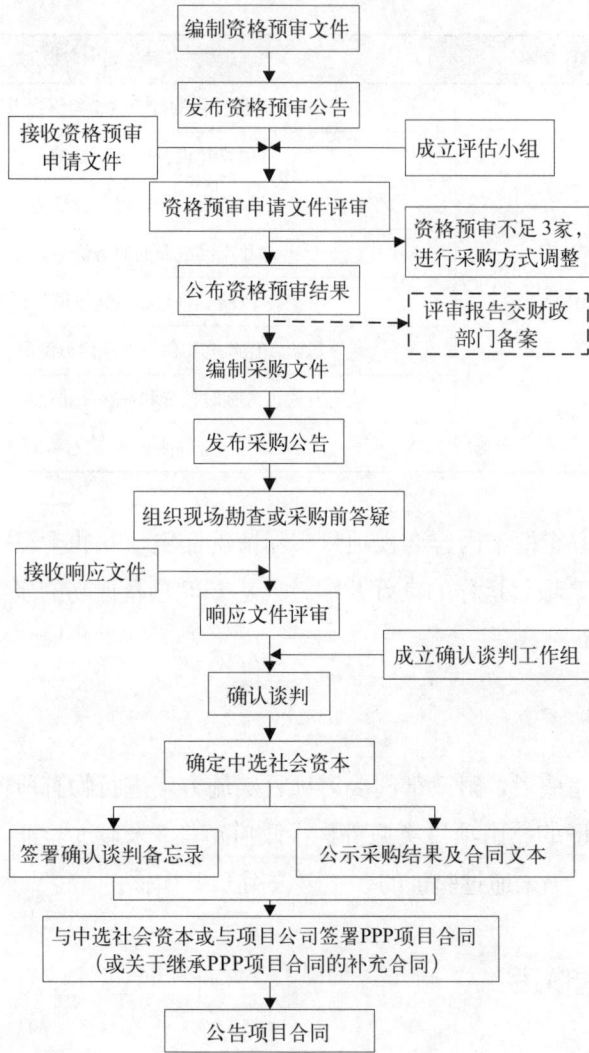

图1-1-5　PPP项目采购一般流程

对于新建、改建项目，在何时点进行社会资本采购是值得探讨的。目前，地方政府在实施 PPP 项目过程中，有的先引入社会资本，再由社会资本牵头做可行性研究等项目前期工作；有的由政府方先做可行性研究等前期工作，再引入社会资本。这两种方式各有利弊：先引入社会资本，一是可以加快项目进度，二是可以充分发挥社会资本的专业优势，使可行性研究等前期工作更符合 PPP 模式下的各种条件；先做可行性研究等前期工作，则使 PPP 项目前期论证更为充分，也有利于制定更为明确的 PPP 项目合同边界条件。而比较理想的步骤是，政府先委托专业机构编制可研报告，同步开展项目其他前期工作，基于可研报告进行 PPP 项目实施方案编制，同时可研报告也应该依据 PPP 实施方案联动调整。在引入社会资本后，政府和社会资本进行工作交接，由社会资本或项目公司负责余下工作及办理项目审批（核准）等手续。

项目采购是 PPP 项目实施最为关键的环节之一，相当一部分前期工作是为项目采购做准备的。根据项目经验，一般情况下，PPP 项目社会资本采购需要具备以下条件：1）已经开展或完成可研等部分前期工作；2）项目实施方案通过审批；3）物有所值评价及财政承受能力论证报告通过审批；4）完成资格预审；5）招标文件通过审批。目前，财政部、国家发改委等部门已出台的 PPP 相关文件中，并未对 PPP 项目采购前置条件作出明确规定。由此建议地方政府在 PPP 实施项目过程中，切忌出于加快项目进度且在前期准备并不充分的情况下就匆匆招标，从而为 PPP 项目未来的顺利实施埋下隐患。

1. 资格预审

《政府和社会资本合作项目政府采购管理办法》（财库〔2014〕215 号）规定"PPP 项目采购应当实行资格预审"，通过资格预审，可以"验证项目能否获得社会资本响应和实现充分竞争"，即资格预审一方面可以起到市场测试的作用，另一方面，对于社会资本参与积极性很高的项目，也可以起到排除不符合资格条件的社会资本或限制参与正式投标社会资本数量的目的。

资格预审可分为四个关键环节：资格预审文件编制、资格预审公告发布、资格预审不足 3 家的采购方式调整以及资格预审及结果公布。

（1）资格预审文件编制

资格预审文件一般由项目实施机构、咨询机构及招标代理机构协作编制完成。

（2）资格预审公告发布

资格预审文件编制完成后，项目实施机构应在省级以上人民政府财政部门指定的媒体上发布资格预审公告，邀请社会资本和与其合作的金融机构参与资格预审，验证项目能否获得社会资本响应和实现充分竞争。

资格预审公告应包括项目授权主体、项目实施机构和项目名称、采购需求、对社会资本的资格要求、是否允许联合体参与采购活动、拟确定参与竞争的合格社会资本的数量和确定方法，以及社会资本提交资格预审申请文件的时间和地点。

（3）资格预审不足 3 家的采购方式调整

项目有 3 家以上社会资本通过资格预审的，项目实施机构可以继续开展采购文件准备工作；项目通过资格预审的社会资本不足 3 家的，项目实施机构应在实施方案调整后重新组织资格预审；项目经重新资格预审合格社会资本仍不够 3 家的，可依法调整实施方案选择的采购方式。

（4）资格预审及结果公布

项目实施机构应成立评审小组，由资格预审评审小组对资格预审申请文件进行评审。资格预审一般采用合格制，如果潜在投标人数量过多，也可以采用有限数量制，对通过资格预审的社会资本数量进行限制。资格预审结果应告知所有参与资格预审的社会资本，项目实施机构应向资格预审合格的潜在投标人发出资格预审合格通知书，并同时向资格预审不合格的潜在投标人告知资格预审结果。未通过资格预审的潜在投标人不得参加投标。项目实施机构应将资格预审评审报告提交财政部门（PPP 中心）备案。

这里还需要说明的是，由于目前针对 PPP 项目社会资本采购的法律法规尚不健全，主要依据政府采购和招标投标方面的法律法规、部门规章、规范性文件等进行操作，会存在一定程度上的不适应甚至冲突。例如，某项目在资格预审时，设定了对社会资本注册资本金、资产总额、资产负债率、以往业绩等要求，后有潜在投标人以《政府采购促进中小企业发展暂行办法》第三条规定的"政府采购不得以注册资本金、资产总额、营业收入……等供应商的规模条件对中小企业实行差别待遇或者歧视待遇"为由提出质疑，招标人因此取消了对注册资本金、净资产规模、资信、类似项目业绩等要求，使得资格预审没有起到很好的筛选作用。

2. 采购文件编制

PPP 项目采购文件一般由咨询机构协助项目实施机构或其委托的招标代理机构进行编制。采购方式不同，采购文件内容也略有不同。公开招标、邀请招标、单一来源采购、竞争性谈判和竞争性磋商五种方式的采购文件内容均要包括采购邀请、竞争者须知（包括密封、签署、盖章要求等）、竞争者应提供的资格、资信及业绩证明文件、采购方式、政府对项目实施机构的授权、实施方案的批复和项目相关审批文件、采购程序、响应文件编制要求、提交响应文件截止时间、开启时间及地点、强制担保的保证金交纳数额和形式、评审方法、评审标准、政府采购政策要求、项目合同草案及其他法律文本等；对本国社会资本的优惠措施及幅度、外方社会资本采购我国生产的货物和服务要求等相关政府采购政策，以及对社会资本参与采购活动和履约保证的强制担保要求。而竞争性谈判和竞争性磋商还要包括评审小组根据与社会资本谈判情况可能实质性变动的内容，包括采购需求中的技术、服务要求以及合同草案条款等内容。

3. 响应文件评审

响应文件的评审可采用综合评分法或最低评标价法，评标办法应在采购文件中明确。竞争性磋商有别于其他采购方式，其响应文件评审分两阶段进行：

第一阶段：确定最终采购需求方案。评审小组可以与社会资本进行多轮谈判，谈判过程中可实质性修订采购文件的技术、服务要求以及合同草案条款，但不得修订采购文件中规定的不可谈判核心条件。实质性变动的内容，须经项目实施机构确认，并通知所有参与谈判的社会资本。具体程序按照《政府采购非招标方式管理办法》及有关规定执行。

第二阶段：综合评分。最终采购需求方案确定后，由评审小组对社会资本提交的最终响应文件进行综合评分，编写评审报告并向项目实施机构提交候选社会资本的排序名单。具体程序按照《政府采购货物和服务招标投标管理办法》及有关规定执行。

4. 谈判与合同签署

由项目实施机构成立的采购结果确认谈判工作组进行确认谈判工作，按照候选社会资本排名，依次与候选社会资本及与其合作的金融机构就合同中可变的细节问题进行合同签署前的确认谈判，率先达成一致的即为中选者。确认谈判不得涉及合同中不可谈判的核心条款，不得与排序在前但已终止谈判的社会资本进行再次谈判。

确认谈判完成后，项目实施机构应与中选社会资本签署确认谈判备忘录，并将采购结果和根据采购文件、响应文件、补遗文件和确认谈判备忘录拟定的合同文本进行公示，公示期不得少于 5 个工作日。项目合同在公示期满无异议并经政府审核同意后，由项目实施机构与中选社会资本签署项目合同；或待项目公司成立后，由项目公司与项目实施机构重新签署项目合同，或签署关于承继项目合同的补充合同。项目实施机构应在项目合同签订之日起 2 个工作日内，将项目合同在省级以上人民政府财政部门指定的媒体上公告，但合同中涉及国家秘密、商业秘密的内容除外。

此外，在 PPP 项目采购过程中，还有两点需要注意。一是项目实施机构与中选社会资本签署的项目合同中应将中选社会资本响应文件中的重要承诺和技术文件等作为附件，这是基于 PPP 项目特殊性的考虑。二是政府有关职能部门（如财政、发改委等部门）要加强 PPP 项目的采购监管，对采购方式选择的合理性、采购文件编制的合法合规性以及采购流程的公开透明性等进行全过程监督管理。

四、项目执行阶段

项目执行阶段是 PPP 项目操作流程的第四阶段，包括四个步骤：项目公司设立、融资管理、绩效监测与支付和中期评估。项目执行阶段以及项目移交阶段，PPP 项目的主角由政府方逐步转变为社会资本方，政府方的主要职责是对项目公司运作项目的履约性、合法合规性等进行监督与管理。

1.项目公司设立

项目公司是依法设立的自主运营、自负盈亏的具有独立法人资格的经营实体，既可以由社会资本（可以是一家企业，也可以是多家企业组成的联合体）出资设立，也可以由政府指定相关机构与社会资本共同出资设立。在一些PPP项目中，"政府指定相关机构"与项目实施机构为同一部门，而项目实施机构又是项目公司实施PPP项目的监管者，就会出现"既是运动员又是裁判员"的现象。因此，建议在PPP项目实操过程中，选择行业主管部门作为项目实施机构，而选择如政府投融资平台公司等机构作为政府出资方代表。

2.融资管理

PPP项目融资由社会资本或项目公司负责，具体包括融资方案设计、机构接洽、合同签订和融资交割等工作。《操作指南》中针对PPP项目融资过程中可能出现的问题提出了以下解决措施：

（1）当社会资本或项目公司未按照项目合同约定完成融资时，政府可提取履约保函直至终止项目合同；

（2）当遇到系统性金融风险或不可抗力时，政府、社会资本或项目公司可根据项目合同约定，协商修订合同中相关融资条款；

（3）当项目出现重大经营或财务风险，威胁或侵害债权人利益时，债权人可依据与政府、社会资本或项目公司签订的直接介入协议或条款，要求项目公司改善管理等。

3.绩效监测与支付

（1）PPP项目绩效监测

项目绩效是项目团队运作项目所表现出的行为与结果，项目绩效评价是项目管理的重要内容。对于PPP项目而言，项目公司运作PPP项目过程中所提供产品和服务质量情况、财务效果、资源利用率、职工满意度等，都需要政府方通过建立完善、系统的项目产出绩效指标体系进行监测，并编制项目绩效监测季报和年报，并报财政部门（PPP中心）备案。

在PPP项目实操过程中，项目实施机构可依据项目绩效评价结果实行"奖惩"制度。例如，当项目实际绩效优于约定标准时，项目实施机构可执行项目合同约定的奖励条款，并将其作为项目期满合同能否展期的依据；当项目实际绩效未达到约定标准时，项目实施机构可执行项目合同约定的惩处条款或救济措施。

（2）政府支付义务与形式

采用政府付费和可行性缺口补助付费机制的 PPP 项目涉及政府支付义务。

PPP 项目政府支付义务与地方政府财政预算紧密联系。在进行财政承受能力论证时，财政部门不仅要论证现阶段政府的财务状况，也要结合中长期财政规划统筹考虑，将政府支付义务纳入到同级政府预算中。同时，财政部门（PPP 中心）和项目实施机构都应建立 PPP 项目政府支付台账，严控政府财政风险。

项目实施机构根据项目合同约定的产出说明，按照实际绩效直接或者通知财政部门向项目公司及时足额支付。具体支付形式取决于项目投资边界如何设计，而投资边界又与政府当前及今后财政情况相关。政府支付形式是项目实施方案中需要重点明确的内容。这里为读者列举了某城市生活垃圾焚烧发电 PPP 项目政府支付形式的三种方案以供参考，如表 1-1-9 所示。

某城市生活垃圾焚烧发电项目政府支付形式方案　　　　　表 1-1-9

方案序号	方案内容	优势	劣势
方案一	征地拆迁费用由政府负责，作为政府配套投入，不计入项目公司投资范围。其余投资由项目公司负责，同时考虑运营成本及合理收益，政府通过垃圾处理补贴形式按月支付给项目公司	招标相对简单、结算支付简单；政府每月需支付的垃圾处理补贴较低	政府建设期投入较大
方案二	征地拆迁费用由社会资本方垫付，考虑一定收益率在项目商业运营后分 5 年支付给项目公司；项目其余投资由项目公司负责，考虑运营成本及合理收益，政府通过垃圾处理补贴形式按月支付给项目公司	避免政府建设期一次投入过大，平滑财政支出；政府每月需支付的垃圾处理补贴较低	招标、结算支付相对繁琐
方案三	征地拆迁及其他所有费用全部由项目公司负责投资，同时考虑运营成本及合理收益，政府通过垃圾处理补贴形式按月支付给项目公司	除股权投入外（如果政府参股），政府在项目建设期无须投入，减少财政压力；招标、结算支付简单	政府每月需支付的垃圾处理补贴较高

4. 中期评估

项目实施机构应定期（一般为 3～5 年）对已投入运营的项目进行中期评估，评估重点为项目运行情况和项目合同的合规性、适应性和合理性等。PPP 项目中期评估流程与内容详见本书第二篇第三章。项目实施机构针对发现的问题，及时评估问题的风险、制定应对措施，并报财政部门（PPP 中心）备案。

在 PPP 项目执行阶段，政府同样要扮演好"PPP 项目监督者"的角色，发挥其作为公共事务管理者的行政监督管理职能。上述环节中，项目实施机构和财政部门（PPP 中心）应分别从微观与宏观两个层面对项目公司设立、融资等进行监督，确保项目公司按时设立，防止企业债务向政府转移。政府相关职能部门应根据国家相关法律法规对项目履行行政监管职责，重点关注公共产品和服务质量、价格和收费机制、安全生产、环境保护和劳动者权益等。此外，由于 PPP 项目涉及社会公众利益，政府、项目公司需依法公开披露项目相关信息，保障公众知情权，接受社会监督。

五、项目移交阶段

PPP 项目采用 BOT、TOT、LOT 等运作方式时，项目公司需在项目特许经营期满后将项目资产按照合同约定移交给项目实施机构或政府指定的其他机构。项目移交阶段包括四个步骤：移交准备、性能测试、资产交割和绩效评价。

1. 移交准备

PPP 项目在移交前需要做好四项准备工作：

（1）明确代表政府接受项目资产的"接收人"，"接收人"一般为项目实施机构或政府指定的其他机构。

（2）有偿移交需明确并实施补偿方案。项目采用有偿移交时，项目实施机构需明确项目合同中约定的补偿方案；如果项目合同中没有约定或约定不明确时，项目实施机构需按照"恢复相同经济地位"原则拟定补偿方案，报政府审核同意后实施。

（3）"接收人"要组建项目移交工作组，根据项目合同约定与项目公司确认移交情形和补偿方式，制定资产评估和性能测试方案。

（4）项目移交工作组委托具有相关资质的资产评估机构，按照项目合同约定的评估方式，对移交资产进行资产评估，作为确定补偿金额的依据。

2. 性能测试

由项目移交工作组按照性能测试方案和移交标准对项目移交资产进行性能测试。如果性能测试结果为不达标，移交工作组可要求项目公司进行恢复性修理、更新重置或提取移交维修保函。

3. 资产交割

社会资本或项目公司应将满足性能测试要求的项目资产、知识产权和技术法律文件，连同资产清单移交项目实施机构或政府指定的其他机构，办妥法律过户和管理权移交手续。项目公司应配合做好项目运营平稳过渡相关工作。

4. 绩效评价

项目移交完成后，财政部门（PPP 中心）需组织有关部门进行 PPP 项目后评价，绩效评价内容包括项目产出、成本效益、监管成效、可持续性、政府和社会资本合作模式应用等，绩效评价方法详见本书第二篇第三章。评价结果需按相关规定公开，并作为政府开展 PPP 管理工作的决策参考依据。

上述"5 阶段、19 步骤"是 PPP 项目的一般操作流程，实际上，不同阶段并没有严格的界限。比如，《操作指南》中将物有所值评价和财政承受能力论证放在项目识别阶段，而实际上，由于此阶段缺乏较详细的项目经济数据、实施方案中核心问题尚未确定，使得物有所值定量评价和财政承受能力论证无法进行。详细的物有所值评价及财政承受能力论证要在项目准备阶段、实施方案基本完成时进行。

PPP 项目操作流程是成功运作 PPP 项目的基础，而 PPP 项目最终顺利落地，既需要政府准确定位其角色并完善相关法律法规，也需要融资能力强、信誉好、建设和运营能力强的社会资本以及专业咨询机构的参与。同时，政府和社会资本双方所建立的公平对等的契约关系以及市场化竞争条件下的组织架构、风险防范、投融资、市场准入、绩效评估等全流程管理也是 PPP 项目成功运作的关键因素。

事实上，自财政部发布《关于推广运用政府和社会资本合作模式有关问题的通知》（财金〔2014〕76 号）以来，不论是国家层面还是地方政府都从自身实际出发，提出了众多切实有效的举措推动 PPP 模式普及与 PPP 项目落地，而 PPP 在中国的发展仍然任重而道远。本书将在接下来的章节中，以 PPP 项目操作流程为主线，从 PPP 项目运作、评价两大板块重点剖析 PPP 操作过程中的关键环节，并提出相关建议，最后辅以案例分析，以期为 PPP "本土化"发展贡献绵薄之力。

第二章 PPP 项目运作方式与回报机制

在 PPP 项目实施中，运作方式和回报机制的设计与优化项目风险分担、合理满足政府与社会资本利益要求密不可分，而定价与调价机制是 PPP 项目风险和收益的直接表现。因此，合理的运作方式与回报机制，以及完善的定价调价机制是 PPP 项目得以顺利实施的重要保证，也是 PPP 项目运作机制设计的重点和关键内容。

第一节 PPP 项目运作方式

一、PPP 项目运作方式分类

对于 PPP 模式，由于各国意识形态、经济发展状况等不同因素的影响，导致其运作方式的分类也各有特色。例如，美国政府会计处（US Government Accounting Office）将 PPP 划分为 12 种模式，包括 BDO（建设—开发—运营）、BOT（建设—运营—移交）、BOO（建设—拥有—运营）、BBO（购买—建设—运营）、DB（设计—建设）、DBFO（设计—建设—融资—运营）、DBM（设计—建设—维护）、DBO（设计—建设—运营）、DF（开发—融资）、O&M（运营—维护）、免税契约（Duty-free Contract）、全包式交易（Whole-Transaction）。欧盟委员会按照投资关系，将 PPP 分为传统承包、一体化开发和经营、合伙开发三大类。传统承包类是指政府投资，私人部门只承担项目中的某一个模块（如建设或者经营）；一体化开发类是指公共项目的设计、建造、经营和维护等一系列职能均由私人部门负责，有时也需要私人部门参与一定程度的投资；合伙开发类通常需要私人部门负责项目的大部分甚至全部投资，且合同期间资产归私人拥有。

在参考美国、欧盟委员会以及世界银行等世界组织、国家和地区分类标准的基础上，结合国内基本国情和目前的应用现状，总结出我国 PPP 项目的分类及主要运作方式如表 1-2-1 所示。

我国 PPP 项目分类及主要运作方式   表 1-2-1

类别		PPP 类型	简写
外包类	模块式外包	服务合同	SC
		管理合同	MC
	整体式外包	设计—建设—维护	DBM
		委托运营	O&M
		设计—建设—运营	DBO
特许经营类	部分市场化	建设—运营—移交	BOT
		转让—运营—移交	TOT
		改建—运营—移交	ROT
民营化类	完全市场化	建设—拥有—运营	BOO

1. 外包类 PPP 模式

外包类 PPP 模式通常指由政府投资，社会资本不承担或只承担较少部分投资，由社会资本承包整个项目中一项或者几项职能。比如，负责现场工程建设或承担部分技术咨询等，最后由政府来支付相关费用。外包类包括模块式外包以及整体式外包两种形式。其中，模块式外包主要分为服务外包和管理外包两种类型，合同期限一般为 3 ~ 5 年；整体式外包分为设计—建设—维护（DBM）、委托运营（O&M）、设计—建设—运营（DBO）等多种形式。

2. 特许经营类 PPP 模式

特许经营类一般是社会资本参与部分或全部投资，并通过一定的合作机制与政府分担项目风险，共享项目收益。根据项目实际收益情况，政府可能会向项目公司收取一定的特许经营费或者给予一定补偿，这就需要政府协调好社会资本的利润和项目公益性两者之间的关系，特许经营类项目能否成功在很大程度上取决于政府相关部门的管理水平。通过建立有效的监管机制，特许经营类项目能充分发挥双方各自的优势，节约整个项目建设和运营成本，同时还可以提高公共服务质量。由于项目资产最终归政府所有，因此，一般存在使用权和所有权的移交过程，即合同结束后要求社会资本将项目使用权或所有权移交给政府。根据具体合作内容及方式，通常有 BOT、TOT、ROT 等不同特许经营形式。特许经营类 PPP 项目是当前我国推行的主要形式。

3. 民营化类 PPP 模式

民营化类 PPP 模式通常是指社会资本投资、建设（或购买、更新）并永久拥有和经营相关设施，在与政府签订的原始合同中注明保证公益性的约束条款，受政府管理和监督。民营化类 PPP 项目运作方式的主要代表是建设 – 拥有 – 运营模式（BOO）。

三类 PPP 模式对比如表 1-2-2 所示。

三类 PPP 模式对比   表 1-2-2

	外包类	特许经营类	民营化类
资产所有权	政府	社会资本 – 政府	社会资本
持续时间	1 ~ 5 年	25 ~ 30 年	永久
运营与管理职责	社会资本 / 项目公司	社会资本 / 项目公司	社会资本
投资	政府	政府 – 社会资本	社会资本
社会资本风险	最小化 / 适中	高	高
适用项目	新建或存量项目	新建或存量项目	多为新建项目

三类 PPP 模式通常以社会资本介入的深度来进行区分，根据项目的特点，外包模式适用于公共产品属性强的项目，比如市政广场、公园等免费开放的项目，市场化要求越高的项目往往越倾向于后两种模式。

二、PPP 项目运作方式特点分析

1. 外包类

（1）服务合同

服务合同的实质，是政府打破传统的行政垄断式公共服务提供模式，在公共服务的生产环节引入社会资本或非营利组织参与的合同治理方式，以提高公共服务供给绩效。服务合同的合作期限一般短于 5 年。

1）服务合同的优势

①提高公共服务提供效率。服务合同强调将公共服务递送活动分解成生产与提供两个环节，在服务生产环节引入社会资本或非营利组织参与，服务供给方更容易提高效率、提供更好的产品与服务。

②提高政府效率。仅仅依靠预算最大化的政府提供公共服务在技术上及资源配置上都是无效的，应该引入利润最大化的社会资本来加强公共服务供给的竞争性，以便提高政府的效率。

2）服务合同的适用范围

公共服务外包的范围目前已经涵盖了医疗卫生服务、教育服务、社区服务、培训服务、就业服务、计划生育服务等公共服务领域。政府部门在运用该方式时应弄清有哪些可购买服务的项目、需要什么资质等信息。政府应从服务的可描述性、监督的难易和竞争的程度三个方面出发，设计公共服务项目适合合同外包的程度。

（2）管理合同（MC）

MC是指政府将存量公共资产的运营、维护以及用户服务职责授权给社会资本或项目公司的项目运作方式。管理合同产生的最初原因是要将所有权与经营权分离，作为一种契约安排形式，也使得企业的剩余索取权与控制权分离。管理合同通过政府与社会资本签署合同来约定双方的权利、义务和责任，以确保社会资本能以自己的管理风格、服务规范、质量标准和运营方式来向被管理的公用项目输出专业技术、管理人才和管理模式，并向政府收取一定比例的管理费。

1）MC方式的优势

①输出管理。管理合同模式不同于其他经营管理模式，也不同于其他的输出行为，主要特点是输出的是"管理"这种抽象的概念，并以输出管理的方式，对所委托的公用项目进行直接的经营管理，有利于引进先进的管理模式。

②拆分所有权和经营权。一方面，社会资本有经营管理公用项目的权利，不受政府的干扰；另一方面，政府向社会资本支付经营费用，并承担所有权风险。这样将所有权和经营权拆分的形式，为那些缺乏管理经验和技能的政府继续从公用项目获取盈利提供机会。同时，也为社会资本创造了一个低成本拓展其资源网络和市场份额的良好模式。

2）MC方式适用范围。MC方式适用于酒店管理、旅游开发管理等项目。

（3）设计—建设—维护（DBM）

DBM是指政府与社会资本签订协议，由社会资本按照政府的要求对项目的实体工程进行设计和建设，并且在项目建设完成后，继续由社会资本对项目设施进行维护。

1）DBM的优势。从社会资本角度出发，DBM相对于DB（设计—建造）模式，社会资本在参与项目过程中多负责了项目设施的维护。因此，当项目建设完成后，社会资本不会很快与该项目脱离关系，而是在项目的运营阶段，仍负责对设施的维护工作。在DBM方式下，社会资本除了承担设计、建设风险外，还要承担项目运营过程中项目维护的相关风险。

从政府角度出发，DBM模式能够将项目设施维护的主要风险转移给社会资本，从而减少政府所承担的风险。

2）DBM 方式的适用范围

DBM 方式是 DB 模式的延伸，适用于政府办公楼、学校、监狱等公用设施项目。

（4）委托运营（O&M）

O&M 是指政府将存量公共资产的运营维护职责委托给社会资本或项目公司，社会资本或项目公司不负责用户服务的项目运作方式。政府保留资产所有权，只向社会资本或项目公司支付委托运营费。

1）O&M 的优势

①双方分工明确，有利于专业化管理。双方承担的工作各有侧重：政府可充分发挥其掌握项目所有权、掌控资金和良好公共关系等优势做好用户服务工作；而社会资本则充分发挥其生产管理和运行维护技能优势，做好公用项目生产管理工作。

②双方责权清晰，有利于科学化管理。双方是一种合同关系，又是利益共同体。政府通过合同明确社会资本的责任与义务，并随时对社会资本的工作进行考核；社会资本基于合同所明确的权利与责任，按照安全标准化、质量标准化等管理体系要求建立健全各项管理制度，加强成本控制，按照管理体系一体化运作。

③双方互信共赢，有利于成本管理。政府对社会资本的监督与制约，是建立在双方互信基础之上的。双方约定运营成本费用后，社会资本自觉接受政府监督，在全面完成政府考核制约的前提下，充分发挥自身技术优势，外塑形象，内修素质，积极开展修旧利废、技术攻关等活动，最大限度降低生产成本，实现经济效益和社会效益的双赢。

2）O&M 方式的适用范围

O&M 从 20 世纪 90 年代引入我国，不断应用于公共服务的各个领域，包括大型体育设施、高速铁路行业、电力行业、煤炭行业、污水处理、垃圾处理、城市公交等。

（5）设计—建设—运营（DBO）

DBO 是社会资本除承担项目的设计、建造和维护的职能外，还负责运营该基础设施，但是整个过程中资产的所有权仍由政府保留的一种运作方式。

1）DBO 方式的优势

①单一责任主体。DBO 社会资本对建设和运营中的所有问题向政府承担责任，不会发生推诿的现象。采用该种方式，政府方不需要专业知识，只要合理选择社会资本，由社会资本负责项目的设计、施工、运营，政府工作大大减轻。而且，对于项目实施过程中的问题，政府不用像传统模式一样协调设计、施工、运营方，社会资本直接对政府负责。

②缩短工期，及早移交。相对于分阶段施工，由于设计和施工是由单一主体负责提供的，能提高可施工性，设计和建造活动的搭接，可以缩短工期并优化建设活动，

项目可以尽早移交，由设计错误或遗漏而导致的索赔也会减少。

③全寿命期成本降低。由于设计人员和施工及运营承包商为同一主体或联合体（社会资本），设计会采用更经济高效的技术，详细设计完成前就可以采购关键设备。而且，项目是基于最低全生命周期成本确定中标人的，这会激励运营商提高运营效率，降低总体成本。

2）适用范围

DBO 所适用的项目有限，从目前工程实践来看，主要适用于运营技术复杂的项目。这样可以保证政府部门充分利用社会资本的高科技与高效率，为消费者提供高质量的服务。从 DBO 方式的实践应用及其特点来看，主要适用于项目的设计、施工、运营需要集成的一些项目。这类项目或者是因项目本身自偿性不足，无法吸引社会资本介入，或者是政府有充裕的资金来源。因此，DBO 方式主要应用于环保设施，比如垃圾处理场、焚化场、废物转运站、政府投资的新建水厂、污水处理工程，以及高速公路收费项目等。

2. 特许经营类

（1）建设—运营—移交（BOT）

BOT 方式是政府授权机构通过特许经营协议授权社会资本成立 BOT 项目公司，项目公司进行融资、建设并运营 PPP 项目，通过在特许经营协议规定的时间内经营项目获得收益，特许经营期结束后，将项目移交给政府相关部门，特许经营期限一般为 25 ～ 30 年。

1）BOT 方式的优势

①有利于利用社会上闲散资金。BOT 方式能在一定程度上解决政府由于种种原因不能满足公用设施建设的庞大资金需求，而社会资本通常又无法涉及的公用设施建设项目，使政府能在财政资金不足的情况下仍能进行一些基建项目。它减轻了公用设施项目资金短缺的压力，并可使政府集中资金对另外一些不被投资者看好但又对国家具有重要战略意义的项目进行投资。

②有利于减轻政府债务。由于与项目有关的债务资金是由项目公司进行融资的，不构成政府债务，也不会增加政府外债总额和财务负担。

③有利于吸引外资，引进新技术，改善和提高项目管理水平。由于国际性财团或大公司作为投资者和管理者参与到 PPP 项目中来，可以带来先进技术和管理经验，提高项目建设质量，加快建设速度，以更好的服务或更低的价格使消费者最终受益。

④有利于提高项目运作效率。BOT 方式可以把社会资本优秀的经营机制引入基础设施建设中来，按市场化原则进行经营和管理，从而有助于提高公用项目的建设和经营效率。一方面，由于社会资本的参与，贷款机构对项目的要求一般会比对政府直接

承担的项目要求更加严格；另一方面，为了减少风险而获得更多收益，客观上也促使社会资本加强管理和控制造价，保证项目按时、按质完成。

⑤有利于分散风险。以 BOT 方式将公用项目全权交给项目公司建设和经营，通过把项目公司的收益与其履约责任联系起来，可以使政府将项目融资、建设和经营风险转移给社会资本，避免政府承担项目全部风险。

2）BOT 方式适用范围

BOT 方式一般适用于竞争性不强的行业。一般能通过收费获得收入的设施或者服务项目，都是 BOT 方式的适用对象，例如：电站、高速公路、铁路、桥梁、隧道、港口、机场、化工类项目、灌渠、水库、大坝、教育医疗卫生基础设施、仓库、环保设施、通信设施、工业园区等建设项目。

（2）转让—运营—移交（TOT）

TOT 是指政府部门或国有企业将建设好的项目的一定期限的产权和经营权，有偿转让给社会资本，由其进行运营管理，社会资本在约定的时间内通过经营收回全部投资并得到合理回报，并在合约期满之后，再交回给政府部门或原单位的一种运作方式。TOT 在我国称为"逆向 BOT"或"购买现货"，即以向社会资本转让现存具有可经营性的基础设施项目的产权或经营权方式，吸引社会资本进入基础建设领域。

1）TOT 方式的优势

①有利于盘活国有资产存量，促进投资体制转变。政府可以盘活现有基础设施存量资产，获得大量资金用于建设更多的基础设施项目，减轻其用于投资基础设施预算内资金压力，加快基础设施建设速度。同时，在 TOT 方式下，除金融机构、基金组织、国外大公司外，各类社会资本均可参与融资，因而有助于大量吸引国内外社会资本，促进投资体制由国家投资为主逐步向社会资本投资为主的架构转变。

②风险小，项目引资成功率高。TOT 方式一般不涉及项目建设过程，避免了其在建设过程中的各种风险和矛盾，项目风险明显降低，又能尽快取得收益，双方容易合作，引资成功可能性大大增加。

③项目成本和产品价格相对较低。一方面，由于 TOT 方式下投资风险大幅降低，投资者预期收益率会合理下调；另一方面，TOT 方式涉及环节较少，项目营运时间大大提前，评估、谈判等方面的从属费用也势必降低，因而，项目成本和项目产品价格都相应有所降低。

2）TOT 方式适用范围

根据 PPP 项目的可经营性，TOT 方式适用于经营性项目，包括纯经营性项目，如收费高速公路、收费桥梁、收费隧道等；以及部分准经营性项目（要求具有一定的经营指数），如煤气厂、地铁、轻轨、自来水厂、垃圾焚烧厂等。

（3）改建—运营—移交（ROT）

ROT 方式有时也被称为"TOT+BOT"，是指在 TOT 的基础上，项目公司对过时、陈旧的项目设施、设备进行改造更新，并由项目公司经营若干年后再转让给政府。

1）ROT 方式的优势

①社会资本投入 PPP 项目的初期投资比 BOT、BOO 等方式的投入资金要少，可以减少社会资本的投资负担，可吸引更多的社会资本进行竞标。

②采用 ROT 方式可以通过转让资产获得转让费，使政府部门将建设资金快速收回，用于其他项目投资，提升政府财政资金利用效率。

③ ROT 方式是对现有的设施加以利用，在运行过程中可以发现项目的其他问题，通过改扩建过程积累丰富经验，便于以后其他项目的实践操作，根据经验确定需要培养的专业人才类型，可以为类似项目建设打下良好的人才及技术基础。

2）ROT 方式适用范围

ROT 方式适合于需要扩建 / 改建的公用设施，解决了政府缺乏扩建工程资金的问题，同时又将原有设施的运营管理结合起来。若设计优良，可以是一种非常贴近项目实际情况的 PPP 运作方式，目前应用于体育场馆、发电站等项目。

3. 民营化类

BOO 是一种社会资本投资、建设并永久拥有和经营基础设施或公共服务项目的运作方式。社会资本与政府签订的 PPP 合同中应注明保证公益性的约束条款，受政府管理和监督，合同期限一般为永久性的。

1）BOO 方式的优势

①保证设施建造的整体质量，为提高运营效果奠定基础。项目的建设主要由社会资本投资并提供设计、建设、安装、运营"一条龙"服务，解决各环节的脱节现象，明确了责任。BOO 方式会促使社会资本发挥专业优势达到工程建设和运营的最佳效果。

② BOO 方式权责分明，社会资本参与度提高。BOO 方式投资、效益和责任归属一家，事前控制、设备选型、长期稳定运行成为首要考虑因素。对于 BOO 项目，政府和社会资本会提前预测长期效益，事先制定控制措施，尽量防范风险；另外，项目公司参与项目的程度大大提高，会认真选择优质的核心设备，管护到位，设备同步运行率高，使用寿命长。保证在项目运营过程中从原材料质量、消耗和副产物利用各方面综合考虑，设备能耗、经济运营都能够做到事前控制，运营成本均可控制在合理范围以内。

③ BOO 项目不存在移交问题，管理相对简单。BOO 方式中，投资、产权归属和运营责任同属社会资本，利于管理，不存在扯皮问题。

2) BOO 方式适用范围

BOO 运作方式适合于收益不高、需要给投资人提供更多财务激励的新建项目。与此同时，要求政府对这些设施的运营服务质量易于监管，且监管成本合理、稳妥、可靠。该模式在国内固体废弃物处理项目中使用较多，如常熟垃圾焚烧 BOO 项目。

三、PPP 项目运作方式选择

PPP 模式含义广泛，运作方式较为灵活。对于具体 PPP 项目运作方式的选择，学术界没有统一的方法。在 PPP 项目实际操作中，应根据一定原则，综合考虑多种因素选择适宜的运作方式，从而达到成功实施 PPP 项目的目的。

1. PPP 项目运作方式选择原则

（1）考虑国情，结合地方实际情况

选择何种运作方式应考虑我国的基本国情，基于当地社会经济发展状况、项目特性以及当地的法律、政策等实际情况选择运作方式。无论选择何种方式，其目标都应是改善居民生活水平，提高政府提供公共服务的能力，使公众获得更好、更廉价的服务。

（2）妥善处理政府与市场的关系

不同运作方式意味着社会资本不同参与方式和参与程度。在基础设施服务领域，即使在发达国家，目前也没有证据表明社会资本能够发挥主导供给作用。因此，在推进我国基础设施建设与运营及公共服务市场化过程中，必须首先正确处理好政府与市场的关系。在社会资本、政府与公众之间找到平衡点，局部、逐步、稳步实行市场化。

（3）维持政府、社会资本、公众的利益平衡

基础设施领域市场化改革的总目标应体现效率和公平，既要考虑社会资本的投资回报，又要考虑公众的经济承受能力，当然还要保证服务质量，实现政府公共服务的供给职能。这就要求在设计具体运作方式时，要制定合理的服务价格，同时考虑当地经济水平，建立合理的政府补贴机制，并且政府要充当好服务质量监督的角色。

2. 运作方式选择的依据

《操作指南》中指出，PPP 项目"具体运作方式的选择主要由收费定价机制、项目投资收益水平、风险分配基本框架、融资需求、改扩建需求和期满处置等因素决定"。在此基础上，结合 PPP 项目实操经验，运作方式的选择应主要考虑项目自身特点、政府能力及经验、投资收益及风险、产权及期满处置要求等因素。

(1) 项目自身特点

随着 PPP 模式的不断推广，可运用 PPP 模式的项目涉及国民经济的多个领域。进行 PPP 运作方式选择时，首先应考虑项目自身的特点，根据项目特点量身打造适合的运作方式。项目自身特点应考虑项目的建设类型、竞争性以及项目重要性。

1) 建设类型。采用 PPP 模式的项目既可以是新建项目，也可以是存量项目。针对新建项目，可采用 DBM、DBO、BOT、BOO 等模式；对于存量项目，可采用 ROT、TOT、O&M、MC 以及 SC 等方式；如果需改建或扩建存量项目，则可采用 ROT 方式。

2) 竞争性。竞争性与项目的市场化程度有关，市场化程度越高的项目，竞争就越激烈，竞争性越强。因此，对于竞争性强的 PPP 项目，就可以选择市场化程度高的运作方式，如 ROT、TOT、BOO、BOT 等方式；对于竞争性较弱的项目，可采用 SC、MC、O&M 等方式；对于竞争性一般的项目，则可采用 DBM、DBO 等方式。

3) 项目重要性。项目重要性是指项目对当地国民经济或产业结构的影响程度，对国民经济或产业结构影响大的项目一般会慎用由社会资本拥有产权或实际控制权的 PPP 运作方式，此类项目可采用 SC、O&M、MC、DBM 等模式，相对重要的项目，可采用 DBO、BOT 等模式，重要性一般的项目，可采用 BOO、TOT、ROT 等模式。

(2) 政府能力及经验

1) PPP 运作能力及经验。PPP 项目涉及复杂的合作关系，涉及社会资本参与投资和建设，而社会资本的逐利本性可能会损害公众利益，因此 PPP 模式需要政府部门对传统方式下的项目管理或监管方式和流程进行变革，同时提高政府部门在项目招标、谈判、合同监管和规制等方面的能力。但不同的 PPP 模式由于蕴含的政府与社会资本双方的风险分担和权利义务不尽相同，因此对政府的能力要求也有所差异，如 DBM、O&M 以及 SC、MC 等运作方式的合同期限相对较短，社会资本的控制权相对较小，因此政府 PPP 运作能力相对较低时可采用此等模式。如果政府 PPP 运作能力及经验一般，可采用 DBO、BOO 等模式。如果政府具有较强的 PPP 项目运作能力和丰富的运作经验，可采用 BOT、TOT、ROT 等方式。

此外，政府对运作方式选择具有"路径依赖性"，即政府过去的 PPP 实践经验对 PPP 项目运作方式的选择具有较大影响，可能倾向于选择比较熟悉的项目运作方式。

2) 财政能力。政府财政能力是政府能力中的关键能力之一，对于 PPP 项目运作方式的选择也至关重要。如果政府财政支付能力较强，有足够资金用于项目建设投资，则可考虑选择 SC、O&M、MC、DBO 或 DBM 模式；如果政府财政支付能力较差或短期需要资金投资于其他基础设施建设，则适宜采用 BOO、TOT、ROT 等方式。BOT 方式对政府财政支付能力要求也不高。

3) 目标偏好。政府选择 PPP 模式，一般有两个目标，融资或者提供公共服务。因此，对于不同的 PPP 项目，政府有融资与提高运营效率和服务质量两个目标之间的偏好。若主要为了提高运营效率和服务质量，可考虑采用 SC、MC、O&M、DBO 或者 TOT 方式；若主要考虑融资目标，则可选用 DBM；若同时考虑融资和效率提高两大目标，则可考虑采用 BOT、BOO 或者 ROT 等方式。

（3）投资收益及风险

1）投资收益水平。社会资本投资 PPP 项目的最大动因是利润，而不同项目收益水平不同，因此，投资收益水平也是设计 PPP 项目运作方式需要考虑的因素之一。如果项目投资较大、短期收益效果明显，且社会资本有技术、管理等优势，可能更多采用 SC、MC、O&M 等方式；而对于投资周期长、短期效益不明显的项目，则可采用 DBM、DBO 等方式；如果项目属于中等投资收益水平，则可采用 BOT、TOT、ROT、BOO 等方式。

2）政府承担风险意愿。PPP 项目的风险程度如何，政府能够在多大程度上把控风险，也是设计 PPP 项目运作方式需要考虑的问题。不同运作方式，政府参与程度不同，风险承担程度也不同。各运作方式政府承担的风险与政府的参与程度的关系如图 1-2-1 所示。因此，在选择 PPP 项目运作方式时，应根据政府管控风险的能力和承担风险的意愿选择适宜的运作方式。当政府不愿承担过高风险时，可适当降低参与程度，采取 BOT、BOO、TOT、ROT 等方式；而当政府能够承担较高风险时，可适当加大参与程度，采用 SC、MC、O&M 等方式；当政府风险承担意愿属于中等水平时，可采用 DBM、DBO 等方式。需要说明的是，每种运作方式的风险水平划分没有明显界限，需根据具体项目进行分析。

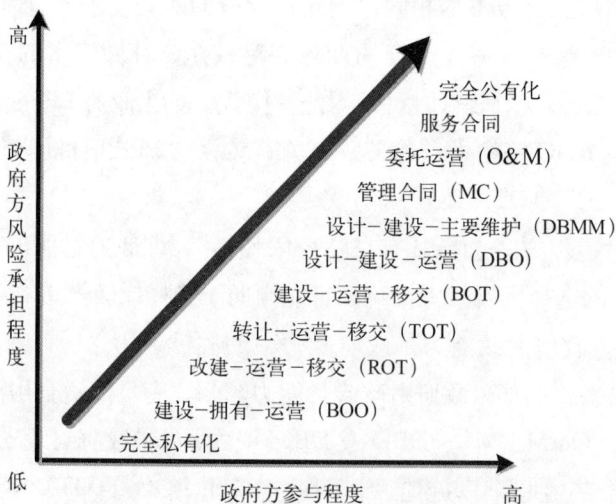

图 1-2-1　运作方式的风险与政府参与程度的关系

（4）产权及期满处置要求

1）政府运营期对项目产权控制。所有权的归属是政府和社会资本谈判的一个重要内容，影响着双方的权利和责任。根据不同阶段项目所有权的归属不同，PPP 项目运作方式可归为以下三类：第一类的主要特征是政府在全生命周期内都拥有项目所有权，典型代表为 SC、MC、O&M、DBO、DBM、BOT 等方式；第二类的主要特征为项目公司在合作期内拥有项目所有权，但合作期满后将所有权移交政府，典型代表为 ROT、TOT 方式；第三类的主要特征为全生命周期内项目的所有权均属于项目公司，典型代表为 BOO 方式。政府方在选择运作方式时，可根据项目的重要性程度决定对所有权的控制程度，进而选择合适的运作方式。

2）期满处置需求。PPP 项目在合作期限结束后，会面临项目公司与政府之间的移交问题。PPP 项目移交包括资产、人员、文档、知识产权等，其中，最主要是项目设施、设备等资产的移交。如果采用 SC、MC、O&M、DBO、DBM、BOO 等方式，则不需要移交项目资产；如果采用 BOT、TOT、ROT 等方式，则涉及资产移交。

值得注意的是，以上各因素存在一定的关联。各因素对运作方式选择的重要性程度也不一样，其中建设类型、投资收益水平、政府财政能力是主要因素。

3. 运作方式选择的方法

PPP 项目运作方式的选择是以上多因素共同作用的结果，为便于操作，可利用选择积分表选择 PPP 项目运作方式。PPP 项目运作方式选择积分表如表 1-2-3 所示。表中共有三级指标，一级指标有 4 个，每个一级指标分为 2 ~ 3 个二级指标，根据具体项目各二级指标特性选择一种或多种运作方式。最后，将每一运作方式得分进行汇总，取积分最高的运作方式。如果两种或多种运作方式积分相同，需进行再次比对，直至选出积分最高者。如果项目某些二级指标介于两个特性之间，则可同时取这两项进行积分加总。如某 PPP 项目政府运作经验与能力属于中等偏弱，则可同时取中等与弱两项进行积分加总。

根据以上运作方式选择依据的分析，给出了各二级指标特性处于不同等级或情形下的打分表（表 1-2-3），以供参考。

以某垃圾焚烧发电 PPP 项目为例，该项目为日处理生活垃圾 500t 的城市生活垃圾焚烧发电厂，规划用地面积约 120 亩。具体建设内容包括：生活垃圾焚烧、烟气净化、灰渣处理、渗沥液处理、余热发电等主体工程建设及设备购置；垃圾收运设施建设及购置；配套基础设施建设；征地拆迁及相关工作。本项目建成后，每年最多可向电网送电 4482 万 kWh，年处理生活垃圾 16.67 万 t。其运作方式的选择过程如下：

PPP 项目运作方式选择积分表 　　　　　　　表 1-2-3

影响因素				SC	MC	O&M	DBM	DBO	TOT	ROT	BOT	BOO
项目自身特点	建设类型		新建				✓	✓			✓	✓
		存量	需要改扩建							✓		
			不需改扩建	✓	✓	✓			✓			
	竞争性		强						✓	✓	✓	✓
			中				✓	✓				
			弱	✓	✓	✓						
	项目重要性		重要	✓	✓	✓	✓					
			较重要					✓			✓	
			一般						✓			✓
政府能力和经验	PPP 运作经验及能力		强						✓	✓		
			中					✓				✓
			弱	✓	✓	✓	✓					
	财政能力		强	✓	✓		✓					
			中								✓	
			弱						✓			✓
	目标偏好		融资				✓					
			服务	✓	✓	✓		✓	✓			
			融资 + 服务							✓	✓	✓
投资收益及风险	投资收益水平		高	✓	✓							
			中						✓	✓	✓	✓
			低				✓	✓				
	政府承担风险意愿		高	✓	✓	✓						
			中				✓	✓	✓			
			低							✓	✓	✓
产权及期满处置要求	政府运营期是否拥有所有权		是	✓	✓	✓	✓	✓	✓			
			否							✓	✓	✓
	期满处置需求		需移交						✓	✓	✓	
			不需移交	✓	✓	✓	✓	✓				✓

项目自身特点：本项目是该地区第一个新建的垃圾焚烧发电项目，因此，从 DBM、DBO、BOT、BOO 四种运作方式中选择；其市场化程度相对较高，竞争性较强；垃圾的处理关系居民日常生活和城市环境，从市领导到社会民众都比较重视，重要性属于中等水平。

政府能力和经验：此项目是该市第一个 PPP 项目，政府 PPP 运作经验及能力相对一般，但是通过聘请专业的咨询机构，可以弥补政府 PPP 项目运作能力和经验的不足，属中等水平；该市财政短期压力较大，长期收入比较稳定，财政能力属于中等偏弱水平，但由于垃圾焚烧发电项目的投资对于该级政府压力较大，因此，引进社会资本的目标既有融资需求，也有提高服务效率的目的。

投资收益及风险：由于该项目是关系居民生活以及自然环境的垃圾焚烧发电项目，既要考虑公益性，又要考虑社会资本的盈利，投资收益属于中等水平，政府承担风险能力及意愿不高。

产权及期满处置要求：政府为了更好地控制项目，因此在运营期拥有项目的所有权，项目公司在运营期结束时，需将期满项目无偿移交给政府。

根据以上情况，对 PPP 运作方式积分表进行打分，结果如表 1-2-4 所示。

某垃圾焚烧发电 PPP 项目运作方式选择积分表　　　　表 1-2-4

影响因素			服务外包	MC	O&M	DBMM	DBO	TOT	ROT	BOT	BOO
项目自身特点	建设类型	新建				✓	✓			✓	✓
		存量 需要改扩建									
		存量 不需改扩建									
	竞争性	强						✓	✓	✓	✓
		中									
		弱									
	项目重要性	重要									
		较重要					✓			✓	
		一般									
政府能力和经验	PPP运作经验及能力	强									
		中					✓				✓
		弱									
	财政能力	强									
		中								✓	
		弱						✓	✓		✓
	目标偏好	融资									
		服务									
		融资+服务						✓	✓		✓
投资收益及风险	投资收益水平	高									
		中						✓	✓	✓	✓
		低									
	政府承担风险意愿	高									
		中									
		低						✓	✓	✓	✓

影响因素			服务外包	MC	O&M	DBMM	DBO	TOT	ROT	BOT	BOO
产权及期满处置要求	政府运营期是否拥有所有权	是	✓	✓	✓	✓	✓			✓	
		否									
	期满处置需求	需移交						✓	✓	✓	
		不需移交									
积分合计			1	1	1	2	4	5	6	9	7

根据积分表的结果，排名最高的是 BOT 方式。而在实际操作中，该项目也是采用 BOT 方式，说明采用积分表方法选择 PPP 项目运作方式具有可操作性。

PPP 项目运作方式选择积分表仅适用于单个运作方式的选择。在实际操作过程中经常出现由若干项目捆绑打包而成的 PPP 项目，而单一的运作方式显然已不能满足这类项目运作的要求，这就需要灵活采用两种或多种运作方式组合或创新项目运作方式。例如在湖南省郴州市汝城给水排水一体化项目中，根据项目实际，将第二自来水厂主体工程（新建）与溪头集中供水工程（存量）项目包的运作方式设计为 BOT+TOT 模式。

运作方式选择不能靠经验、随大流，必须结合具体项目，依据运作方式选择总体原则，在充分考虑选择运作方式影响因素的基础上进行设计。合理的运作方式是项目得以顺利进行的重要条件之一，也是明确各方责任，实现政府与社会资本合作的有效手段。以上运作方式选择方法中，仅探讨了主要几种运作方式的选择，实际上，PPP 项目的运作方式多达几十种。在设计运作方式时需要有创新精神，没有必要拘泥于概念，只要符合项目实际情况，实现资源优化配置，实现政府和社会资本方利益共享、风险共担、提高效率的宗旨即可。

第二节 PPP 项目回报机制

回报机制是 PPP 项目中政府和社会资本关注的焦点，是决定项目收入来源性质及稳定性、项目收益水平的关键。高效的回报机制可以激励社会资本积极参与 PPP 项目，保障投资者的获利期望，进而提升公共资源配给效率，实现双方合作共赢。建立合理投资回报机制，是保障政府和社会资本合作积极稳妥推进的关键。

一、PPP 项目收益来源

根据我国 PPP 模式相关政策以及实践经验，PPP 项目的收益来源主要有政府付费、使用者付费、使用者付费 + 政府补助、第三方收入 + 政府补助四种形式。

1. 政府付费

政府付费（Government Payment），是指政府直接付费购买公共产品或服务。在政府付费机制下，政府可以依据项目设施的可用性、产品或服务的使用量以及质量向项目公司付费。政府付费是公用设施类和公共服务类项目中较为常用的付费机制，在一些公共交通项目中也会采用这种机制。政府付费项目资金来源主要包括：(1) 用户缴纳的专项收费，如污水处理费、垃圾处理费等；(2) 地方财政资金，如地方政府债券资金、地方财政公共预算资金。这一付费方式的关键是要确保稳定的资金来源和规范的支付机制，政府需要在合同中承诺将政府付费列入分年度财政预算。

2. 使用者付费

使用者付费（User Charges），是指由最终消费用户直接付费购买公共产品和服务。项目公司直接从最终用户处收取费用，以回收项目的建设和运营成本并获得合理收益。高速公路、桥梁、地铁等公共交通项目以及供水、供热等公用设施项目通常采用使用者付费机制。这一方式的关键是要提高收费的稳定性。我国大部分 PPP 项目均属于政府价格监管行业，而目前我国价格监管体系尚不完善，价格调整的规则性差，价格变化缺乏可预见性，导致项目长期收益不确定性高，投资者不敢贸然进入，一些已进入的也时有退出，如收费公路的绿色通道、节假日免费等政策的高变动性对收费公路 PPP 项目社会资本方的投资回报有很大影响。

3. 使用者付费 + 政府补助

对于某些 PPP 项目，使用者付费不足以满足项目公司成本回收和合理回报时，由政府给予项目公司一定补助，以弥补使用者付费之外的缺口部分。政府补助可以包括多种方式，如投资补助、优惠贷款、贷款贴息、放弃分红权、授予项目相关开发收益权、财政补贴等方式中的一种或多种。其关键一是要确保政府支持的及时、充分落实，二是要科学、合理地确定补助数额等政府支持的力度。比如，财政补贴等资金支持应当纳入同级政府预算，并在中长期财政规划中予以统筹考虑，确保资金来源的稳定性，同时还应以项目运营绩效评价结果为依据，探索建立动态补贴机制。

4. 第三方收入 + 政府补助

PPP 项目第三方收入是指项目运营过程中，从除项目主要功能直接使用者和政府以外的第三方获得的收入，如垃圾焚烧发电项目中的售电收入、垃圾填埋场开发沼气获得的收入、地铁的广告收入等。设计项目回报机制时，应该结合项目特点，采取多元化的经营策略，拓展项目的盈利空间。由于第三方收入往往来源于项目运营产生的"副产品"，难以覆盖项目成本及收益，还需要政府给予一定补助。PPP 项目收益回报来源形式如图 1-2-2 所示。

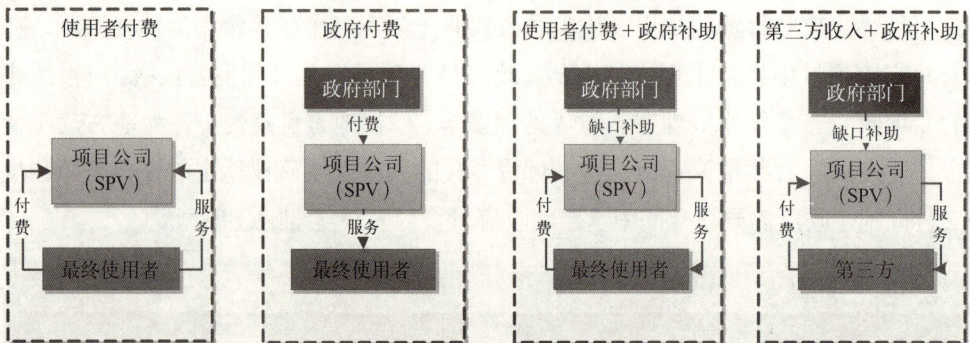

图1-2-2　PPP项目收益来源

二、PPP 项目回报机制设计

1. PPP 项目回报机制设计的总体原则

合理设计 PPP 项目回报机制，对促进社会资本参与公共产品和服务供给、基础设施建设等具有十分重要的作用。科学、合理、规范设计 PPP 项目回报机制应主要把握以下几个方面：

（1）确保社会资本"盈利但不暴利"

PPP 项目回报机制的设计应保证社会资本获得合理利润，但不能获取超额利润。要让 PPP 项目能够盈利，是 PPP 项目得以实施的前提，PPP 项目的盈利问题也是政府与社会资本谈判的焦点之一。国家发改委在 2014 年 12 月发布的《关于开展政府和社会资本合作（PPP）的指导意见》（国发〔2014〕60 号）中提出，根据各地实际，通过授予特许经营权、核定价费标准、给予财政补贴、明确排他性约定等，稳定社会资本收益预期。但是，满足社会资本盈利要求的同时，应当防止社会资本获得暴利，在设计回报机制时要加强项目成本监测，既要充分调动社会资本积极性，又要防止社会资本获得过高利润。

（2）充分挖掘项目盈利潜力

不少 PPP 项目具有较大的正外部性，盈利能力有限，需要充分挖掘其盈利潜力。如城市轨道交通项目,地铁的建成带来周边土地和物业的价值增值,产生溢价。通常情况下,城轨溢价的经营权和分配权掌握在政府手中,由政府主导城轨溢价的管理。政府可以尝试通过特许经营,将建设责任授予社会资本的同时,将城轨溢价的部分或全部经营权和支配权一并授予,由社会资本对这部分特别收益进行市场操作,不但有利于深度挖掘项目盈利潜力,实现溢价创造和回收效率提高,也有利于减轻政府财政压力。

(3)灵活设计回报机制

回报机制的设计应根据 PPP 项目类型以及运作方式灵活设计。回报机制设计时应因地制宜、灵活安排,做到理论联系实际。与此同时,有必要开拓新的思路,创造性地解决社会资本方的回报问题,从而对社会资本产生吸引力。

2. 回报机制设计的依据

回报机制的设计是一项复杂的工作,需要考虑大量的因素,结合国内外 PPP 项目经验,PPP 项目回报机制设计的依据主要有项目性质、风险分担机制、项目盈利模式、目标利润的稳定性、涉税优惠政策、政府财政承受能力以及特许经营期限等。

(1)项目性质

项目的可经营性是由其生产和消费特征、竞争潜力、成本回收的制约因素、环境外部影响的高低和项目风险与收益的关系等特征所决定的。基础设施和公用事业项目根据其可经营性,分为经营性项目、准经营性项目和非经营性项目。对于不同性质的 PPP 项目,其回报机制的设计也不尽相同。

1)经营性项目。经营性基础设施一般都有收费机制,投资者可以直接向接受服务的使用者收取一定的费用,所以该类基础设施往往具有一定的排他性,而且通过自身的正常运转就可以产生一定的经营利润。这意味着在设计回报机制时,可以通过市场化手段满足项目收益需求,此类项目一般采用使用者付费形式。

2)准经营性项目。准经营性项目为有收费机制,具有潜在的利润,但由于其建设和运营直接关系公众切身利益,因而其产出的价格由代表公众利益的政府确定,往往无法收回成本,即具有不够明显的经济效益,市场运行的结果将不可避免地形成资金缺口,需要政府通过适当政策优惠或多种形式的补贴予以维持。此类项目在设计回报机制时要充分挖掘项目的盈利潜质,如果仍不能实现盈利,则需政府提供财政补贴。

3)非经营性项目。非经营性项目一般没有收费机制,也没有现金流入,而且它提供的服务通常是城市生活中必不可少的纯公共物品,具有很强的服务性,社会效益较大,作为单独的个体来看,经济效益差。市政道路、免费桥梁等都是非经营性基础设施项目,此类 PPP 项目需要发挥政府的主导作用,需要政府购买服务来满足社会资本收益要求。

三种类型 PPP 项目的收益机制特点、投资回报特点等如表 1-2-5 所示。

三种类型 PPP 项目的收益机制、投资回报特点　　　　　　　表 1-2-5

项目类型	收益机制特点	投资回报特点	政府作用
经营性项目	相对成熟稳定，具有稳定的资金流入	比较容易回收成本，投资回报率良好	完全可以通过社会投资来实现，政府只需监管
准经营性项目	有收费机制，但经营性收入微薄	具有潜在利润，投资回收期长	需要政府补助和政策支持
非经营性项目	既无收费机制，也没有资金流入	无经济效益，主要在于社会效益和环境效益	代表公共利益的政府购买服务

需要强调的是，项目的经营性、准经营性及非经营性的划分并非绝对的，而是可以随着市场需求、收费定价制度、技术进步等因素的改变而改变。可以通过增设收费机制，使无收益的非经营性项目转化为有收益但也有缺口的准经营性项目；也可以逐步放开政府价格管制，以市场价格引导，将有收益但也有缺口的准经营性项目转化为收益可以覆盖成本的纯经营性项目。因此，在设计回报机制时，要努力挖掘项目的可经营性，提高其市场化程度。

（2）风险分担机制

PPP 项目蕴含较多的风险因素，合理的风险分担是 PPP 项目成功的关键。风险分担机制也是利益分配的前提，合理的风险分担机制是 PPP 项目回报机制设计的要点。

在回报机制设计过程中，要充分考虑风险分配框架，政府对某些风险的补偿是双方确定回报机制的主要关注点之一，某些 PPP 项目规定市场需求风险主要由社会资本承担，但政府将在市场需求量低于某个基准水平时予以补贴，以降低社会资本应对风险的成本。如在隧道、桥梁、干道建设项目合同中，因车流量不足而导致社会资本达不到基本的预期收益，政府可以对其提供现金流量补贴，这种做法可以在风险分担框架下，有效控制社会资本因车流量不足而引起的经营风险。

（3）项目盈利模式

PPP 项目成功实施需要以伙伴关系思维为基础，如何在提高公共产品或服务供给效率的同时保证社会资本适当盈利，是政府与社会资本双方必须共同面对、协力解决的问题。盈利模式中收益结构以及成本结构是回报机制设计的重中之重，也是项目开源节流、实现盈利的关键。

1）收益结构。收益即财富的增加，既包括货币形式收益，又可以包括声誉提高、潜在收益等非货币形式收益。收益是社会资本关注的重点，可以通过优化收益结构实现项目盈利。PPP 项目收益结构优化是回报机制设计重点，包括捆绑私人产品、配补收益来源、冠名公共产品、增值社会资本声誉资本等。

2）成本结构。成本是社会资本进行投资建设、特许运营所必须耗费资源的货币表现。因此，在回报机制设计时既可以采取减少社会资本的一次性建设投入，通过规模经济降低单位产品成本，也可以通过采取激励措施鼓励社会资本技术和管理创新，以优化 PPP 项目成本结构。

（4）目标利润的稳定性

获取利润是企业价值增长的主要方式。因此，能否获取稳定、可持续的利润是社会资本进行投资的重要决策依据。鉴于此，不但要让 PPP 项目社会资本"有钱可赚、有利可图"，还要确保其利润的相对稳定与可持续，降低社会资本在 PPP 项目中实现目标利润的风险，也是回报机制设计思路之一。

1）将盈亏状况不同的公共产品捆绑，提高目标利润的可持续性。基础设施和公用事业领域既有现金流入充裕的经营性公共项目，也有现金流入不足的准经营性公共项目，甚至是没有任何现金流入的非经营性公共项目。可以将盈亏状况迥异的项目捆绑，实现"以丰养歉"。

2）运营前期合理设定保底量，提高目标利润的稳定性。由于 PPP 项目的长期性，成本与需求的不确定性是其显著特征。为保证社会资本目标利润的稳定性，政府与社会资本双方通常会设定最小需求保证或最小收益保证，即我国 PPP 实践中所谓的"保底量"，这本质上是一种政府与社会资本双方风险共担策略或社会资本的风险缓解机制。

3）运营期设定唯一性条款，提高目标利润的稳定性。"唯一性条款"主要适用于使用者付费机制的 PPP 项目，多见于高速公路项目。因为 PPP 项目一般都是投资巨大、回收周期长的项目，因此，项目能获得稳定收益，才能吸引社会投资方积极参与项目建设。而项目是否能取得稳定收益，则取决于是否有足够的使用量，至少是可行性研究报告中的最低数量。一旦出现竞争性项目，则项目实际需求量必然降低，从而威胁项目正常运营，特别是竞争性项目在不收费或低收费的情况下更是如此。为了保证使用量，此类项目一般会在合同中设置唯一性条款，保证一定年限或一定区域内不出现同类项目，以稳定社会资本的盈利。

（5）涉税优惠政策

2015 年 5 月，财政部、国家发改委和人民银行三部委联合发布的《关于在公共服务领域推广政府和社会资本合作模式的指导意见》（国办发〔2015〕42 号）中提出，落实和完善国家支持公共服务事业的税收优惠政策，公共服务项目采取政府和社会资本合作（PPP）模式的，可按规定享受相关税收优惠政策。对于目前推行的 PPP 项目，主要有企业所得税和增值税优惠政策。税收优惠是国家对环保、保障住房项目等领域的支持政策，在项目回报机制设计中应根据国家政策予以满足，以此来鼓励社会资本参与项目。

（6）政府财政承受能力

PPP 项目付费方式中政府付费、可行性缺口补助都需要政府财政支出，政府财政支出是解决 PPP 项目收益不足并实现其社会效益的关键，直接关系到 PPP 项目市场化运作的成败，但是前提条件是必须在政府财政承受能力范围内。PPP 项目的初衷之一即解决政府债务危机问题，如果回报机制的设计超出政府财政承受能力范围，将与最初目标背道而驰，因此，回报机制设计要以社会效益为导向，兼顾政府财政承受能力。

（7）特许经营期限

特许经营期是 PPP 项目的一个重要经济参数，也是回报机制设计的主要依据之一。项目运行良好，特许经营期越长，项目公司获利的可能性就越大。因此，在设计回报机制时，既要充分考虑时间价值，防止项目公司因特许经营期过长而获得超额收益，也不能缩减特许经营年限而给项目公司带来过大获利压力。同时，特许经营期越长，收益的不稳定性就越强，在设计回报机制时要制定调价机制、稳定收益措施、政府监管等相关内容，保证项目公司的回报始终处于合理水平。

回报机制的设计除了考虑以上因素，还需要结合项目具体情况，综合考虑各方利益。但回报机制设计的基本原则是，必须能保证项目公司既能获得合理收益，同时又不损坏社会福利，并且能够鼓励社会资本提高项目的运营效率。

三、政府付费及补助支付程序

PPP 项目的成功运作，政府付费或补助扮演了重要角色。政府付费或补助是为了实现社会效益、政府财政承受能力以及社会资本合理利益的平衡。对于某些 PPP 项目，政府付费是项目公司收益的直接来源；而其他一些 PPP 项目，选择合适的补助方式，发挥好政府补助"加油站"作用，是实现政府减债和社会资本获利以及社会效益提高的重要手段。

1. 政府付费或补助目标

政府付费或补助的目标有以下两个方面：

（1）维持 PPP 项目的公益性

PPP 项目引入社会资本缓解了政府的财政压力，但是基础设施项目的公益性依然需要维持。通过政府付费或补助为 PPP 项目"加油"，为 PPP 项目运营提供了坚实的资金保障，促进 PPP 项目顺利实施，力求实现 PPP 项目社会效益最大化，为社会提供尽可能优质、充足的产品或服务。

（2）提高社会资本的积极性

由于 PPP 模式不确定性较高、存在一定风险，成为制约社会资本参与 PPP 项目的主要因素。政府付费或补助一方面降低了社会资本所承担的风险，另一方面解决了项目中可能存在的收益不足问题。对于以逐利为目标的社会资本而言，通过政府付费或补助这种方式将对其产生极大的激励作用，从而促进 PPP 项目效率的提高。

2. 政府付费或补助的支付程序

（1）政府付费项目

1）政府付费支付程序

在政府付费机制下，政府可依据项目设施的可用性、产品或服务的使用量以及质量向项目公司付费。根据政府付费项目的性质，政府一般按以下程序向项目公司支付服务费：

①计算项目全部建设成本费用，此费用审核标准和审核方式应在合同中详细约定，根据合同中约定的投资回报率，确定政府付费期应支付的费用。

②确定项目的付费标准和规则体系，包括可用性指标、使用量指标以及绩效评价指标，是政府付费的主要依据。可用性指标注重对项目所提供产品或服务符合性的评价，该指标更关注项目整体所应达到或维持的完满、可用的运行状态；使用量指标既对产品或服务须达到的质量标准予以要求，又对价格条件进行约定，从而使付费数额与实际使用量直接相关，体现项目收益额与需求量的对等；绩效评价指标指政府按照与社会资本约定的绩效考核指标，对所提供的产品或服务进行评价，并将付费数额与绩效考评结果挂钩，通常与可用性指标以及使用量指标搭配使用，从而对公共产品或服务的提供形成激励机制。

③项目实施机构定期检测项目可用性指标、使用量指标或绩效评价指标，并编制相应的季报、年报等报表，上报财政部门备案。

④双方确认合同中约定的考核指标，根据项目公司实际指标数据，在付费期等额或者按一定比例向项目公司支付服务费。

2）政府付费支付注意事项

①政府应提前就 PPP 项目付费资金来源作出计划，根据我国的现行财税政策，政府财政收入来源主要有税收地方留成部分、地方行政事业性收费、土地出让收入以及政府债券等。

②项目公司应注意政府付费资金来源的合法性，如我国对地方政府土地出让收入的使用有明文规定，当政府承诺将土地出让收入用来支付项目未来付费价款时，项目公司应当谨慎选择。

③为降低政府财政风险，政府应对项目实施全口径预算管理，预算管理的范围不仅包括预算内资金和预算外资金的监管，而且包括政府性债务和负债的监管，有效监管是防范财政风险的一项重要措施。

④为保证项目公司权益以及降低政府财政风险，PPP项目政府付费应纳入政府财政预算，并需本级人大审批，并且每一年度全部PPP项目需要从预算中安排的支出责任，占一般公共预算支出比例应当不超过10%。

(2) 可行性缺口补助项目

1) 可行性缺口补助支付程序

《操作指南》中规定，政府可以财政补贴、股本投入、优惠贷款和其他优惠政策的形式，给予社会资本或项目公司进行经济补助。由于地方政府面临巨大的财政压力，而运营期财政补贴是可行性缺口补助的主要形式，所以以下着重探讨运营期财政补贴的支付程序。运营期财政补贴支付程序如下：

①确定支付先决条件。政府和项目公司应在特许经营协议中明确财政补贴先决条款，如服务质量、服务数量等，并以此作为付费依据，以保障公共利益，实现政府财政资金真正物有所值。

②确定补助费用。根据合同约定的支付先决条件，政府向社会资本支付补助费用。补助费用包括分摊的建设成本、运营成本（扣除使用者付费以及第三方收入）以及合理的利润。对于可行性缺口补助项目，补助费用一般是利用提供的产品或服务的数量乘以补助单价来确定。

③确定支付方式与期限。政府方一般按月向项目公司支付补贴费用。项目公司应在每个运营月结束后，计算政府应支付补助费用的数额，向政府方开具账单（付款通知），同时应提供所有相应的证明记录和资料，以便政府方能够核实上述计算。政府部门应在收到账单后，在约定的工作日内支付政府方无争议的金额。项目公司应在收到政府方的每次付款后在约定的工作日内开具发票，确认收款。

2) 可行性缺口补助支付注意事项

由于可行性缺口补助项目大多是运营期较长的特许经营项目，有时会达到20～30年，在运营过程中可能发生导致项目公司收益或成本发生较大变化的事件，政府方在向项目公司支付财政补贴时应注意以下事项：

①当发生影响项目公司运营成本或收益的事件时，可采取以下措施：第一，重新调整特许经营期，保证项目公司获得预期收益；第二，调整补助费，双方可就补助价格调整事宜定期协商，双方任何一方有权适时提出调整补助价格的意见。

②政府在对PPP项目进行补助时，需要严格区分政策性亏损与经营性亏损，避免简单的"多亏多补，少亏少补"。政策性亏损是指国家政策等外部环境改变引起的亏

损,政府应对其给予补贴;经营性亏损则是项目公司自身管理经营不到位所引起的亏损,政府不能为其买单,只能提供一部分补贴。即政府补助为 PPP 项目提供保障并非是盲目的,而要严格区分政策性亏损和经营性亏损。

第三节　PPP 项目定价与调价机制

价格是市场对产品或服务的反映,合理的定价是 PPP 项目风险收益分配的关键。PPP 项目定价与调价机制包括定价程序、价格确定以及价格调整,是 PPP 项目运作的核心内容,也是政府与社会资本谈判的主要关注点。适宜的定价和调价机制可以长期有效地分担和控制 PPP 项目中的主要风险,促使社会资本发挥能动性和创造性,更高效地建设和运营项目,使社会资本和政府实现"双赢"。

一、PPP 项目定价机制

1. PPP 项目价格的形成

（1）影响价格形成的因素

PPP 项目定价机制是 PPP 项目利益分配机制的核心,是 PPP 模式发挥作用的重要条件。没有合理的定价机制,政府与社会资本合作机制就无从发挥作用。因此,推行 PPP 模式必须建立科学合理的定价机制。

PPP 项目定价需要考虑以下因素:1）项目的投资与运营成本。不同类型项目投资规模与运营成本构成不同,如公路工程项目投资大而运营成本低,城市污水处理项目投资相对小而运营成本高。在给定的特许经营期内,收费水平应科学测算,以便保证项目公司收回投资并获得合理回报;2）物价指数。反映社会运营成本变化趋势和消费者支付能力;3）国家有关税费政策;4）服务质量。服务质量的高低不但影响需求,同时也影响成本,制定价格时应该考虑服务质量,并且通过价格机制激励服务质量提高;5）行业的平均利润水平。社会资本应该获得合理利润,收费结构应反映生产成本结构。

（2）PPP 项目定价原则

1）依法合规、公开透明的原则。PPP 项目大多关系国计民生,因此,其价格确定一定要依法合规、公开透明,不能有违法违规或者暗箱操作的情况出现。可以市场化的项目,其价格的确定应以市场为导向;需要政府进行价格管理的,应将项目纳入政府价格管理的范围。物价部门在核定纳入价格管理范围的 PPP 项目价格标准时,除要依法依规履行定价成本监审、价格集体审议制度外,还应按程序组织价格听证,并广泛听取利益关联方、公众等各方面的意见，经综合平衡、统筹考虑，报当地政府批准后公布执行。

2) 补偿成本、合理收益的原则。社会资本参与 PPP 项目，首先考虑其投资的安全性，不仅要能够收回投资，还要获得一定收益。因此，在核定 PPP 项目价格标准时，既要考虑社会资本收回投资及运营成本，也要在兼顾多方利益的前提下，合理确定社会资本的投资回报率，使其获得合理收益，从而激励社会资本积极参与 PPP 项目。

3) 公平负担、优质优价的原则。核定 PPP 项目价格标准时，除考虑服务优体现价格优的问题外，重点还应考虑公平负担问题，在公平负担问题方面，至少涉及三方面的公平：首先，社会资本公平负担问题，社会资本应公正公平，依法依规签订合约，依法依规履行所应承担的责任、经营风险和所应获得的合理回报；其次，政府应按约定公平负担应由政府方承担的政策及发展规划制定、市场监管、指导服务及其相应的法律、政策调整风险，以及政府应该承担的最低需求负担、不可抗力等自然灾害造成的损失责任等；另外，社会资本向使用者或用户收取的费用也要公平，不能超过用户所能承受的范围，用户负担过重，就不会或减少使用项目提供的服务，项目的经营效益就不能充分发挥。

(3) PPP 项目定价程序

PPP 项目定价涉及政府和社会资本方的根本利益。由于工程项目多阶段计价的特点，并考虑不同社会资本方建设、运营管理水平的差异，PPP 项目的价格形成过程一般包括确定收益来源、测算初始价格、确定基准价格、核算结算价格等过程。PPP 项目定价程序如图 1-2-3 所示。

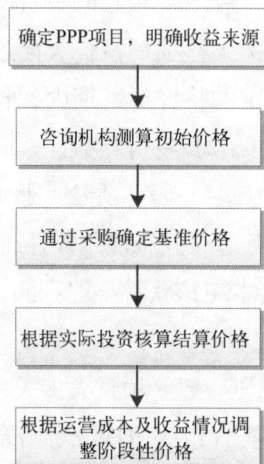

图1-2-3　PPP项目定价程序

1) 确定 PPP 项目，明确收益来源：PPP 项目的确定是项目定价的第一步，首先要明确项目的可经营性、范围以及竞争程度等，这是选择项目运作方式、确定回报机制的关键。通过准确界定项目的性质，明确项目收益来源，为PPP项目价格的确定打下基础。

2）咨询机构测算初始价格：按照PPP项目咨询机构编制的项目实施方案中有关项目投资成本、运营成本、风险分担、特许经营期限和合理回报等信息资料，对PPP项目产品或服务的价格进行初步计算，作为PPP项目产品或服务初始价格，作为PPP项目采购中控制社会资本报价的依据。不同付费机制下的PPP项目初始价格的测算在下文中详细说明。

3）通过采购确定基准价格：咨询机构测算的价格仅体现社会一般成本及收益水平，必须通过采购过程中充分竞争，使政府获得较优价格。对于政府付费项目，在采购文件中，政府方一般将定价的主要因素，如收益率、投资总额等作为标的。采购结束后，双方即可计算并在合同中明确政府付费基准价格。对于可行性缺口补助项目，采购文件中一般直接将补贴价格作为标的，或以形成补贴价格的主要因素，如定额下浮率、收益率等作为标的进行招标。双方在合同中明确补贴基准价格或计算办法。

4）根据实际投资核算结算价格：工程项目阶段性计价的特点使得工程项目投资在竣工验收后才能最终确定，而投资又是影响PPP项目定价的主要因素，因此，为保障政府及社会资本双方及公共利益，从公平角度出发，一般在PPP项目采购文件及合同中会明确约定根据实际投资核算结算价格的机制。项目竣工验收后，双方根据合同中约定的工程投资核算方法确定项目实际投资，然后根据合同中约定的计算公式计算结算价格。该价格即为项目开始运营时合同双方的结算价格。

5）根据运营成本及项目收益情况调整阶段性价格：考虑到我国经济发展速度较快，在保证信息传导机制畅通的前提下，在项目运营一段时间后应以结算价格为基数，根据项目的运营情况对PPP项目产品或服务进行价格调整，得到项目运营期内的阶段性价格。调价的因素包括运营成本的变化、项目收益情况的变化等。根据PPP项目的调价因素确定调价周期和调价系数。调价周期一般为3～5年，调价系数可通过合同进行约定。通过实际市场情况与预期情况进行比较，确定实际价格与预期价格之间的偏差，当正负偏差超过一定范围时，阶段性定价也要随之改变。

通过建立科学合理的定价机制，可以刺激项目公司优化生产要素组合，充分利用其规模经济和范围经济，不断进行技术和管理创新，努力降低生产成本，实现企业利益的同时，提高PPP项目的社会福利，促进社会分配公平。

2. 不同付费机制下初始价格的确定

初始价格的确定是PPP项目产品价格确定十分关键的一环，对后续基准价格、阶段性价格的确定具有指导意义。不同付费机制下初始价格的确定如下：

（1）政府付费初始价格的确定

政府付费项目付费数额一般由项目公司承担的建设成本、运营成本以及合理利润组成。根据可用性、使用量或绩效考核指标，政府以等额年金或者等额本金加当期利息的方式每年向项目公司支付费用，该费用即为政府付费的价格。

1）项目公司承担的建设成本，指在项目竣工验收时，项目公司产生的与项目建设相关的建设成本，全部建设成本包括建设投资费用以及建设期利息。

①建设投资费用分析。政府付费项目全部建设成本中的建设投资费用，是指项目公司为完成项目在建设期间所付出的与建设相关的费用。根据国家发改委与住房和城乡建设部发布的《建设项目经济评价方法与参数（第三版）》（发改投资〔2006〕1325号）的规定，建设投资包括工程费用（建筑工程费、设备购置费、安装工程费）、工程建设其他费用和预备费三部分。

②建设期利息。建设期利息系指筹措债务资金时在建设期内发生并按规定允许在投产后计入固定资产原值的利息。建设期利息包括银行贷款和其他债务资金的利息，以及其他融资费用。其他融资费用是指某些债务融资中发生的手续费、承诺费、管理费、信贷保险费等融资费用，一般情况下应将其单独计算并计入建设期利息。

2）年度运营成本。运营成本是指 PPP 项目的日常运营费用，主要包括运营维护所需的原材料、设备、人工等成本，以及管理费用和付费期财务费用等。PPP 项目的特点是运营时间长，而且项目设施的维护需要相应的资金继续经营。因此这与运营公司的管理水平、技术标准、人员能力有很大的相关性。

3）合理利润：合理利润是指以全部建设成本以及运营成本为基础，在项目付费期间政府需要支付给项目公司的投资回报。政府付费 PPP 项目付费期的投资回报重点是投资回报率的确定，这始终是政府与社会资本双方争论的焦点，PPP 项目投资回报率应根据行业特点以及项目的盈利情况合理制定。

（2）使用者付费初始价格的确定

使用者付费初始价格的设计应当符合社会目标，为避免效率的缺失提供激励，使项目公司和政府的风险减少至可接受水平，限制使用者费用支出至可接受水平，以及避免特许经营实施过程中的缺陷等。使用者付费项目价格确定的方法有：

1）基于销售价格。最常见的基于销售价格的定价方法是为销售价格设置一个上限，允许项目公司在上限内调整销售价格。这种定价方法为项目公司提供了有效建造和运营项目的最大激励，项目公司可以通过增大销售数量、提高运营效率、降低运营成本等措施来获得更高利润。合理的销售价格上限设置可以直接有效地保护消费者利益，抑制项目公司的不良垄断行为。

2）基于收入。基于项目收入的定价方法的目标是控制项目公司的收入在一个给定的水平，意味着需根据需求调整销售价格，即如果收入因为市场需求减少而减少，会被销售价格的增加而抵消，反之类似。因此，基于收入的定价方法本质是根据市场需求调整价格。项目公司可以通过提高运行效率、降低运营成本和获得税收优惠等方式，增加税后利润。

3）基于净收入。基于项目净收入的定价方法可以控制项目公司的净收入在给定区间。在该定价方法下，项目公司只可能通过加大融资比例和获取税收优惠的方式增加投资回报率，但不会面临运营费用超支的情况，缺乏项目公司对有效运行项目的激励，项目公司运营的低效率和高消费将转嫁给消费者，也属于一定程度的不良垄断行为。

4）基于投资回报率。基于投资回报率的定价方法可以使项目公司的投资回报在一个合理的水平上，典型的做法是由政府调整采购数量或采购单价，确保项目投资收益率。在该定价方法下，任何不可预见的费用或损失都可以通过提高采购数量或价格的方式得到补偿，因此项目公司可能寄希望于靠提高采购数量或价格获得预期的投资收益，而不去改进管理、提高生产效率。

(3) 可行性缺口补助初始价格的确定

可行性缺口补助价格的确定主要受到建设投资、特许经营期、使用者付费或第三方收入、运营成本及投资回报率等因素的影响。

1）建设投资。由于 PPP 项目大多是涉及面广、社会影响大的公共项目，实践中，建设投资受到物价波动、勘测设计成果准确性、社会稳定等影响，常表现为较大的不确定性。

2）特许经营期。因为法律政策的变化和资金、技术条件的约束和限制，PPP 项目特许经营期的长短会影响资金时间价值的大小，进而影响社会资本的收益和政府补贴的大小。

3）使用者付费或第三方收入。PPP 项目使用者付费或第三方收入与社会资本的回报成正比，主要由使用量和使用价格决定。根据已有 PPP 项目运营经验，项目使用量一般比较稳定或者政府以合同形式予以保证。而由于物价波动、政策法规调整、当地经济社会发展水平的提高，某些 PPP 项目产品或服务的使用价格表现为较大的不确定性。

4）运营成本。PPP 项目运营成本受物价波动、CPI、政策法规调整、当地经济发展水平等因素影响，具有一定的波动性。

5）合理投资回报。社会资本具有"逐利本性"，如果社会资本的投资回报要求较高，那么就会相应提升产品价格，合理的投资回报是 PPP 项目产品或服务价格的重要组成部分。投资回报率主要受到资金的机会成本、投资者期望回报率、风险报酬率等因素的影响。

二、PPP 项目调价机制

PPP 项目合同中的结算价格是以项目运营期开始时的生产力水平和技术管理水平为基础的，构成价格的成本代表了当时的技术管理水平和物价水平。由于 PPP 项目的合作期很长，一般长达 20 年以上，在漫长的合作期内，项目公司的运营成本会随着生产技术和管理水平的提高以及物价水平的变化而发生变化。价格必须如实地反映成本；否则，当成本增加而价格不变时，就会损害项目公司的收益水平，甚至给项目公司带来亏损，无法保证项目的正常运营；而当成本降低或收入增加价格不变时，就会损害社会公众利益。因此，必须建立合理的调价机制，使价格真实反映成本和消耗，既保证项目公司的合理收益，降低经营风险，也维护公众利益不受损害。

1. 调价因素

影响 PPP 项目价格的因素主要是成本和收入的变化，影响成本变动的因素主要包括以下两类：

一类是项目公司可控制性因素，如劳动生产率和固定资产利用率的变化、物资消耗和活劳动消耗、降低或增加服务价值、服务质量的高低等。对于项目公司而言，可以通过技术创新、技术改造、管理创新等途径尽可能实现节能降耗，从而降低 PPP 项目运营成本。

另一类是项目公司不可控因素，如原材料、燃料、动力等价格波动，职工工资福利津贴调整、国家税收政策变化、银行贷款利率变动、运营期间相关行业标准的提高导致运营成本提高，以及使用者付费或第三方收入变化等。这些因素的变化直接引起成本或收入的变动，是项目公司无法预料和控制的。

2. 调价原则

PPP 项目价格调整实际上是调整项目公司利润和服务价格的关系。消费者或政府关心服务价格，而项目公司关心税后利润。价格调整应做到在保证消费者或政府权益的同时，不能损害项目的生存能力，而且还要鼓励项目公司改善服务、提高经营效率的积极性，不断降低项目运营成本。也就是说，价格调整的基本原则是保证以合理的价格提供优质的服务，同时要有足够的激励作用，鼓励项目公司提高服务质量。总体来说，价格调整应遵循以下原则：

（1）公平合理原则

价格调整必须全面客观评价价格因素变化对价格造成的影响，真实客观反映这些因素变化的影响，对于项目公司无法控制的因素变化引起的价格变化，应该给予合理评估并做出调整；对属于项目公司可控制范围的因素，则应不调整或不完全做出调整。

（2）效率原则

价格调整不能影响项目的生存能力，通过保证合理的投资回报以及风险控制，有利于促进项目公司不断提供高质量服务，不断提高服务效率和技术、管理水平，不断降低生产成本，最大限度地满足消费者的需要，提高社会总福利水平。

（3）可持续发展原则

价格调整应当有利于保护项目公司的利益，在保证不增加消费者负担的情况下，不降低项目公司的收益水平，确保项目公司获得成本补偿和合理的投资收益，实现自我发展、自负盈亏、可持续发展的良性发展机制。

（4）可操作性原则

价格的调整必须遵循一定的调价程序，按双方确定的调价方式和调价原则，进行合理调价。调价程序和方法必须具有可操作性，能够被双方接受并能方便执行。

3. 调价方式

PPP项目调价方式比较灵活，主要包括公式调价、基准比价机制和市场测试机制三种方式。由于公式调价操作简单，便于设计和执行，因此，实践中往往以公式调价为主，基准比价机制和市场测试机制的应用相对较少。

（1）公式调价

公式调价结合具体项目主要运营成本及收益构成，设定调价因素，确定调价系数。当特定系数变动导致根据价格调整公式测算的结果达到约定的调价条件时，将触发调价程序，按约定的幅度调整定价。基本思路是在结算价格基础上，在项目合同中确定明确的调价公式，每隔一定的年限对调价参考事项进行调查分析。或当其中的任一单项价格因素变化超过一定比例，即对价格进行一次调整，调整时主要是对合同双方共同确定的影响价格的主要因素进行调整。

常见的调价系数包括：消费者物价指数、生产者物价指数、劳动力市场指数、利率变动、汇率变动等。

（2）其他调价方式

除了公式调价外，其他的调价方式还有基准比价机制和市场测试机制。基准比价机制是指定期将项目公司提供服务的定价与同类服务的市场价格进行对比，如发现差异，项目公司与政府协商对项目价格进行调整。市场测试机制是指在PPP项目合同约定的某一特定时间，对项目中某项特定服务在市场范围内重新进行采购，以更好地实现项目的物有所值，通过竞争性采购程序，政府和项目公司将可能会协商更换此部分服务的运营商或调整价格等。

这两种调价机制通常适用于公共服务类项目，不适用于公共交通或者公用设施项目。主要原因有两个：

1）在公共交通或者公用设施项目中，项目公司的各项服务互相关联，难以明确分割，很难对某一项服务单独进行比价或市场测试；

2）难以找到与该项目公司所处的运营情况、市场条件完全相同的比较对象。

4. 调价程序

调价程序是调价机制的重要组成部分，为使调价具有可操作性，应完善调价启动和实际操作程序。价格调整启动机制分为定期调价和临时调价。定期调价是指项目公司根据调价因子的变动情况，定期（如以 2～3 个运营年）按调价公式或定期启动基准比价机制和市场测试机制，计算出新的价格，向政府提出调价申请。此外，为应对某些调价因子在短期内发生波动引起的运营成本大幅变动风险，导致项目公司运营成本大幅增加时，价格调整启动机制中还需约定临时调价机制。调价程序如图 1-2-4 所示，主要分为四个步骤。

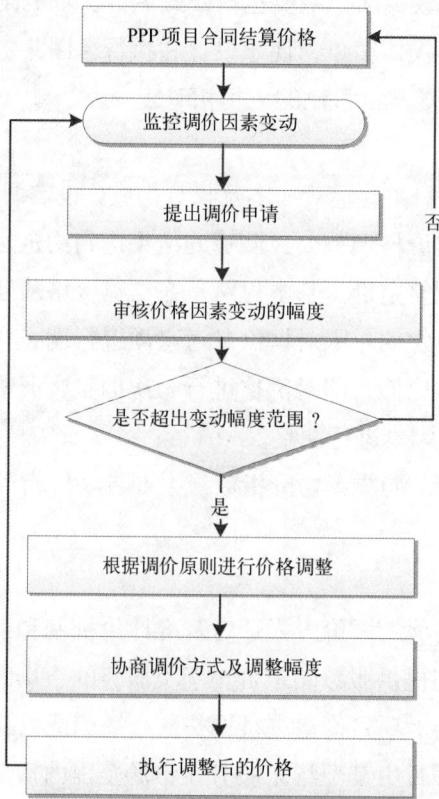

图 1-2-4　PPP 项目调价程序

（1）当到达项目合同中约定的调价周期，或项目公司、政府方认为影响价格的因素出现较大幅度变动时，由项目公司或实施机构提出书面申请，并在申请中对调整理由、调整范围和调整后的价格进行陈述，其中一方在接到另一方书面申请一定工作日内给予回复，如在约定期限内不回复，则视为同意申请。

（2）其中一方收到调价申请后，应对申请材料进行初步审查、核实，组织有关专业人员和物价部门对价格因素的变动审核其真实性和合理性，并对变动幅度进行确认。

（3）当价格影响因素超出规定变动幅度时，根据事先确定的原则，对价格进行调整，经双方协商后确认执行调整后的价格。

（4）当价格影响因素没有超出规定的变动幅度时，执行调整前价格，并对价格影响因素再次进行监控，及时了解变动情况。直至再次提出申请，整个合作期内不断循环执行。

第三章 PPP 项目投融资

PPP 模式吸引社会资本共同参与基础设施及公共服务项目投资、建设及运营，可以利用少量政府资金撬动巨量社会资本参与政府投资项目。因此，不断探索可操作的 PPP 项目投融资模式，对加快新型城镇化背景下的基础设施建设、推动国家经济社会快速发展具有深远的影响。本章结合 PPP 项目投融资的特点，分别从 PPP 项目投融资的结构、方式、渠道、困境与对策等几个方面来探讨如何进行 PPP 项目投融资管理。

第一节　PPP 项目投资

一、PPP 项目投资决策

PPP 项目由政府或社会资本发起，一般以政府发起为主。因此，PPP 项目投资决策主要包括政府方投资决策和社会资本方投资决策两个方面。PPP 项目的投资决策主要在项目识别阶段完成。

1. 政府方投资决策

政府作为公共事务的管理者，负有向公众提供优质且价格合理的公共产品和服务的义务，承担 PPP 项目规划、采购、监督、管理等行政管理职能，是 PPP 项目主要发起者。政府方投资决策的具体步骤如下：

（1）筛选潜在 PPP 项目

根据《操作指南》，财政部门（PPP 中心）应负责向交通、住建、环保、能源、教育、医疗、体育健身和文化设施等行业主管部门征集潜在政府和社会资本合作项目；行业主管部门可从国民经济和社会发展规划及行业专项规划中的新建、改建项目或存量公共资产中遴选潜在项目。财政部门（PPP 中心）会同行业主管部门，对潜在政府和社会资本合作项目进行评估筛选，确定备选项目。财政部门（PPP 中心）应根据筛选结果制定项目年度和中期开发计划。

政府方在确定潜在 PPP 项目的过程中，可根据项目资产的特性分为三种。非资产性方案：新的需求可以通过变换提供服务的方式，采用更加有效率的工作方式，或提高对现有资产的使用效率来满足，而不一定要增加新的资产；现有资产方案：升级或改善现有基础设施，以满足政府部门对于基础设施的服务要求以及大众的需求；新增资产方案：当以上两条不能满足需求时，有必要建设新的基础设施。政府通过对资产特性的分析，根据社会公众的需求，由政府行业主管部门发起，向发改部门申报。

（2）开展物有所值评价和财政承受能力论证

筛选出潜在 PPP 项目后，要通过物有所值评价和财政承受能力论证判定项目采用 PPP 模式的可行性。财政部门（PPP 中心）会同行业主管部门，从定性和定量两方面开展物有所值评价工作。定性评价重点关注项目采用 PPP 模式与采用政府传统采购模式相比能否增加供给、优化风险分配、提高运营效率、促进创新和公平竞争等。定量评价主要通过对 PPP 项目全生命周期内政府支出成本现值与公共部门比较值进行比较，计算项目的物有所值量值，判断 PPP 模式是否降低项目全生命周期成本。对政府付费或政府补贴的项目，还应开展财政承受能力论证，以确保财政中长期可持续性。

经地方各级财政部门会同相关部门评估、筛选潜在的 PPP 项目基本信息，均应录入 PPP 综合信息平台。期间由省财政部门审核是否满足上报要求，若满足要求，即由省级财政部门提交，列为储备项目。

2. 社会资本方投资决策

社会资本方针对企业自身利益和战略发展规划，通过与政府建立良好的伙伴关系、兼顾企业外部环境与企业能力以及对社会和市场调查结果的分析，寻找 PPP 项目投资机会，并对潜在 PPP 投资项目进行财务评价，以此为根据判断投资可行性并进行投资决策。

（1）社会资本方的分类

社会资本发起方根据自身特点和项目的物理特性，可以分为产业发起人、专业发起人、金融投资机构发起人三大类。产业发起人，即项目是其连成一体的产业上游或产业下游或者是与其核心业务、主营业务相关联，如掌握其核心技术、拥有成套先进设备的发起人；专业发起人，即主要参与项目的建设和运营管理，通过提供权益资金参与项目，如公路等大型交通基础设施工程，一般由承包商发起。金融机构可以作为资金提供方，联合具有基础设施设计、建设、运营维护等能力的社会资本发起 PPP 项目，在投资运作的过程中，金融机构主要负责项目融资。PPP 项目主要发起人的形式和目标如表 1-3-1 所示。

PPP 项目发起人分类表 表 1-3-1

发起人	主要形式	主要目标
产业发起人	连接核心业务，上下游产业	扩大产业链，或将成本转化为收入
专业发起人	提供资金支持	参与项目开发运营管理的全过程，获得项目全过程价值
金融机构	提供投融资服务、股本或债务贷款	获取与负债特征相匹配的资金配置，获得预期收益

（2）社会资本方投资决策的步骤

第一步：编制年度 PPP 项目投资战略规划

由企业战略规划部门召开专题会议部署编制年度投资计划工作，投资管理业务部门搜集整理与各省、市、区政府签署的战略合作协议，寻求市场项目备忘信息，研究过往业务表格以及自身编制的经济指标参数，编制年度 PPP 项目投资战略规划。其规划内容不仅需要包含年度投资总额、潜在投资项目、潜在投资风险分析等内容，还应包含企业参与 PPP 项目的能力条件分析、PPP 项目发展趋势及应用条件分析、优先发展何种领域 PPP 项目三个核心问题。

第二步：细分目标市场，寻找潜在的 PPP 合作伙伴

根据 PPP 项目投资战略规划，投资管理业务部门进一步研究，筛选出信誉评价高、资金来源可靠、影响力大的合作伙伴，如经济发达地区政府、国家政策重点扶持地区政府、地方财政有保障的政府等，都是潜在优质伙伴群。企业应主动与政府部门进行前期洽商，从项目最前端入手，签订在某地区、某领域、某阶段和某种方式的 PPP 投融资战略合作备忘录，主动掌握商业先机，为后阶段开展合作奠定基础。同时，与企业处于同一层级平台的合作伙伴建立 PPP 项目投资决策意向，如联合体潜在伙伴、设备供应商、基础设施运营商、金融机构等。

第三步：获取 PPP 项目投资机会

投资业务主管部门通过国家、地方政府及财政部门发布的信息获取 PPP 项目投资机会，其主要渠道包括各级财政部门 PPP 中心、政府招商计划、各种融资洽商会和 PPP 沙龙等。同时，企业利用自身信息资源以及市场灵敏度，筛选和鉴别 PPP 项目投资与发展机会，形成拟投资项目。

第四步：对拟定 PPP 项目实施跟踪与研究

社会资本方获取 PPP 项目投资信息后，积极与政府方进行联系沟通，获取 PPP 项目的详细信息，并选择企业内部经验丰富者和外部咨询专家组成专家组实地进行跟踪考察，运用工程经济学、项目管理等多学科知识，对项目的可行性进行分析，并将考察项目过程中总结出来的问题反馈给政府方，进行友好交涉。最后，社会资本方对得

出的初步可行性研究报告进行评议，并给出评审结论或咨询建议。通常，形成项目建议书向财政部门（PPP 中心）推荐潜在 PPP 项目。

第五步：参加 PPP 项目投标决策

企业投资业务管理部门根据专家组的评估结果，撰写 PPP 项目的建议方案，呈送公司经营层和决策层审议。建议方案主要包括两方面内容：一是对投资的必要性和可行性做出判定，根据项目的投资规模、投资方向、投资结构、投资收益等重要问题决定是否竞标；二是研究决定是否与其他投资伙伴以联合体名义投标，还是独立投标。若确定竞标，则及时向政府部门（政府或其授权机构）进行意向登记或报名申请投标资格。

二、PPP 项目投资结构

PPP 项目投资结构指在 PPP 项目的投资总量中，各要素的构成及其数量比例关系，主要表现为项目资本金比例和政府持股比例。

1. 资本金比例

在我国项目建设政策中，推行"一刀切"的项目资本金制度。项目资本金本质是项目发起人即投资者自身的出资额，主要特性是非债务性，投资者的出资对投资项目而言是非债务性资金，项目法人原则上应不承担资本金的任何利息和债务；其次是收益性，投资者可按其出资比例依法享有项目权益；第三是不可撤销性，资本金可以进行股权转让，但在清算以前不得以任何方式抽回。

投资人对项目公司的出资，一般依照《国务院关于固定资产投资项目试行资本金制度的通知》（国发〔1996〕35 号）、《国务院关于调整部分行业固定资产投资项目资本金比例的通知》（国发〔2004〕13 号）、《国务院关于调整固定资产投资项目资本金比例的通知》（国发〔2009〕27 号）、《国务院关于调整和完善固定资产投资项目资本金制度的通知》（国发〔2015〕51 号）等文件，社会资本方或政府和社会资本方共同出资占 PPP 项目总投资 20% ~ 40% 的资本金，并作为项目公司营业执照上的注册资本金额。

目前，国家对各行业固定资产投资项目的最低资本金比例的规定如表 1-3-2 所示。从表中可以看出，国家对投资规模较大的固定资产项目，要求落实的项目资本金比例越大（大于 30%），而对于城市水务、环保等总投资规模较小的其他项目，通常要求落实的资本金比例反而较低（20%）。

我国对项目资本金比例的最低要求 表 1-3-2

项目类别	资本金比例
港口、沿海及内河航运、机场等领域固定资产投资项目	最低 25%
铁路、公路、城市轨道交通项目	20%
城市地下综合管廊和急需的停车场项目	经国务院批准、情况特殊的国家重大项目资本金比例可比规定的 20% 再适当降低
钢铁、电解铝项目	40%
水泥	35%
煤炭、电石、铁合金、烧碱、焦炭、黄磷、多晶硅	30%

采用资本金制度，对工程建设项目的实施有积极推动作用。国家有针对性地对不同领域设置门槛，可以极大地减少和避免"半拉子工程"和"尾巴工程"，一定程度上可以确保项目资金及时足额到位，对于提高工程质量、保证建设工期、尽早实现项目社会和经济效益都起到了积极作用。对于融资方而言，PPP 项目发起人的资本金表明了发起人对项目市场前景的信心，也反映了项目公司股东实力情况；同时，项目资本金能够对投资者形成一种约束，促进投资者提高风险意识、投入精力，确保项目建设完工和运营，保证项目债务的偿还。此外，对于投资者而言，与资产负债率一样，合理的资本金比率可以使项目公司保持合理的负债比率，避免过重的财务负担，有利于 PPP 项目的持续稳定运营。

2. 政府持股比例

持股比例是指一个团体和个人在一个公司里所持股份所占的比例。政府持股比例即政府在进行 PPP 项目投资时所出资金占总资本金的比例，是政府方对项目公司控制程度的体现。《关于印发政府和社会资本合作模式操作指南（试行）的通知》（财金〔2014〕113 号）规定"政府在项目公司中的持股比例应当低于 50%，且不具有实际控制力及管理权"。

目前，地方政府因庞大的债务压力，已无法支持巨大的基础设施投资建设，所以在 PPP 项目建设中，政府方在项目公司中的持股比例普遍较低，其表现出来的优劣势如下：

优势：公共基础设施不再只靠政府投资"单打独斗"，通过拿出市场前景好的项目和竞争性业务吸引社会资本共同参与，政府在投资中少量持股，既能大大减轻政府的投资压力，又能大大地化解政府性债务风险，并将项目建设、运营过程中大部分风险合理地转移给了社会资本方或其他机构，从而使风险得到最佳的管理。

劣势：政府持股比例低，容易影响社会资本方投资的积极性，投标竞争不充分，使政府处于被动局面；同时，各方持股比例与其利益目标、控制权配置高度关联，社会资本方投资的目的在于获取合理的或者超额的利益，而政府持股比例较少，在项目公司管理中话语权不高，容易导致项目实施效率低下，社会资本在项目实施过程中可能会产生一些违法乱纪行为，损害群众利益。

3.影响投资结构的因素

PPP项目合理的投资结构，可以降低委托代理成本，提高项目不同阶段的风险应对能力和实施效率；合理的权益结构调整，有利于提升股东和项目公司的价值，提高公共产品和服务供给效率。在进行投资结构设计的时候，需要考虑政治经济制度、经济因素、地方金融市场环境、行业环境以及PPP项目特征等因素。

（1）政治经济制度、经济因素

1）法律制度。法律法规在政府投资额、私人股本金比例等方面的规定会直接影响PPP项目的投资结构。目前，我国PPP项目法律制度还不够健全，对私人投资者权益的保护程度不足，私人投资者面临较大的投资风险。为降低风险，私人投资者希望政府部门直接投资的比例较高，并且为转移风险，私人投资者会较多地使用长期贷款。

2）当地经济发展情况。PPP项目提供的是公共产品和服务，对这类产品的需求量与当地的经济发展密切相关，直接影响项目的投资结构。经济发展良好，项目未来需求量大，未来现金流也大，偿债能力高，能够获得较高的银行贷款，项目资本结构中长期债务比例高；反之，项目资本结构中长期债务比例低。

3）政府的投资承受能力。在实践操作中，多数PPP项目会采用政府持股的方式，持股比例多少往往需要对政府的财政投资能力进行考量。PPP模式一般适用于准经营性项目和经营性项目，而当前地方政府债务普遍存在且负担较重，非经营性项目（公园、学校、医院等）仍需政府通过财政或举债的方式筹措资金，所以在决定PPP项目政府投入资本金时不得不考虑财政承受能力，在合理配置资金的前提下，根据投资承受能力确定具体项目的出资比例。

4）税收政策。有些PPP项目单纯依靠项目未来的收入难以满足私人投资者的投资回报要求，在项目实施过程中，基础设施项目前期投入大，到运营阶段才有现金流入，因此，在项目前期，特别是初始运营阶段的还贷和现金流压力巨大。初始运营阶段的税收减免优惠可以有效缓解这种压力，减少项目公司资金链断裂的可能性。税收优惠的幅度和税收优惠政策的连贯性会影响项目的评估价值，项目评估价值高的项目，政府直接投资比例低。

（2）地方金融市场环境

1）金融市场环境对债务资金来源产生重要影响。项目所在地金融市场发达，PPP

项目公司可以通过发行债券等多种途径进行债务融资，融资渠道越多、融资成本越低，债务资金使用比例越高。因此，金融市场环境影响 PPP 项目的投资结构。

2）市场的接受程度。出于对市场竞争状况的考虑，如果社会资本对于政府占股的比例不能承受，或者说投资人竞争不够充分，那么 PPP 项目实施效果可能就不够理想，对于政府来说，持股比例的设定就要更谨慎。

（3）行业环境因素

1）行业的技术进步。产品的技术进步能够改变基础设施项目的融资结构，行业技术标准的健全对规范融资行为产生积极影响。并且，PPP 项目建设运营过程中采用新技术积累的经验，对于项目参与方而言，能节约未来在其他项目中应用此类新技术的学习成本。一般来说，技术进步快的行业，私人投资者的股权投资比重相对高。

2）行业垄断程度。基础设施项目的自然垄断性决定了项目所在行业被一家企业或少数几家企业寡头垄断经营。同时，由于行业的垄断性或寡头垄断性使得公共产品或服务的提供者是市场上"价格的制定者"，而非完全竞争市场下的"价格接受者"。如果没有政府管制，生产者对项目产品或服务的定价会远远高于平均生产成本以攫取超额垄断利润，导致市场价格扭曲，市场配置资源效率降低。基础设施行业的垄断程度直接受政府管制的影响，政府可能会对行业准入、项目定价等各方面加以管制。而行业垄断程度将直接影响项目未来的盈利能力和成长性。行业垄断程度高，准经营性产品或服务的提供者能够增强其在与政府部门谈判特许经营协议时的地位，获得更多的政府直接投资。

3）政府对行业发展的支持程度。PPP 项目提供的产品或服务具有公益性，行业的发展需要政府部门的大力支持，而且项目所在行业在不同的生命周期需要得到的政府支持程度不同。在行业的初创期和成长期，PPP 项目面临的经营风险很大，预期的财务拮据和代理成本使得 PPP 项目能够融资到的债务资金较少，财务杠杆较低。政府对行业的支持程度会直接影响银行等金融机构的债务投资，有时，政府对行业的支持可以一定程度上视为政府的"隐性担保"，有助于加强社会资本和银行等贷款机构对项目的信心，降低融资成本，提高项目资本结构中社会资本股本金比例和长期贷款比例。

4）行业对社会资本的特殊限制。亚洲开发银行编制的《公私合作（PPP）手册》指出，全球范围内采用 PPP 模式的项目几乎覆盖所有的基础设施行业和新城开发项目。而我国《外商投资产业指导目录》（2015 年修订）中规定，有些可采用 PPP 模式的行业必须中方控股，比如电网的建设、经营；城市人口 50 万以上的城市燃气、热力和供水排水管网的建设、经营；铁路旅客运输公司等。随着越来越多的国外投资者关注并进入我国的基础设施行业，在特定行业的具体项目中，如果引入的是国际资本，出于合规性要求应考虑政府控股。

（4）PPP 项目特征

1）项目总投资规模。总投资规模大的项目贷款能力高，债务融资渠道多，融资成本低，项目中长期贷款等债务资金比例高，并且.总投资规模大的 PPP 项目往往是关系当地经济与民生的重点项目，为了当地的经济发展和社会稳定，政府部门会加大对项目的支持力度。

2）项目的特许经营期。特许经营期的长短与项目的投资回报率和净现金流量息息相关。投资回报率代表政府认可的比较合理的收益率，净现金流量代表项目未来的盈利情况。所以，特许经营期的长短不仅反映了项目的收益情况，也进而影响到项目资本结构中社会资本投资和长期贷款资金的比例。PPP 项目的特许经营期越长，则项目运营过程中面临的不确定性因素越多，社会资本和银行等金融机构面临的经营风险也越大，债务性资金比例可能越小。

3）项目的定价机制。定价机制直接影响项目的投资价值，决定了项目风险和收益的分配。不同的风险和利益分配机制下，项目的融资能力不同，项目资本结构也不同。

4）项目未来的盈利能力。如果项目本身的收益高、盈利能力强，社会资本主动投资的意愿就高，项目的资本结构中权益资本比重低，使用较多的债务资金，能够获得更多的利息税盾，增加项目的价值。政府部门对盈利能力强的项目的直接投资比例低，社会资本能够较好发挥技术和管理优势，则政府参与 PPP 权益投资对 PPP 项目的监管和效应将更为高效和互补。如果项目自身收益低，就需要政府出资的比例高些，以此吸引社会资本投入。

5）项目风险分配。通常在确定政府和社会资本方股权比例时，首先会考虑各方的能力，即各自控制项目中特有风险而获得收益的能力。PPP 项目中存在的风险要由最适宜的一方来承担，一般来说，政策、法律和最低需求风险等由政府承担。而社会资本具有较丰富的商业经验，项目设计、建设、财务、运营维护等商业风险原则上由社会资本承担，通过投资人各自的优势互补进行组合，从而最大限度地分散风险。各方在项目公司中的投资比例，反映各方在项目公司中的权益，根据责权对等的原则，谁承担的风险责任大，谁的权益就大，反映到投资比例就相应增大。

三、PPP 项目投资方式

投资方式是指企业集团及其成员企业实现资源配置、介入市场竞争的具体方式。PPP 项目投资主体包括政府和社会资本，两者投资 PPP 项目目的不同，投资方式也不同。

1. 政府投资方式

2015 年 7 月,国家发改委和财政部在《关于运用政府投资支持社会投资项目的通知》中提出,要探索采取股权投资等方式来运用政府投资支持社会投资项目。我国目前以股权方式开展的 PPP 项目投资方式主要有国有股权转让、货币资金出资、实物资产作价入股、无形资产作价入股、前期工作作价入股五种方式。

(1) 国有股权转让

对于城市供水、供气等已相对成熟且长期由国有企业垄断的行业,国有企业可依法将其股东权益有偿转让给外资企业或社会资本,组建双方共同持股的 PPP 项目公司。项目公司在双方约定的特许经营期内采用以董事会为中心的公司治理模式,以"使用者付费"作为经营收入,按照股权比例分享利润。例如,天津市北水业公司股权转让项目中,法国威立雅水务的加入对于天津市城市供水企业技术的革新、管理的规范、公共产品供给效率的提高,均有促进作用。

(2) 货币资金入股

对于高速公路、民用机场、能源站等盈利能力良好的基础设施建设项目,可依法由政府出资方代表与国有企业、民营企业或外资企业共同出资建设,组建双方共同持股的合营项目公司,依据实际情况由民间资本控股或参股,在政府方和社会资本方约定的特许经营期内采用以董事会为中心的公司治理模式,以"使用者付费"作为经营收入,按照股权比例分享利润。例如,广州西朗污水处理厂 PPP 项目由广州市污水治理有限责任公司与泰科亚洲投资有限公司共同投资(出资比例 1 : 2),广州市污水治理有限责任公司出资 10989 万元。

(3) 实物资产作价入股

《公司法》第 27 条规定,股东可以用实物出资,实物资产投资是指投资者直接将土地、建筑物、机器设备等实物资产直接投放于合资、合作等关联企业,通过生产经营活动获得投资收益。

1) 厂房、设备作价入股。在 PPP 项目中,政府可根据已有的实物资产作价进行投资。例如,青岛污水处理厂 PPP 项目由青岛市与以法国威立雅水务集团为主的外资企业投资,项目总投资 4280 万美元。注册资本为 1525 万美元,其中,中方占 40%,以海泊河污水处理厂和麦岛污水处理厂(一期)现有资产投入;外方占 60%,以 915.4 万美元的现金出资。

2) 土地作价入股。《政府和社会资本合作项目财政承受能力论证指引》(财金〔2015〕21 号)第十五条明确了地方政府可以以土地等实物进行投资。例如,常山县天马污水处理厂改扩建工程 PPP 项目,常山水务发展投资有限公司和浙江富春紫光环保股份有限公司组建 PPP 项目公司，其中常山水务发展投资有限公司以天马污水处理厂二期工程土地作价 444 万元入资，占项目公司股份的 10%，浙江富春紫光环保股份有限公司以现金出资 4000 万元，占项目公司股份的 90%。

（4）无形资产入股

《政府和社会资本合作项目财政承受能力论证指引》第十五条指出，股权投资支出责任中的无形资产投入，应依法进行评估，合理确定价值，明确了地方政府可以以无形资产出资入股项目公司。无形资产投资是指投资人以拥有的专利权、非专利技术、商标权、土地使用权等作为投资。

1）土地使用权作价入股。土地使用权作价出资是 PPP 模式中特有的一种土地处置方式，是指国家以一定年期的国有土地使用权作为出资投入到 PPP 项目公司，该土地使用权由 PPP 项目公司持有。例如，重庆涪陵至丰都高速公路项目中，政府方以土地使用权作价后向公司出资入股，而使公司取得土地使用权，PPP 项目公司获得投资建设和经营管理重庆涪陵至丰都高速公路项目的特许权利。

2）品牌技术作价入股。技术入股是指技术持有人（或者技术出资人）以技术成果作为无形资产作价出资公司的行为。技术成果入股后，技术出资方取得股东地位，相应的技术成果财产权转归公司享有。例如，钟祥市中医院 PPP 项目中，人福医药集团股份公司与湖北省钟祥市政府共同组建医院管理公司。在股权架构中，钟祥市人民政府以中医院的现有资产（除土地及建筑物等不动产）及医院品牌技术等无形资产出资，持股比例不低于 34%，人福医药以现金方式出资，持股比例不低于 51%。

（5）前期工作作价入股

由于 PPP 项目前期工作繁杂，并需要与本级或上级多个政府部门进行接触，比如办理各类审批手续等，由政府方牵头做好前期工作，有利于节约时间，提高 PPP 项目实施效率。因此，政府通过前期工作作价方式入股 PPP 项目，也是目前比较常见的政府投资 PPP 项目的方式。政府垫付的项目前期费用经审计或双方确认后抵作政府方的股权出资。例如，南宁市第二福利院 PPP 项目，由南宁市社会福利院、威宁集团和社会资本共同在南宁成立注册资金不低于 14332 万元的 PPP 项目公司，其中南宁市社会福利院以政府前期已投入部分作价或注入资本金出资约 2150 万元占股 15%，威宁集团出资 5600 万元占股约 39.1%，社会资本出资 6582 万元占股约 45.9%。

2. 社会资本投资方式

国家发改委发布的《关于开展政府和社会资本合作的指导意见》（发改投资〔2014〕2724 号）提出鼓励和引导社会投资，增强公共产品供给能力。目前，社会资本投资 PPP 项目包括收购国有股权、合资入股和收购经营权等方式，主要以货币资金投资为主。

（1）收购股权

在供水、供气等长期由国有企业垄断的行业，社会资本通过有偿收购目标公司股东的股份，从而获得一定的经营管理权力。社会资本通过自身的技术、专业人才、管理经验改善企业的经营状况，从而获得股权比例相对应的收益。例如，嵊新污水处理一期 PPP 项目，为了减少政府在嵊新污水厂的补亏投入，减轻地方政府的压力，改善污水厂经营状况，2010 年 10 月，嵊新污水处理厂增资扩股。其中，北京首创股份作为社会资本以现金方式出资 12906.122 万元，占 51% 股权，嵊州市水务集团出资 6820 万元，占 26.95% 股权，新昌县水务集团出资 5580 万元，占 22.05% 股权。

（2）资金入股

对于有良好盈利能力的基础设施项目，社会资本通常以货币资金投资入股，与政府方组建双方持股的 PPP 项目公司。通常情况下，企业会联合产业投资基金作为社会资本投资 PPP 项目，实现资金、技术、经验的完美结合。而产业投资基金以优先劣后模式组建，一般由同业资金、金融机构作为优先级，地方国企或融资平台作为劣后级。例如，贵阳市观山湖区小湾河环境综合整治 PPP 项目，由贵州 PPP 产业投资基金、观泰公司及贵州水务共同出资，设立贵州小湾河项目公司。其中，观山湖区政府授权贵阳观泰产业建设投资发展有限公司作为政府方出资代表，PPP 产业投资基金与贵州水务作为社会资本。项目中标金额 14.62 亿元，建设期 2 年，特许运营期 30 年。在贵州 PPP 产业基金中，苏交科集团作为认购份额最大的劣后级合伙人及项目主导方，通过该基金间接投资，并承担了该项目融资、设计、总承包管理到运营维护的全产业链服务。

（3）购买经营权

在具有公益性和经营性的行业中，可充分利用项目的经营功能和设施，出让项目的经营权以吸引社会资本的投入，社会资本可以通过购买经营权的方式来获得预期的收益。例如，江西峡江水利枢纽工程 PPP 项目，将水电站从枢纽工程中剥离出来，通过出让水电站 50 年经营权为整个工程项目筹措建设资金。通过招标，中国电力投资集团公司江西分公司和江西省水利投资集团公司以最高报价 39.16 亿元获得水电站经营权，分别持有项目公司 80%、20% 的股权。

四、PPP 项目投资困境与对策

目前，我国正大力推行 PPP 模式，但 PPP 项目具有投资大、周期长、涉及面广、前期成本高、合同结构复杂等特点，导致社会资本投资 PPP 项目的风险较大，社会资本态度均较为谨慎；同时，金融政策等外在因素制约着 PPP 的发展。本节以投资主体为研究对象，分析在 PPP 投资过程中遇到的困境，并提出在 PPP 项目投资管理中的建议和对策。

1. PPP 项目投资困境

（1）我国部分企业缺乏投资经验与能力

我国部分企业缺乏投资经验与能力，特别是更宏观层面的经验与能力，如对政府法规政策的把握、对项目长期市场需求的预测和对行业风险的管控。而且，我国企业投资对项目市场需求的调查和预测很难做到全面和准确，难以做出合理、准确的决策。

（2）金融政策制约投资

一方面，社会资本担心政府的信用度和支付能力；另一方面，PPP 项目的收益水平偏低，与其筹资成本、投资收益不匹配。同时，民资的融资能力受金融政策影响，无法利用金融杠杆，客观上也制约了社会资本的投资。

（3）社会资本合作难

目前，许多地方政府举行了不少 PPP 项目推介发布会，但对社会资本有吸引力的项目不多。比如，公共服务领域、社会事业、教育、医疗等行业成熟的合作模式不多，缺乏对社会资本的吸引力。而且，社会资本还对履约和政策变化存在疑虑，不敢盲目跟风投资 PPP 项目，大多处于观望状态。

2. 促进 PPP 项目投资的对策

（1）提高参与 PPP 项目的政府部门官员自身业务能力

通过 PPP 沙龙等培训活动、简政放权以及完善官员考核等方式，对直接参与 PPP 项目的政府相关部门进行必要培训，同时也可以积极组织各项关于 PPP 项目的理论和经验研讨会，提高政府官员对项目投资的认识和理解水平，发挥政府出资代表机构的能动性和创造性，提高项目实施机构的管理效率，更好地保障政府和公众的利益，促进我国社会资本方积极参与 PPP 项目。

（2）降低 PPP 项目投资风险

为增强社会资本信心，降低 PPP 项目投资风险，政府应为准经营性、非经营性项目配置与之相适应的公共设施资源，如电网输送工程、水资源等。这些资源大多由政府规划和控制。项目公司在项目准备阶段应得到政府关于项目所需公共配套设施的提供承诺或建设规划，为项目投资创造良好的外部环境。同时，需完善投资回报机制。政府本身并不以追求投资回报为目的，而是为了寻求一种更高效的财政资金使用方式，以便更好地发挥政府为社会公众提供公共产品和服务的作用。

（3）设计针对性合作模式，吸引不同特性社会资本投资

不同社会资本在利益诉求和风险承担意愿等方面具有不同特性，应结合政府和社会资本双方在项目中的利益诉求和风险承担意愿，设计具体合作模式，并据此判断潜在社会资本的类型和选择标准。

第二节　PPP 项目融资

一、PPP 项目融资特征

PPP 项目融资是指贷款人向 PPP 项目提供贷款协议融资，对于该项目所产生的现金流量享有偿债请求权的融资类型。它是一种以项目未来收益和资产作为偿还贷款的资金来源和安全保障的融资方式。项目融资是 PPP 项目运作的一个重要步骤，而多个融资渠道的最优选择是项目融资的关键环节。最优融资渠道并非固定的，外部条件（如国家对项目的支持程度、贷款利率等）的变化也会影响融资渠道的选择。PPP 项目融资主要具有以下特征：

1. 政策保障利于贷款

国家发改委与国家开发银行在 2015 年 3 月联合印发《关于推进开发性金融支持政府和社会资本合作有关工作的通知》。根据这一部署，国家开发银行在监管政策允许范围内，在四个方面将给予 PPP 项目差异化信贷政策：①优先保障 PPP 项目的融资需求；②对符合条件的 PPP 项目，贷款期限最长可达 30 年，贷款利率可适当优惠；③建立绿色通道，加快 PPP 项目贷款审批；④支持开展排污权、收费权、集体林权、特许经营权、购买服务协议预期收益、集体土地承包经营权质押贷款等担保创新类贷款业务，积极创新 PPP 项目的信贷服务。同时，中央财政出资引导设立 PPP 融资支持基金，鼓励开发性金融机构发挥中长期贷款优势。

通过政策打消融资方的顾虑，建立绿色通道，简化 PPP 项目贷款审批手续，加强信贷规模的统筹调配，优先保障 PPP 项目的融资需求，大大拓宽了社会资本参与 PPP 项目的路径。

2. 有限追索

贷款人对项目借款人的追索形式和程度是区分融资属于项目融资还是传统公司融

资的重要标志。作为有限追索的 PPP 项目融资，贷款人可以在贷款的某个特定阶段，或者在一个规定的范围内对借款人实行追索。除此之外，无论项目出现任何问题，贷款人均不能追索到项目借款人除该项目资产、现金流量以外以及所承担的义务之外的任何形式的财产。

3. 非公司负债型融资

非公司负债型融资是指项目的债务不体现在公司的资产负债表的一种融资形式。这一特点对于项目投资者的价值在于使得这些公司有可能以有限的财力从事更多的投资：可以使一个公司从事超过自身资产规模的投资，或者同时进行几个较大项目的开发；同时，将投资的风险分散和限制在更多的项目之中。尤其是 PPP 项目的建设周期和投资回收周期都比较长，对于投资者而言，如果将项目的贷款安排全部反映在公司的资产负债表上，很有可能造成公司的长期资产负债比失衡，导致公司无法筹措新的资金，影响未来的发展。

4. 多元化信用结构

由于 PPP 项目融资很难完全获得仅仅依赖项目自身经济强度的融资结构，因此，一个成功的 PPP 项目融资除了有合理的风险分担，还要有一个多元化的信用结构，充分利用项目自身资源，将贷款的信用支持分配到与项目有关的各个方面，为项目融资提供信用支持，减轻政府及担保人的负担，提高项目的债务承受能力。

5. 融资成本较高，组织时间较长

PPP 项目融资花费时间较长，有些大型项目甚至会拖上几年时间；同时，因为 PPP 项目为有限追索，贷款人承受了较大风险，因此有可能要求附加保险，加大了投资者的开发费用，贷款利率也相对较高，这使利息成本变得高昂。当然，某些地方政府为了吸引投资，可能提供利率优惠，或者因为项目具有较好的投资收益，贷款人会主动降低利率。

综上所述，虽然 PPP 项目融资成本较高，组织时间较长这一特点限制了项目融资的使用范围，但其仍不失为一种值得推广的方法。因为 PPP 项目融资的有限追索和风险分担，使投资者敢于涉足这类大型项目；而 PPP 项目融资的非公司负债型融资和多元化信用结构，则使投资者有能力进行投资。

二、PPP 项目融资结构

1. 债本比例

债本比例指项目的债务资金和股本资金的比例关系。确定债务和股本资金比例的

基本原则是：在不因借债过多而伤害项目经济强度的前提下，尽可能降低项目的资金成本。

理论上，如果一个项目使用的资金全部是债务资金，它的资金成本应该是最低的，然而项目的财务状况和抗风险能力会由于承受过高的债务而变得脆弱。相反，如果一个项目全部使用股本资金，其财务基础和抗风险能力得到加强，但资金成本却变得昂贵。PPP 项目融资没有标准的债务/股本资金比率，在我国，根据项目所属行业、所在地区以及项目投资额，政府会给出债务/股本资金比率的范围。

PPP 项目的债本比例与项目的投资规模、社会资本偿债/盈利能力和社会资本信用有关，应结合项目具体情况，合理利用国内金融市场债务资金的不同来源，降低融资成本。其基本特征主要有以下几点：

（1）相同类型项目的债务水平表现出比例一致性或一致性趋势

项目的类型特征影响着发起人、投资者对债务水平的需求或选择。对于固定资产投资大的项目，由于总投资规模大，通常具有较高的债务水平；而对于投资较小的技术型项目，通常具有较低债务水平，权益资本偏高。

（2）项目的收益特征与债务水平表现具有关联性

对于具有可靠和稳定现金流、市场风险相对较小的项目，例如已经签订相关购买协议、包销协议或具有市场供应垄断性、政府补贴的项目，债务水平可以提高；而对于有一定市场风险的项目，例如收费型高速公路、无包销协议的商业电厂项目，放贷方愿意提供的债务水平则相对较低。

（3）项目不同阶段的债务水平不同

在融资建设阶段，由于社会资本方、政府方、放贷方等基于项目的发起目标达成了一致，负债比例基本确定，除特殊情况外（如不可抗力因素），项目的负债比例变化较小。在运营管理阶段，随着项目的逐步成熟运营，虽然可能出现补充经营性现金流、项目改扩建等导致负债比例短期上升，但就总体趋势而言，由于移交无债务的前提条件，项目负债比例总体逐步降低，直至移交时点为零。项目移交后，公共部门或将根据项目改扩建、盘活存量资产等需要，可能逐步合理提高项目的负债比例，直至合理、稳定的区间。

2. 项目的资金需求量与年限

准确制订项目的资金使用计划，确保满足项目的总资金需求量是一切项目融资工作的基础。只有做好项目总资金预算以及项目建设期和运营期的项目现金流量预算，才能保证项目融资的资金安排可以满足项目不同阶段和不同用途的资金需求。新建项目的融资预算应由三个部分组成：固定资产贷款，流动资金贷款和费用超支准备金。

投资者的股本资金是项目中使用年限最长的资金，其回收只能依靠项目的投资收益，但是，项目中任何债务资金都是有期限的。如果能针对具体项目现金流量的特点，根据不同项目阶段的资金需求采用不同的融资手段，安排不同期限的贷款，就可以起到优化项目债务结构、降低项目债务风险和融资成本的作用。

三、PPP 项目融资渠道

1. 国外典型 PPP 项目融资渠道

本书从经济合作与发展组织（OECD）、欧洲投资银行（European Investment Bank）等主要国家和地区的投资机构、承包商、运营商、政府等的权威研究报告或资料中选取了 12 个国际典型 PPP 案例，对项目的融资渠道进行了梳理，如表 1-3-3 所示。案例项目涉及公路、港口、铁路、机场、试验场、水电站、垃圾处理、政府楼宇、桥梁、区域开发、医院等领域，涵盖了国际上主要的 PPP 项目类型。

国际典型 PPP 项目的融资渠道分析   表 1-3-3

序号	项目名称	项目类型	融资渠道分析
1	匈牙利 M5 公路	公路	政策银行、保险公司和商业银行
2	波兰 Gdansk 码头	港口	商业银行、投资机构
3	法西跨国高速铁路	铁路	政策性银行及政府补贴
4	印度德里和孟买机场	机场	政策性和商业银行、政府基金、投资机构
5	美国亚利桑那州试验场 PPP 项目	试验场	融资租赁
6	土耳其 Birecik 水电站	水电站	商业银行、投资机构
7	波兰波兹南市政垃圾热处理厂项目	垃圾处理	银团、欧盟基金
8	澳大利亚南澳洲法院项目	政府楼宇	发行年金债券和股票，还由建设信用证发行优先债券
9	美国亚利桑那州渔猎厅总部 PPP 项目	政府楼宇	发行基于"租赁—拥有"模式的长期免税债券
10	英国塞文河第二大桥项目	桥梁	政策性和商业银行
11	美国福特岛及开发项目	区域开发	以资产换取服务
12	澳大利亚皇家妇女医院	医院	发行债券

表 1-3-3 中，国际成熟市场的债务资金来源渠道较多，表现有政策性银行、商业银行、政府基金、保险公司、投资机构（资产管理机构）和发行债券等，其中，资本市场的具体形式主要为地方政府债券、项目收益债券、公司债券以及资产证券化产品等。在 PPP

实践中，为了隔离政府风险，政府一般不直接承担债券的偿还责任，而是通过提供政府补贴、帮助申请 PPP 基金等方式对 PPP 项目融资提供支持。其中，美国在运用收益证券方面是最好的国家之一。项目收益债是美国公共基础设施债务融资的主要渠道，是仅次于国债和公司债券的第三大债券市场。通常有政府拨款、地方税收收入或者租赁付款作担保，可以免缴美国联邦收入所得税，直接降低融资成本达 2%。这些渠道为我国 PPP项目融资提供了参考，我国在开展 PPP 项目的过程中应开阔思路，根据项目的具体情况拓展融资渠道，鼓励合理创新，寻找合适的融资组合对象与方式，形成最优的融资策略。

2. 国内 PPP 项目融资渠道

PPP 融资渠道是项目投资者通过金融市场融通资金的方式，是不发生股权变化的单方面资金使用权的临时让渡融资方式。融资者必须在规定的期限内使用资金，同时要按期付息。PPP 模式一般应用于基础设施项目，具有独特的经济特征，忽视这些特征而盲目选择融资方案将会增加项目的资金成本，也会增加项目的融资风险，导致融得的资金不能物尽所用。因此，对于不同类型的 PPP 项目，其适用的融资渠道也不尽相同，需要具体问题具体分析。最优融资渠道并非固定的，外部条件（例如，国家对项目的支持程度、贷款利率等）的变化也会影响融资渠道的选择。

总的来说，我国 PPP 项目投资规模一般较大，使得项目公司需要在融资过程中尽量去选择融资能力更大的渠道，以便使资金结构尽量简单；PPP 项目在开始阶段需投入巨大资金，且没有或很少有资金回收，因此需要巨额资金的准时到位；PPP 项目一般含有保证性质的购买协议，项目进入运营期后的收益是稳定的，这对于投资者或者贷款人的信心是强有力的支持；资金偿付和建设费用／收入时间表的匹配对于资金成本的节约很重要，尽可能选择前期还款额少，后期还款额平衡而持续的融资渠道或者组合。

我国常见的 PPP 项目融资渠道有金融机构贷款、融资租赁、资管计划、专项债权计划或股权计划、资产证券化、项目收益债、信托、PPP 产业基金等。

（1）金融机构贷款

金融机构资金来源较为充足，资金使用较为自由，因此，金融机构贷款是债务融资的主要渠道之一。金融机构提供投融资服务及债务资金，主要目标是获取与负债特征相匹配的资产配置，获得预期的投资回报。

PPP 项目的金融机构贷款可以分为商业性项目贷款和带有公益性质的（如世界银行和政府提供）项目贷款，提供债务融资的金融机构有商业银行和政策性银行，国家开发银行和农业发展银行以及进出口银行三家政策性银行贷款在 PPP 项目中较常运用，此外还包括出口信贷、多边机构（世界金融公司、世界银行、亚洲开发银行）等。

金融机构在项目发起阶段是项目公司权益资金的重要来源和债务资金筹集的重要

牵头人，而在项目成熟运营阶段将是项目公司价值的重要体现和其他股东价值实现的重要途径。PPP项目融资的有限追索、关注完工担保、未来现金流偿还本息等特点，决定了其与商业银行普通贷款有较大的区别。作为债务资金提供方，主要关心三个方面的问题：自身资本的获利能力（银行经营项目债务资本的获利）、项目每年的偿债覆盖率和项目的贷款期覆盖率。金融机构贷款利息低且还款期长，对规模较大、经济周期较长的PPP项目非常有利，但是对贷款总额和占总投资的比例有一定的限制。

PPP项目融资资金金额较大，融资期限较长，因此还适合采用银团贷款的方式进行项目融资。银团贷款是指由两家或两家以上银行基于相同贷款条件，依据同一贷款协议，按约定时间和比例，通过代理行向借款人提供的本外币贷款或其他授信业务。中国银行业协会要求，单一客户或单一项目融资超过10亿元，原则上通过银团方式提供融资；若融资金额超过30亿元，则必须通过银团方式提供融资。

银团贷款具有金额大、期限长、分散信贷风险等优点，因此银行业普遍认同通过银团贷款的形式为PPP提供资金支持。此外，由于风险有所分散，银团贷款相比单个银行贷款而言，往往更容易争取到更优惠的贷款利率，也受到政府和社会资本的青睐。广西来宾B电厂项目中，贷款/资本金比为3∶1，由法国东方汇理银行、英国汇丰投资银行及英国巴克莱银行组成的银团联合承销，贷款中约3.12亿美元由法国出口信贷机构——法国对外贸易保险公司提供出口信贷保险。

（2）融资租赁

融资租赁是一种以资金为纽带，融资与融物合二为一，以租赁物件的所有权与使用权相分离为特征的融资方式。PPP项目多为长期合同，因此无论是在项目的建设中还是在其后续运营期内，都需要匹配稳定的中长期资金，以规避项目建设及运营中现金流的管理风险，融资租赁模式恰恰能够契合这项需求。融资租赁本质上是采取融物的方式达到融资的目的，适用于基础设施领域，主要模式包括直接融资租赁和售后租回。

直接融资租赁中，租赁公司出资购买设备或不动产，出租给项目公司使用。在租赁期内，设备的所有权属于租赁公司所有，项目公司拥有设备的使用权和收益权，分期向租赁公司支付租金。这种模式可以解决购置成本较高的大型设备或不动产的融资难题，缓解项目初始基建资金压力。

售后租回的模式是在直租业务的基础上发展变形出来的，即项目公司将自有设备或不动产出售给租赁公司，再租回使用，起到了盘活存量资产、改善财务状况的效果。

总体而言，与银行信贷债权相比，融资租赁具有限制少、手续简便、方式灵活、能够调节税收、改善财务状况、资金使用期限长、承租企业偿债压力小、减少承租企业直接购买设备的中间环节和费用等优势。融资租赁对于供水、供电、供气、收费公路、旅游景区等既有现金流又有资产的项目尤为适用。但不可否认的是，由于融资租赁公司获取低价资金的能力远较银行、保险差,而且由于其按季还本付息,收取手续费、保证金等费用的特点,其资金使用效率低,实际融资成本较高。

(3) 资管计划

资管计划是由证券公司、基金子公司集合客户的资产,投资于 PPP 项目。如济青高铁潍坊段项目中,中邮证券代表社会资本持股 90%,通过发行资管计划,对接邮储银行的 40 亿理财资金。资管公司参与项目的运行阶段可以是项目前期准备阶段,也可以是项目建设阶段或后期项目运营等阶段。在资管公司参与 PPP 项目操作过程中,应注意资管产品的流动性、资管产品的退出安排、增信措施以及财务监管。

(4) 专项债权计划或股权计划

专项债权计划或股权计划是指委托参与投资基础设施项目的信托投资公司、保险资产管理公司、产业投资基金管理公司或者其他专业管理机构进行 PPP 项目投资。此种融资模式在国外运用较为广泛,险资投资 PPP 项目比较常见。保险资管是保险资金投资 PPP 项目的表现形式。2010 年以来,保监会逐步放开了保险资金不动产、股权、金融产品、基础设施债权、集合信托计划、资产支持计划、私募基金的限制,除基础设施债权投资可直接适用于 PPP 项目外,保险公司还可以直接投资能源、资源、养老、医疗、汽车服务、现代农业、公租房或廉租房等企业股权,其中很多产业与 PPP 项目多有重叠。又因为保险资金具有成本低、规模大、期限长的特点,与 PPP 项目特征吻合,因此保险资金参与 PPP 项目融资有很大的前景。2014 年 12 月,新华保险与广州市政府共同成立"广州(新华)城市发展产业投资基金",基金规模 200 亿元,用于广州市基础设施和城市发展建设项目。

(5) 资产证券化(ABS)

资产证券化是指成立资产支持专项计划,对符合要求的 PPP 项目进行证券化,通过发行不同期限和信用等级的资产支持证券,为 PPP 项目融资。资产证券化一般适用于有稳定可测现金流的"使用者付费"类 PPP 项目,在进入运营期后,根据合理推算的未来年化现金流,由证券公司等机构将其证券化。如民族证券成立的"濮阳供水收费收益权资产支持专项计划",发行 1~5 年不等的五档优先级资产支持证券,用于购买濮阳市自来水公司的供水合同收益权。

作为一种新的融资工具,资产证券化的融资成本低,一般明显低于同期银行贷款利率水平及其他债务融资品种成本。此外,该模式操作简单易行,期限结构可根据基础资产及其收益状况、融资用途而定,较为灵活。资产证券化是以资产信用为基础,交易所对信息披露的要求很高,一定程度上解决了信息不对称的问题,同时也提升了 PPP 项目基础资产的信用,对于项目的其他投资方而言也起到隐性的增信作用。

(6) 项目收益债

项目收益债是由项目实施主体或其实际控制人发行的,与特定项目相联系的,债券募集资金用于特定项目的投资与建设。项目收益债的本息偿还资金完全或主要来源于项目建成后运营收益。如广州环投南沙环保能源有限公司发行的"14 穗热电债",发行总额为 8 亿元,发行期限为 10 年,资金投向广州市第四资源热力电厂垃圾焚烧发电项目。

项目收益债是与特定项目相联系的债券,无论利息的支付或是本金的偿还,均只能来自投资项目自身的收益。此外,项目收益债的发行主体可为项目公司,也可以设专户封闭运行,募集资金直接投入固定资产投资项目,项目收入进入专户,专户用于支持债券的偿还。

(7) 信托

融资业务在信托传统业务中占比较大,信托公司已建立了一整套与之相匹配的风险控制体系。PPP 项目公司为社会资本单独或与政府合资成立,一般已获得了政府给予的土地使用权、水电气、车辆通行费等专项收费权。信托可通过为项目公司直接提供融资,并要求项目公司就已获得的上述资源进行抵(质)押担保,并在信托层面设计为开放式,允许投资者申购赎回,以弥补信托期限较短的缺陷,与项目公司项目建设的长期性相匹配。此外,信托公司还可以成立短期封闭型专项信托计划,为 PPP 项目筹集资金,还款来源依赖于项目公司获得的政府补贴等现金流。如 2015 年 7 月,中信信托成立唐山世园会 PPP 项目投资集合基金信托计划,为唐山世界园艺博览会基础设施及配套项目融资。其后,陆续有中建投信托、建信信托等 10 余家信托公司试水PPP 模式。

通过信托的形式介入 PPP 项目融资的方式简单易行,融资成本较低,但存在还款来源不足,抵(质)押物处置不易,以及流动性压力等问题。

(8) PPP 产业基金

PPP 产业基金是指通过成立基金,发挥杠杆效应,对外募集资金,同时,在特定情况下也可以达到通过表外融资降低资产负债率的目的。如苏交科与贵州道投融资管理有限公司联合发起的贵州 PPP 产业投资基金,投资方向主要是环保、交通、市政、水务、水利、水环境治理、生态修复、医疗、医药、大健康、海绵城市、智慧城市、城市地下综合管廊等相关行业的股权及债权投资和融资租赁公司的股权投资。

四、PPP 项目融资成本

PPP 项目融资成本的适当性直接影响到 PPP 项目的可行性和投资获益性。如果PPP 项目融资成本过高,可能造成后续运营压力过大,容易引发债务危机。PPP 项目融资成本可分为资金成本和非资金成本。

1. 资金成本

PPP 项目融资的资金成本是一种绝对的成本，其利率风险是 PPP 项目的主要风险之一。资金成本包括资金筹集成本和资金使用成本两部分。

（1）资金筹集成本

资金筹集成本是指在资金筹集过程中所支付的各类费用，通常在筹集资金时一次性发生，主要包括资信评估费、杂费、承诺费、债券发行手续费、融资顾问费、公证费、广告费等。

1）资信评估费：指寻找具有权威性的资信评估机构，对项目的资产和未来现金流进行研究，取得社会资本等融资方的信用等级，据此判断其偿债能力。

2）杂费：中长期银团贷款方式下产生的费用，主要是由借款人向牵头银行支付，用于其在组织银团、安排签字仪式等工作时间所作的支出，如通信费、印刷费、律师费等。

3）承诺费：采用银团融资时，借款人在用款期间，对已用金额要支付利息，未提用部分因为银行要准备出一定的资金以备借款人的提款，所以借款人应按未提贷款金额向贷款人支付承诺费，作为贷款人承担贷款责任而受利息损失的补偿。

4）债券发行手续费：项目公司发行债券筹集项目建设资金时所需要的成本。只要债券一发行，就能吸引众多投资者购买，其筹资成本会明显降低。

5）融资顾问费：当采取融资租赁等方式时，融资方与出资方磋商具体方案，并申请第三方审核的成本。

（2）资金使用成本

资金使用成本是指因使用资金而支付的费用，如银行借款以及发行证券的利息等。本币贷款方式下主要为国内贷款利率成本，资金使用成本主要与银行贷款利率成正比。

银行贷款虽然具有种种优点，但是由于其审批相对复杂，贷款审批所需时间较长，项目运营期内贷款利率变化等特点，使得在选择该方式时应充分考虑项目运营期、融资规模、银行贷款融资比重、整体融资结构等因素，最大限度降低融资成本，优化融资结构。出资者可以选用固定利率、浮动利率或者两种利率的结合，也可以选用利率封顶、限底等手段降低利率风险。工程建设过程中分步投入的资金应分步融入，否则大大增加融资成本。在约定产品价格时，应预期利率和通货膨胀的波动对成本的影响。若是从国外引入外资的 PPP 项目，还应考虑货币兑换问题和汇率的预期。

2. 非资金成本

非资金成本主要有风险成本和代理成本。

（1）PPP 项目融资的风险成本主要是指财务拮据成本。财务拮据是指公司没有足够的偿债能力，不能及时偿还到期债务。财务拮据成本是指当发生财务拮据时，产生的大额费用或机会成本。当财务拮据发生时，可能会出现以下情况：

1）建设期内发生财务拮据，当供应商或承包商意识到项目公司陷入财务困境时，他们往往不再向该公司供应材料或消极怠工，导致项目进度滞后或财务状况恶化，以致整个项目失败。

2）当运营期出现严重的财务拮据时，到期债务不能如期偿还，贷款人会根据相关担保条款，得到项目全部或部分运营权，致使投资实体不仅得不到任何回报，最后甚至连建设成本都无法收回，从而蒙受重大损失。

3）大量债务到期时，贷款人纷纷上门讨债，项目公司不得不以高利率借款，以便偿还债务。

4）为了规避财务拮据，管理层可能会变卖有用的机器设备以获取现金、降低质量，以避免出现财务拮据。

（2）代理成本

PPP 项目融资的主要代理成本是债务融资代理成本。因为 PPP 项目公司拥有债务，在投资者和贷款人之间就会产生利益冲突。这会诱使投资者谋求利己的策略，倾向于采用高风险高收益的投资行为。因此，一旦成功，他们将获得其大部分利益，而失败的风险则大部分由贷款人承担。但是，一个理想的贷款人必然会预期到这种情况的发生，从而会要求更高的报酬率，这将导致债务资金成本上升，这就是债务的代理成本。随着债务资金比例增大，股权代理成本逐渐下降，债权代理成本逐步上升。债务代理成本的存在降低了项目价值，因此，应考虑股权代理成本和债权代理成本，最大限度地降低债务代理成本，选择使总成本最低的资金结构。

五、PPP 项目融资困境与对策

目前，政府作为基建投资和稳增长的主力，却因负债压力大以及一系列融资限制，可用资金捉襟见肘。同时，PPP 项目准入标准高，由于国内金融市场不景气以及 PPP 相关法律法规不完善，许多社会资本望而却步。以下通过分析在 PPP 融资过程中遇到的困境，提出政府在 PPP 项目融资管理中的建议和对策。

1. PPP 项目融资困境

（1）PPP 融资渠道单一

现存的 PPP 项目多以债权融资为主，股权融资相对不足。传统的商业银行贷款是债权融资的主要模式，国际 PPP 项目常用的项目贷款未能得到充分运用。原因是多方面的，首先，我国目前尚未建立项目融资的金融服务体系，难以实现以项目未来收入和资产为质押的银行贷款。虽然银监会发布了《项目融资业务指引》，但实践中，以项目未来收益和资产为担保的项目融资方式并不多见。其次，金融机构不愿承担风险，创新动力不足，加之股权结构设计、股权退出等难题未解，导致股权融资在融资过程中运用甚少。如此单一的融资方式导致筹集的资金量极为有限，相对于 PPP 项目的巨量投资，可谓是杯水车薪。同时，以商业银行贷款为主导的间接融资，利率过高、周期较短，难以适应大多数 PPP 项目收益低、周期长的特点。

（2）PPP 融资期限长

由于 PPP 项目实施可长达二三十年，相对于一般项目，持续周期长，项目实施过程中存在的不确定性增加。其中，小到原材料价格上涨、消费者偏好变化，大到项目技术工艺改革、国内外政治经济环境变化等都会对项目的实际经营和盈利情况产生影响。此外，目前我国 PPP 项目的商业模式还不成熟，配套的市场环境、政策规章等体系尚不完善，导致项目风险难以预测和控制。金融机构也会考虑融资的安全性，出于审慎性原则，对资金投放的审核机制更为严格。这是制约社会资本特别是民营资本参与 PPP 项目融资的最主要原因。

（3）PPP 项目公司独立进行项目融资的能力有限

社会资本大多会独立或与政府方合资设立项目公司建设运营 PPP 项目，由于项目公司成立时间较短，一般都存在资产规模较小、现金流尚未实现等问题，无论是基于融资的可得性还是成本的最低化，往往都需要实力雄厚的股东等进行担保。而且，我国大部分经济效益良好的 PPP 付费项目已经落地甚至市场化，目前推进的项目中大部分现金流并不清晰，甚至主要依赖于政府付费或可行性缺口补贴，也制约了项目公司的资本市场融资能力。

2. PPP 项目融资对策

（1）降低社会资本的市场准入标准

目前，社会资本在国内市场融资困难，主要的融资渠道是商业银行贷款，这对于社会资本的要求较高，要求其有较好的信用能力及债务偿还能力。同时，该融资方式的融资成本较高，对项目的顺利实现不利，这就需要政府调整银行的信贷评价体系，制定相应的授信评级体系，使私营企业与国有企业有一样的平等地位。同时，鼓励银行对 PPP 项目实行贷款开放，建立和完善为社会资本服务的金融组织体系，为社会资本提供融资协调服务等。放宽条件，增加额度，加大融资保险支持力度，降低融资成本，建立起政策性金融与商业性金融分工合作的金融支持体系，提高工作效率。

（2）加大 PPP 项目政策补贴

在当前经济环境下，无论是从基础设施的发展阶段还是从地方政府融资平台出现的问题考虑，引进社会资本都非常必要，这就需要政府加大对社会资本的优惠政策支持。在融资方面给予社会资本政策支持，制定投资发展规划，完善和落实相关管理办法。对于参与 PPP 项目的企业，政府可以给予贴息、担保及其他措施，提高社会资本的融资能力。

（3）允许项目公司对 PPP 项目再融资

PPP 项目由于投资大、融资结构复杂，在具体的建设运营中会面临诸多不确定性，政府需要根据项目的经营状况，及时对其融资条件和融资工具进行调整。同时，为了提高资金的使用效率，加快基础设施建设速度，在合理监管机制下，应完善 PPP 项目再融资的相关规范，放开一些适合 PPP 项目再融资的金融工具，如可转债、公司债等。

（4）成立创新性融资平台

目前，融资难问题是 PPP 项目实施的重大障碍之一。政府可建立创新性融资平台，联合各级政府拓宽融资渠道，吸引社会资本，引导非财政资金投入，降低融资成本，优化债务结构。"PPP+P2G" 这一模式则是有效的解决方式。"PPP+P2G" 是指将 PPP 与互联网金融模式中的 P2G 结合起来。P2G 是通过搭建中间桥梁将民间资本与政府基建项目联系起来，提供高效率、低成本的资产撮合交易。"PPP+P2G" 将 PPP 项目设计成 P2G 产品，充分发挥 PPP 项目运作过程中规范透明、风险控制措施严格、收益稳定等优势，吸引投资高风险 P2P 产品的民间资金进入。"PPP+P2G" 既能有效地解决政府融资难的问题，又能有效防控网络借贷行业的风险，并且还能使民众分享政府基建所带来的长期稳定的投资收益。

第四章 PPP 项目风险

PPP 项目是典型的风险型投资项目，政府方和社会资本方（项目公司）在项目运作过程中均将面临诸多风险。能否科学合理地做好 PPP 项目风险管控工作，关系到 PPP 项目能否顺利运行。本章基于 PPP 项目特点，从风险识别、分担和应对等方面探讨 PPP 项目的风险管理。

第一节　PPP 项目风险识别

一、PPP 项目风险内涵与特征

1. PPP 项目风险内涵

PPP 项目风险是指 PPP 项目在全生命周期内可能发生的导致项目损失的不确定性，这种不确定性对项目融资、建设、运营、移交等环节产生干扰，可能导致项目受到损失甚至失败。

2. PPP 项目风险特征

PPP 项目风险除了具有客观性、潜在性、可测性、相对性和随机性等一般项目风险的典型特征外，还呈现出以下显著特征。

（1）阶段性

根据项目发展的时间顺序，PPP 项目的风险呈现出明显的阶段性。一方面，PPP 项目不同阶段的主要风险不同，有的风险存在于项目的各个阶段，而有的风险只存在于项目的某个或某几个阶段。例如，完工风险主要出现在项目建设阶段，运营风险主要出现在运营阶段，而法律变更风险以及不可抗力风险等则贯穿项目始终；另一方面，PPP 项目风险的大小也呈现出明显的阶段性。以完工风险为例，项目建设初期，完工风险比较小，即使进度滞后还可以通过采取技术、组织、经济、管理等措施赶上进度计划，但随着项目建设不断推进，完工风险发生的概率不断增加，特别是在建设期间管理不善的项目，极有可能发生工期延误。

（2）复杂性

PPP 项目一般都具有投资大、周期长、涉及面广、前期成本高、合同结构复杂等特点，所面临的风险因素也较为复杂。对于 PPP 项目而言，不仅包括一般的工程项目建设过程所涉及的各类风险，也包括诸如社会资本选择风险、政府信用风险、融资风险、法律变更风险等 PPP 项目特有风险。

（3）差异性

不同 PPP 项目之间风险也存在差异性，主要体现在以下两个方面：

1）主要风险集不同。PPP 项目的自身性质决定了项目的主要风险集不同。例如，垃圾焚烧发电类项目面临的主要风险有民意风险和环境保护风险，而轨道交通类项目的市场需求不足风险则是其主要风险。

2）风险要素重要程度不同。项目所在行业与项目自身的特点决定了风险的侧重点不同。例如，经营性项目有很高的市场风险，准经营性项目的市场风险相对较小，而非经营性项目几乎不受市场风险的影响。

二、PPP 项目风险识别方法

PPP 项目风险识别是指在 PPP 项目风险事故发生前，对 PPP 项目潜在的各种风险进行连续系统地认识和归类，并分析发生风险事件的原因。PPP 项目风险识别可采用分阶段识别法、参考类似项目识别法以及专家咨询法。

1. 分阶段识别法

如上所述，PPP 项目风险具有阶段性特点，因此，可以阶段为依据进行风险识别。分阶段识别法是指按照 PPP 项目操作流程，根据不同阶段风险的成因与特点识别风险的方法。一般来说，运用分阶段识别法对 PPP 项目风险从前期、执行、移交三大阶段进行识别。

（1）PPP 项目前期阶段

PPP 项目前期阶段包括项目识别、项目准备与项目采购三个阶段。在 PPP 项目前期阶段，不仅要进行项目识别、筛选、物有所值和财政承受能力论证、实施方案编制及审核、资格预审、采购、谈判与合同签订等 PPP 项目相关工作，还要同步进行与建设项目立项相关的前期工作。在这些工作中，都存在着这样或那样的风险，例如法律变更风险、不可抗力风险、项目审批风险、政治决策失误／冗长风险、市场预测风险、民意风险、社会资本选择风险、合同缺陷风险等。

（2）PPP 项目执行阶段

PPP 项目执行阶段包括项目公司设立、项目融资、建设以及运营、绩效监测与支付、中期评估等工作，是跨时最长的阶段，存在的风险因素也很多。一般来说，项目融资过程中，可能由于项目对投资者缺乏吸引力、社会资本方自身原因、融资市场不发达、融资成本高以及资本结构不合理等原因，存在信用风险、利率风险、汇率风险、通货膨胀风险等；项目建设过程则可能出现不可抗力风险、技术风险、建设成本超支风险、完工风险、建设质量风险、政府监管不足风险、环境污染风险、安全风险等；项目运营可能出现市场风险、技术风险、运营管理风险、环境风险、项目竞争性风险、政府监管不足风险、法律变更风险、运营标准提高风险以及原材料供应风险等。

（3）PPP 项目移交阶段

对于需要期末移交的 PPP 项目，在特许经营期满后，项目公司需要将项目资产移交给政府或其指定机构，此阶段时间相对较短，风险因素较少，但仍然存在着一定的风险，如法律变更风险、移交时设施不达标、项目产权不明晰等风险。

2. 参考类似项目识别法

参考类似项目识别法是在以往类似项目的数据资料以及项目参与者的知识经验的基础上，对现有 PPP 项目进行风险识别。一方面，通过类似项目案例资料，特别是失败的案例，分析导致这些项目失败的原因，有利于准确识别该类项目的风险因素，避免重蹈覆辙，加大项目成功的几率；另一方面，在项目风险识别过程中，可与所参考的类似项目参与各方就待识别项目的风险进行"面对面"探讨，以便更加全面地识别项目风险。

3. 专家咨询法

专家咨询法是通过向专家发放调查问卷，利用专家经验和常识，判断该项目存在哪些风险，并对风险因素的重要程度进行打分，通过分析计算得出主要风险因素。专家人数应根据具体情况而定，一般来讲，所选专家应以 10 人左右为宜，不应少于 5 人。专家咨询法的操作步骤如下：

（1）问卷设计与发放

根据 PPP 项目常见风险以及以往的同类 PPP 项目运作经验，初步确定拟实施 PPP 项目可能面临的风险因素。问卷可采用 Likert5 级量表，将风险因素的重要性程度划分为"很低"、"低"、"一般"、"高"、"很高"五个等级，由专家评判每一个风险因素的重要性程度。本节以某城市生活垃圾焚烧发电 PPP 项目为例，该项目的风险调查问卷详见本章末附表。问卷的发放对象包括政府相关职能部门人员、专门从事风险研究的专家学者以及相关行业领域从业人员。

（2）数据处理

将风险重要性程度"很低"、"低"、"一般"、"高"、"很高"分别赋予相应分值，计算出各个风险因素专家打分平均分，并根据打分制定相应的主要风险因素评判标准，主要风险因素在 PPP 项目实际操作中需重点关注并制定相应的应对措施。以某城市生活垃圾焚烧发电 PPP 项目为例，风险重要性程度"很低"、"低"、"一般"、"高"、"很高"分别赋予 1、2、3、4、5 分，计算出各专家打分平均分，平均分大于 3 分的风险因素视为主要风险因素，专家打分及数据处理结果如表 1-4-1 所示。该项目主要风险包括社会资本选择风险、项目融资风险、成本超支风险、垃圾供应量不足风险、环境标准提高风险、移交时设施不达标风险、项目产权风险、环境保护风险、民意风险、政府监管不足风险。这些主要风险可作为类似城市生活垃圾焚烧发电 PPP 项目风险识别的重要参考资料。

在 PPP 项目实操过程中，上述三种方法可组合使用，以便更加全面地识别项目风险，降低风险识别过程中主观因素的影响。

三、PPP 项目常见风险

PPP 项目面临的风险因素较一般工程项目多，基于 PPP 项目案例分析和文献资料，归纳出 PPP 项目 15 个常见风险。

1.法律变更风险

法律变更风险主要是指由于采纳、颁布、修订、重新诠释法律而导致项目的合法性、市场需求、产品或服务收费、合同协议的有效性等因素发生变化，从而对项目的正常建设和运营带来损害，甚至直接导致项目中止或失败的风险。PPP 项目涉及的法律法规比较多，加之我国 PPP 模式的运用还处在起步阶段，存在相关法律法规不够健全、不协调等问题，很容易出现法律变更方面的风险。例如，江苏某污水处理厂原计划于 2002 年开工，但由于 2002 年 9 月《国务院办公厅关于妥善处理现有保证外方投资固定回报项目有关问题的通知》（国办发〔2002〕43 号）的颁布，导致投资回报与之前约定的有所差别，项目公司被迫与政府重新就投资回报率进行谈判。

某城市生活垃圾焚烧发电 PPP 项目风险调查专家打分示例

表 1-4-1

序号	风险因素名称	专家1	专家2	专家3	专家4	专家5	专家6	专家7	专家8	专家9	专家10	专家11	专家12	专家13	专家14	专家15	专家16	专家17	平均分（结果保留2位小数）
1	社会资本选择风险	2	2	3	3	1	2	3	2	4	5	4	2	4	5	3	4	3	3.06
2	项目融资风险	1	3	4	0	1	2	3	2	5	4	4	3	4	5	3	5	3	3.06
3	完工风险	3	3	3	3	2	2	4	1	2	3	3	3	4	4	4	3	2	2.88
4	建设质量风险	2	2	4	3	2	2	4	1	2	3	3	4	4	3	3	3	2	2.76
5	成本超支风险	1	4	4	4	1	2	4	2	3	3	4	3	4	4	3	4	3	3.12
6	垃圾供应量不足风险	3	4	2	2	3	2	3	3	5	2	3	3	4	5	3	5	4	3.29
7	运营维护风险	2	3	4	2	2	2	3	2	3	0	4	3	4	4	4	3	3	2.82
8	应急处理风险	2	2	3	2	2	4	4	2	4	2	2	3	4	3	3	4	3	2.94
9	环境标准提高风险	3	3	4	3	2	4	4	2	4	3	1	4	4	5	5	4	3	3.47
10	移交时设施不达标风险	3	3	4	4	3	4	3	3	3	3	2	3	3	3	2	4	4	3.18
11	项目产权风险	1	3	3	4	3	4	2	3	3	1	2	4	3	4	3	5	3	3.06
12	政策法律变更风险	2	2	3	3	2	2	4	3	5	3	2	5	3	4	2	5	3	2.94
13	环境保护风险	2	2	4	4	2	3	4	3	4	3	4	5	4	4	5	4	4	3.59
14	民意风险	4	3	3	4	4	5	4	2	5	4	3	5	5	5	5	4	5	4.12
15	政府监管不足风险	1	4	3	3	1	2	4	3	4	3	3	5	3	3	4	3	4	3.06
16	不可抗力风险	3	3	3	3	2	2	2	3	4	2	2	3	3	4	3	3	5	2.94

2. 项目审批风险

依据我国法律的相关规定，项目公司实施 PPP 项目需要履行相关行政审批程序，只有获得相应的审批（核准）或备案，才能保证 PPP 项目的合法合规性。审批风险主要指审批通不过或审批延误风险，由于项目的审批程序过于复杂、花费时间过长和成本过高，且在批准之后对项目的性质和规模进行必要商业调整较为困难，因此，审批风险会给项目正常运作带来威胁。例如，上海大场水厂项目在申请提高供水价格时，根据《中华人民共和国价格法》和《政府制定价格听证办法》（发展改革委第 2 号）中规定"定价机关依法制定（含调整）政府指导价、政府定价过程中，由政府价格主管部门采取听证会形式，征求经营者、消费者和有关方面的意见"，而由于当时上海人大代表提出反对水价上涨的提案，造成上海水价改革措施迟迟无法落实实施，致使上海大场水厂遭遇审批风险。

3. 政治决策失误／冗长风险

政治决策失误／冗长风险指由于政府的决策程序不规范、官僚作风、缺乏 PPP 项目运作经验和能力、前期准备不足和信息不对称等造成项目决策失误和过程冗长。例如，青岛威立雅污水处理项目，由于当地政府对 PPP 的理解和认识有限，政府对项目态度的频繁转变导致项目合同谈判时间过长；污水处理价格是在政府对市场价格和相关结构不了解的情况下签订且价格较高，等到政府了解情况以后又重新要求谈判降低价格，从而引起后续谈判拖延，出现政府决策失误／冗长的困境。

4. 社会资本选择风险

社会资本的选择关系着 PPP 项目的成败。资金实力强、技术先进、管理经验丰富、信誉好的社会资本，必然会使项目运行更加顺利，反之，可能降低合作效率和质量，甚至导致项目失败。合作伙伴是一次性选择的过程，如果前期工作不到位、采购文件编制不合理、采购方式不适宜、竞争不充分等都可能影响采购质量，导致最终中标的社会资本并非最优或不理想。

5. 建设风险

建设风险一般存在于新建或改建 PPP 项目中。由于建设周期一般较长，任何不可控制或不可预见的因素都可能造成项目无法完成或者出现工期延误、工程质量不合格、工程费用超支等问题，都将使项目蒙受巨大损失。建设风险主要包括以下几个方面：

（1）完工风险

完工风险是指项目建设无法完工或延期完工的风险。一般完工风险可造成项目公司利息支出增加、项目市场机会丧失、贷款偿还期被迫延长或无法偿还等重大损失。对于政府方，由于项目无法完工或延期完工，导致政府无法按时向公众提供公共产品或服务，造成公共利益损失。

（2）成本超支风险

成本超支风险是指由于社会资本前期对总投资估计不足、项目公司管理不善或者建筑原材料价格上涨等导致的建设成本超过预算额度的风险。

（3）建设质量风险

建设质量风险是指项目在建设安装过程中可能出现的质量问题给项目带来损失的风险。建设质量不但影响着项目的投资收益，还决定着项目的服务性能、安全性能和使用年限，必须重点加以防范。

6. 运营风险

运营风险是指项目在运营过程中，由于外部环境的复杂性和变动性以及主体对环境的认知能力和适应能力的有限性，而导致的运营失败或使运营活动达不到预期目标的可能性及其损失。运营风险并不是指某一种具体特定的风险，而是包含一系列具体的风险，主要包括以下几个方面：

（1）能源和原材料供应风险

对于依赖某种能源或原材料的基础设施项目（如水力发电站、火力发电站等），在项目的运营阶段是否有稳定的能源和原材料供应来源以及能源和原材料价格波动状况，对项目正常运营及运营成本影响很大。

（2）运营管理风险

项目运营者的经营管理能力是决定 PPP 项目的服务质量控制、运营成本控制和运营效率的一个重要因素。如果项目运营方管理水平或业务素质低下，就很可能会使项目不能发挥预期的设计能力，无法达到预期的效益。

（3）技术风险

技术风险指由于项目决策阶段技术选择不当或运营过程中由于使用不当或技术进步等原因，影响技术的适用性、先进性、完整性、可行性和可靠性，从而产生技术风险，如技术工艺在项目建设期结束后是否仍然保持先进、是否会被新技术所替代，项目配套设备是否适用、工艺是否符合国家要求、资源利用是否符合国家能源要求、技术人员的技术水平能否达到要求等。

（4）市场收益不足风险

市场收益不足风险是指项目运营后的收益不能收回投资或达到预定的收益，导致项目公司利益受损。一般来说，使用者付费机制下市场收益不足风险较大，因为项目公司必须自负盈亏，如果项目公司在前期对服务需求估计过于乐观，而实际需求达不到预期，就会出现收益不足风险。此外，存在竞争性项目也会导致收益不足。例如，京通高速公路建成之初，由于相邻的辅路不收费，致使较长一段时间京通高速车流量不足，出现了市场收益不足的风险。

（5）市场需求变化风险

市场需求变化风险是指排除竞争性风险以外，由于宏观经济、社会环境、人口变化、法律法规调整等其他因素使市场需求变化，导致市场预测与实际需求之间出现差异而产生的风险。例如菲律宾电力供应 BOT 项目。由于电力紧缺危机，菲律宾政府于 1987 年 7 月发布第 215 号政府令，向私营部门开放电力市场，允许私营投资者以 BOT 方式建设电厂，向国家电力公司售电。1991-1993 年短短三年内，国家电力公司就完成 25 个 BOT 项目合同谈判，涉及新增发电装机 300 万千瓦以上，1993 年菲政府宣布度过电力紧缺危机。当时菲政府普遍认为危机后国内经济将持续增长，电力需求也将同步增长，菲政府继续通过 BOT 模式扩大发电装机容量。1997 年，亚洲金融危机爆发，菲电力系统供给过剩，产生市场需求变化风险，导致电力公司将额外电力的购买费转嫁给消费者，造成电价高涨。

（6）收费变更风险

收费变更风险是指由于 PPP 项目产品或服务收费价格过低或者收费调整不具有弹性，导致项目公司的运营收入不如预期而产生的风险。例如，由于电力体制改革和市场需求变化，山东中华发电项目的电价收费从项目之初的 0.41 元 / 度变更到了 0.32 元 / 度，使项目公司的收益受到严重威胁。

7. 移交风险

移交风险主要包括移交时设施不达标风险和项目产权风险。

（1）移交时设施不达标风险

移交时设施不达标风险主要是指项目设备设施经过了特许经营期内的运营和损耗，项目移交时未处于良好状态的风险。移交时的项目设施应符合双方约定的技术、安全和环保标准，并处于良好的运营状况。政府从项目公司接手的应当是设施完善、资产状况良好、组织严谨和人员齐备的整套项目，即使项目移交，项目依然需要妥善维护和良好地运营，才能发挥基础设施在国民经济中的重要作用。

（2）项目产权风险

项目产权风险是指在项目移交阶段，由于资产产权（主要是所有权、经营权、收益权等）在项目前期界定不明晰或者在项目执行阶段发生变化引起移交时双方发生纠纷，从而带来投资损失的风险。

8. 公众反对风险

公众反对风险主要是指由于各种原因导致公众利益得不到保护、受损或者公众主观认为自身利益受损，从而引起公众反对项目建设或运营所造成的风险。例如，湖南宁乡于 2016 年 6 月 27 日发生垃圾焚烧项目集访事件，市民集会抗议，强烈要求银花桥垃圾焚烧场撤出宁乡。

9. 政府信用风险

政府信用风险是指政府不履行或不完全履行合同约定的责任和义务而给项目带来直接或间接的危害。政府不遵守其合约承诺情形包括不按时付费或者支付补贴、没有提供相应配套设施、违反唯一性承诺等。作为公共产品或服务的购买者，政府基于 PPP 项目合同与项目公司之间形成平等民事主体关系，应按照 PPP 项目合同的约定行使权利、履行义务。

10. 政府监管不足风险

政府监管不足风险是指政府在项目建设、运营过程中监管不到位而损害公众利益或造成项目重大损失的风险。PPP 模式不同于传统的政府采购模式，也不同于完全的私有化，社会资本的逐利本质与政府满足公众需求、创造社会效益的目的存在一定的矛盾，为了平衡项目参与各方不同的利益与要求，政府有效监管是十分必要的。如果政府监管不足或者不到位，可能导致 PPP 项目不能实现物有所值，或选择的合作伙伴并非最优；也可能造成项目公司垄断经营，损害公众利益，降低项目建设运营效率，有违 PPP 模式的初衷。

11. 融资风险

融资风险是指由于融资结构不合理、金融市场不健全、融资的可及性等因素引起的风险，其中最主要的表现形式是资金筹措困难。能否成功获得融资直接关系到项目能否实施，因此大多数 PPP 项目合同中会将完成融资交割作为项目公司的一项重要义务以及 PPP 项目合同全部生效的前提条件。由于 PPP 项目具有期限长、风险大和收益低等特性，再加上融资方式单一、抵押征信不足、PPP 认识不到位和缺乏政策支持等外部原因，致使 PPP 项目经常遭遇融资难题，延缓了项目进程。

12. 项目竞争性风险

项目竞争性风险是指政府或其他投资人新建或改建其他项目，导致对该项目形成实质性的商业竞争而产生的风险。项目竞争性风险出现后往往会带来市场需求变化风险、市场收益风险等一系列的后续风险，对项目的影响非常大。例如，杭州湾跨海大桥项目是国内第一个以地方民营企业为主体、投资超百亿的国家特大型交通基础设施项目，于 2008 年 5 月建成通车，而 2013 年 7 月，在相隔仅 50 公里左右的绍兴杭州湾大桥即已通车，与杭州湾跨海大桥形成直接商业竞争。随着宁波杭州湾大桥、舟山－上海跨海高速、杭州湾铁路大桥等项目纳入地方或国家规划，未来车流量将进一步分流，杭州湾跨海大桥项目面临的竞争性风险将更加严峻。

13. 金融风险

PPP 项目面临的金融风险主要包括利率风险和通货膨胀风险。

（1）利率风险

利率风险是在项目建设及经营过程中，由于利率变动直接或间接地造成项目投资增加和收益受到损失的风险。如果投资者按照浮动利率向贷款人筹资，一旦利率上升，贷款利息就会增加，项目建设成本和生产经营成本也会随之攀升；而如果采用固定利率融资，一旦市场利率下降则会造成机会成本的提高。

（2）通货膨胀风险

通货膨胀一般会使项目所在地人工工资和物价（特别是能源和原材料的价格）大幅度上涨，这必然导致建设成本和运营成本的大幅上涨，而如果在合同中没有调价条款或调价的比例跟不上成本上涨的比例，就会使项目公司的利润受损。

14. 环境保护风险

环境保护风险是指由于未满足环保法规要求而需增加的新资产投入或迫使项目停产等风险。对 PPP 项目投资者来说，要满足环保法规的各项要求，就需要增加项目生产成本，或者增加新的资产投入改善项目的生产环境，对那些利用自然资源或生产过程中污染较为严重的项目来说，甚至面临无法生产下去的可能性。因此，对于 PPP 项目（尤其是污水处理、垃圾焚烧等环保类项目）特许期内可能出现的任何环境保护风险应充分重视。

15. 不可抗力风险

不可抗力风险是指当事人不能预见、无法合理防范，情况发生时又无法回避或克服的自然事件（地震、洪水、台风、海啸、雷击、火山爆发等）和社会事件。

除上述 15 个 PPP 常见风险以外，项目行业性质的差异性导致各类 PPP 项目存在特殊风险。以轨道交通、污水处理和垃圾焚烧发电 PPP 项目为例，各类项目可能存在的特殊风险如表 1-4-2 所示。

几种 PPP 项目特殊风险示例　　　　　　　　　　表 1-4-2

行业	风险名称	风险释义
轨道交通	地质勘探与选址风险	勘察报告提供的场地性质资料有限，地下情况有不可预知性。若所选地的地质条件很差，就很容易受到地质灾害影响，造成开裂或塌方等严重后果
	票价风险	由于轨道交通定价不合理或者票价调整无弹性（不自由或不及时），导致项目运营收入不如预期或其他不利影响
	客流量风险	运营实际客流量与预计客流量之间出现差异而导致项目收益不如预期
污水处理	水质水量变化风险	由于进水水量超过设计能力或不足、进水水质过低、当地政府政策性地增加污水监控指标和提高水质标准等因素带来的风险
	配套设备服务提供风险	项目相关基础设施服务不到位引发的风险。例如，污水处理厂的污水处理量对市政配套管网有很强的依赖性，如果管网配套程度不高，污水收集难度会增加，污水收集量不足
垃圾焚烧发电	垃圾供应量不足风险	在项目运营过程中，由于对垃圾量估计失误、收运系统能力不足或其他原因，实际垃圾供应量可能不足，会导致项目公司的预计收益受到实质性影响
	应急焚烧风险	出于一些公共利益（如发生公共卫生事件）致使垃圾处理量突然增大而需要进行应急焚烧处理，给项目公司正常运营带来附加成本的风险

第二节　PPP 项目风险分配

合理分配风险是 PPP 模式最显著的特征之一，是 PPP 模式效益最大化的前提。本节提出了 PPP 项目风险分配原则，根据分配原则对 PPP 项目常见风险进行分配，并通过分担途径加以落实，以期对 PPP 项目风险进行有效的管理和控制。

一、PPP 项目风险分配原则

1. 风险分配优化原则

政府和项目公司对不同性质风险的管理能力不同，项目风险的分配要能够充分发挥风险承担者的风险管理优势。因此，承担风险一方应该对该风险具有控制力，能够有效规避风险或者合理转移风险。如果政府将自身可以有效管理的风险转移给项目公司，不仅要支付项目公司更多费用，也不利于控制风险。

2. 风险收益对等原则

在风险分配时，也要确保承担风险的一方对于控制该风险有更大的经济利益或动机，且由该方承担该风险最有效率。只有风险承担者从风险分担中得到较高的风险收益，风险分配才是有意义的。如果风险承担者的风险管理成本大于风险收益,就会影响其风险承担意愿。因此,在合同条款中,应保障风险承担方获得与风险大小相匹配的收益水平。

3. 风险可控原则

一般而言,如果风险最终发生,承担风险的一方不应将由此产生的费用和损失转移给合同相对方。然而在 PPP 项目长达数十年的运行过程中,一些风险可能会出现政府和项目公司都无法预料的变化,导致风险发生概率上升或者风险发生时财务损失增加。为了将风险损失控制在风险承担者的合理承受范围之内,在项目合同中应该按照项目参与方的财务实力、技术能力、管理能力等因素设定风险损失承担上限。否则,社会资本可能无法保证公共产品或服务的供给效率,政府可能拒绝履约,影响双方的合作伙伴关系,最终导致 PPP 项目失败。

二、PPP 项目常见风险分配结果

依照前述风险分担原则和各类风险的性质,PPP 项目常见风险分担结果如表 1-4-3 所示。

PPP 项目常见风险分担结果 表 1-4-3

序号	风险因素名称	风险承担方		备注
		政府	项目公司	
1	法律变更风险	✓		
2	项目审批风险	—	—	视具体情况而定
3	政治决策失误 / 冗长风险	✓		
4	社会资本选择风险	✓		
5	建设风险	—	—	
5.1	完工风险		✓	
5.2	成本超支风险		✓	
5.3	建设质量风险		✓	
6	运营风险	—	—	
6.1	能源和原材料供应风险		✓	
6.2	运营管理风险		✓	
6.3	技术风险		✓	
6.4	市场收益不足风险	✓	✓	共同承担

序号	风险因素名称	风险承担方		备注
		政府	项目公司	
6.5	市场需求变化风险	✓	✓	共同承担
6.6	收费变更风险	✓	✓	共同承担
7	移交风险	—	—	
7.1	移交时设施不达标风险		✓	
7.2	项目产权风险		✓	
8	公众反对风险	✓	✓	共同承担
9	政府信用风险	✓		
10	政府监管不足风险	✓		
11	融资风险		✓	
12	项目竞争性风险	✓		
13	金融风险	—	—	
13.1	利率风险	✓	✓	共同承担
13.2	通货膨胀风险	✓	✓	共同承担
14	环境保护风险		✓	
15	不可抗力风险	✓	✓	共同承担

　　一般的，法律变更风险、政治决策失误／冗长风险、社会资本选择风险、政府信用风险、政府监管不足风险和项目竞争性风险等由政府承担；建设风险、运营风险中的能源和原材料供应风险、运营管理风险、技术风险以及移交风险、融资风险和环境保护风险等由项目公司承担；运营风险中的市场收益不足风险、市场需求变化风险、收费变更风险、公众反对风险、金融风险和不可抗力风险等由双方共担；而项目审批风险则要根据项目具体情形而定。

三、PPP 项目风险分担途径

　　PPP 项目风险实现公平分配以后，应当通过一定的途径予以落实，主要途径包括合同约定和机制设计。

1. 合同约定

　　PPP 项目合同在明确合同当事人之间权利义务关系的同时，即是在政府方和项目

公司之间分配风险,以确保PPP项目顺利实施。以下简要说明部分风险的合同分担方式:

(1)完工风险和建设质量风险

在由项目公司负责项目建设的PPP项目中,在项目合同中,有专门关于"项目建设"的章节,对项目建设标准、建设时间要求、建设管理要求、项目设计质量、施工质量、施工进度管理、试运营与竣工验收等均有明确约定,在合同"违约与赔偿"部分,会将项目公司未能按约定时间完成竣工验收或运营视为项目公司违约,并规定相应的违约赔偿条款。所以,完工风险和建设质量风险一般通过合同约定,由项目公司承担。

(2)项目审批风险

在遵守我国法律法规的前提下,按照风险可控原则,在PPP项目合同中约定,由对履行相关审批程序最有控制力且最有效率的一方负责项目审批。例如:如果项目公司可以自行且快捷地获得相关审批,则该风险由项目公司承担;如果无政府协助,项目公司无法获得相关审批,则政府方有义务协助项目公司获得审批,则风险共担;如果相关审批属于政府方的职责,则由政府承担项目审批风险。

(3)法律变更风险

法律变更风险由政府方承担,在PPP项目合同中一般作如下约定:在建设期间,因发生法律变更导致项目发生额外费用或工期延误,项目公司有权向政府索赔额外费用或要求延长工期;在运营期间,因发生法律变更导致项目公司运营成本增加,项目公司有权向政府索赔额外费用或申请延长项目合作期限;因法律变更导致合同无法继续履行,则构成"政府违约事件",项目公司可以通过违约条款及提前终止机制等进行救济。

(4)融资风险

在PPP项目中,通常由项目公司负责项目融资,能否成功获得融资直接关系到项目能否实施。大多数PPP项目合同中会将完成融资交割作为项目公司的一项重要义务以及PPP项目合同全部生效的前提条件,因此,由项目公司承担融资风险。PPP项目合同中有关融资的条款通常包括融资方案、项目公司的融资权利和义务、融资文件必具条款、融资要求以及融资违约行为的认定和违约责任等条款,要求项目公司合法合规地进行融资,保证PPP项目顺利实施。

(5)项目竞争性风险

在采用使用者付费机制的PPP项目中,项目公司需要通过从项目最终用户处收费以回收投资并获取收益,因此,必须确保有足够的最终用户使用该项目设施并支付费用。鉴于此,在这类项目合同中,通常会规定政府方有义务防止不必要的竞争性项目,即通常所说的唯一性条款。例如,在公路项目中,通常会规定政府承诺在一定年限内、在 PPP 项目附近一定区域不会修建另一条具有竞争性的公路，如此，项目竞争性风险就由政府方承担。

（6）运营风险

项目公司是 PPP 项目的运营主体，能源和原材料供应风险、运营管理风险、技术风险均由项目公司承担。为了防控原料供应风险，项目公司通常会与原料的主要供应商签订长期原料供应合同，并且约定一个相对稳定的原料价格。在 PPP 项目合同"项目运营与维护"部分，一般会约定"在整个运营期内，项目公司应根据本合同的规定，自行承担费用、责任和风险，管理、运营和维护项目设施……"，并对运营标准和要求进行明确约定；在"违约与赔偿"部分，约定项目公司由于运营管理原因，未按照规定要求和标准提供产品或服务为违约情形，并视严重程度向政府方支付违约金。

运营风险中市场收益不足风险、市场需求变化风险及收费变更风险视情况由政府和项目公司共担。政府可提供合理补贴，降低项目公司的损失，实现风险共担。如在可行性缺口补助项目中，当市场需求量低于之前约定的保底量时，导致项目公司收益不足，可在 PPP 项目合同中约定政府按照保底量支付补贴；通过唯一性承诺降低需求风险；对于收费变更风险，则通过在合同中约定一定的调价办法予以分担，等等。

（7）政府信用风险

在 PPP 项目合同中，政府和项目公司是平等民事主体关系，在 PPP 项目合同中，同样要对政府应履行的义务、违约与赔偿等进行约定。如对政府方应满足的前提条件、政府方的建设责任、政府方对项目建设及运营的监督责任、政府方股权变更限制、政府方付费或补贴义务等都进行明确约定；在"违约与赔偿"部分，对政府方未履行合同项下义务的赔偿进行约定。通过合同条款对政府方责任义务及违约处理进行全面约束，可大大降低政府信用风险。

（8）移交风险

为了确保回收的项目符合政府的预期，PPP 项目合同中通常会明确约定项目移交范围、移交前恢复性大修、项目公司提交移交保函、移交日项目设施状况等内容，并明确"项目公司承担移交日前本项目的全部或部分设施、设备损失或损坏的风险，除非该等损失或损坏是由政府方或其指定的机构、部门或人员的过错所致。"

（9）环境保护风险

PPP 项目合同规定的运营要求和标准包括环境保护要求，特别是对于运营过程中可能对环境产生较大影响的项目。遵循"谁污染谁负责"的原则，通过在合同中明确各类污染物的排放标准、违约赔偿等内容，将环境保护风险确定由项目公司承担。如垃圾焚烧发电项目，在 PPP 项目合同中会设置排放标准和排放未达标违约条款，当排放不达标时，项目公司需向政府方支付违约金。

（10）不可抗力风险

不可抗力风险的分担通过"不可抗力"章节进行约定。不可抗力条款是 PPP 项目合同中一个重要的免责条款，用于明确一些双方均不能控制又无过错的事件的范围和后果。通常包括不可抗力的定义、种类，发生不可抗力时补救的义务，不可抗力发生后的处理程序以及不可抗力的法律后果等条款。合同中一般规定：除非因不可抗力事件造成合同项下的特许经营无法继续，任何一方均不可以不可抗力事件为由要求主张合同终止，双方应在不可抗力事件结束后继续履行合同；发生不可抗力的情况时，合同双方独自承担各自由于不可抗力事件造成的支出。

2. 机制设计

PPP 项目合同是 PPP 项目风险分配的主要载体和手段，但有些风险可能无法体现在项目合同中，则可以通过一定的机制设计达到风险分担的目的。

（1）定价机制

合理、灵活的定价机制能够使某些风险得到合理分担。PPP 项目基准价格是通过项目采购确定的，所以首先要合理设计竞价标的。比如对于政府付费项目，可在采购文件中将收益率和总投资作为竞价标的，并设置投标上限，然后，根据价格形成机制，按照社会资本收益率和总投资中标价计算政府付费价格。这种定价机制使得投资控制风险由项目公司承担，项目公司必须通过加强管理，尽可能控制总投资。对于可行性缺口补助项目，也可以通过类似定价机制将投资控制风险转移给项目公司。以某垃圾焚烧发电项目定价机制为例，在采购文件中，将垃圾处理补贴单价作为竞价标的，并设定投标上限和下限，同时，在采购文件中约定一个投资基准价，社会资本基于投资基准价确定垃圾处理补贴单价投标价，通过采购确定垃圾处理补贴单价中标价。项目竣工验收后，如果实际投资高于投资基准价，则垃圾处理补贴按中标价结算，反之，根据实际投资与投资基准价的差值，按照采购文件中约定的方法下调垃圾处理补贴单价，作为垃圾处理补贴结算单价。如此，项目公司承担了成本超支风险，同时也促使项目公司保证项目质量，因为如果项目公司为了节约投资而降低建设质量，则会下调垃圾处理补贴，从而规避了建设质量风险。另外，由于设置了垃圾处理补贴上限和下限，既控制了政府补贴数额，也规避了某些综合实力一般的社会资本低价抢标而带来的社会资本选择风险。

（2）调价机制

在长达 20 ~ 30 年的 PPP 项目生命周期中，市场环境的波动会直接引起项目运营成本的变化，进而影响项目公司的收益。设置合理的价格调整机制，可以将政府付费或补贴金额维持在合理范围，防止过高或过低付费导致项目公司获得超额利润或收益不足，也体现了风险共担和利益共享。例如，垃圾焚烧发电项目调价机制中，基于燃料成本、人工成本、财务费用、CPI、城镇土地使用税和房地产税等因素的变化，项目公司可向政府方申请对垃圾处理补贴进行调整；当上网电价调整时，垃圾处理补贴单价也随之调整。

（3）特许经营期设置机制

PPP 项目特许经营期的确定是 PPP 项目合同的一个核心条款和重要参数。特许经营期过长会使政府以及公众利益受到损失，而过短则会导致社会资本方无法得到预期的投资回报。特许经营期的设置包括三个方面：1）选择特许经营期的结构；2）确定特许经营期的长短及形式；3）激励措施。

PPP 项目特许经营期的结构有两种类型：单限定和双限定。只对特许经营期长度做出规定，而没有对建设期长度和运营期长度做出规定，称之为单限定；既对建设期长度做出限定又对运营期长度做出限定，称之为双限定。

PPP 项目特许经营期的形式可以划分为固定特许期与弹性特许期。固定特许期是指将特许期的长度在合同中事先加以限定，如无特殊情况，一般不予调整。弹性特许期是指将特许期的实际长度与项目投资者的收入状况挂钩，当投资者从该项目中得到的收益净现值达到特许权协议中规定的特定值时，特许经营期终结，项目移交。

激励措施一般有两种：1）预先准备一定金额的资金，如果项目公司提前完工，则政府将奖励项目公司一定数额的资金；反之则惩罚项目公司一定数额的资金。2）项目公司和政府共同承担项目提前完工的收益。

实践中，一般采用固定特许经营期。因此可形成四种特许经营期的类型：单时段不带激励措施、单时段带激励措施、双时段不带激励措施和双时段带激励措施。

1）在单时段不带激励措施的特许经营期中，实际运营期取决于完工时间：提前完工，则实际运营期比计划运营期长；延迟完工，则实际运营期比计划运营期短。因此，完工风险主要由项目公司承担：如果提前完工，享受比计划更长的运营期所带来的收入；如果延迟完工，承担因运营期缩短所造成的损失。

2）单时段带激励措施的特许经营期与单时段不带激励措施的特许经营期类似，完工风险还是由项目公司承担，提前完工，实际运营期比计划运营期长并有奖励；延迟完工，实际运营期比计划运营期短并受处罚。

3）在双时段不带激励措施的特许经营期中，实际运营期与完工时间无关：提前完工或延迟完工，实际运营期都和计划运营期相同。移交时间取决于完工时间：提前完工，提前移交；延迟完工，延迟移交。因此，完工风险主要由政府承担。

4）在双时段带激励措施的特许经营期中，实际运营期与完工时间无关，但奖惩不同：提前完工，实际运营期还和计划运营期相同，移交时间相应提前，但有奖励；延迟完工，实际运营期仍和计划运营期相同，移交时间相应延迟，但受处罚。因此，完工风险由政府和项目公司共同分担，分担程度大小则取决于激励措施。

第三节　PPP 项目风险应对

PPP 项目风险应对是指在确定了 PPP 项目常见风险，通过计划、组织、协调和控制等管理活动，防止风险损失的发生、减少损失发生的可能性以及削弱损失的大小和影响程度，以获取最大效益的过程。

一、PPP 项目风险应对策略

PPP 项目风险应对策略主要包括：风险回避、风险转移、风险控制和风险自留以及这些策略的组合。可根据 PPP 项目风险的实际情况、对风险的承受能力以及抗风险的能力确定项目风险的应对策略。

1. 风险回避

风险回避是在考虑到 PPP 项目风险发生概率及其所致损失都很大时，主动放弃或终止该项目，以避免与该项目相联系的风险及其所致损失的一种处置风险的方式。在对某 PPP 项目进行风险预测、识别、评价后，如发现实施此项目时某种风险所导致的损失概率和损失程度都相当高，一旦发生事故，将造成投资者无法承受的重大损失，而且风险管理人员又不可能采取有效措施减少其发生概率和损失大小，保险公司也认为该项目风险太大而拒绝承保，这时就应放弃或终止该项目的实施，以避免今后可能发生的更大损失。

采用这种风险处置方法之前，要在 PPP 项目的决策阶段就对风险损失有正确的估量，否则该项目实施将会造成不可估量的损失。例如，某 PPP 项目本身可能有比较好的收益前景，但如果合作伙伴经济实力和信誉较差，继续合作资金不到位的可能性极大，从而导致 PPP 项目停工或终止，则政府应停止与该合作伙伴的合作。

风险回避策略适用于以下几种情况：（1）某特定风险因素导致的风险事件发生频率和后果严重程度都相当高；（2）采用其他风险管理措施的经济成本超过了进行该项目的预期收益的风险，采用风险回避策略可使所受损失最小；（3）客观不需要的项目，没有必要冒险。

2. 风险转移

风险转移是设法将自己面临的风险损失连同对风险应对的权利和责任转移给他方，这种方法仅将风险管理的责任转移给他方，并不能从根本上消除风险。常用的方式有保险转移和合同转移两种。

（1）保险转移

项目保险是指项目公司向保险人缴纳一定的保险费，一旦所投保的风险事件发生，造成财产损失或人身伤亡时，则由保险人给予补偿的一种制度，是项目风险管理的一种重要的风险转移技术。但应注意的是，并非所有的风险均是可保险的。

（2）合同转移

不可保险的风险就常采用合同转移的方法。合同转移措施是指政府方与项目公司签订 PPP 项目合同、项目公司与中介机构、承包商、供应商和材料采购商等分别签订合同，明确规定合同双方的风险责任，从而合理转移项目风险。合同转移是一种控制性措施，而非简单地让其他方代替己方承担项目风险。

3. 风险控制

风险控制也叫风险减少，主要是控制或降低风险发生的概率，并将风险所造成的损失控制在政府和项目公司能够接受的范围内。风险控制一方面注重在风险未发生之前就开始管理风险，另一方面要求风险管理成本较小，保证风险管理成本小于风险损失额，否则就认为是风险控制措施不合理或不经济。

风险控制策略包括损失预防和损失抑制两个方面的工作。损失预防是通过采取预防措施，减少损失发生的机会；而损失抑制是设法降低风险损失的严重性，使损失最小化。两种措施相辅相成，都是希望以较小的经济成本获得较大的安全保证。

风险控制策略的具体做法如下：（1）预防和减少风险源和风险因素的产生。例如社会资本选择风险，在寻找合作者时就事先充分了解合作方的信息和情况，选择能力与信用都很好的合作方。再者对于垃圾焚烧发电项目可能发生公众反对风险，在项目前期应进行社会稳定风险评估并加大公众宣传力度等。（2）抑制已经发生的风险事故的扩散速度和扩散空间。这就需要政府和项目公司管理层有良好的应变能力以及组织协调能力，做好事故应急预案，当风险事故发生时，能够第一时间采取有效措施减少损失。（3）加强职业安全教育，避免由于人为因素所导致的损失。

4. 风险自留

当其他的风险管理技术或风险处理措施无法实施，或实施效果不好，或实施的代价太大时，可采取风险自留措施来进行风险管理。风险自留也称为风险承担，是指政府或项目公司非理性或理性地主动承担风险，即以其内部的资源来弥补损失。通常，政府和项目公司在项目预算时安排专门的风险金用于弥补损失。风险自留的前提是风险所造成的损失在政府和项目公司可承受范围之内，即风险自留只适合于那些发生概率较大、在整个 PPP 项目生命周期内发生次数较多、每次损失较小的风险。

风险自留以具有一定的财力为前提条件，使风险发生后的损失得到补偿。在某些情况下，风险自留是一种不得已而为之的措施；但若从降低成本、节省投资出发，风险自留是一种主动积极的措施。值得注意的是，风险自留可能使政府或项目公司承担非常大的风险。对于可能发生巨灾风险、严重后果的风险是绝对不能采用风险自留这一应对策略的。因此，掌握完备的风险事件的信息是采用风险自留策略的前提。

二、PPP 项目常见风险应对措施

1. 法律变更风险

由于 PPP 项目周期比较长，可能面临法律变更风险。规避该风险可以采取如下措施：(1) 委托正规并具有实力的法律咨询机构，要求该机构在提供法律服务的过程中，密切关注 PPP 政策法规，并应结合具体的项目特点，审慎地就该项目的法律适用问题提供法律分析意见。(2) 通过合同条款，对可能出现的风险应对方式、纠纷处理和责任归责，事先作出明确约定。当已发生或即将发生的法律变更对项目运营产生影响时，任何一方可致函另一方，表明其对可能造成后果的意见，包括对项目运营的任何必要变动，是否需要对合同条款进行任何变更以适应法律变更，导致的任何收益损失、任何成本变动等，并应提出实施变动的具体办法。

2. 项目审批风险

由于项目建设期已在协议中约定，但如果相关行政审批不能及时完成，将造成项目无法落地或者建设期延误，发生项目审批风险。该风险应对措施如下：(1) 负责报批审批的一方应按照国家法律法规和审批程序报批，提前准备好报批所需资料。(2) 履行相关审批程序应由最有控制力且最有效率的一方负责满足。(3) 在 PPP 项目合同中约定审批的责任主体以及违约责任和处理办法。

3. 政治决策失误 / 冗长风险

政治决策失误 / 冗长风险主要是由政府引起的，此类风险会对 PPP 项目的运作产生影响，可能会增加成本、降低收入和产生延期等，从而导致投资者利益受损。项目公司可以通过与政府签订严密的特许经营权协议来规避该风险。

4. 社会资本选择风险

政府作为社会资本的选择者，应承担社会资本选择风险。政府可以采取公开项目招商信息，广泛征集投资人意向，与意向投资人进行充分的前期沟通，充分了解投资人意向是否符合政府目标，采用公开招标或竞争性磋商等方式，从类似项目经验和业绩、技术能力和管理能力、财务能力方面对所有意向投资人进行综合评估，筛选出符合要求的意向投资人。

5. 建设风险

建设风险主要包括完工风险、建设质量风险和成本超支风险，应对措施如下：

（1）针对完工风险，项目公司可以要求承包商签订保证承诺，提供项目完工担保，用以预防违约。项目公司可以向承包商提供竣工奖来促进承包商的工作积极性，将因承包商施工拖延带来的风险最小化。项目公司还可以投保，通过投保来分散完工风险。

（2）针对建设质量风险，项目公司可以加强对建设工程、设备制造质量进行监督管理；与优秀的工程监理公司签订建设质量监理合同，由监理公司对建设质量进行全面监督。另外，向承包商收取工程质量保证金也是项目公司降低质量风险的有效措施。

（3）针对成本超支风险，建设任务由项目公司分包给施工单位的情况下，项目公司应公开招标选择技术能力强、管理经验丰富的施工队伍，并与工程承包商签订固定价格的总承包合同或采用设计施工总承包模式发包，将成本超支风险转移给工程承包方，由项目公司负责监督与控制。如果社会资本方负责项目建设，主要是做好人工费、材料费、设备购置费、机械使用费、管理费等费用控制工作。

6. 运营风险

（1）针对能源和原材料供应风险，通过签订能源、原材料供应合同，保证能源和原材料稳定供应及项目的运营成本相对稳定，降低能源和原材料供应风险、经营风险。

（2）针对运营管理风险，采用项目公司委托其他单位运营的情况下，项目公司可与运营商签订带有最高价格和激励费用的成本加费用合同，这是在成本加费用合同基础上改进的一种合同形式。在这种结构下，经营者的报酬将严格与其经营成本的高低挂钩，如果经营者实现低成本运营将会得到奖励，如果经营成本超过了最高价格，则经营者自己承担超出成本，甚至投资者有权更换经营者而提前终止协议。如果由项目公司自己负责运营，项目公司应按时向政府汇报运营状况，政府应负责监督与检查。

（3）针对技术风险，遵循何种技术规范与标准直接影响到项目质量和建设、运营成本，因此必须在项目投标时就清楚技术与标准要求；选用成熟、适用的技术；配套设备、工艺应符合国家要求；资源利用应当符合国家能源要求；定期对技术人员进行培训，提高其技术水平。

（4）针对市场收益不足风险，应采取以下措施：1）签订长期购买协议，即项目公司与项目产品买方或项目设施用户签订长期购买项目产品或使用项目设施的合同。2)可以通过特许经营协议约定，当市场收益没有达到预定值时，由政府予以补贴或者延长特许经营期限。3)通过捆绑私人产品，配补收益来源优化项目收益结构。

（5）针对市场需求变化风险，关键是在项目初期做好充分的可行性研究，可以大大减少项目的盲目性。在 PPP 项目合同中，可约定当实际需求量低于预估需求量时，政府应给予生产成本的一定比例的补偿，弥补项目公司的损失。

（6）针对收费变更风险，政府方和项目公司应确定方法进行调整：1)延长或缩短特许经营期，使公司得到应该得到的利益。2)调整政府补贴费用，保证项目公司正常运营并且得到合理回报。3)超额利润分成，如果项目获得了超额利润，政府可要求对利润进行分成，以保证政府和社会公众的利益。

7. 移交风险

针对移交风险，政府可以要求项目公司提交移交维修保函，如果发生了由于项目公司责任需要修复的缺陷，在项目公司拒绝修复并支付费用的情况下，政府可以从移交维修保函中得到补偿。双方应签订严密的特许经营协议，特许经营协议明确项目移交范围、产权争议解决办法等条款。

8. 公众反对风险

该风险应当由政府和项目公司共同承担。根据项目特点，可从以下几方面防范公众反对风险：一是提高项目建设运营的透明度，如公开项目选址信息，加强对项目建设意义、环境影响程度的宣传；公开项目运营各项环境监测数据，接受群众监督。二是做好社会稳定风险评估，充分了解受项目影响范围内居民对项目建设的反应和意见，采取有效措施降低公众反对风险，如：组织项目所在地村镇基层干部、附近居民到已建成运营的类似项目进行实地考察，打消顾虑。三是建立合理的补偿机制，可对一定范围内居民受影响情况进行评估，给予合理补偿。

9. 政府信用风险

政府信用风险主要源于某些地方政府官员为了提升政绩，在短期利益的驱使下，通过过高的固定投资回报率，过高的收费标准，过长的特许经营期以吸引社会资本，但最终又因公共机构缺乏承受能力，产生信用风险。政府可从如下方面进行规避：（1）增强自身的法治和契约意识，依法行政。（2）认真做好项目前期论证工作，除传统的项目评估论证外，还要做好物有所值评价和财政承受能力论证。（3）要充分考虑未来长期的变化因素作出相关审慎的承诺，避免失信违约。

10. 政府监管不足风险

政府作为监管主体应承担监管不足风险。为落实政府监管职责、保障项目顺利实施，政府应明确项目的监管主体，代表政府对项目公司行使监督管理职能，建立健全监管机制，对项目招投标、建设、运营等全过程进行有效监管。

11. 融资风险

在项目融资过程中，除资本金外的后续融资，全部由项目公司负责，由于融资数额较大，融资面临一定困难。再者，项目能否获得贷款绝大部分取决于项目的经济强度：一是项目未来可用于偿还贷款的净现金流量；二是项目本身的资产价值。此外，金融机构也会综合考虑社会资本的实力以及信誉来确定是否予以贷款。在老港四期项目中，创新性地将特许经营权这一无形资产作为项目融资的抵押物写进合同，同时还提出了介入权的概念，即债权人在一定情况下可以直接介入项目的运营。项目公司还可采取以下措施降低融资风险：一是确定合理的融资结构，聘请专家进行融资方案设计，使得融资结构与资金需求相匹配；二是选择恰当的融资时机和融资方式来降低融资成本，从而提高项目公司的偿债能力；三是加强对资金的集中管理，提高融入资金的使用效率和使用效益。

12. 项目竞争性风险

对于使用者付费 PPP 项目，项目公司应尽力获取政府唯一性承诺，以避免过度竞争引起项目公司收益下降，影响投资回报。对于可行性缺口补助项目，保底量承诺也是降低项目竞争性风险的有效措施。唯一性承诺或保底量承诺对于避免 PPP 项目的竞争性风险尤为重要，社会资本在与政府签订的特许经营协议中应包含相关条款。

13. 金融风险

金融风险直接影响投资者的收益，一般对于金融风险的控制主要是通过对在不同假设条件下的项目现金流量的预测分析来确定项目的资金结构，利用提高股本资金在项目资金结构中的比例等方法来增加项目抗风险能力。此外，还可以采取以下措施：

（1）选择适宜融资方式

PPP 项目常见的融资方式有商业银行贷款、出口信贷、多边金融机构贷款和信托融资等。随着金融市场的风云变幻，一些以降低利率风险和汇率风险为目的、以使用金融市场现代化交易方式为手段的借贷方式正被逐渐推出，借款人可以从中选择有利的贷款品种以降低金融风险。

（2）设置合适的合同条款

针对通货膨胀风险，可以采用签订物价指数保值条款合同加以应对。物价指数保值条款合同是项目公司在签订合约的过程中，将根据实际产品价格或者物价指数变动情况对合约价格进行调整的条款列入项目合同中。利率风险主要的管理方法有签订固定利率合同法，即项目公司与银行签订一个固定利率合同，锁定利息成本。但是这种方法存在一个弊端，就是无法享受到利率下降带来的成本节约。

14. 环境保护风险

项目公司在 PPP 项目运作中，要承担起环保责任，而这些环境风险最终会影响投资者的利益。所以，要通过切实可行的措施分散和降低项目环境保护风险，具体措施如下：

（1）在项目前期充分考虑环境因素

一方面，要熟悉国家和项目所在地环境保护方面的法律法规，并将其纳入项目的投资机会分析中；另一方面，制定合理的环境保护计划作为投资的一个必要工作，并且应留有一定的余地，确保能适用将来可能加强的环保管制。

（2）在合约中明确列出各方应采取的措施

项目公司应充分分析项目进行过程所面临的各种环境保护风险，并将这些风险进行责任划分，并在与相关方签订的合约中体现出来，使项目各参与方承担相应责任并制定有效预防和应对措施。

15. 不可抗力风险

对于不可抗力风险，应在进行项目之前进行详细分析研究，如项目所在地的气候条件、水文条件和地质条件等。综合所有因素，选择最有利的项目进行投资建设。另外，还可以采取如下措施：

（1）投保

通过支付保险费把风险转移给有承担能力的保险公司。保险种类有建筑工程一切险、安装工程一切险、第三方责任保险、工伤事故赔偿保险和设备物资运输保险等。

（2）寻求政府支持

对不能保险或不能以合理成本保险的不可抗力风险，可寻求政府支持。有些不可抗力风险无法确定成本，不能保险或不能按照合理的保险费投保，可以要求政府提供某种形式的支持，方式之一就是允许投资者在遭遇不可抗力风险时通过延长特许经营期限来补偿损失。

附 4-1

某城市生活垃圾焚烧发电 PPP 项目风险重要性程度问卷调查表

尊敬的专家，您好：

为识别生活垃圾焚烧发电 PPP 项目运作过程中存在的关键风险，特设计此问卷旨。感谢您百忙之中抽出时间填写问卷！本问卷实行匿名制，所有数据仅用于研究，请您放心填写。谢谢您的支持与合作！

问卷填写说明：

（1）根据文献研究，结合垃圾焚烧发电项目及 PPP 项目的特点，我们初步识别出某城市生活垃圾焚烧发电 PPP 项目可能存在的一些风险要素，各风险要素的定义请参见附表 1，请您对附表 2 中各风险要素的重要性进行评价。

例如：如果您认为社会资本选择风险重要性程度"高"，则在附表 2 中"社会资本选择风险"对应重要性程度"高"处打√；如果您认为这个风险基本不存在或者重要性程度很低，则在"很低"处打√。

（2）如果您认为还有要增加的风险，请您将其填写在附表 2 的后面，并同样对其重要性程度做出评价。

风险要素含义解释　　　　　　　　　　　　　　　　　　　　附表 1

分类	风险要素	风险要素含义
前期风险	社会资本选择风险	由于项目前期工作不到位、采购文件编制不合理、采购方式不适宜、竞争不充分等原因，导致中标社会资本并非最优或不理想
	项目融资风险	由于金融市场不够健全、项目融资结构不合理、社会资本方信誉等原因，导致项目无法融资，或资金不足、资金供应不及时的风险
建设风险	完工风险	项目建设无法完工或延期完工的风险
	建设质量风险	项目建设质量没有达到设计和规范要求，影响项目的使用周期、影响垃圾处理效果等
	成本超支风险	由于社会资本前期对总投资估计不足、项目公司管理不善或者原材料价格上涨导致的建设成本超过预算额度的风险
运营风险	垃圾供应量不足风险	在项目运营过程中，由于对垃圾量估计失误、收运系统能力不足或其他原因，导致实际垃圾供应量不足，使项目公司的预计收益受到实质性影响
	运营维护风险	项目运营商可能出现的运营商技术或管理能力欠缺，对项目资产维护不佳，影响项目收益的风险
	应急处理风险	出于一些公共利益，比如发生公共卫生事件，垃圾量突然增大，需要应急处理，会给项目公司正常运营带来附加成本
	环境标准提高风险	项目运营过程中，如果国家有关垃圾焚烧污染控制标准提高，会导致项目因无法达到排放标准而需要改造、增加投资

续表

分类	风险要素	风险要素含义
移交风险	移交时设施不达标风险	指经过特许经营期内的运营和损耗，主要设施设备未处于良好状态，不符合双方约定的技术、安全和环保标准的风险
	项目产权风险	项目产权风险是指项目移交阶段，由于资产产权，主要是所有权、经营权和知识产权等界定不明晰或者发生变化，引起双方纠纷，从而带来投资损失的风险
其他风险	法律变更风险	主要指国家法律政策的变动可能给项目的建设和运营带来影响
	环境保护风险	垃圾焚烧发电项目在运行过程中会产生一定的有毒气体，以及飞灰、炉渣、渗滤液等，如果处理不当，会造成环境污染的风险
	民意风险	由于人们对于垃圾焚烧发电项目建设意义认识不足，对垃圾焚烧发电项目环境影响的认识存在误区，加之近年来很多地区垃圾焚烧发电项目在选址和运营过程中引发的民众抵制事件的影响，使得群众对垃圾焚烧发电项目建设可能存在抵制情绪，从而引发大规模抵制事件，对项目正常建设运营造成不利影响
	政府监管不足风险	是指政府在项目建设、运营过程中监管不到位发生损害公众利益的事件或造成项目重大损失的风险
	不可抗力风险	合同一方无法控制，在签订合同前无法合理防范，情况发生时，又无法回避或克服的事件或情况，如极端气候和自然灾害

风险重要性评分表　　　　　　　　　　　　　　　　附表 2

序号	分类	风险要素	重要性程度				
			很低	低	一般	高	很高
1	前期风险	社会资本选择风险					
2		项目融资风险					
3	建设风险	完工风险					
4		建设质量风险					
5		成本超支风险					
6	运营风险	垃圾供应量不足风险					
7		运营维护风险					
8		应急处理风险					
9		环境标准提高风险					
10	移交风险	移交时设施不达标风险					
11	移交风险	项目产权风险					
12	其他风险	政策法律变更风险					
13		环境保护风险					
14		民意风险					
15		政府监管不足风险					
16		不可抗力风险					

续表

序号	分类	风险要素	重要性程度				
			很低	低	一般	高	很高
您认为还应考虑的风险：							
1							
2							
3							
4							
5							

第五章　PPP 项目采购与合同

PPP 模式是政府与社会资本建立的长期合作关系，社会资本方的技术及经营管理水平、资金实力、商业信誉等直接决定合作成败。而 PPP 项目合同是明确双方权责、合理分配项目风险、维持双方合作关系的纽带，其条款设置的合理性、完备性等决定合同能否顺利履行。实际上，PPP 项目前期运作的成果和关键就在于社会资本采购与合同签订两个环节。本章重点就 PPP 项目采购方式及流程、采购文件编制以及合同关键条款、合同谈判等问题进行分析论述。

第一节　PPP 项目采购方式及流程

PPP 项目采购是对社会资本合作方的采购，财政部关于印发《政府和社会资本合作项目政府采购管理办法》（财库〔2014〕215 号）（简称"财库〔2014〕215 号文"）明确将 PPP 项目实施机构（采购人）选择社会资本的程序纳入政府采购管理范围。但由于采购内容的特殊性，PPP 项目采购具有不同于一般政府采购的特点，深入理解其特点、依据、方式及流程，有利于解决 PPP 项目采购过程中存在的一些问题，顺利做好 PPP 项目采购工作。

一、PPP 项目采购特点

1. 采购方式有所变化

《政府采购法》中规定了政府采购的基本方式：公开招标、邀请招标、竞争性谈判、单一来源采购、询价，以及国务院政府采购监督管理部门认定的其他采购方式，并且要求公开招标应作为政府采购的主要采购方式。财库〔2014〕215 号文规定，PPP 项目采购方式包括公开招标、邀请招标、竞争性谈判、竞争性磋商和单一来源采购。

PPP 项目采购在传统政府采购方式的基础上，取消了询价方式，增加了竞争性磋商这一采购方式。竞争性磋商较之询价方式更加切合于 PPP 项目采购的要求。

2. 采购程序更加严格

财库〔2014〕215 号文规定，PPP 项目采购应当实行资格预审。项目实施机构应当根据项目需要准备资格预审文件，发布资格预审公告，邀请社会资本和与其合作的金融机构参与资格预审，验证项目能否获得社会资本响应和实现充分竞争。

如果响应的社会资本较少或者没有响应，则说明 PPP 项目的投资收益不足以吸引大量的社会资本，应该对项目的回报收益和政府补贴重新进行设计；如果参与资格预审的社会资本较多，则可以在资格预审中进行初步筛选，从而减少正式采购中的评审工作量，达到提高采购效率的目的。因此，资格预审的意义即在于验证社会资本的响应程度和进行初步筛选工作。

另外，财库〔2014〕215 号文还要求，PPP 项目采购评审结束后，项目实施机构应当成立专门的采购结果确认谈判工作组，负责采购结果确认前的谈判和最终的采购结果确认工作。采购结果确认谈判工作组应当按照评审报告推荐的候选社会资本排名，依次与候选社会资本及与其合作的金融机构就项目合同中可变的细节问题进行项目合同签署前的确认谈判，率先达成一致的候选社会资本即为预中标、成交社会资本。

3. 采购内容更加复杂

传统的政府采购或工程招标范围和内容是明确的、固定不变的。招标采购文件中对招标采购范围和内容有严谨的描述，工程招标有图纸和工程量清单等要求，货物采购有采购数量、规格和技术指标等要求。PPP 项目采购相对传统政府采购更加复杂，采购内容既包含项目建设也包含项目运营；既包括工程也包括服务。对于一些边界条件不够清晰的项目，需要政府与社会资本双方在采购过程中进一步谈判和磋商。

4. 面临法律困境

PPP 项目采购被视为政府购买服务，适用于《政府采购法》，目前财政部颁布的 PPP 项目采购相关法规政策都是在《政府采购法》的基础上制定的。但是 PPP 项目采购对象又不完全等同于《政府采购法》中规定的"工程、货物、服务"，因此，《政府采购法》用于规范和约束 PPP 项目采购存在一定程度的局限性。另一方面，PPP 项目采购方式已经超出了《招标投标法》的范围，只有 PPP 项目采购使用招标方式时才适用于《招标投标法》，但是《招标投标法》是为了规范"必须招投标项目"的招投标活动，对 PPP 项目采购的特殊性没有针对性。

在政策层面上，目前各部委出台的规范 PPP 项目采购的政策性文件之间缺乏协调统一，甚至存在矛盾之处，使地方政府和社会资本方无所适从。

因此，亟需出台 PPP 项目采购方面的法律法规，以规范 PPP 项目采购程序和政府采购行为。

二、PPP 项目采购方式

PPP 项目采购方式包括公开招标、邀请招标、竞争性谈判、竞争性磋商和单一来源采购。每种采购方式的程序、适用范围不同，在确保符合法律、法规及其他规范性文件要求的基础上，采购人可根据项目特点、进展情况和采购时间等条件，选择最适合的采购方式。

1. 公开招标

公开招标是政府采购的主要方式，只要达到公开招标数额标准以上的采购项目，原则上都应采用公开招标。招标人需向不特定法人或者其他组织发布招标公告。

（1）公开招标要求

1）任何认为符合投标人要求的法人或其他组织都有权向招标人索取招标文件并投标。采用公开招标的，招标人不得以任何借口拒绝向符合条件的投标人出售招标文件，依法必须进行招标的项目，招标人不得以地区或者部门不同等借口违法限制任何潜在投标人参加投标。

2）公开招标须采取公告的方式，明示招标要求，使尽量多的潜在投标人获取招标信息，前来投标，从而保证公开招标的公开性。采取其他方式如向个别供应商或承包商寄信等方式招标的都不是公告方式，不应为公开招标人所采纳。招标公告的发布有多种途径，如可以通过报纸、广播、网络等公共媒体。

（2）公开招标采购方式的局限

公开招标选择范围大，竞争性强，有利于政府方择优选择综合实力强的合作伙伴，但由于 PPP 项目的特殊性，运用公开招标也有其局限性。

1）适用范围有限。公开招标主要适用于采购需求中核心边界条件和技术经济参数明确、完整，符合国家法律法规及政府采购政策，且采购过程中不作更改的项目。在目前 PPP 模式大规模推进时期，符合这样条件的项目不多，多数项目是需要在采购过程中不断协商确定合同的边界条件和权利义务。

2）招标过程时间较长。公开招标采购方式从发布资格预审公告到公布中标结果，要经过资格预审、发售采购文件、投标、评标、确认谈判、公示等诸多程序，且有严格的时间限制，如发出资格预审文件至递交资格预审文件至少 15 个工作日，发出招标文件到投标截止日期至少 20 天。因此，花费时间较长。

3）程序严格，不灵活。招标投标过程中，要严格遵循《招标投标法》规定的程序，不得随意更改招标文件和投标文件，禁止就投标价格、边界条件、投标方案等实质性内容进行谈判。出现以下情况即作为废标处理：投标人（供应商）不足三家的应予废标或转为其他采购方式；出现影响公正、违法违规行为的应予废标。另外，投标文件的某个实质性要求不响应、不满足就会导致投标无效。这种严格的程序要求虽然保障了公开招标的公平公正性，但是也在一定程度上造成了整个过程固化僵硬，导致采购成本和时间增加。

2. 邀请招标

邀请招标属于有限竞争性招标，也称选择性招标，是指招标采购单位依法从符合相应资格条件的供应商中邀请至少三家供应商，并以投标邀请书的方式邀请其参加投标，并按照法律程序和招标文件规定的评标标准和方法确定中标人的一种采购方式。

在 PPP 项目采购方式中，邀请招标的使用范围相对受限。当采购项目比较特殊，如保密项目和急需或者因高度专业性等因素使提供产品的潜在供应商数量较少，宜采用邀请招标。此外，若采用公开招标方式采购价值较低的项目，会导致采购费用占政府采购项目总价值比例过大，使所需时间和费用与拟采购的项目总金额不成比例，宜采用邀请招标。

邀请招标具有招标费用少、周期短、招标评标工作量小等优点。但由于这种方式过度地限制了供应商数量，价格的自由竞争不能得到充分体现，可能将一些条件优越的供应商排斥在外，不利于招标单位获得最优报价，或采购到综合实力最强的社会资本。

3. 竞争性谈判

竞争性谈判是指谈判小组与符合资格条件的供应商就采购货物、工程和服务事宜进行谈判，供应商按照谈判文件的要求提交响应文件和最后报价，采购人从谈判小组提交的成交候选人中确定成交供应商的采购方式。

（1）适用范围

符合以下几种情况的项目可以采用竞争性谈判：1）招标后没有供应商投标、没有合格标的或者重新招标未能成立的；2）技术复杂或性质特殊，不能规定详细规格或者具体要求的；3）采用招标所需时间不能满足用户紧急需要的；4）不能事先计算出价格总额的，经报政府采购监督管理部门批准，可以采用竞争性谈判采购方式。

此外，公开招标的采购项目，招标过程中提交投标文件或者经评审实质性响应招标文件要求的供应商只有两家时，采购人或采购代理机构经本级财政部门批准后，可以与该两家供应商进行竞争性谈判采购，采购人、采购代理机构应当根据招标文件中的采购需求编制谈判文件，成立谈判小组，由谈判小组对谈判文件进行确认。

（2）竞争性谈判采购方式的优点

竞争性谈判可以缩短准备期，减少工作量，省去了大量的开标、评标工作，有利于提高工作效率，减少采购成本。供求双方能够进行更为灵活的谈判，同时又能降低采购风险。

（3）竞争性谈判采购方式的不足

按照《政府采购非招标采购方式管理办法》（财政部令第74号）（简称"财政部令74号文"）的规定，竞争性谈判采购方式采用最低（评标）价法，即谈判小组应当从质量和服务均能满足采购文件实质性响应要求的供应商中，按照最后报价由低到高的顺序提出3名以上成交候选人；采购人从评审报告提出的成交候选人中，根据质量和服务均能满足采购文件实质性响应要求且最后报价最低的原则确定成交供应商。竞争性谈判采用的是最低价成交方式，价格因素成为选择供应商的重要因素，成交者的资质和能力不是决定性因素。

而PPP项目存在建设、经营、移交等过程，对社会资本的管理水平和建设运营经验要求很高，价低者中标的原则难以达到项目采购"质量、价格、效率"的统一。PPP项目更看重的是社会效益，项目能否运行，能否更好地运行，能否达到预期，关键是要选择合适的社会资本，然而竞争性谈判并不能保证这一点。而且竞争性谈判竞争范围小，需经过审批，一般在公开招标失败后进行。

（4）供应商数量

财政部令第74号文规定，竞争性谈判小组应"从符合相应资格条件的供应商名单中确定不少于3家的供应商参加谈判……"在采购过程中，如符合要求的供应商或者报价未超过采购预算的供应商不足3家，则应终止采购活动，发布项目终止公告并说明原因，重新开展采购活动。在下述情况下，参与采购的供应商最低数量可以为两家：公开招标的货物、服务采购项目，招标过程中提交投标文件或者经评审实质性响应招标文件要求的供应商只有2家时，采购人/采购代理机构在经财政部门批准后可以与该两家供应商进行竞争性谈判采购。

4. 竞争性磋商

竞争性磋商是指采购人、政府采购代理机构通过组建竞争性磋商小组与符合条件的供应商就采购货物、工程和服务事宜进行磋商，供应商按照磋商文件的要求提交响应文件和报价，采购人从磋商小组评审后提出的候选供应商名单中确定成交供应商的采购方式。

（1）适用范围

符合下列条件的项目可以采用竞争性磋商采购方式：1）政府购买服务项目；2）技

术复杂或者性质特殊，不能确定详细规格或者具体要求的；3）因艺术品采购、专利、专有技术或者服务的时间、数量事先不能确定等原因，不能事先计算出价格总额的；4）市场竞争不充分的科研项目，以及需要扶持的科技成果转化项目；5）按照《招标投标法》及《招标投标法实施条例》必须进行招标的工程建设项目以外的工程建设项目，可以采取竞争性磋商采购方式。

（2）竞争性磋商方式的特点

竞争性磋商的优缺点同竞争性谈判相似，但是两者之间的区别在于报价竞争阶段，竞争性谈判是采用"最低评标价"法，而竞争性磋商则采用"综合评分法"确定最后的中标单位。

1）采购耗时较短。根据《政府采购竞争性磋商采购方式管理暂行办法》（财库〔2014〕214 号）（简称"财库〔2014〕214 号文"），从磋商文件发出之日起至供应商提交首次响应文件截止之日止最短只需要 10 日；提交首次响应文件截止之日前，采购人、采购代理机构或者磋商小组可以对已发出的磋商文件进行必要的澄清或者修改，澄清或者修改的内容可能影响响应文件编制的，在提交首次响应文件截止时间至少 5 日前，以书面形式通知所有获取磋商文件的供应商。

2）可通过充分磋商明确采购需求。PPP 项目采购内容主要是基础设施、公共服务，且项目所耗资金巨大，所需时间长，采购对象复杂，很难在较短时间内明确所有边界条件。采用竞争性磋商采购方式，通过建立磋商小组与供应商针对采购需求中的技术、服务要求以及合同草案条款进行磋商，能更好地体现项目采购需求，因而其更具灵活性。

3）采用两阶段磋商方式。

第一阶段：确定最终采购需求方案。评审小组可以与社会资本进行多轮谈判，谈判过程中可实质性修订采购文件的技术、服务要求以及合同草案条款，但不得修订采购文件中规定的不可谈判核心条件。实质性变动的内容，须经项目实施机构确认，并通知所有参与谈判的社会资本。

第二阶段：综合评分。最终采购需求方案确定后，供应商应当按照磋商文件的变动情况和磋商小组的要求重新提交响应文件，由评审小组对社会资本提交的最终响应文件进行综合评分，编写评审报告并向项目实施机构提交候选社会资本的排序名单。

两阶段磋商的核心内容是"先确定采购需求，后采取竞争报价"，该机制能更好地把握项目要害，磋商小组与供应商双方能就项目分歧展开磋商，最终站在项目的同一立场，双方通过合作交流实现项目目标和需求，在此基础上也能更好地体现公平合理。

4）有效控制恶性竞争。竞争性磋商采购方式采用综合评分法对响应文件进行评审，价低者不一定中标，会更多考虑供应商的资质、能力、综合实力和信誉是否满足项目需求，磋商结果为综合实力强者成交。此方法从项目需求考虑，使所选供应商更适于项目，利于项目更好实施，达成经济效益和社会效益双丰收。

5）更适合 PPP 项目。在目前 PPP 项目数量多、投资额巨大、政府快速推进的情况下，需要在较短时间内，通过充分协商谈判，确定采购需求，引进综合实力强、信誉好的社会资本。通过上述对公开招标、竞争性谈判、竞争性磋商三种采购方式的比较，竞争性磋商采购方式最能满足 PPP 项目对社会资本的采购要求，在选择 PPP 项目采购方式时应主要考虑采用竞争性磋商采购方式。

（3）供应商数量限制

财库〔2014〕214 号文规定，提交最后报价的供应商不得少于 3 家。在采购过程中，如符合要求的供应商或者报价未超过采购预算的供应商不足三家，则应终止采购活动，发布项目终止公告并说明原因，重新开展采购活动。在下述情况下，参与采购的供应商最低数量可以为两家：市场竞争不充分的科研项目，以及需要扶持的科技成果转化项目，提交最后报价的供应商可以为 2 家。

5. 单一来源采购

单一来源采购是指采购人从某一特定供应商处采购货物、工程和服务的采购方式。以下情形可以采用单一来源采购：只能从唯一供应商处采购的；发生了不可预见的紧急情况不能从其他供应商处采购的；必须保证原有采购项目一致性或者服务配套的要求，需要继续从原供应商处添购，且添购资金总额不超过原合同采购金额 10%。

在 PPP 项目采购中，适用于单一来源采购的情形并不多，除发生了不可预见的紧急情况外，采购人应当尽量避免采用单一来源采购方式，因为单一来源采购不利于充分发挥市场竞争，难以对比多家社会资本的项目实施能力。如果采购对象确实特殊，确有采取单一来源采购方式进行采购的必要，应当深入了解社会资本的经济实力、建设运营管理经验以及信誉度，以便有效地与社会资本进行协商谈判，争取到对采购人最有利的合作条件，尽量减少采购支出。

三、PPP 项目采购流程

《政府采购法实施条例》（国务院令第 658 号）、《操作指南》、《政府采购货物和服务招标投标管理办法》（财政部令第 18 号）、财政部令 74 号文、财库〔2014〕214 号文、财库〔2014〕215 号文等行政法规和文件中对 PPP 项目采购五种方式的采购流程进行了规定，在上述文件的基础上，本节对 PPP 项目采购流程进行梳理对比，厘清五种采购方式在采购程序上的共性和特性。

1. 资格预审

根据财库〔2014〕215 号文，PPP 项目采购应当实行资格预审。一般的政府采购中，资格预审并非采购的必经前置程序，而 PPP 项目采购无论采取何种采购方式，均应进行资格预审。这是因为 PPP 项目采购作为一种新型的政府采购服务，旨在建立政府与企业间的长期合作关系，政府希望通过资格预审程序，测试社会资本对项目的响应情况，实现对参与 PPP 项目的社会资本进行更为严格的筛选和把控，保障项目安全。

（1）资格预审流程

资格预审流程如图 1-5-1 所示。

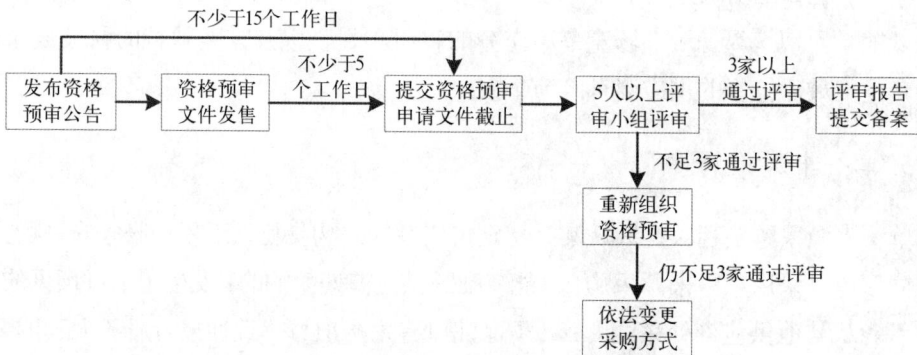

```
            不少于15个工作日
       ┌───────────────────────────┐
       │                           │                              3家以上
       ↓          不少于5          │                              通过评审
┌────────┐     个工作日    ┌──────────┐    ┌──────────┐           ┌────────┐
│发布资格│→│资格预审│→│提交资格预审│→│5人以上评│──────→│评审报告│
│预审公告│  │文件发售│  │申请文件截止│  │审小组评审│           │提交备案│
└────────┘  └──────────┘  └──────────┘  └──────────┘           └────────┘
                                              │ 不足3家通过评审
                                              ↓
                                        ┌──────────┐
                                        │重新组织  │
                                        │资格预审  │
                                        └──────────┘
                                              │ 仍不足3家通过评审
                                              ↓
                                        ┌──────────┐
                                        │依法变更  │
                                        │采购方式  │
                                        └──────────┘
```

图1-5-1　资格预审流程图

（2）资格预审实施要求

1）公告发布要求。资格预审公告应当在省级以上人民政府财政部门指定的政府采购信息发布媒体上发布。资格预审合格的社会资本在签订 PPP 项目合同前资格发生变化的，应当通知项目实施机构。

2）时间要求。提交资格预审申请文件的时间自公告发布之日起不得少于 15 个工作日。

3）评审工作要求。对于资格预审的评审工作，应当由项目实施机构、采购代理机构成立评审小组，负责 PPP 项目采购的资格预审工作。评审小组由项目实施机构代表和评审专家共 5 人以上单数组成，其中评审专家人数不得少于评审小组成员总数的 2/3。评审专家可以由项目实施机构自行选定，但评审专家中至少应当包含 1 名财务专家和 1 名法律专家。项目实施机构代表不得以评审专家身份参加项目评审。

4）备案要求。资格预审结果应当告知所有参与资格预审的社会资本，并将资格预审评审报告提交财政部门（政府与社会资本合作中心）备案。

5）资审结果。项目有 3 家以上社会资本通过资格预审的，项目实施机构可以继续开展采购文件准备工作；项目通过资格预审的社会资本不足 3 家的，项目实施机构应当在调整资格预审公告内容后重新组织资格预审；项目经重新资格预审后合格社会资本仍不够 3 家的，可以依法变更采购方式。

（3）资格预审评审方法

资格预审评审方法可根据不同 PPP 项目采购的特点、项目的复杂程度、社会资本响应程度等因素选取，一般分为定性评审法（合格制）和定量评审法（综合评分法）。

1）定性评审法（合格制）。定性评审法是以符合性条件为基准筛选资格条件合格的潜在供应商，符合定性条件包括以下五方面的内容：具有独立订立合同的资格；具有履行合同的能力；以往承担过类似项目的业绩情况；财务及商业信誉情况；法律法规规定的其他资格条件。

资格预审文件通过对以上五方面的条件进行细化制定出评审细则，潜在供应商必须完全符合资格预审条件方能通过资格预审。

2）定量评审法（综合评分法）。定量评审法是定性评审法的延伸和细化，评审标准较为复杂。在满足法律法规规定的基本资格要求的前提下，将资格预审文件中有关资信、财务、人员、业绩等内容，按照一定的分值比例建立评分标准，并设定通过资格预审的最低分数值或通过资格预审的投标人数量。评审时，首先对资格预审申请文件进行符合性条件检查，符合要求者方可按照资格预审文件的评分标准对其赋分，不低于最低分数线或排名在限定的投标人数量范围内的潜在供应商评判为通过资格预审，具有参与 PPP 项目采购的资格。

定量评审法对可比要素进行客观打分，使得主观判断的影响程度降到最低；评审工作内容部分前移，大大减轻了采购过程中后续的评审工作量；将精力重点放在技术方案、融资方案、运营方案等方面的评价，有利于评选出综合实力最强的社会资本。

2. 公开 / 邀请招标

公开招标和邀请招标都属于招标方式，适用于《招标投标法》。公开招标以发布招标公告的形式邀请不特定的社会资本参加投标，而邀请招标则是以向特定的社会资本发出投标邀请书的方式邀请其参加投标，这是二者的本质区别。除了前期邀请社会资本参与投标的方式不同之外，后续操作流程基本上是一致的。PPP 项目的公开招标 / 邀请招标流程图 1-5-2 所示。

不少于20日

发布招标公告/发出投标邀请书 → 发售招标文件（发售期不少于5个工作日）→ 投标人质疑与招标人答疑 → 提交投标文件截止 →（3家以上投标人）开标 → 评标委员会提交书面评标报告、中标候选人名单和排序（候选人不超过3家）→（3日内）公示中标候选人（公示时间不少于3日）

（投标人少于3家）→ 重新组织招标，需要采取其他方式采购的，应当获得设区的市、自治州以上人民政府财政部门或者政府有关部门批准

公示无异议 ↓

成立采购结果确认谈判工作组，按候选人排名，依次进行确认谈判，率先达成一致的为预中标社会资本 →（10个工作日内）签署确认谈判备忘录 → 公示预中标结果及拟定的合同文本（公示期不少于5个工作日）→（公示无异议2个工作日内）公告中标结果并发出中标通知书 → 签署PPP项目合同 → 合同公示

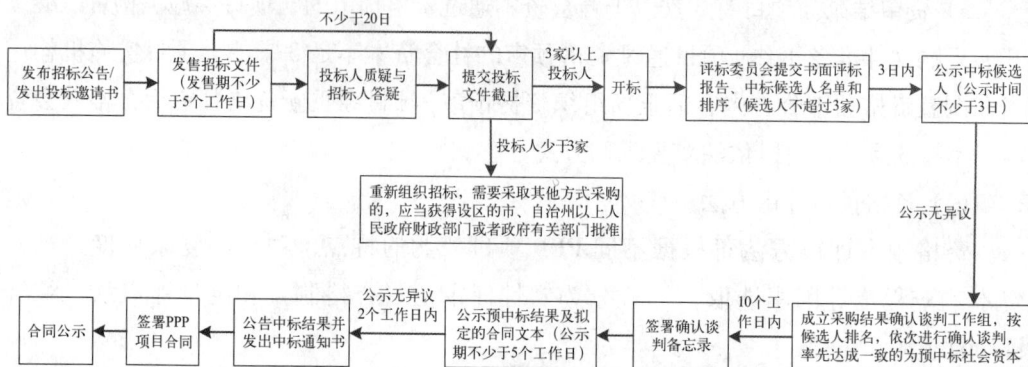

图1-5-2 公开招标/邀请招标流程图

（1）发布招标公告/发出投标邀请书

在 PPP 项目采购中，若采用公开招标方式，并且进行了资格预审，可以直接向通过资格预审的单位发出投标邀请；如果没有进行资格预审，应当发布招标公告。采用邀请招标方式，则需要向 3 家以上的供应商发出投标邀请书。

（2）组织现场考察或召开采购前答疑会

项目实施机构应当组织社会资本进行现场考察或者召开采购前答疑会，但不得单独或者分别组织只有一个社会资本参加的现场考察和答疑会。项目实施机构可以视项目的具体情况，组织对符合条件的社会资本的资格条件进行考察核实。

招标采购单位对已发出的招标文件进行必要澄清或者修改的，应当在招标文件要求提交投标文件截止时间 15 日前，在财政部门指定的政府采购信息发布媒体上发布更正公告，并以书面形式通知所有招标文件收受人。该澄清或者修改的内容为招标文件的组成部分。

（3）提交投标文件

供应商根据招标文件要求提交投标文件。自招标文件开始发出之日起至投标人提交投标文件截止之日止，不得少于 20 日。

投标截止时间结束后，参加投标的供应商不足 3 家的，除采购任务取消情形外，招标采购单位应当报告设区的市、自治州以上人民政府财政部门，由财政部门按照以下原则处理：

1）招标文件没有不合理条款、招标公告时间及程序符合规定的，同意采取竞争性谈判、竞争性磋商或者单一来源采购方式；

2）招标文件存在不合理条款的，招标公告时间及程序不符合规定的，应予废标，并责成招标采购单位依法重新招标。

在评标期间，出现符合专业条件的供应商或者对招标文件做出实质响应的供应商

不足 3 家情形的，可以比照前款规定执行。

（4）开标

开标应当在招标文件确定的提交投标文件截止时间的同一时间公开进行；开标地点应当为招标文件中预先确定的地点。开标由招标采购单位主持，采购人、投标人和有关方面代表参加。

招标采购单位在开标前，应当通知同级人民政府财政部门及有关部门。财政部门及有关部门可以视情况到现场监督开标活动。

（5）评标

评标工作由招标采购单位负责组织，具体评标事务由招标采购单位依法组建的评标委员会负责，并独立履行下列职责：

1）审查投标文件是否符合招标文件要求，并做出评价；

2）要求投标供应商对投标文件有关事项做出解释或者澄清；

3）推荐中标候选人名单，中标候选人不超过 3 家。或者受采购人委托按照事先确定的办法直接确定中标供应商；

4）向招标采购单位或者有关部门报告非法干预评标工作的行为；

5）评标结束后，评标委员会提交书面评标报告以及中标候选人名单和排序。

（6）公示中标候选人

评标委员会确定中标候选人后 3 日内，实施机构公示中标候选人（公示时间不少于 3 日）。

（7）确认谈判，确定预中标人

公示无异议后，项目实施机构应成立确认谈判工作组，按照评审报告推荐的候选社会资本排名，依次与候选社会资本及与其合作的金融机构就项目合同中可变的细节问题进行项目合同签署前的确认谈判，率先达成一致的候选社会资本即为预中标社会资本。

（8）签订备忘录，公示中标结果

项目实施机构应当在预中标社会资本确定后 10 个工作日内，与预中标社会资本签署确认谈判备忘录，并将预中标结果和根据采购文件、响应文件及有关补遗文件和确认谈判备忘录拟定的项目合同文本在省级以上人民政府财政部门指定的政府采购信息发布媒体上进行公示，公示期不得少于 5 个工作日。项目合同文本应当将预中标社会资本响应文件中的重要承诺和技术文件等作为附件。项目合同文本涉及国家秘密、商业秘密的内容可以不公示。

项目实施机构应当在公示期满无异议后 2 个工作日内，将中标结果在省级以上人民政府财政部门指定的政府采购信息发布媒体上进行公告，同时发出中标通知书。

（9）签订 PPP 项目合同

项目实施机构应当在中标通知书发出后 30 日内，与中标社会资本签订经本级人民政府审核同意的 PPP 项目合同。

项目实施机构应当在 PPP 项目合同签订之日起 2 个工作日内，将 PPP 项目合同在省级以上人民政府财政部门指定的政府采购信息发布媒体上公告，但 PPP 项目合同中涉及国家秘密、商业秘密的内容除外。

3. 竞争性谈判

PPP 项目的竞争性谈判流程如图 1-5-3 所示。

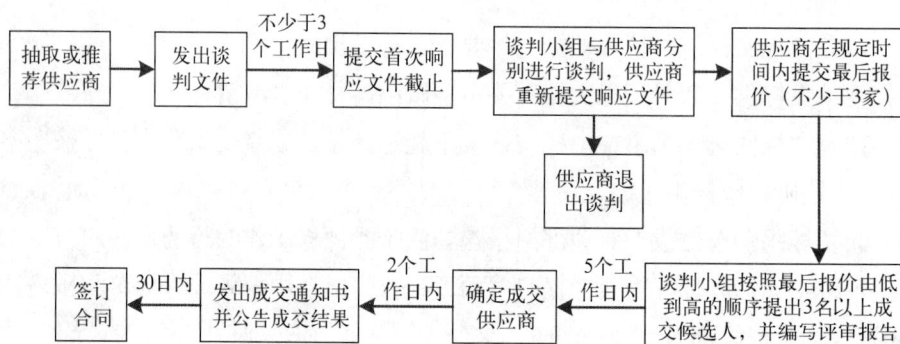

图 1-5-3　竞争性谈判采购流程图

（1）抽取或推荐供应商

采购人、采购代理机构应通过发布公告，从省级以上财政部门建立的供应商库中随机抽取，或者采购人和评审专家分别书面推荐的方式，邀请不少于 3 家符合相应资格条件的供应商参与竞争性谈判活动。

（2）发出谈判文件

谈判文件应当根据采购项目的特点和采购人的实际需求制定，并经采购人书面同意，不得要求或者标明供应商名称或者特定货物的品牌，不得含有指向特定供应商的技术、服务等条件。谈判文件应当包括供应商资格条件、采购邀请、采购方式、采购预算、采购需求、采购程序、价格构成或者报价要求、响应文件编制要求、提交响应文件截止时间及地点、保证金交纳数额和形式、评定成交的标准等，还应当明确谈判小组根据与供应商谈判情况可能实质性变动的内容，包括采购需求中的技术、服务要求以及合同草案条款。

从谈判文件发出之日起至供应商提交首次响应文件截止之日止不得少于 3 个工作日。提交首次响应文件截止之日前，采购人、采购代理机构或者谈判小组可以对已发出的谈判文件进行必要的澄清或者修改，澄清或者修改的内容作为谈判文件的组成部分。澄清或者修改的内容可能影响响应文件编制的，采购人、采购代理机构或者谈判小组应当在提交首次响应文件截止之日 3 个工作日前，以书面形式通知所有接收谈判文件的供应商，不足 3 个工作日的，应当顺延提交首次响应文件截止之日。

（3）谈判

竞争性谈判小组由采购人代表和评审专家共 3 人以上单数组成，其中评审专家人数不得少于竞争性谈判小组成员总数的 2/3。采购人不得以评审专家身份参加本部门或本单位采购项目的评审。采购代理机构人员不得参加本机构代理的采购项目的评审。达到公开招标数额标准的货物或者服务采购项目，或者达到招标规模标准的政府采购工程，竞争性谈判小组应当由 5 人以上单数组成。

谈判小组应当对响应文件进行评审，并根据谈判文件规定的程序、评定成交的标准等事项与实质性响应谈判文件要求的供应商进行谈判。未实质性响应谈判文件的响应文件按无效处理，谈判小组应当告知有关供应商。谈判小组所有成员应当集中与单一供应商分别进行谈判，并给予所有参加谈判的供应商平等的谈判机会。谈判过程中，谈判小组可以根据谈判文件和谈判情况实质性变动采购需求中的技术、服务要求以及合同草案条款，但不得变动谈判文件中的其他内容。实质性变动的内容，须经采购人代表确认。

对谈判文件做出的实质性变动是谈判文件的有效组成部分，谈判小组应当及时以书面形式同时通知所有参加谈判的供应商。供应商应当按照谈判文件的变动情况和谈判小组的要求重新提交响应文件，并由其法定代表人或授权代表签字或者加盖公章。由授权代表签字的，应当附法定代表人授权书。

（4）确定成交候选人

谈判小组应当从质量和服务均能满足采购文件实质性响应要求的供应商中，按照最后报价由低到高的顺序提出 3 名以上成交候选人，并编写评审报告。

（5）确定成交供应商

采购人应当在收到评审报告后 5 个工作日内，从评审报告提出的成交候选人中，根据质量和服务均能满足采购文件实质性响应要求且最后报价最低的原则确定成交供应商，也可以书面授权谈判小组直接确定成交供应商。采购人逾期未确定成交供应商且不提出异议的，视为确定评审报告提出的最后报价最低的供应商为成交供应商。

（6）签订 PPP 项目合同及合同公示

采购人与成交供应商应当在成交通知书发出之日起 30 日内，按照采购文件确定的合同文本以及采购标的、规格型号、采购金额、采购数量、技术和服务要求等事项签订 PPP 项目合同。项目实施机构应当在 PPP 项目合同签订之日起 2 个工作日内，将

PPP 项目合同在省级以上人民政府财政部门指定的政府采购信息发布媒体上公告，但 PPP 项目合同中涉及国家秘密、商业秘密的内容除外。

4. 竞争性磋商

达到公开招标数额标准的货物、服务采购项目，拟采用竞争性磋商采购方式的，采购人应当在采购活动开始前，报经主管预算单位同意后，依法向设区的市、自治州以上人民政府财政部门申请批准。PPP 项目的竞争性磋商流程如图 1-5-4 所示。

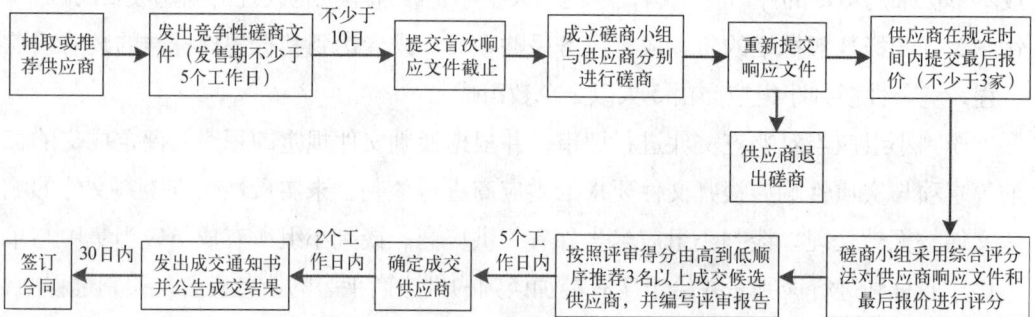

图 1-5-4　竞争性磋商采购流程图

（1）抽取或推荐供应商

采购人、采购代理机构应当通过发布公告、从省级以上财政部门建立的供应商库中随机抽取或者采购人和评审专家分别书面推荐的方式邀请不少于 3 家符合相应资格条件的供应商参与竞争性磋商采购活动。采取采购人和评审专家书面推荐方式选择供应商的，采购人和评审专家应当各自出具书面推荐意见。采购人推荐供应商的比例不得高于推荐供应商总数的 50%。

采用公告方式邀请供应商的，采购人、采购代理机构应当在省级以上人民政府财政部门指定的政府采购信息发布媒体发布竞争性磋商公告。

（2）发出竞争性磋商文件

竞争性磋商文件应当根据采购项目的特点和采购人的实际需求制定，并经采购人书面同意。采购人应当以满足实际需求为原则，不得擅自提高经费预算和资产配置等采购标准。从磋商文件发出之日起至供应商提交首次响应文件截止之日止不得少于 10 日。磋商文件的发售期限自开始之日起不得少于 5 个工作日。

磋商文件应当包括供应商资格条件、采购邀请、采购方式、采购预算、采购需求、政府采购政策要求、评审程序、评审方法、评审标准、价格构成或者报价要求、响应文件编制要求、保证金交纳数额和形式以及不予退还保证金的情形、磋商过程中可能实质性变动的内容、响应文件提交的截止时间、开启时间及地点以及合同草案条款等。

（3）成立磋商小组进行磋商

磋商小组由采购人代表和评审专家共 3 人以上单数组成，其中评审专家人数不得少于磋商小组成员总数的 2/3。采购人代表不得以评审专家身份参加本部门或本单位采购项目的评审。采购代理机构人员不得参加本机构代理的采购项目的评审。

在磋商过程中，磋商小组可以根据磋商文件和磋商情况实质性变动采购需求中的技术、服务要求以及合同草案条款，但不得变动磋商文件中的其他内容。实质性变动的内容，须经采购人代表确认。

（4）重新提交响应文件

供应商应当按照磋商文件的变动情况和磋商小组的要求重新提交响应文件，并由其法定代表人或授权代表签字或者加盖公章。由授权代表签字的，应当附法定代表人授权书。

（5）综合评分，推荐候选供应商

磋商文件能够详细列明采购标的的技术、服务要求的，磋商结束后，磋商小组应当要求所有实质性响应的供应商在规定时间内提交最后报价，提交最后报价的供应商不得少于 3 家。

磋商文件不能详细列明采购标的的技术、服务要求，需经磋商由供应商提供最终设计方案或解决方案的，磋商结束后，磋商小组应当按照少数服从多数的原则投票推荐 3 家以上供应商的设计方案或者解决方案，并要求其在规定时间内提交最后报价。

经磋商确定最终采购需求和提交最后报价的供应商后，由磋商小组采用综合评分法对提交最后报价的供应商的响应文件和最后报价进行综合评分。磋商小组应当根据综合评分情况，按照评审得分由高到低顺序推荐 3 名以上成交候选供应商，并编写评审报告。评审得分相同的，按照最后报价由低到高的顺序推荐。评审得分且最后报价相同的，按照技术指标优劣顺序推荐。

（6）确定成交供应商

采购人应当在收到评审报告后 5 个工作日内，从评审报告提出的成交候选供应商中，按照排序由高到低的原则确定成交供应商，也可以书面授权磋商小组直接确定成交供应商。采购人逾期未确定成交供应商且不提出异议的，视为确定评审报告提出的排序第一的供应商为成交供应商。

（7）公告成交结果、发出成交通知书

采购人或者采购代理机构应当在成交供应商确定后 2 个工作日内，在省级以上财政部门指定的政府采购信息发布媒体上公告成交结果，同时向成交供应商发出成交通知书，并将磋商文件随成交结果同时公告。

（8）签订合同

采购人与成交供应商应当在成交通知书发出之日起 30 日内，按照磋商文件确定的合同文本以及采购标的、规格型号、采购金额、采购数量、技术和服务要求等事项签订 PPP 项目采购合同。

5. 单一来源采购

PPP 项目的单一来源采购流程如图 1-5-5 所示。

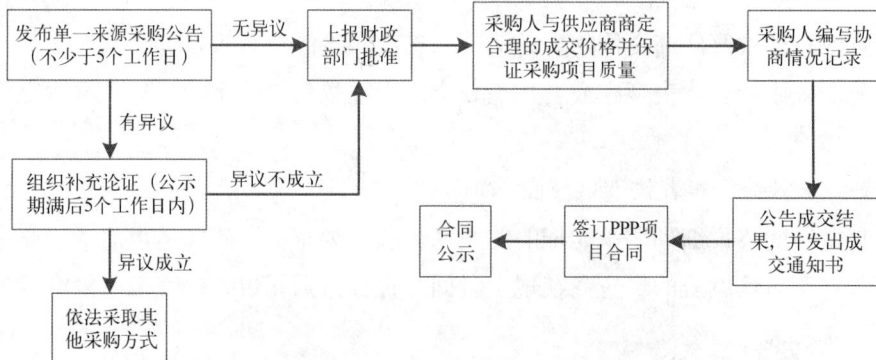

图1-5-5　单一来源采购流程图

（1）发布公示

拟采用单一来源采购方式的，采购人、采购代理机构在报财政部门批准之前，在省级以上财政部门指定媒体上公示，并将公示情况一并报财政部门。公示期不得少于5 个工作日，公示内容应当包括：采购人、采购项目名称和内容；拟采购的货物或者服务的说明；采用单一来源采购方式的原因及相关说明；拟定的唯一供应商名称、地址；专业人员对相关供应商因专利、专有技术等原因具有唯一性的具体论证意见，以及专业人员的姓名、工作单位和职称；公示的期限；采购人、采购代理机构、财政部门的联系地址、联系人和联系电话。

任何供应商、单位或者个人对采用单一来源采购方式公示有异议的，可以在公示期内将书面意见反馈给采购人、采购代理机构，并同时抄送相关财政部门。

采购人、采购代理机构收到对采用单一来源采购方式公示的异议后，应当在公示期满后 5 个工作日内，组织补充论证，论证后认为异议成立的，应当依法采取其他采购方式；论证后认为异议不成立的，应当将异议意见、论证意见与公示情况一并报相关财政部门。采购人、采购代理机构应当将补充论证的结论告知提出异议的供应商、单位或者个人。

（2）协商

采购人、采购代理机构应当组织具有相关经验的专业人员与供应商商定合理的成交价格并保证采购项目质量。

单一来源采购人员应当编写协商情况记录,主要内容包括:公示情况说明;协商日期和地点,采购人员名单;供应商提供的采购标的成本、同类项目合同价格以及相关专利、专有技术等情况说明;合同主要条款及价格商定情况。协商情况记录应当由全体采购人员签字认可。对记录有异议的采购人员,应当签署不同意见并说明理由。采购人员拒绝在记录上签字又不书面说明其不同意见和理由的,视为同意。

(3)签订 PPP 项目合同

采购人与成交供应商应当在成交通知书发出之日起 30 日内,按照采购文件确定的合同文本以及采购标的、规格型号、采购金额、采购数量、技术和服务要求等事项签订 PPP 项目合同。

(4)合同公示

项目实施机构应当在 PPP 项目合同签订之日起 2 个工作日内,将 PPP 项目合同在省级以上人民政府财政部门指定的政府采购信息发布媒体上公告,但 PPP 项目合同中涉及国家秘密、商业秘密的内容除外。

第二节 PPP 项目采购文件

采购文件是 PPP 项目采购的基础和关键,是载明采购项目范围、内容、投标人资格条件、采购过程的程序规则、评标标准和方法、主要合同条款等信息的载体,其质量对能否达到 PPP 项目采购目的具有决定性作用。

一、PPP 项目采购文件编制原则

PPP 项目采购文件是 PPP 项目采购中的重要文件之一,它是具有法律效力的文件,是采购人和供应商必须遵守的准则,编制 PPP 项目采购文件中应遵守"公平、全面、合理、严谨"的原则。

1. 公平性

公平性是采购文件编制的一个重要原则,PPP 项目采购文件的公平性体现在两个方面,一是不得以不合理的要求限制或者排斥潜在供应商,对潜在供应商实行差别待遇或者歧视待遇,或者招标文件指定特定的供应商、含有倾向性或者排斥潜在供应商的其他内容；二是对涉及政府和社会资本方合作的条款要公平，使双方责、权、利基本对等，如果存在对社会资本方明显不公平的条件，将无法吸引社会资本参与项目。

2. 全面性

全面反映采购方的需求是采购文件编制的一个基本原则，应根据 PPP 项目的具体特点和要求编制采购文件。财库〔2014〕215 号文规定"项目采购文件应当包括采购邀请、竞争者须知（包括密封、签署、盖章要求等）、竞争者应当提供的资格、资信及业绩证明文件、采购方式、政府对项目实施机构的授权、实施方案的批复和项目相关审批文件、采购程序、响应文件编制要求、提交响应文件截止时间、开启时间及地点、保证金交纳数额和形式、评审方法、评审标准、政府采购政策要求、PPP 项目合同草案及其他法律文本、采购结果确认谈判中项目合同可变的细节，以及是否允许未参加资格预审的供应商参与竞争并进行资格后审等内容"。除以上内容外，项目的运作方式、交易结构、主要边界条件等也是必须在采购文件中明确的内容，以便使投标人全面了解项目信息，做出适合的投标决策。

3. 合理性

合理性原则主要体现在以下两方面：一是各项技术标准和交易条件合理。采购文件中规定的各项技术标准和交易条件直接影响供应商投标的兴趣、承受能力及投标报价。条件太高，会导致供应商不敢投标；太低，会导致供应商人数太多，增加评标工作，降低采购效率。二是供应商的资格要求合理。不能以不合理的资格要求条件将有效的供应商排除在外，也不应以不合理的资格要求吸引过多不具备项目运作条件的供应商参与投标。

4. 严谨性

采购文件编制的完善与否，对于采购质量和速度有着直接影响。采购文件的内容要详尽、前后一致，用词要清晰准确，避免出现前后矛盾导致供应商对采购文件内容理解有歧义，影响供应商正常报价。尤其是采购文件中的合同条款，是采购人和供应商签订合同的重要依据，更应保证严谨，以免为后续工作留下隐患。

二、PPP 项目采购文件构成

1. 资格预审文件

PPP 项目资格预审文件一般由资格预审公告、申请人须知、资格审查办法、资格预审申请文件格式、项目简介等部分构成。

（1）资格预审公告

在资格预审公告中要明确采购人及采购代理机构名称，介绍项目基本情况（包括项目区位、面积、建设内容及投资规模等）、采购内容、项目运作方式，重点说明对社会资本的资格要求。此外，还需要明确告知获取资格预审文件时间和地点、资格预审申请文件递交地点及截止时间、资格预审时间及地点、发布公告方式等信息。

（2）申请人须知

申请人须知是社会资本参与资格预审需要明确的重要事项，主要包括对申请人的要求，资格审查文件的组成、澄清、修改事项，资格审查申请文件的编制、递交、审查要求，通知发放及纪律监督规定等内容。另外，多数资格预审文件把申请人需要注意的重要内容以申请人须知前附表的形式列出。

（3）资格审查办法

资格预审办法一般分为定性评审法和定量评审法两种，PPP项目资格预审一般采用定性评审法。在资格预审文件中应明确资格审查办法。资格审查分为初步审查和详细审查两步。初步审查主要对投标人名称、申请函签字盖章、申请文件格式、申请人基本情况、申请人资格、法定代表人资格、授权委托人资格、财务状况以及要求提供的原件及复印件证明材料进行筛选审查；详细审查主要针对营业执照、资信情况、类似业绩、团队力量等内容进行评审。

（4）资格预审申请文件格式

一般需列明以下文件的格式要求或者提供范本：资格审查申请函、法定代表人身份证明或授权委托书、社会资本基本情况表、财务状况表、企业类似项目情况表、项目经理简历表、联合体协议书、近三年经营活动中无重大违法记录的声明表、其他材料。

（5）项目简介

主要从项目概况、运作模式、交易结构三个部分进行简介。项目概况包括项目名称、技术经济指标及项目进展情况；交易结构包括项目公司股权结构、项目投融资结构、项目合作期限、项目回报机制、社会资本退出机制、相关配套安排等。

2. 采购文件

对于不同采购方式，采购文件的构成有所不同，但是采购文件的基本要求和内容框架基本一致。以公开招标为例，PPP项目采购文件一般包括投标邀请、竞争者须知、评标办法及标准、合同条款及格式、投标报价、投标文件格式、政府授权及批复等内容。采用竞争性谈判或者竞争性磋商采购方式的，项目采购文件除上述内容外，还应当明确评审小组根据与社会资本谈判情况可能实质性变动的内容，包括采购需求中的技术、服务要求以及项目合同草案条款。

（1）投标邀请

采购人直接向通过资格预审的社会资本发出投标邀请，在投标邀请函中明确招标文件的发售时间、地点和价格，递交投标文件的截止时间、地点；如需进行现场踏勘，还应标明踏勘时间和集合地点。

（2）竞争者须知

竞争者须知包括：总则（介绍项目概况、采购需求、投标人要求以及一般性规定）；招标文件组成、澄清及修改事项；投标文件组成、编制要求、投标有效期及投标保证金；招标/投标的程序、要求及注意事项；开标、评标、确认谈判、履约担保及合同签订等合同授予相关事项；纪律和监督、质疑与投诉、法律责任等规定。竞争者须知中的重要内容可以竞争者须知前附表的形式体现。

（3）评标办法及标准

评标办法及标准对评标办法、标准、程序、确认谈判作出相应规定。公开招标多采用综合评分法进行评标，主要从技术、经济、商务、投标报价等方面进行评审。评标标准包括初步评审标准和技术部分评审标准、经济部分评分标准、商务部分评分标准、投标报价部分评分标准，需确定每一部分的总分及评分细则。在评标程序上，评标委员会首先从投标文件形式及响应性等方面进行初步评审，审查投标文件是否符合要求；通过初步评审之后，再根据评分标准对投标文件进行详细评审；最后，按照得分由高到低的顺序推荐 3 名中标候选人，并向采购人提交书面评标报告。

（4）投标报价

投标报价部分一般包括投标报价说明和投标报价表。在投标报价表中，需要明确竞价标的，根据项目实际情况，需要对报价上限或/和下限进行限制的，要给出报价限值。

（5）投标文件格式

投标文件一般包括商务文件（报价文件一般含在商务文件中，也可单独装订）、技术文件和经济文件。

1）商务文件。投标人需要按照规定的内容及格式要求填写商务文件，包括投标函、法定代表人身份证明及授权委托书、投标人基本情况说明、联合体协议书（若联合体投标，则需提供）、投标保函、主要人员简历表、近三年财务状况表及近三年财务报表、同类型项目业绩、商务偏离表等，融资方案、风险管理方案、项目公司组建计划等需根据采购文件要求及项目实际情况自行编写。

2）技术文件。技术文件一般包括工艺方案、建设管理方案、运营维护及移交方案、技术偏离表等。

3）经济文件。经济文件一般包括项目投资估算和项目财务评价等。

（6）政府授权及批复

需要提供政府对实施机构的授权书、政府对项目实施的批复和政府对 PPP 项目实施方案的批复文件等资料，以证明项目采购的合法合规性。

三、采购文件需明确的关键问题

1. 项目边界条件的确定

项目边界条件，是采购文件中需要明确的关键性、实质性问题，也是 PPP 项目合同的核心内容，对政府与社会资本方的长期合作关系具有重大影响。由于 PPP 项目的复杂性和合作的长期性，很难将项目边界完全分割清楚，编制采购文件时，应大致界定主要边界条件，在后续合同谈判中逐步明确所有的边界条件。

需要在采购文件中重点明确的项目边界条件包括工作边界、投资边界、技术边界、特许经营边界等。

2. 各类担保要求

项目实施机构应当在采购文件中明确 PPP 项目采购、建设、运营及移交过程中各类担保的形式、数额、期限等要求。财库〔2014〕215 号文规定，社会资本应当以支票、汇票、本票或者金融机构、担保机构出具的保函等非现金形式交纳保证金。

（1）参加采购活动的保证金

参加采购活动的社会资本应该交纳保证金，保证金数额不得超过项目预算金额的 2%。采购人应当在采购活动结束后及时退还供应商的保证金，但因供应商自身原因导致无法及时退还的除外。未成交供应商的保证金应当在成交通知书发出后 5 个工作日内退还，成交供应商的保证金应当在采购合同签订后 5 个工作日内退还。

（2）履约担保

项目实施机构应当在采购文件中要求社会资本提供履约担保。履约担保的数额不得超过 PPP 项目初始投资总额或者资产评估值的 10%，无固定资产投资或者投资额不大的服务型 PPP 项目，履约担保的数额不得超过平均 6 个月服务收入额。在 PPP 实践中，最为常见、有效的履约担保方式是保函。政府可能根据项目实际情况，要求项目公司在不同期间提供不同的保函，常见保函包括建设期履约保函、运营维护保函、移交维修保函。

1）建设期履约保函。建设期履约保函主要用于担保项目公司在建设期能够按照合同约定的标准进行建设，并且能够按时完工。建设期履约保函的有效期一般是从项目合同全部生效之日起到建设期结束。

2）运营维护保函。运营维护保函主要用以担保项目公司在运营维护期内按照项目合同的约定履行运营维护义务。该保函的有效期通常视具体项目而定，以建设期履约保函到期之日开始，一直到项目期限终止。对于投资额大，合作期限长的特许经营项目，提交运营维护保函将大大增加社会资本方项目实施的成本，因此实操中，当这些项目本身已经设置了一些保证项目公司按合同履约的机制时，项目公司可不提交运营维护保函。

3）移交维修保函。在 PPP 项目中还会约定移交维修保函。移交维修保函提交时点一般在期满终止日 12 个月之前，担保至期满移交后 12 个月届满。在项目移交阶段，移交工作组对移交资产进行性能测试，结果不达标的，移交工作组有权提取移交维修保函。

移交维修保函的数额不得超过 PPP 项目初始投资总额或者资产评估值的 10%，由于移交维修保函金额是在项目合同签订之时确定的，如果项目合作期限较长，考虑到经济形势和通货膨胀因素的影响，在合作期满之时，当初设定的移交维修保函金额可能不足以对项目公司的维护、大修行为形成制约，也就失去了设定移交维修保函的意义。因此，有必要动态地设定移交维修保函金额。以准经营性项目为例，可以根据政府运营补贴价格的上涨幅度确定移交维修保函金额。计算公式如下：移交维修保函金额 = 初始移交维修保函金额 ×（特许经营期末补贴价格 / 项目竣工验收后确定的初始补贴价格）。

3. 合理设置竞价标的

(1) PPP 项目竞价标的设计原则

PPP 模式广泛应用于公路、铁路、城市轨道交通、港口、机场、供水、供热、供气、污水处理、垃圾处理、医院、学校、监狱、养老院、保障性住房等基础设施及公共服务类项目。受不同行业政策及行业特点的影响，PPP 项目的竞价标的设置也不尽相同。PPP 项目的竞价标的既要体现政府对 PPP 项目的采购需求，又要反映政府对项目建设标准、运营质量方面的期望，并根据具体项目的具体运营方式而定，总结起来 PPP 项目竞价标的设置需要遵循以下四项基本原则。

1）抑制社会资本超额利润。由于 PPP 项目大部分属于基础设施及公共服务类项目，公益性或公共性是这类项目的首要特征，超额利润现象的存在必然与实现项目社会利益最大化目标相冲突。因此，设计竞价标的时应尽量杜绝社会资本获得超额利润的可能，如通过设定收益率上限、政府补贴上限、总投资上限等，使社会资本在投标报价时，将其利润率控制在合理范围之内，从而保障公用设施的社会效益。

2）规避社会资本投机行为。一些"投机"社会资本利用竞价标的设置漏洞，通过设计、施工、核心材料及设备采购等方面获得较高的关联性收入，而这几方面的收入往往超过社会资本对项目的全部自有资金投入，把项目利润获得主要放在建设阶段而非运营阶段，以此谋取暴利。社会资本这种投机行为既违背了政府和社会资本合作的初衷，也损害了社会公众利益乃至整个行业发展。因此，政府在项目采购时要着重关注社会资本投资动机，严格审查社会资本的资质与能力，通过合理设置竞价标的，综合评定社会资本资格和能力，规避社会资本的投机行为。

3）保证建设质量。采用 BOT 模式的 PPP 项目在其特许经营期届满后，需将符合双方合同约定的技术、安全和环保要求且处于良好运营状况的项目设施移交给政府方。良好的建设质量是项目正常运营并在移交时处于良好状态的根本保证，而合理的项目投资是项目建设质量的重要保障。为避免项目公司为了过度节约投资而影响建设质量，某些 PPP 项目在设计竞价标的时可考虑设定项目最低投资额，以保障足够的建设资金投入。

4）便于操作。无论何种付费机制的 PPP 项目，其报价的计算一般都离不开建设成本、运营成本、运营收入和合理收益。以可行性缺口补助项目为例，从理论上讲，最科学合理的价格形成机制是以收益率为竞价标的，竣工验收后确定经审计的实际投资，并对实际运营成本和收入进行测算，最终根据收益率中标价核算政府补贴数额。但这种价格形成机制操作过于繁琐。实践中，此类项目一般直接以政府补贴单价作为竞价标的。竞价标的的设计直接和价格形成机制相关联，在设计竞价标的时，应充分考虑可操作性。

（2）PPP 项目竞价标的主要类型

通过对我国目前诸多 PPP 案例竞价标的分析，PPP 项目竞价标的主要类型包括可用性服务费类、收益率类、工程投资类、单位服务费补贴价格类、特许经营期限类和使用者付费类等。

1）可用性服务费类。可用性服务费是指政府使用项目公司所提供的符合合同约定的标准和要求的项目设施或服务而需支付的费用。可用性服务费类竞价标的主要适用于采用政府付费（可用性付费）机制的大部分社会公共服务类项目（如学校、医院等）以及部分公用设施和公共交通设施项目（如市政道路、供水管网等）。在实践中，像市政道路这类需要兼顾项目绩效要求的 PPP 项目，还需要以年运维绩效服务费作为其辅助标的。

年运维绩效服务费是指政府购买项目公司为维持 PPP 项目可用性所需的运营维护服务（符合绩效要求的公共服务）而支付的费用。采用"可用性服务费 + 年运维绩效服务费"组合标的，社会资本报价高低体现了其建设运营管理水平和期望投资水平。

2）费率类。费率类竞价标的包括项目资本金和补充资本金的年投资回报率、社会资本贷款部分的综合融资包干年利率、建安工程费结算额优惠率、建安工程费下浮系数、央行公布的同期 5 年以上贷款基准利率上浮系数等。费率类竞价标的通常以组合标的形式在 PPP 项目采购中运用。

以年投资回报率为主、综合融资包干年利率和建安工程费结算额优惠率为辅的组合标的主要适用于土地一级开发 PPP 项目。该种组合标的具体报价方式为：在项目资本金和补充资本金的年投资回报率上限、社会资本贷款部分的综合融资包干年利率上限、建安工程费结算额优惠率下限内，由社会资本报出项目资本金和补充资本金的年投资回报率、社会资本贷款部分的综合融资包干年利率和建安工程费结算额优惠率。评标时，年投资回报率、融资包干年利率和建安工程费结算额优惠率的评标基准价，是以经评标委员会一致认为满足采购文件要求且最低（高）报价为依据。

以建安工程费下浮系数为主、央行公布的同期 5 年以上贷款基准利率上浮系数为辅的组合标的主要适用于港口、水运 PPP 项目。该类 PPP 项目政府采购价款由建设期采购价款、采购期资金占用费和运营维护费三部分组成。其中，建设期采购价款由经审计确认的建安工程费、建设期资金占用费及双方认可的其他费用构成；建安工程费与建安费下浮系数有关，建设期资金占用费、采购期资金占用费与央行公布的同期 5 年以上贷款基准利率上浮系数有关。在项目采购阶段，社会资本需要对建安工程费下浮系数、央行公布的同期 5 年以上贷款利率上浮系数进行报价，PPP 项目采购人以项目采购前确定的下（上）浮基准系数作为评标依据。

3）工程投资类。工程投资类竞价标的包括工程总投资、建安工程费等。投资是决定政府付费或补贴数额的主要依据，但直接采用工程投资竞价标的情况比较少，这是因为 PPP 项目中政府部门更加关注项目公司提供公共产品或服务的质量，对项目投资可通过核算实际投资进行控制，而非事前报价。以下情况可用工程投资类竞价标的：一是在项目概算批复后进行社会资本采购的非经营性 PPP 项目，政府通过控制投资，进而控制政府购买服务费用。二是当直接以服务费单价作为竞价标的时，将总投资类竞价标的作为辅助标的，设定投资下限，间接对公共产品或服务质量进行控制。

4）服务费补贴单价类。服务费补贴单价类竞价标的主要适用于采用可行性缺口补贴回报机制的 PPP 项目，如污水处理、垃圾处理等公用设施项目。直接以服务费补贴单价作为竞价标的，操作较为简单，可有效控制政府补贴支出，适用于市场化程度较高、能准确测算服务费价格的项目。不足之处是存在项目公司为过度节约投资而导致建设质量风险，可以总投资作为辅助标的，设定最低总投资数额，通过设置一定的定价保障项目建设的足额投资。

5）特许经营期限类。特许经营期限类竞价标的主要适用于采用使用者付费机制的 PPP 项目，如高速公路项目，其运作方式以 BOT 模式为主，特许经营期限通常包括建设期和运营期，或不包括建设期，以收费期限（运营期）作为竞价标的。项目特许经营期限的长短与项目公司的收益直接相关，在投资成本一定、其他条件不变的情况下，项目公司所获得利润与项目特许经营期限成正相关。社会资本在进行项目特许经营期限报价时，需要综合考虑项目的建设运营成本、收费价格、回报率、融资计划、风险分配以及政策法律规定等多种因素，合理平衡政府、项目公司和使用者的利益。

4. 评标方法

《中华人民共和国政府采购法实施条例》规定，政府采购招标评标方法分为最低评标价法和综合评分法。（1）最低评标价法。投标文件满足招标文件全部实质性要求且投标报价最低的供应商为中标候选人。最低评标价法适用于技术、服务等标准统一的货物和服务项目。（2）综合评分法。投标文件满足招标文件全部实质性要求，并且按照评审因素的量化指标评审得分最高的供应商为中标候选人。综合评分的主要因素是：价格、技术、财务状况、信誉、业绩、服务、对招标文件的响应程度，以及相应的比重或者权值等。

评标办法是采购文件中的重要内容，采用不同的评标办法，其中标结果也会不同。在编制采购文件时，应当根据项目特点选用适合的评标方法，由于 PPP 项目对社会资本方技术、管理、经验、信誉等方面要求都很高，仅靠报价不能选出最合适的社会资本，因此适合采用综合评分法。采用综合评分法，具体评审细则应包括各评分因素的选择和细化、权重分配、评分条件以及相应的解释。评审细则应体现对项目的适用性、针对性、评分可操作性，应保证公平、规范、合理，同时要避免倾向性设计。

第三节 PPP 项目合同

PPP 模式是政府和社会资本基于合同建立的一种合作关系。"按合同办事"不仅是 PPP 模式的精神实质，也是依法治国、依法行政的内在要求。通过 PPP 项目合同，合作双方可正确表达意愿、合理分配风险、妥善履行义务、有效主张权利。PPP 项目合同是政府和社会资本长期友好合作的重要基础，也是 PPP 项目顺利实施的重要保障，在合作过程中发挥着举足轻重的作用。

一、PPP 项目合同的作用

PPP 项目合同是整个 PPP 合同体系的基础和核心，政府方与社会资本方的权利义务关系以及 PPP 项目的交易结构、风险分配机制等均通过 PPP 项目合同确定。PPP 项目合同影响整个项目合同体系，其具体条款会影响项目公司与社会资本之间的股东协议的签订，而且也会影响项目公司与贷款方的贷款合同、与保险公司的保险合同的具体条款，同时，PPP 项目合同由于对具体内容进行了约定，也会影响到项目公司与各参建单位之间的履约合同的签订。

从合同法的意义上说，PPP 项目合同是 PPP 项目法律关系的主合同，合同体系内其他合同均为从属合同。这可以从两个方面理解：

（1）PPP 项目合同是政府与项目公司之间，在相关法律的指导下就项目的建设、运营、维护和移交等工作所签订的规范双方权利和义务的法律文件，也是政府在保持应有权益的前提下，向项目公司授予充分权利的协议。可见，政府授予的特许权是项目公司对外签订其他合同的前提条件和依据。

（2）政府通过 PPP 项目合同给予项目公司政府保证，构筑了项目公司运行所必需的特殊的政策环境，是项目公司顺利签订和履行其他协议的决定性因素。因此，PPP 项目合同是运用 PPP 模式的先决条件和关键因素。

二、PPP 项目合同指南

2014 年底，财政部发布了《PPP 项目合同指南（试行）》（财金〔2014〕156 号），国家发展和改革委员会发布了《政府和社会资本合作项目通用合同指南（2014 年版）》（发改投资〔2014〕2724 号），规范和引导我国 PPP 项目合同的编写工作，成为合同编写的专业指南。

1. 财政部发布的《PPP 项目合同指南（试行）》

《PPP 项目合同指南（试行）》（财金〔2014〕156 号）共 4 章、29 节，全面系统介绍了 PPP 项目合同体系，说明了各主要参与方在 PPP 项目中的角色及订立相关合同的目的，阐述了 PPP 项目合同的主要内容和核心条款，明确了合同条款中的风险分配原则、基本内容和权利义务安排。

按照财政部颁布的合同指南，PPP 项目合同一般包含如下内容：

（1）引言、定义和解释

PPP 项目合同引言部分介绍签署时间及签署主体信息、项目双方的合作背景以及双方签订该PPP项目合同的目的等，是PPP项目合同具体条款前的内容。

为确保合同用语及含义的统一性，避免将来产生争议，且便于快速索引相关定义和术语，需要在PPP项目合同中包括定义条款，对一些合同中反复使用的关键名词和术语进行明确的定义。

为了避免合同条款因不同的解释而引起争议，通常在PPP项目合同中专门约定该合同的解释方法。

（2）项目的范围和期限

项目的范围条款，用以明确约定在项目合作期限内政府与项目公司的合作范围和主要合作内容，是PPP项目合同的核心条款。根据项目运作方式和具体情况的不同，政府与项目公司的合作范围可能包括设计、融资、建设、运营、维护某个基础设施或提供某项公共服务等。以BOT运作方式为例，项目的范围一般包括项目公司在项目合作期限内建设（和设计）、运营（和维护）项目并在项目合作期限结束时将项目移交给政府。通常上述合作范围是排他的，即政府在项目合作期限内不会就该PPP项目合同项下的全部或部分内容与其他任何一方合作。

项目的合作期限通常应在项目前期论证阶段进行评估。根据项目运作方式和付费机制的不同，项目合作期限的规定方式也不同，常见的项目合作期限规定方式包括自合同生效之日起一个固定的期限和分别设置独立的设计建设期间和运营期间，并规定运营期间为自项目开始运营之日起的一个固定期限。实践中应当根据项目的风险分配方案、运作方式、付费机制和具体情况选择合理的项目合作期限规定方式。需要特别注意的是，项目的实际期限还会受制于提前终止的规定。导致项目合作期限结束有两种情形：项目合作期限届满或者项目提前终止。

由于PPP项目的实施周期通常较长，为了确保项目实施的灵活性，PPP项目合同中还可能包括关于延长项目合作期限的条款。

（3）前提条件

前提条件，也叫先决条件，是指PPP项目合同的某些条款生效所必须满足的特定条件。一般情况下，PPP项目合同条款并不会在合同签署时全部生效，其中部分特定条款的生效会有一定的前提条件。只有这些前提条件被满足或者被豁免的情况下，PPP项目合同的全部条款才会生效。如果某一前提条件未能满足且未被豁免，PPP项目合同的有关条款将无法生效，并有可能进一步导致合同终止，未能满足该前提条件的一方将承担合同终止的后果。

需要政府方满足的前提条件一般包括：政府方建立项目协调机构，负责项目组织协调；协助项目公司及时获得项目公司无法获得的相关的批准或事项；为项目审批（核准）和工程建设等相应工作提供便利；将项目的政府付费列入分年度财政预算；双方约定由政府方负责的其他事项。需要项目公司满足的前提条件一般包括：已为项目建设融资的目的签署并向融资方提交所有融资文件；按照合同约定提交相关保函；根据合同的规定购买保险；双方约定由项目公司负责的其他事项。

（4）项目的融资

PPP 项目合同中有关项目融资的规定，通常包括项目的融资方案、项目公司的融资权利和义务、融资文件必具条款、融资方权利以及再融资等内容。

（5）项目用地

PPP 项目合同中的项目用地条款，是在项目实施中涉及的土地方面的权利义务规定，通常包括土地权利的取得、相关费用的承担以及土地使用的权利及限制等内容。

在 PPP 实践中，通常根据政府方和项目公司哪一方更有能力、更有优势承担取得土地的责任的原则，来约定由哪一方负责取得土地。根据 PPP 项目的签约主体和具体情况不同，土地使用权的取得通常包括：由政府方负责提供土地使用权和由政府方协助项目公司获得土地使用权两种方式。由政府方负责提供土地使用权如涉及征地、拆迁和安置，通常由政府方负责完成该土地的征用补偿、拆迁、场地平整、人员安置等工作，并向项目公司提供没有设定他项权利、满足开工条件的净地作为项目用地。如果项目公司完全有权、有能力根据我国法律规定自行取得土地使用权的，则可以考虑由项目公司自行取得土地使用权，但政府方应提供必要的协助。

（6）项目的建设

包含新建或改扩建内容的 PPP 项目，通常采用 BOT、BOO 或 ROT 等运作方式，项目建设是这类 PPP 项目合同的必备条款。有关项目建设的条款通常包括设计和建设两部分内容。

项目的设计一般包括设计范围、设计分工、项目设计要求（设计需遵循的标准、规范等）、设计审查（政府方享有在项目公司负责的设计工作完成前审查设计文件并提出意见的权利）和项目设计责任（由项目公司对其所作出的设计承担全部责任）、设计变更与优化等。

项目的建设一般包括项目建设要求（包括设计、施工、验收标准；建设时间要求；建设管理责任；对项目勘察、设计、施工承包和设备采购的要求等）、项目建设责任（明确政府方和项目公司的建设责任、分工等）、政府方对项目建设的监督和介入。

（7）项目的运营

在 PPP 项目中，项目的运营不仅关系到公共产品或服务的供给效率和质量，而且关系到项目公司的收入，因此对于政府方和项目公司而言都非常关键。有关项目运营的条款通常包括开始运营的时间和条件、运营期间的权利与义务以及政府方和公众对项目运营的监督和介入等内容。

（8）项目的维护

在 PPP 项目合同中，有关项目维护的权利义务规定在很多情况下是与项目运营的有关规定重叠和相关的，通常会与项目运营放在一起统一规定，也可以单列条款。有关项目维护的条款通常会规定项目维护义务和责任以及政府方对项目维护的监督和介入等内容。

（9）股权变更限制

在 PPP 项目中，项目公司虽然是项目的直接实施主体，但项目的实施仍主要依赖于社会资本方自身的资金和技术实力。项目公司自身或其母公司的股权结构发生变化，可能会导致不合适的主体成为 PPP 项目的投资人或实际控制人，进而可能影响项目的实施。鉴于此，为了有效控制项目公司股权结构的变化，在 PPP 项目合同中一般会约定限制股权变更的条款。该条款通常包括股权变更的含义与范围以及股权变更的限制等内容。股权变更的限制通常采用设置锁定期对双方进行约束，锁定期的期限需要根据项目的具体期限进行设置，通常锁定期自合同生效日开始至项目运营日的某一段时间，例如 2 年。

（10）付费机制

付费机制关系 PPP 项目的风险分配和收益回报，是 PPP 项目合同中的核心条款。付费机制分为政府付费模式、使用者付费模式和可行性缺口补助模式。在合同中应明确付费机制的类型。

在付费机制项下，通常要根据相关法律法规规定、结合项目自身特点，设置合理的定价机制、调价机制、服务价格的结算和支付等内容，以明确项目定价的依据、标准，调价的条件、方法和程序，政府付费额的计算、支付程序等。对于使用者付费机制的 PPP 项目，要考虑是否需要设置唯一性条款；对于可行性缺口补助项目，要考虑是否设置保底量。另外，为抑制项目公司可能获得超额利润、保证公共产品或服务效率，合同中还要设置超额利润限制机制条款，如对上级政府给予的各种补助、奖励资金的归属，项目运营过程中产生超额利润的分配等。

（11）履约担保

在大部分 PPP 项目中，政府通常会与专门为此项目新设的、没有任何履约记录的项目公司签约，政府通常会希望项目公司或其承包商、分包商就其履约义务提供一定的担保。履约担保的方式通常包括履约保证金、履约保函以及其他形式的保证等。最为常见、有效的履约担保方式是保函，常见的保函包括：建设期履约保函、运营维护期的履约保函 / 维护保函、移交维修保函。其中，运营维护期的履约保函 / 维护保函由于担保时间最长，占用资金成本高，如果在合同中已经设置了一些保证项目公司按合同履约的机制，项目公司可以不提供此担保。

（12）政府承诺

为了确保 PPP 项目顺利实施，在 PPP 项目合同中通常会包括政府承诺的内容，用以明确约定政府在 PPP 项目实施过程中的主要义务。一般来讲，政府承诺需要同时具备以下两个前提：一是如果没有该政府承诺，会导致项目的效率降低、成本增加甚至无法实施；二是政府有能力控制和承担该义务。

由于 PPP 项目的特点和合作内容各有不同，需要政府承担的义务有可能完全不同。在不同 PPP 项目合同中，政府承诺有可能集中规定在同一条款项下，也有可能散见于不同条款中。实践中，政府常见的承诺包括付费或补助、负责或协助获取项目相关土地权利、提供相关配套设施、办理有关政府审批手续、防止不必要的竞争性项目以及其他承诺等。

（13）保险

保险并不能覆盖项目的所有风险，对于具体项目涉及的具体风险而言，保险也并不一定是最适合的风险应对方式。此外，由于保险是一个复杂而且专业的领域，具体项目需要购买哪些保险还需要根据项目的具体情况来制定保险方案，并参考专业保险顾问的意见。PPP 项目需购买的险种一般包括货物运输保险、建筑工程一切险、安装工程一切险、第三者责任险、财产一切险及其业务中断险、机器故障损坏险及其业务中断险、雇主责任险以及其他通常的、合理的或为本项目融资或适用法律要求的强制性保险。

（14）守法义务及法律变更

PPP 项目合同中的守法义务及法律变更机制，可能会规定在同一条款中，也可能散见于不同条款项下，通常包括以下几部分内容：法律的含义、守法义务、"法律变更"的定义和法律变更的后果。

（15）不可抗力

不可抗力条款是 PPP 项目合同中一个重要的免责条款，用于明确一些双方均不能控制又无过错的事件的范围和后果，通常包括不可抗力的定义和种类以及不可抗力的法律后果两部分内容。

（16）政府方的监督和介入

由于 PPP 项目通常是涉及公共利益的特殊项目，从履行公共管理职能的角度出发，政府需要对项目执行的情况和质量进行必要的监控，甚至在特定情形下，政府有可能临时接管项目。PPP 项目合同中关于政府方的监督和介入机制，通常包括政府方在项目实施过程中的监督权以及政府方在特定情形下对项目的介入权两部分内容。

（17）违约、提前终止及终止后处理机制

违约和提前终止条款是 PPP 项目合同中的重要条款之一，通常会规定违约事件、终止事由以及终止后的处理机制等内容。

（18）项目的移交

项目移交通常是指在项目合作期限结束或者项目合同提前终止后，项目公司将全部项目设施及相关权益以合同约定的条件和程序移交给政府或者政府指定的其他机构。合同起草时应根据具体的项目约定项目移交范围、移交条件和标准。

（19）适用法律及争议解决

该部分约定了适用法律以及合同的争议解决。在 PPP 项目合同中，由于政府方是合同当事人之一，同时 PPP 项目属于基础设施和公共服务领域，涉及社会公共利益，因此在管辖法律的选择上应坚持属地原则，即在我国境内实施的 PPP 项目的合同通常应适用我国法律并按照我国法律进行解释。争议解决方式通常需要双方根据项目的具体情况进行灵活选择。如果项目需要各方的长期合作，应考虑对抗性更低、更利于维护各方关系的争议解决方式。常见的争议解决方式包括友好协商、专家裁决和仲裁。

（20）合同附件

PPP 项目所涉及的合作内容和具体要求通常较为庞杂，一般会在 PPP 项目合同正文之后附加一系列的附件，用以进一步明确合同中涉及的具体技术标准、条件要求、计算公式、文书格式等。

2. 国家发改委发布的《政府和社会资本合作项目通用合同指南（2014年版）》

《政府和社会资本合作项目通用合同指南（2014 年版）》由合同正文和合同附件组成，主要反映合同的一般要求，采用模块化的编写框架，共设置 15 个模块、86 项条款，适用于不同模式合作项目的投融资、建设、运营和服务、移交等阶段，具有较强的通用性。

《政府和社会资本合作项目通用合同指南（2014 年版）》（发改投资〔2014〕2724 号）主要包括以下内容：

（1）总则

总则中包含术语定义和解释、合同背景和目的、声明和保证、合同生效条件、合同构成及优先次序。总则就项目合同全局性事项进行说明和约定，是项目合同的必备篇章。

（2）合同主体

合同主体包含政府主体和社会资本主体，重点明确项目合同各主体资格，并概括性地约定各主体的主要权利和义务，是 PPP 项目合同的必备篇章。

（3）合作关系

包含合作内容、合作期限、排他性约定、合作履约担保。主要约定政府和社会资本合作关系的重要事项，也是 PPP 项目合同的必备篇章。

（4）投资计划及融资方案

包含项目总投资、投资控制责任、融资方案、政府提供的其他投融资支持、投融资监管、投融资违约及其处理。重点约定项目投资规模、投资计划、投资控制、资金筹措、融资条件、投融资监管及违约责任等事项。适用于包含新建、改扩建工程，或政府向社会资本主体转让资产（或股权）的合作项目。

（5）项目前期工作

包含前期工作内容及要求、前期工作任务分担、前期工作经费、政府提供的前期工作支持、前期工作监管、前期工作违约及处理。重点约定合作项目前期工作内容、任务分工、经费承担及违约责任等事项，是 PPP 项目合同的必备篇章。

（6）工程建设

包含政府提供的建设条件、进度、质量、安全及管理要求、建设期的审查和审批事项、工程变更管理、实际投资认定、征地、拆迁和安置、项目验收、工程建设保险、工程保修、建设期监管、建设期违约和处理。重点约定合作项目工程建设条件，进度、质量、安全要求，变更管理，实际投资认定，工程验收，工程保险及违约责任等事项。适用于包含新建、改扩建工程的合作项目。

（7）政府移交资产

包含移交前准备、资产移交、移交违约及处理。重点约定政府向社会资本主体移交资产的准备工作、移交范围和标准、移交程序及违约责任等。适用于包含政府向社会资本主体转让或出租资产的合作项目。

（8）运营和服务

包含政府提供的外部条件、试运营和正式运营、运营服务标准、运营服务要求变更、运营维护与修理、更新改造和追加投资、主副产品的权属、项目运营服务计量、运营期的特别补偿、运营期保险、运营期政府监管、运营支出、运营期违约事项和处理。重点约定合作项目运营的外部条件、运营服务标准和要求、更新改造及追加投资、服务计量、运营期保险、政府监管、运营支出及违约责任等事项。适用于包含项目运营环节的合作项目。

（9）社会资本主体移交项目

包含项目移交前过渡期、项目移交、移交质量保证、项目移交违约及处理。重点约定社会资本主体向政府移交项目的过渡期、移交范围和标准、移交程序、质量保证及违约责任等。适用于包含社会资本主体向政府移交项目的合作项目。

（10）收入和回报

包含项目运营收入、服务价格及调整、特殊项目收入、财务监管、违约事项及其处理。此部分内容重点约定合作项目收入、价格确定和调整、财务监管及违约责任等事项，是项目合同的必备篇章。

（11）不可抗力和法律变更

包含不可抗力事件、不可抗力事件的认定和评估、不可抗力事件发生期间各方权利和义务、不可抗力事件的处理、法律变更。此部分内容重点约定不可抗力事件和法律变更的处理事项，是项目合同的必备篇章。

（12）合同解除

包含合同解除的事由、合同解除程序、合同解除的财务安排、合同解除后的项目移交、合同解除的其他约定，是项目合同的必备篇章。

（13）违约处理

包含违约行为认定、违约责任承担方式、违约行为处理、其他部分关于违约的未约定事项，在这一部分中予以约定；也可将关于违约的各种约定在这一部分集中明确，是项目合同的必备篇章。

（14）争议解决

包含争议解决方式、争议期间的合同履行，这一部分重点约定争议解决方式，是项目合同的必备篇章。

（15）其他约定

包含合同变更与修订、合同的转让、保密、信息披露、廉政和反腐、不弃权、通知、合同适用法律、适用语言、适用货币、合同份数、合同附件。这一部分约定项目合同的其他未尽事项，为项目合同的必备篇章。

3. 两个合同指南的比较

（1）结构体系不尽相同

财政部《PPP项目合同指南（试行）》除了对"第二章 PPP项目合同的主要内容"分21节进行规范，还有三章分别介绍了"PPP项目主要参与方、PPP项目合同体系"、"不同付费机制下的核心要素"、"不同行业下的特定条款"。国家发改委《政府和社会资本合作项目通用合同指南（2014年版）》仅对PPP项目合同的主要内容予以大纲性的规定。《PPP项目合同指南（试行）》全文61000余字，《政府和社会资本合作项目通用合同指南（2014年版）》全文12000余字。《PPP项目合同指南（试行）》的篇幅是《政府和社会资本合作项目通用合同指南（2014年版）》的5倍多。篇幅多了，内容就相应多。财政部《PPP项目合同指南（试行）》还图文并茂，用了两张图，分别清晰地显示出PPP的项目合同体系和分层级的使用量付费机制，更容易让人理解。

（2）可操作性程度不同

虽然财政部《PPP项目合同指南（试行）》与国家发改委《政府和社会资本合作项

目通用合同指南(2014 年版)》所阐述的 PPP 项目合同的主要内容和核心条款基本相同，可以看出两部委对 PPP 项目合同的主要内容认识是比较一致的，但国家发展和改革委员会是大纲式地提出 PPP 项目合同所需具备的要点内容，而财政部则是对各项要点内容进行进一步细化和补充，从战略层面进一步细化到战术层面，操作性更强。

（3）对项目参与方的规定不尽相同

财政部《PPP 项目合同指南（试行）》除了对政府方和社会资本方予以规定外，还对 PPP 项目的其他参与方，如融资方、承包商和分包商、原料供应商、专业运营商、保险公司以及专业机构等予以规定。并特别指出"在 PPP 项目中，除项目合同外，项目公司的股东之间，项目公司与项目的融资方、承包商、专业运营商、原料供应商、产品或服务购买方、保险公司等其他参与方之间，还会围绕 PPP 项目合作订立一系列合同来确立和调整彼此之间的权利义务关系，共同构成 PPP 项目的合同体系。PPP 项目合同是整个合同体系的基础和核心。"在发改委《政府和社会资本合作项目通用合同指南（2014 年版）》中，在其第二章合同主体中仅规定政府方和社会资本方。

（4）对通用性与特殊性的兼顾不尽相同

财政部《PPP 项目合同指南（试行）》除了在第二章 PPP 项目合同的主要内容对 PPP 项目合同的通用性作了规定外，还分两章，即第三章不同付费机制下的核心要素和第四章不同行业下的特定条款，从政府付费、使用者付费和可行性缺口补助三种付费机制及公共交通项目、公用设施项目、社会公共服务项目三类行业领域，详细剖析不同类型 PPP 项目的核心要素和特定条款，同时兼顾通用性与特殊性。但是国家发改委《政府和社会资本合作项目通用合同指南（2014 年版）》，在兼顾特殊性上，稍弱一些，且强调"原则上，所有模式项目合同的正文都应包含 10 个通用模块：总则、合同主体、合作关系、项目前期工作、收入和回报、不可抗力和法律变更、合同解除、违约处理、争议解决，以及其他约定。"

三、PPP 项目合同的关键条款

PPP 项目合同涉及范围广，条款多。其主要边界条件将对其他合同的制定与谈判产生重要影响。在我国实施过的 PPP 项目中，很多失败的案例都是因为合同中关键条款的制定或者合同的实施出现问题，导致项目最终失败。所以关注 PPP 项目合同关键条款的制定，是保障 PPP 项目实施的前提条件。

1. 产品或服务定价

PPP 项目的产品或服务价格是指项目公司将 PPP 项目的产品或提供的服务出售给

政府（公用事业管理部门）或消费者的价格。PPP项目生产的产品通常先由政府的公用事业部门购买再转卖给最终消费者，如电力、自来水等；而部分PPP项目直接向产品或服务消费者收取费用，如收费公路等。产品或服务定价关系到项目公司的收入，也关系到使用者与支付者的性价比，所以PPP项目产品或服务定价是合同中的关键条款。在PPP项目招标实践中通常采用先由政府部门确定一个特许期，再由投标人提出报价方案，最后通过一定的价格机制形成PPP项目的价格方案。合理的PPP产品或服务定价应满足以下条件。

（1）从产品或服务消费者的角度出发，PPP项目产品或服务价格水平应该合理，不应该使消费者负担过重。PPP项目主要适用于基础设施建设，而基础设施所提供的服务与其他行业的不同之处在于其服务性质大于盈利性质。这些基础设施一般为社会急需项目，具有一定的垄断性，其收费价格水平直接影响社会总体价格水平的高低。如果特许期内选择高价格产品，而特许期满后选择低价格，会造成不同阶段用户的支付费用不同，将产生社会公平问题。所以PPP项目的产品或服务价格的确定不能单纯满足项目本身的经济效益和投资者的个人利益，还必须注意其公益性和社会性，这就是PPP项目产品或服务价格的利益限制。所以，政府通常会采取手段，在签订PPP项目时，规定项目的产品不得超过政府规定的最高限价，即价格管制。

（2）在确定项目产品或服务价格时，应考虑通货膨胀、资本市场利率变化趋势、项目债务和股本比例等因素；同时，应综合评价，使社会资本不会获得暴利，也不至于因为非运营等因素而严重亏损；然后，确定PPP项目产品或服务收费的初期价格及年度（或阶段）调整价格。

2. 合作期限

关于项目合作期限，有两方面的问题要注意。

一是项目合作期限的确定。PPP项目合作期限（特许期限）并没有一个统一的规定。有些行业有具体的规定，比如国务院《收费公路管理条例》对收费公路的收费期限的上限进行了规定；发展改革委《基础设施和公用事业特许经营管理办法》规定特许期限不超过30年（根据项目情况可以适当延长）。至于特许期限的下限，暂未见明确规定。财政部在2015年要求报送第二批PPP示范项目中，要求项目期限不得低于10年。因此，一般认为，PPP项目的特许期限在10～30年之间。根据财政部《PPP项目合同指南（试行）》，特许期的确定需要综合考虑以下因素：政府所需要的公共产品或服务的供给期间；项目资产的经济生命周期以及重要的整修时点；项目资产的技术生命周期；项目的投资回收期；项目设计和建设期间的长短；财政承受能力；现行法律法规关于项目合作期限的规定。

二是合同期限的规定。项目合同期限规定有两种方式：第一种方式是自合同生效之日起一个固定的期限，由于 PPP 项目合同一般是三方合同，即确定中选社会资本后，先由政府方与中选社会资本签订合同，项目公司成立后，再由项目公司签署承继合同，此时要注意明确合同生效是始于社会资本签署合同之日还是项目公司签署合同之日；第二种方式是分别设置独立的建设期间和运营期间，并规定运营期间为自项目开始运营之日起的一个固定期限。此方式下容易产生纠纷的地方在于，当出现工期延误，需要判断是否属于合意约定的延长期限情形，在合同中应予明确约定。此方式下合作期限设置方式不同，完工风险承担主体也不同，第四章第二节已有叙述，不再赘述。

3. 政府承诺

在 PPP 项目合同中，政府通常会做出某些优惠和便利方面的承诺，以鼓励投资者。政府的承诺也是吸引社会资本方的关键因素。

（1）付费或补助

在采用政府付费机制的项目中，政府按项目的可用性、使用量或绩效付费是项目的主要回报机制；在采用可行性缺口补助机制的项目中，也需要政府提供一定程度的补助。对于上述两类项目，按照合同约定的时间和金额付费或提供补助是政府的主要义务。合同中除了明确政府应该支付的产品或服务定价，还应该明确政府所承诺的补贴数量。例如，天津双港垃圾焚烧发电厂就由于政府没有明确定义应补贴的数量，导致合同执行失败。

在一些供电、供气等能源类项目中，可能会设置"照付不议"的付费安排，即政府在项目合同中承诺一个最低采购量，如果项目公司按照该最低采购量供应有关能源，并且不存在项目公司违约等情形，不论政府是否需要采购有关能源，其均应按照上述最低采购量付费。

（2）负责或协助获取项目土地权利

在一些 PPP 项目合同中，根据作为一方签约主体的政府方的职权范围以及项目的具体情形不同，政府方有可能会承诺提供项目有关土地的使用权或者为项目公司取得相关土地权利提供必要的协助。项目公司在取得项目用地时，可能涉及的土地费用包括土地出让金、土地补偿费、安置补助费、地上附着物和青苗补偿费、土地恢复平整费用以及临时使用土地补偿费等。对于上述费用的承担责任和比例，应在 PPP 项目合同中明确。若约定由政府方承担，则作为政府配套投入，不计入政府付费或可行性缺口补助范围；若约定由项目公司承担，则应计入项目公司总投资，并计取合理回报。

（3）提供相关设施

一些 PPP 项目的运营，除项目本身外，往往还依赖于相关配套设施，如城市污水处理项目需要配套管网收集污水，垃圾焚烧发电项目需要垃圾收运系统，还需要建设电力机组接入系统。这些配套设施往往无法由项目公司单独完成，或适宜由政府完成，如果由政府负责这些配套设施建设，则政府需在PPP项目合同中就完成配套设施的时间、要求等作出承诺。

（4）办理有关政府审批手续

通常PPP项目的设计、建设、运营等工作需要获得政府的相关审批后才能实施。为了提高项目实施效率，一些PPP项目合同中，政府方可能会承诺协助项目公司获得有关的政府审批。尤其是对于那些项目公司无法自行获得或者由政府方办理会更为便利的审批，甚至可能会直接规定由政府方负责办理并提供合法有效的审批文件。但政府承诺的具体审批范围以及承诺的方式，需要根据法律法规的有关规定、项目具体情况以及获得相关审批的难易程度等作具体分析。

（5）防止不必要的竞争性项目

在采用使用者付费机制的项目中，项目公司需要通过从项目最终用户处收费，以回收投资并获取收益，因此必须确保有足够的最终用户会使用该项目设施并支付费用。鉴于此，在这类项目的PPP项目合同中，通常会规定政府方有义务防止不必要的竞争性项目，即通常所说的唯一性条款。例如，在杭州湾跨海大桥项目和福建泉州刺桐大桥项目中，都因为出现竞争性项目，导致项目运营困难。所以，一般在使用者付费项目中，政府通常承诺在一定年限内、在该PPP项目附近一定区域内政府不再审批其他竞争性项目。

4. 风险分配

PPP项目充分发挥合作各方的长处，也采用风险共担的原则进行风险分配，让更有能力的一方承担风险。在我国实行的众多PPP项目中，许多PPP项目失败的原因在于对某些风险分担责任缺乏约定或约定不清。根据相关案例分析，在以下风险中最容易导致项目失败：法律变更风险、审批延误风险、政治决策/冗长风险、政治反对风险、政府信用风险、不可抗力风险、融资风险、市场收益不足风险、项目唯一性风险、配套设施服务提供风险、市场需求变化风险、收费变更风险等，如若合同条款没有针对这些风险的应对制定相应措施，将会导致在项目实施过程中，风险发生时，出现应对措施不足、承担责任不清、互相推诿甚至扯皮等问题，最终可能导致项目失败。所以，有关风险分配的条款是PPP项目合同中的关键条款。

5. 超额收益分配

政府与社会资本合作，在有政府方占股的情况下，如何分配收益也是合作双方相当关注的因素。一般而言,在 PPP 项目前期阶段,合作各方会对项目收益作出合理预测,并就项目收益分配进行协商,并在合同中明确收益分配方式,如按股权比例进行分配,或有些可行性缺口补助项目,政府约定不参与分红等。而在项目运营过程中,由于科技发展、技术进步等原因,项目可能产生一些在合同签订时无法预期的超额收益。如果合同中没有对超额收益分配作出约定,则可能产生纠纷。因此,在 PPP 项目合同中,应针对项目将来可能产生的超额收益,结合投资比例、风险分担、投资各方的努力程度以及各方的监督力度等,就政府方是否参与分配、分配比例、分配方式等进行约定。

6. 项目资产权属

在 PPP 项目合同中,应明确合作各阶段项目有形及无形资产的所有权、使用权、收益权、处置权的归属,以便项目在移交或者被接管时,资产移交顺利。在财政部印发的《PPP 项目合同指南(试行)》(财金〔2014〕156 号)中对此没有明确的概念描述,发改委印发的《政府和社会资本合作项目通用合同指南》(发改投资〔2014〕2724 号)中第八条第 5 项定义"项目资产权属是指明确合作各阶段项目有形及无形资产的所有权、使用权、收益权、处置权的归属。项目资产主要包括土地和土地上的附着物、设施设备等"。

PPP 项目用地一般都是划拨土地,不管是划拨还是出让,通常应明确未经政府批准,项目公司不得将该项目涉及的土地使用权转让给第三方或用于该项目以外的其他用途。采用 BOT 模式运作的 PPP 项目,项目公司不拥有项目资产所有权,只拥有特许经营权。项目土地附着物、建(构)筑物、设施及设备等产权(所有权)属于政府方,在特许经营期内由项目公司使用,期满后即由项目公司无偿移交给政府或政府指定的单位。同时,在项目经营期间获得的各类知识产权通常也明确附随整体项目移交政府方。在 BOOT 模式下,社会资本则拥有资产所有权。

特殊资产权属的确定:"铁路、公路、电力设施、电信设施和油气管道等基础设施,依照法律规定为国家所有的,属于国家所有。"铁路方面,《关于创新重点领域投融资机制鼓励社会投资的指导意见》(国发〔2013〕33 号),提出向地方政府和社会资本放开城际铁路、市域(郊)铁路、资源开发性铁路和支线铁路的所有权、经营权。《关于进一步鼓励和扩大社会资本投资建设铁路的实施意见》(发改基础〔2015〕1610 号),标志着国内铁路经营权、所有权向社会资本的全面放开。公路方面,《公路法》并未界定资产权属;电力设施、电信设施和油气管道等基础设施的资产权属在法律上也缺乏明文规定。一般实践中往往采取约定或者依基础设施的公益性而直接确定为政府所有的方式。

7. 衔接边界

衔接边界主要包括应急处置、临时接管和提前终止、合同变更、合同展期、项目新增改扩建需求等应对措施，这些方面的约定是减少合同纠纷的关键因素。

（1）应急处置、临时接管和提前终止。该三项内容实质上是出于维护社会公共利益的需要而实施的一种政府介入机制，在项目合同中应明确约定介入机制，并区分在项目公司违约和未违约两种情形下的具体情况，特别明确政府介入后的法律后果。

（2）项目合同变更、展期、新增改扩建。该三项内容实质上都是合同的变更。在具体设置时应详细明确以下几个方面：1）变更触发条件，如因政策或外部环境发生重大变化，需要变更运营服务标准等。2）变更程序，包括变更提出、评估、批准、认定等。3）新增投资和运营费用的承担责任。4）各方利益调整方法或处理措施。

鉴于 PPP 项目的合作周期通常较长，在合同订立时既要充分考虑项目合作周期内的实际需求，保证合同内容的完整性和相对稳定性，也要合理设置一些关于期限变更（展期和提前终止）、内容变更（产出标准调整、价格调整等）、主体变更（合同转让）的灵活调整机制，为未来可能长达 20 ～ 30 年的合同执行期预留调整和变更空间。

第二篇

评价篇

第一章 PPP 项目财务评价

PPP 项目参与主体多、利益分配复杂，并且需要满足社会资本投资回报的要求。项目是否应该采用 PPP 模式、采用 PPP 模式对社会资本是否有足够的吸引力、项目实施的经济效益如何等，都需要通过对项目进行财务评价才能明晰。因此，PPP 项目进行财务评价是 PPP 项目识别和准备等决策阶段的重要工作。PPP 项目的主要参与者是政府和社会资本，从两者各自角度出发进行财务评价的关注点不同。从政府角度，PPP 项目财务评价多用于产品或服务价格测算、政府补贴数额计算等，而社会资本主要关注项目盈利能力、项目可行性等方面。

第一节　PPP 项目财务评价概述

一、PPP 项目财务评价内涵与原则

1. PPP 项目财务评价内涵

建设项目经济评价是指根据国民经济和社会发展以及行业、地区发展规划的要求，在项目初步方案的基础上，采用科学的分析方法，对拟建项目的财务可行性和经济合理性进行分析论证，为项目的科学决策提供经济方面的依据。对财务可行性的论证即是对项目的财务评价，它是项目经济评价的重要组成部分。

项目的财务评价是根据国家现行财税制度和价格体系，分析项目产生的财务效益和计算其直接发生的费用，编制财务报表，计算评价指标，考察项目盈利能力、清偿能力以及外汇平衡等财务状况，据以判别项目财务可行性。财务评价重点考察财务可行性，要求经过专业的数据搜集与筛选，以得到准确可靠的分析结果。

由于 PPP 项目的特殊性，对该类项目的财务评价既涉及政府投资项目财务评价的特性，要求财务评价能够实现较准确的财务分析，进而保障公众权益，优化利益分配结构；同时，PPP 项目是政府通过社会资本提供公共产品/服务的一类项目，因此其财务评价还应重点关注对该类产品/服务的价格进行分析，防止社会资本出现超额利润

损害公共福利的情况。

具体来讲，PPP项目财务评价目的在于根据国民经济与社会发展战略和行业、地区发展规划的要求，在做好产品/服务市场需求预测及厂址选择、工艺技术选择等工程技术研究的基础上，计算项目的效益和费用，通过多方案比较，对拟建项目的财务可行性和经济合理性进行论证，做出全面的经济评价，为项目的科学决策提供依据。主要有以下几方面作用：

（1）前期论证的重要组成部分

PPP项目前期论证是在项目投资决策前，对项目建设的必要性和项目备选方案的工艺技术、运行条件、财务能力、环境与社会等方面进行全面的分析论证和评价工作。前期论证工作主要是编制项目建议书、PPP项目实施方案及可行性研究报告等，而财务评价是PPP项目前期论证诸多内容中的重要内容和有机组成部分。

（2）提供投资决策依据

在完成项目初步实施方案的基础上，采用科学的分析方法，通过计算项目净现值、财务内部收益率等指标判断项目的可行性。并且，对于政府付费项目，可通过财务评价明确政府支出额度；对于可行性缺口补助项目，财务评价可实现对可行性缺口补助数额或范围的确定；对于使用者付费项目，财务评价可以确定使用者付费数额或根据既定的使用者付费价格测算特许经营期。同时，财务评价也是物有所值和财政承受能力论证的基础和依据。

（3）加深各利益方对项目认识

PPP项目各参与方根据自身所掌握的技术与资料，根据一定的原则进行财务评价，可以使各参与者对项目总投资、运营成本、各融资方案的融资成本、收入来源情况、项目现金流量情况、项目盈利能力与偿债能力、政府合理补贴推算、盈亏平衡及风险分配状况等方面有较深入的认识，为PPP项目的实施奠定良好基础。

（4）项目优化系统的重要组成部分

PPP项目前期阶段要做技术、财务、环境、社会及生态影响分析论证，每一类分析都可能影响投资决策。财务评价只是项目评价的一项重要内容，不能指望由财务评价解决所有问题。同理，对于财务评价，决策者也不能只通过一种指标（如内部收益率）就能判断项目在财务上是否可行，而应同时考虑多种影响因素和多个指标的选择，并把这些影响和指标相互协调起来，才能实现项目系统优化，并进行项目实施最终决策。

2.财务评价应遵循的基本原则

PPP项目财务评价同一般项目财务评价一样，需要遵循一定的原则，以保证财务评价具有真实的指导作用。

（1）"有无对比"原则

"有无对比"是指"有项目"相对于"无项目"的对比分析。"无项目"状态是指不对该项目进行投资或不采用 PPP 模式时，在计算期内，与项目有关的资产、费用与收益的预计情况。"有项目"状态是指对该项目进行投资后，在计算期内，资产、费用与收益的预计情况。"有无对比"排除了项目实施以前各种条件的影响，重在突出项目活动的效果。

（2）效益与费用计算口径一致原则

将效益与费用限定在同一个范围才有可能进行比较，计算的净效益才是项目投入的真实回报。只要是与取得收益相关的费用都应纳入费用核算体系，只要是因所花费的费用而取得的回报与效益都应纳入效益核算体系。实际中往往很难明确项目的边界，必须要界定清楚项目范围与产出以及各参与者的目标。

（3）收益与风险权衡的原则

投资人关心的是效益指标，但是，对于可能给项目带来风险的因素可能考虑得不全面，对风险可能造成的损失估计不足，结果往往可能造成项目失败。PPP 项目的实施是以长期合作为基础，风险分配直接关系到项目后期能否持续，而风险分配中收益与风险对等的分配原则也是 PPP 项目风险分配的重要原则。收益与风险权衡的原则提示投资者，在进行投资决策时，不仅要看到效益，也要关注风险，权衡得失利弊后再进行决策。

（4）定量分析与定性分析相结合，以定量分析为主原则

PPP 项目财务评价的本质就是对拟建项目在整个计算期的经济活动，通过效益与费用的计算，对项目经济效益进行分析和比较。一般来说，PPP 项目财务评价要求采用定量指标，但对一些不能量化的经济因素，不能直接进行数量分析的，要求进行定性分析，并与定量分析结合起来进行评价。

（5）动态分析与静态分析相结合，以动态分析为主原则

所谓动态分析是指利用资金时间价值的原理对现金流量进行折现分析。静态分析是指不对现金流量进行折现分析。而项目财务评价的核心是折现，所以分析评价要以动态指标为主。静态指标与一般的财务和经济指标内涵基本相同，比较直观，但是只能作为辅助指标。

二、PPP 项目财务评价影响要素

与任何一方面的评价分析一样，项目财务评价也必然涉及一些基本的影响要素，它们直接影响到项目财务评价的结果和置信度。其中最主要的包括如下几个要素。

1. 项目计算期

项目计算期是指财务评价中为进行动态分析所设定的期限。PPP项目计算期一般包括项目建设期和运营期，其中项目运营期又包括试运营阶段和达产阶段。项目计算期应根据多种因素综合确定，包括行业特点、项目性质及设备的经济寿命等。

一般来讲，项目计算期的长短主要取决于项目本身特性，因此无法对项目计算期做出统一规定。计算期不宜定得太长，一方面是因为按照现金流折现的方法，把后期的净收益折为现值的数值相对较小，很难对财务评价结论产生决定性的影响；另一方面由于时间越长，预测的数据越不准确。对PPP项目而言，一般取特许经营期为项目计算期，并且计算期应以年为时间单位。由于折现评价指标受计算期的影响，对需要比较的项目或方案应取相同的计算期。

2. 项目范围界定

项目范围就是项目所包括的工作和经济活动内容，也是计算项目收益和费用的主要依据，项目投资大小和项目的运营维护费用都取决于项目的范围。在进行项目财务评价时，各参与主体的工作范围与投资范围往往并不完全一致，需要对范围加以界定，将投资范围与工作范围划分清楚，财务评价关注的是项目的投资范围。

3. 现金流折现方法

在项目现金流量的折现计算中，折现方法的选择也会影响项目财务可行性的结果。比如各年现金支出按照年末法（即项目各年现金收支均按照年末发生计算）还是年初法（即项目各年现金收支均按照年初发生计算）就会直接影响项目财务可行性评价。折现方法的选取需要综合项目拟定的实施方案及投融资情况加以确定。

4. 所采用的价格体系

项目投入物和产出物的价格，是影响方案比选和财务评价结果最重要的因素之一。项目评价都是对未来活动的估计，投入和产出都在未来一段时间发生，所以要采用预测价格对费用效益进行估算。

项目的财务分析应采用以市场价格体系为基础的预测价格。影响市场价格的因素很多，也很复杂，但归纳起来主要有相对价格变化和绝对价格变化。在市场经济条件下，货物的价格因地而异，因时而变，要准确预测货物在项目计算期中的价格是很困难的。在不影响评价结论的前提下，可采取简化办法：

（1）对建设期的投入物，由于需要预测的年限较短，可既考虑相对价格变化，又考虑价格总水平变动；又由于建设期投入物品种繁多，分类预测难度大，并且可能增加不确定性，因此，在实践中以涨价预备费的形式综合计算。

（2）对运营期的投入物价格，由于运营期比较长，在前期研究阶段对将来的物价上涨水平较难预测，预测结果的可靠性也难以保证，因此一般只预测到运营期初价格，运营期各年采用统一不变的价格。对于运营期产出物价格，由于 PPP 项目性质不同造成收益来源与方式的差异。对于政府付费项目，项目产品／服务价格根据市场情况以及政府承受能力等设定；对于使用者付费项目，项目产品／服务价格依据公众可承受能力及市场基准价设定；对于可行性缺口补助项目，项目产品／服务价格依据市场情况、财务基准收益率和超额利润限制等设定。PPP 项目产品／服务的价格与定价机制和调价机制密切相关。

5. 税费问题

项目财务评价要求评价人员熟悉各项相关税收政策，以便正确计算各种税费，提高预算准确性。建设项目主要涉及的税收有城市建设维护税、教育附加税、地方教育费附加税、增值税及所得税等。由于 PPP 项目多数具有公共性质，因此，关于 PPP 项目的税收优惠也较多，比如关于可再生能源项目，可享有增值税即征即退、所得税"三免三减半"等税收优惠，评价之前需要对所评价项目涉及的税收政策文件加以研究。

6. 利率与汇率

利率分为固定利率和浮动利率，应在计算时区别对待。利率直接与建设期利息、借款还款计划、流动资金及短期借款利息等密切相关。同时，利率根据融资渠道的不同也有差异，并且针对某些 PPP 项目可以争取世行低息贷款及国家贴息等优惠政策；对于有汇率风险的项目，要充分考虑汇率对项目的影响，比如涉及设备进口的项目。如项目产品／服务是销往国外，则要特别注意外汇平衡分析，防止因汇率波动带来项目失败。

7. 财务基准收益率设定

基准收益率是项目财务内部收益率指标的基准和判据，也是用作计算财务净现值的折现率。财务基准收益率设定的基本思路是：对于产出物由政府定价的项目，其财务基准收益率根据政府政策导向确定；对于产出物由市场定价的项目，其财务基准收益率根据资金成本和风险收益由投资者自行确定。如果有行业发布的本行业的基准收益率，即以其作为财务基准收益率，如果没有行业规定，可由评价人员根据社会资本无风险收益率，考虑政策目标与行业特性等因素加以设定。

一般情况下，政府对多数采用 PPP 模式的公共项目的产品 / 服务价格实行控制与干预，因而在非市场定价行业的行业基准收益率是对政府投资收益要求的上限，政府投资这类项目主要目的是履行政府职能、提供公共服务，而不是为了获取更大的投资收益。社会资本参与 PPP 项目更关心政府对这类项目的支持或优惠措施，以及投资者的权益投资收益率的大小。

权益投资收益率可采用投资者的最低要求财务收益率作为判据。项目最低要求财务收益率由投资者自行确定。投资者可以在应用前述方法确定财务基准收益率的基础上，根据自身发展战略、经营策略、项目目标、投资收益的期望及机会成本等因素确定具体项目的最低要求财务收益率，作为项目的基准收益率。

三、PPP 项目财务评价方法

项目财务评价主要采用现金流量分析、静态和动态获利性分析以及财务报表分析等方法。

1. 项目现金流量分析

PPP 项目现金流量分析是以 PPP 项目作为一个独立系统，反映项目在建设期和运营期内各年流入和流出的现金活动，即 PPP 项目开始筹备起至项目移交完毕各年现金流入与流出的数量。在项目经济评价前，必须尽可能准确估计出切合实际的各项现金流入和现金流出的数量，做好财务和经济效益预测工作，这是财务评价的基础和起点。

当对某一 PPP 项目进行现金流量分析时，首先需要画出能较为直观地表示现金流量的现金流量图，现金流量图是反映工程项目在整个计算期内各时间点上的现金流入和现金流出状态的图解。其次，还要绘制该工程项目从开始建设到移交给政府的累计现金流量图。累计现金流量图是基于各期末净现金流量现金流入与现金流出的代数和的累计值进行绘制，此后将各值在各时间点上表示出来，也就是把项目研究周期内将要发生的现金流量作出预计与预算（包括建设期各年发生的投资和投产以后的历年的销售收入和费用支出，以及项目移交时政府可能给付的回购值），使分析计算者对项目在整个研究周期上的现金收支一目了然。

2. 静态和动态获利性分析

静态分析方法是一种简易分析法，是在不考虑资金的时间价值前提下，对项目或方案的经济效益进行的经济计算与度量。计算特点：一是没考虑资金的时间价值，所采用的期间资金流量是当年的数值，而不是折现值。具体来说，在 PPP 项目建设期，将其施工过程中的物料消耗、人工支出等每月的现金流出作为计算区间的现金净流出；在项目建成后的运营阶段，将每月的收入扣除运营成本后的现金收入作为现金净流入，这些净现金流量都是实际收支数，不按照有关利率去折现。

二是计算现金流量时，只选择某一个典型年份（通常取年平均值），而不反映项目开始建设到移交期的现金流量。静态分析指标包括静态投资回收期、投资利润率、投资利税率和资本金利润率等。由于它没有考虑资金时间价值，因而仅仅适用于利率水平较低的地方，通常作为项目投资财务效益分析的辅助指标。

动态分析法是采用折现现金流量的分析方法，主要指标是动态投资回收期、财务净现值、财务内部收益率等。计算特点：一是考虑资金的时间价值，根据资金占用时间的长短，按照指定折现率计算资金的实际价值；二是计算项目从识别阶段到移交阶段整个实施周期内总收益，能如实反映资金实际运行情况和全面体现项目整个寿命期内的经济活动和经济效益，从而能正确地对项目财务作出符合实际的评价。动态分析考虑了资金的时间价值，因而比静态分析更加科学和准确，在对 PPP 项目进行财务评价时采用动态分析方法。

3. 财务报表分析

财务报表分析是根据项目范围、财务条件及国家有关财税制度和条例规定，把 PPP 项目在建设期内的全部投资和建成运营后的运营成本与收益，逐年进行计算和平衡，用报表格式来反映。通过财务报表分析，可以预计 PPP 项目从开始建设到移交为止各年的利润和资金盈亏情况，进而选择合适的资金筹措方案，制定资金筹措及偿还计划，进行项目盈利能力分析、偿债能力分析及财务生存能力分析等。

PPP 项目财务报表分析列项包括财务评价的辅助报表和基本报表两大类。其中，辅助报表包括：投资估算表、建设期利息计算表、流动资金估算表、投资计划与资金筹措表、主要投入物使用价格依据表、工资及福利估算表、外购原材料及燃料动力费用估算表、固定资产折旧费估算表、无形及递延资产摊销费估算表、总成本费用估算表、营业收入和销售税金及附加估算表、借款还本付息计算表；基本报表包括：项目投资现金流量表、利润与利润分配表、财务计划现金流量表、资产负债表、外汇平衡表等。

辅助报表与基础报表之间的数据流向如图 2-1-1 所示。

四、PPP 项目财务评价程序

对 PPP 项目进行财务评价，主要是利用有关基础数据，整理基本财务报表，计算

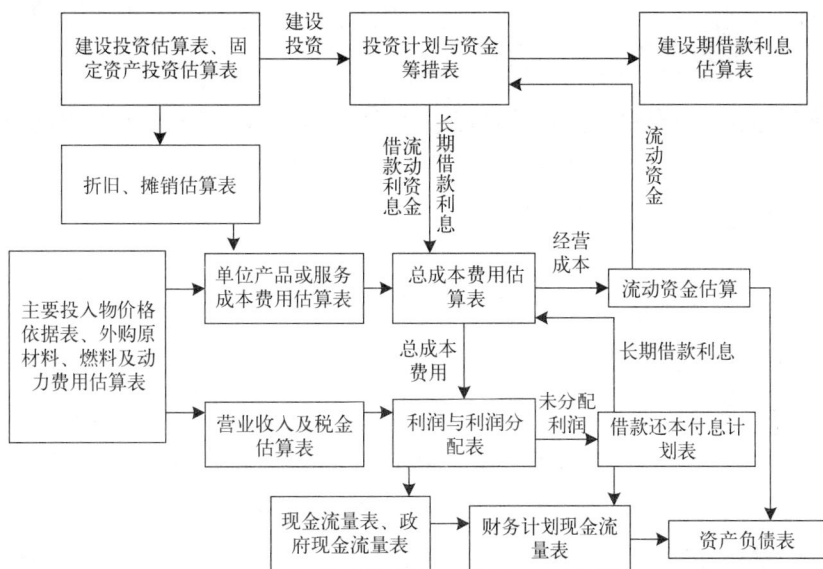

图2-1-1 财务报表间的数据关系

财务评价指标和各项财务比率，进行财务分析和评价。此过程大致可分为五个步骤，如图 2-1-2 所示。

图2-1-2 财务评价程序

1. 财务评价前准备

首先，在对拟投资工程项目总体概况充分了解和对市场、环境、技术方案充分调查与掌握的基础上，预测财务基础数据，编制财务评价的部分辅助报表。通过项目市场调查预测分析、技术与投资方案分析，确定PPP项目主要边界条件和合理的投入规模，初步拟定大型设备选型、工程技术方案和资金投入方案及项目实施进度计划等，据此进行财务预测，获得项目投资、施工成本、工程收入和利润等一系列财务基础数据。

其次，要充分理解项目范围与投资范围的划分情况，并且熟悉相关政策文件，了解项目所在行业特性，做好项目实地调查，认真学习类似PPP项目财务评价经验，聘请专业评价人员开展相关工作。从而为后期的财务效益费用估算以及财务分析打好基础。

2. 财务效益与费用估算

项目财务效益与项目目标有直接关系，项目目标不同，财务效益包含的内容不同，所花费的财务费用也不同。根据项目可经营性以及收益是否实现投资成本的全覆盖，PPP 项目可划分为经营性项目、准经营性项目及非经营性项目，不同类型项目的财务效益来源不同。

对于经营性 PPP 项目，项目目标是通过销售产品或提供服务实现盈利，其财务效益主要是指所获取的营业收入。对于一些国家鼓励发展的项目，可以获得增值税优惠，按照相关会计及税收制度，先征后返的增值税应记作补贴收入，作为财务效益进行核算。

对于提供准公共产品或服务的项目，如市政公用设施、交通、电力项目等，其产出价格往往受到政府管制，营业收入可能基本满足或不能满足补偿成本的要求，需要在政府提供补贴的情况下才具有财务生存能力。因此，该类项目的财务效益包括营业收入和补贴收入，而补贴收入具体数额通常是依据财务评价测算而来。

对于以提供公共产品或以保护环境等为目标的非经营性项目，往往没有直接的营业收入，也就没有直接的财务效益，这类项目需要全部通过政府付费获得收益，补贴计算除了考虑收回投资，还要给予社会资本合理收益，以实现良好的合作。

财务效益与费用是财务分析的重要基础，其估算的准确性与可靠程度直接影响财务分析结论。

3. 财务分析

财务分析是在财务效益与费用估算以及编制财务辅助报表的基础上，编制基础财务报表，计算财务分析指标，考察和分析项目的盈利能力、偿债能力和财务生存能力，判断项目的财务可行性，明确项目对财务主体的价值以及对投资者的贡献。项目决策可分为投资决策和融资决策两个层次，一般投资决策在先，融资决策在后，而根据不同决策的需要，财务分析可分为融资前分析和融资后分析。

融资前分析是指在考虑融资方案前就可以开始进行的财务分析，即不考虑债务融资条件下进行的财务分析，一般只进行盈利能力分析，并以项目投资折现现金流量分析为主。在融资前分析结论满足要求的情况下，初步设定融资方案，再进行融资后分析。融资后分析是指以设定的融资方案为基础进行的财务分析，主要是针对项目资本金折现现金流量和投资各方折现现金流量进行分析，既包括盈利能力分析，还包括偿债能力分析和财务生存能力分析等内容。PPP 项目财务评价时要先分析项目现金流入流出情况，进行融资前分析。在融资前分析满足要求，得出项目可行之后，根据拟定的融资方案进行融资后分析。

4. 不确定性分析

同一般项目一样，PPP项目财务评价所采用的基本变量都是对未来的预测和假设，因而具有不确定性。通过对拟建项目具有较大影响的不确定性因素进行分析，计算基本变量的增减变化引起项目财务或经济效益指标的变化，找出最敏感的因素及其临界点，预测项目可能承担的风险，使投资决策建立在较为稳妥的基础上。

不确定性分析的内容包括盈亏平衡分析及敏感性分析。盈亏平衡分析是通过盈亏平衡点分析项目成本与收益的平衡关系。敏感性分析是投资建设项目评价中用以考察项目涉及的各种不确定因素对项目基本方案财务评价指标的影响，找出敏感因素。PPP项目敏感性分析敏感因素设定通常有建设投资、特许经营期限、内部收益率、经营成本及收入等。

5. 编制财务评价报告

在完成上述四个方面的工作后，整理相关文档与数据，按照常见报告格式编制财务评价报告，以用作投资决策参考文件、资金筹措及审批附件等，并将文本备案以供使用。

第二节　PPP项目财务评价内容

PPP项目财务评价主要包括财务效益和费用估算、财务分析和不确定性分析。按照时间先后顺序可以划分为融资前分析和融资后分析。评价过程中，财务效益与费用估算步骤应与财务分析的步骤相匹配。在进行融资前分析时，应先估算独立于融资方案的建设投资和营业收入，然后是经营成本和流动资金。在进行融资后分析时，应先确定初步融资方案，然后估算建设期利息，进而完成固定资产原值的估算，通过还本付息计算求得运营期各年利息，并完成总成本费用的估算。PPP项目财务评价的内容及报表间关系如图2-1-3所示。上述内容与关系只是体现了融资前后分析对效益和费用数据的要求，并非实践中必须遵循的顺序。

一、财务效益与费用估算

在确定项目的范围与限制条件后，需要尽可能准确估算出PPP项目的财务效益与

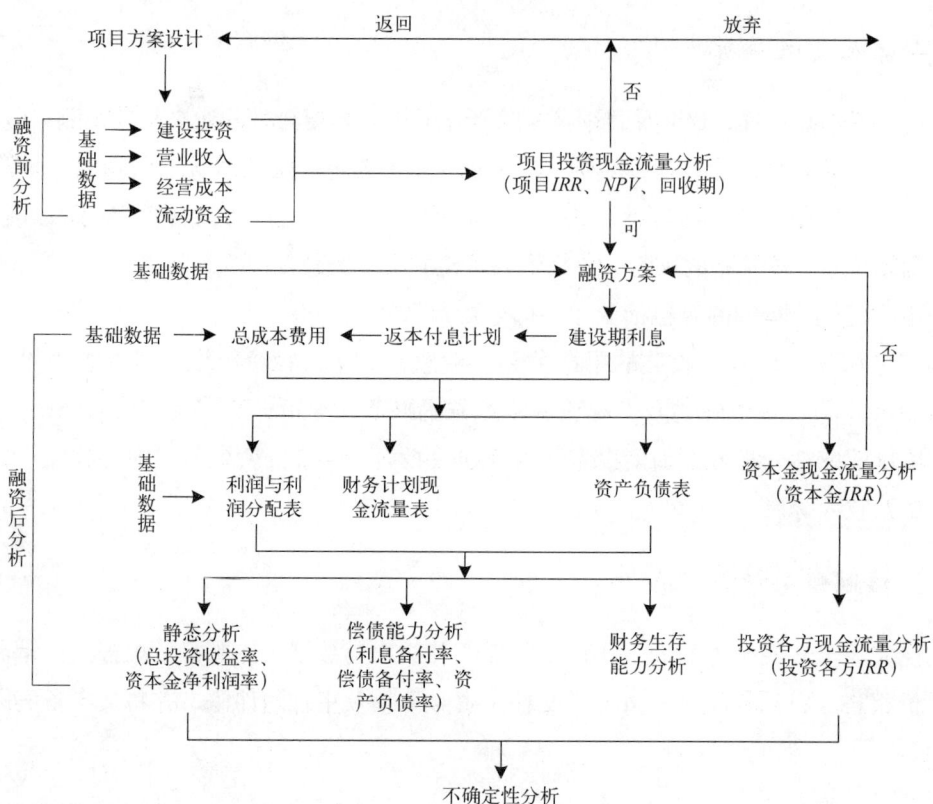

图2-1-3　PPP项目财务评价的内容及报表间关系

费用，主要包括营业收入与补贴收入等效益，建设投资、流动资金、建设期利息、总成本费用及税费等费用。

1. 收入

(1) 营业收入

营业收入是指销售产品或提供服务所获得的收入，是现金流量表中现金流入的主体，也是利润表的主要科目。营业收入是财务评价中主要的基础数据，其估算主要和以下几方面相关：

1) PPP 项目产品/服务的数量和价格，估算营业收入时应对市场预测的相关结果以及建设规模、产品或服务方案进行描述与确认。PPP 项目涉及社会资本利益，为保障社会资本方基本收益，往往需要设定保底量，项目销售收入无法给社会资本带来合理收益时就需要政府给予补贴，补贴单价可以根据社会资本的合理收益率反推确定。销售项目产品单价通常根据市场竞争以及公众承受能力综合考虑加以确定；

2) 营业收入估算基于一项重要假定，即当期的产出（扣除自用量后）当期全部销售，且主副产品销售收入应全部计入营业收入，提供的不同类型服务收入也应同时计入营业收入；

3）运营期年生产负荷也会直接影响营业收入。通常可根据市场预测结果，结合项目性质、产出特性和市场的开发程度制定分年运营计划，进而确定各年生产负荷。运营计划或年生产负荷的确定不应是固定的模式，应强调具体项目具体分析。一般开始投产时负荷较低，以后各年逐步提高，提高幅度取决于市场预测等因素。

（2）补贴收入

准经营性和非经营性 PPP 项目不能依靠项目自身收益实现盈利，需要政府给予一定的补助，这种收入即为补贴收入（仅包括与收益相关的政府补助，与资产相关的政府补助不在此处核算），通常包含相关的税费优惠、按工作量等依据国家规定的补助定额计算并按期给予的定额补贴、财政扶持给予的补贴以及为保证社会资本方合理收益而需的政府补助等。

1）税费优惠。关于 PPP 项目的税收优惠较多，PPP 税收优惠的提法，最早出现在 2015 年 5 月，财政部、国家发展改革委、人民银行三部委联合发布的《关于在公共服务领域推广政府和社会资本合作模式的指导意见》（国办发〔2015〕42 号）提出，落实和完善国家支持公共服务事业的税收优惠政策，公共服务项目采取政府和社会资本合作（PPP）模式的，可按规定享受相关税收优惠政策。对于目前推行的 PPP 项目，主要有企业所得税和增值税优惠政策。

①减免企业所得税政策：享受三免三减半优惠。根据《中华人民共和国企业所得税法》（中华人民共和国主席令第 63 号）第二十七条第二款、第三款、《中华人民共和国企业所得税法实施条例》（中华人民共和国国务院令第 512 号）第八十七条、《财政部国家税务总局关于执行公共基础设施项目企业所得税优惠目录有关问题的通知》（财税〔2008〕46 号）和《国家税务总局关于实施国家重点扶持的公共基础设施项目企业所得税优惠问题的通知》（国税发〔2009〕80 号）的规定，投资企业从事《公共基础设施项目企业所得税优惠目录》规定的港口码头、机场、铁路、公路、城市公共交通、电力、水利等项目，从事公共污水处理、公共垃圾处理、沼气综合开发利用、节能减排技术改造、海水淡化等符合条件的环境保护、节能节水项目的所得，自项目取得第一笔生产经营收入所属纳税年度起，第 1～第 3 年免征企业所得税，第 4～第 6 年减半征收企业所得税。

另外，《财政部国家税务总局关于公共基础设施项目享受企业所得税优惠政策问题的补充通知》（财税〔2014〕55 号）第一条还规定：企业投资经营符合《公共基础设施项目企业所得税优惠目录》规定条件和标准的公共基础设施项目，采用一次核准、分批次（如码头、泊位、航站楼、跑道、路段、发电机组等）建设的，凡同时符合以下条件的，可按每一批次为单位计算所得，并享受企业所得税"三免三减半"优惠：不同批次在空间上相互独立；每一批次自身具备取得收入的功能；以每一批次为单位进行会计核算，单独计算所得，并合理分摊期间费用。

②投资抵免企业所得税：专用设备投资额的 10% 抵免当年企业所得税应纳税额。根据《企业所得税法》第三十四条规定：企业购置用于环境保护、节能节水、安全生产等专用设备的投资额，可以按一定比例实行税额抵免。所谓的税额抵免，是指企业购置并实际使用《环境保护专用设备企业所得税优惠目录》、《节能节水专用设备企业所得税优惠目录》和《安全生产专用设备企业所得税优惠目录》规定的环境保护、节能节水、安全生产等专用设备的，该专用设备的投资额的 10% 可以从企业当年的应纳税额中抵免；当年不足抵免的，可以在以后 5 个纳税年度结转抵免。其中专用设备投资额，根据《关于执行环境保护专用设备企业所得税优惠目录 节能节水专用设备企业所得税优惠目录和安全生产专用设备企业所得税优惠目录有关问题的通知》（财税〔2008〕48 号）（简称"财税〔2008〕48 号文"）第二条的规定，是指购买专用设备发票价税合计价格，但不包括按有关规定退还的增值税税款以及设备运输、安装和调试等费用。

当年应纳税额，根据财税〔2008〕48 号文第三条的规定，是指企业当年的应纳税所得额乘以适用税率，扣除依照《中华人民共和国企业所得税法》（简称企业所得税法）和国务院有关税收优惠规定以及税收过渡优惠规定减征、免征税额后的余额。享受投资抵免企业所得税优惠的企业，应当实际购置并自身实际投入使用的环境保护、节能节水、安全生产等专用设备。

根据财税〔2008〕48 号文的相关规定，企业利用自筹资金和银行贷款购置专用设备的投资额，可以按企业所得税法的规定抵免企业应纳所得税额；企业利用财政拨款购置专用设备的投资额，不得抵免企业应纳所得税额。企业购置并实际投入使用、已开始享受税收优惠的专用设备，如从购置之日起 5 个纳税年度内转让、出租的，应在该专用设备停止使用当月停止享受企业所得税优惠，并补缴已经抵免的企业所得税税款。转让的受让方可以按照该专用设备投资额的 10% 抵免当年企业所得税应纳税额；当年应纳税额不足抵免的，可以在以后 5 个纳税年度结转抵免。

根据《国家税务总局关于环境保护节能节水安全生产等专用设备投资抵免企业所得税有关问题的通知》（国税函〔2010〕256 号）的规定，纳税人购进并实际使用规定目录范围内的专用设备并取得增值税专用发票的，如增值税进项税额允许抵扣，其专用设备投资额不再包括增值税进项税额；如增值税进项税额不允许抵扣，其专用设备投资额应为增值税专用发票上注明的价税合计金额。企业购买专用设备取得普通发票的，其专用设备投资额为普通发票上注明的金额。

③增值税优惠政策

从事 PPP 项目中的污水处理、垃圾处理和风力发电等涉及环境保护和资源综合利用的项目，可以享受以下增值税优惠政策。

销售自产的再生水免增值税：《财政部国家税务总局关于资源综合利用及其他产品增值税政策的通知》（财税〔2008〕156 号）第一条第（一）项规定：销售自产的再生水免增值税。其中所谓的再生水是指对污水处理厂出水、工业排水（矿井水）、生活污水、垃圾处理厂渗透（滤）液等水源进行回收，经适当处理后达到一定水质标准，并在一定范围内重复利用的水资源。再生水应当符合水利部《再生水水质标准》SL368—2006 的有关规定。

污水处理劳务免征增值税：根据《财政部国家税务总局关于资源综合利用及其他产品增值税政策的通知》（财税〔2008〕156 号）第二条规定，对污水处理劳务免征增值税。污水处理是指将污水加工处理后符合《城镇污水处理厂污染物排放标准》GB18918—2002 有关规定的水质标准的业务。

垃圾处理、污泥处理处置劳务免征增值税：根据《财政部、国家税务总局关于调整完善资源综合利用产品及劳务增值税政策的通知》（财税〔2011〕115 号），对农林剩余物资源综合利用产品增值税政策进行调整完善，并增加部分资源综合利用产品及劳务适用增值税优惠政策。比如与垃圾处理有关的 PPP 项目运营有关的税收优惠是：对垃圾处理、污泥处理处置劳务免征增值税。

2）定额补助，就是对某些国计民生有利的项目，由政府政策财政出资进行规定金额的补助。补助对象、要求、范围等条件比较严格，政府对此都制定了相应制度规章。一般按工作量等依据国家规定的补助定额计算，比如 2012 年 4 月国家发改委为完善垃圾焚烧发电价格政策发布通知，规定垃圾焚烧按每吨发电 280kWh，并执行全国统一垃圾发电标杆电价每千瓦时 0.65 元（含税），电价高于普通发电项目，是存在定额补助的。定额补助部分会计处理时纳入补贴收入，财务评价中税费处理同普通营业收入一样时，也可直接计算在营业收入中。

3）财政扶持补贴。财政扶持补贴主要是指国家为支持 PPP 项目而投入的支持资金，比如国家发改委发布的《政府和社会资本合作项目前期工作专项补助资金管理暂行办法》（发改办投资〔2015〕2860 号）规定，合规的 PPP 项目的前期工作费用将获得国家预算内专项资金支持，旨在积极推广 PPP 模式，鼓励和吸引社会资本投资。

4）可行性缺口补助。可行性缺口补助（Viability Gap Funding，简称 VGF）是指经营收益不足以满足项目公司成本回收和合理回报时，由政府给予项目公司一定的经济补助，以弥补使用者付费之外的缺口部分。可行性缺口补助是在政府付费机制与使用者付费机制之外的一种折中选择，主要针对准经营 PPP 项目。

可行性缺口补助方式形式多种多样，具体可能包括土地划拨、投资补助、优惠贷款、贷款贴息、放弃分红权、授予项目相关开发收益权等其中的一种或多种。在某些市政公共项目，如垃圾处理、污水处理等项目中，政府需要给予一定的可行性缺口补助。此时需要通过财务评价测算出合理补贴价格，常用的 PPP 项目可行性缺口补助价格测算方法有以下几种：

①合理收益定价法（也称价格反推法）。合理收益定价法是指通过设定的合理收益率来反推补贴价格。这种价格能保证项目具有财务生存能力，其收益能被政府或社会资本所接受。

②类比价格法。类比价格法是在参考行业同类项目产出价格的基础上结合项目本身特点和风险状况进行适当调整后的补贴价格。

③现价调整法。现价调整法是在现行价格基础上进行适当调整后的价格。

PPP 项目要充分考虑社会资本的合理收益，一般通过价格反推法，根据可以给予的收益率反推出项目产品 / 服务的价格，比如污水处理、垃圾处理及地铁票价补助单价等的测算。

2. 建设投资

建设投资是项目费用的重要组成，是项目财务分析的基础数据，可根据项目前期不同阶段、对投资估算的精度要求及相关规定选用估算方法。

建设投资构成有两种分法，即按概算法分类和按形成资产法分类，具体构成如图 2-1-4 所示。

按概算法分类，建设投资由工程费用、工程建设其他费用和预备费三部分构成。其中，工程费用又由建筑工程费、设备购置费（含工器具及生产家具购置费）和安装工程费构成；工程建设其他费用内容较多，随行业和项目的不同而有所区别，如前期可研费、建设单位管理费、勘察设计费、施工监理费、PPP 项目咨询服务费、环境影响评价费、节能评估费、安全评价费、施工图预算与审查费、工程保险及联合试运转等费用。预备费包括基本预备费和涨价预备费（也称价差预备费），根据《关于加强对基本建设大中型项目概算中价差预备费管理有关问题的通知》（国家发展计划委员会计投资〔1999〕1340 号），建设投资估算可不计算涨价预备费，基本预备费通常取工程费用与工程建设其他费用合计的 8% ~ 10%。

按形成资产分类，建设投资由形成固定资产的费用、形成无形资产的费用、形成其他资产的费用和预备费四部分组成。固定资产费用是指项目投产时将直接形成固定资产的建设投资，包括工程费用和工程建设其他费用中按规定将形成固定资产的费用，后者被称为固定资产其他费用，主要包括建设单位管理费、可行性研究费、试验费、勘察设计费、环境影响评价费、节能评估费、场地准备及临时设施费用、工程保险费、

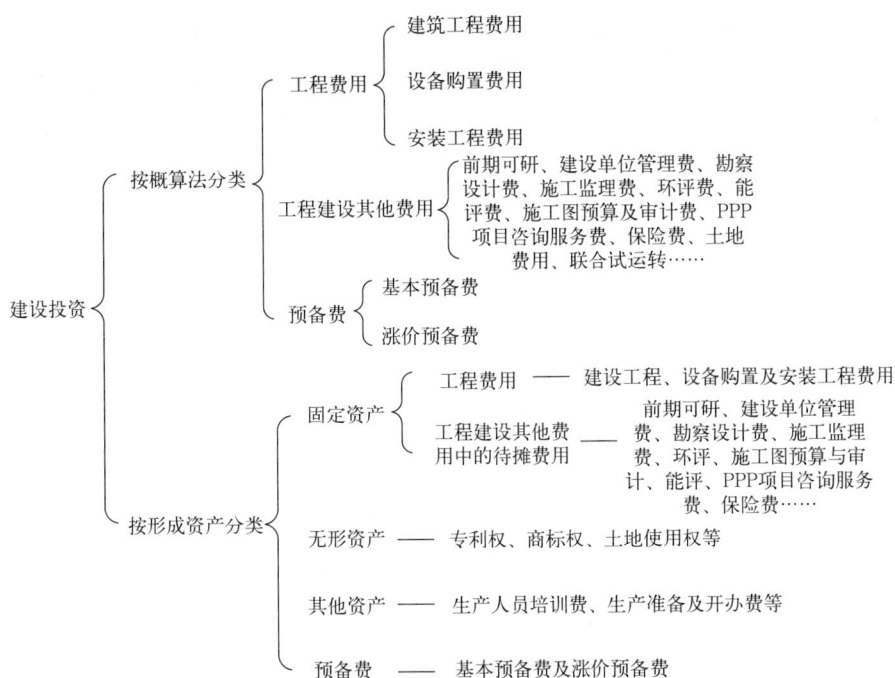

图2-1-4　建设投资构成分类

联合试运转及特殊设备安全监督检验费等；无形资产费用系指直接形成无形资产的建设投资，主要是专利权、商标权、土地使用权等。特别地，为了与以后的折旧和摊销计算相协调，土地使用权在建设投资估算表中通常可直接列入固定资产其他费用中。其他资产费用是指建设投资中除形成固定资产和无形资产以外的部分，主要是生产准备及开办费、生产人员培训费等。

3. 经营成本

经营成本是项目现金流量表中运营期现金流出的主体部分，是项目现金流量分析中的重要概念。经营成本与融资方案无关，因此在完成营业收入和建设投资估算后，就可以对其进行估算，为流动资金估算和融资前分析提供数据。

经营成本估算的行业性很强，不同行业与项目在成本构成科目和名称上有较大的不同，并且需要专业技术人员提供一定的支持。

4. 流动资金

PPP项目运营需要流动资产投资，但项目评价中需要估算并预先筹措的是从流动资产中扣除流动负债，即企业短期信用融资后的流动资金。流动资金估算方法可采用扩大指标法或分项详细估算法。

实践中，多采用分项详细估算法估算流动资金，该方法是对流动资产和流动负债主要构成要素即存货、现金、应收账款、预收账款以及应付账款和预收账款等几项内容分项估算，公式如下：

$$流动资金 = 流动资产 - 流动负债$$

$$流动资产 = 应收账款 + 预付账款 + 存货 + 现金$$

$$流动负债 = 应付账款 + 预收账款$$

流动资金估算首先应确定各分项最低周转天数，计算出周转次数，然后进行分项估算。

（1）周转次数计算

$$周转次数 = 360 / 最低周转天数$$

各类流动资产和负债的最低周转天数参照同类企业的平均周转天数并结合项目特点确定，通常要考虑储存天数、运输天数等。

（2）流动资产估算

1）存货估算，存货是指运营企业在日常生产经营过程中持有以备出售，或者仍然在生产过程中的产品，或者在生产或提供劳务过程中将消耗的材料或物料等，包括外购原材料、燃料、其他材料、在产品和产成品。计算公式如下：

$$存货 = 外购原材料、燃料 + 其他材料 + 在产品 + 产成品$$

$$外购原材料、燃料 = 年外购原材料、燃料费 / 分项周转次数$$

$$其他材料 = 年其他材料费用 / 其他材料周转次数$$

$$在产品 = (年外购原材料、燃料动力费 + 年工资及福利费 + 年修理费 + 年其他制造费用) / 在产品周转次数$$

$$产成品 = (年经营成本 - 年其他营业费用) / 产成品周转次数$$

2）应收账款，是指对外销售商品、提供劳务尚未收回的资金，计算公式为：

$$应收账款 = 年经营成本 / 应收账款周转次数$$

3）预付账款，是指公司为购买各种材料、半成品或服务所预先支付的款项，计算公式为：

$$预付账款 = 外购商品或服务年费用金额 / 预付账款周转次数$$

4）现金量估算，现金是为维持正常生产运营必须预留的货币资金，计算公式为：

$$现金 = (年工资及福利费 + 年其他费用) / 现金周转次数$$

$$年其他费用 = 制造费 + 管理费用 + 营业费用 - 以上三项费用中所含的工资及福利费、折旧费、摊销费、修理费$$

（3）流动负债估算

流动负债是指将在一年或超过一年的一个营业周期内偿还的债务。在项目财务评价中，流动负债估算考虑应付账款和预收账款两项。计算公式为：

应付账款＝外购原材料、燃料动力及其他材料年费用／应付账款周转次数

预收账款＝预收的营业收入年金额／预收账款周转次数

流动资金估算过程中需要注意最低周转天数取值的准确性，并且当投入物和产出物采用不含税价格时，估算中应注意将销项税额和进项税额分别包括在相应的年费用金额中。采用分项详细估算法计算流动资金应在经营成本估算之后进行。

5.建设期利息

估算建设期利息，需要根据项目进度计划，提出建设投资分年计划，列出各年投资额，并明确其中的外汇和人民币。计算建设期利息时，为了简化计算，通常假定借款均在每年的年中支用，借款当年按半年计息，其余各年份按全年计息，计算公式如下：

当建设期采用自有资金按期付息时，按单利计算：

各年应计利息＝（年初借款本金累计＋本年借款/2）× 名义年利率

当建设期未能付息时，建设期各年利息采用复利方式计息：

各年应计利息＝（年初借款本金累计＋本年借款/2）× 年实际利率

对有多种借款资金来源，每笔借款的年利率各不相同的项目，既可分别计算每笔借款的利息，也可先计算出各笔借款加权平均年利率，并以加权平均利率计算全部借款利息。对于分期建成投产的项目，后期投产继续发生的借款费用不作为建设期利息计入固定资产原值，而是作为运营期利息计入总成本费用。

6.总成本费用

总成本费用估算也具有很强的行业性，估算时应注意行业特点。总成本费用估算方法主要有生产要素法和生产成本加期间费用法，项目财务评价中通常采用生产要素法估算，各分项的内容和要点如下：

（1）外购原材料和燃料动力费估算。该项费用估算需要参照类似项目及专业人员根据实践经验所提出的外购原材料和燃料动力年耗用量，以及在选定价格体系下的预测价格，该价格应按到厂价格并考虑运输损耗。该费用与行业及项目具体情况密切相关。

（2）人工工资及福利费估算。主要包括职工工资、奖金、津贴和补贴以及职工福利费。确定该项费用时需考虑项目性质、地点、行业特点等因素，一般按项目全部人员数量估算。根据不同项目的需要，财务评价中可按项目全部人员年工资平均数值计算或按人员类型和层次分别设定不同工资档进行计算。

（3）固定资产原值及折旧费估算。计算折旧，首先要弄清固定资产原值的大小。

固定资产原值是项目投产时按规定由投资形成固定资产的部分。固定资产在使用过程中会受到磨损，其价值损失通常是以提取折旧的方式得以补偿。折旧的方法可在税法允许范围内由企业自行确定，一般采用直线法，包括年限平均法和工作量法。PPP 项目固定资产折旧年限通常采用与特许经营期一致的年限，并且由于多数 PPP 项目都是无偿移交，因此要在折旧年限内完全提取，即预计净残值率取为零。

（4）固定资产修理费估算。该费用是指为保持固定资产的正常运转和使用，充分发挥使用效能，对其进行必要修理所发生的费用。一般可直接按固定资产原值（扣除所含建设期利息）的一定百分比估算。百分比取值应考虑行业和项目特点，比如排水项目费率可取 2%～3%，供热项目可取 1.2%～2.4%，垃圾处理项目取 1%～2.4% 等。在生产运营的各年中，修理费率的取值，一般采用固定值，也可根据项目特点间断性地调整修理费率，开始取较低值，以后取较高值。

（5）无形资产和其他资产原值及摊销费估算。在建设投资估算表中若按形成资产形式分类后，则可直接合计相关项就可得到无形资产和其他资产原值。按照规定，无形资产从开始使用之日起，在有效使用年限内平均摊入成本。法律和合同规定了法定有效期限或受益年限的，摊销年限从其规定，否则摊销年限应符合税法的要求。无形资产和其他资产摊销一般采用平均年限法，不计残值。

（6）其他费用估算。其他费用包括其他制造费用、其他管理费用和其他营业费用这三项费用，是指由制造费用、管理费用和营业费用中分别扣除工资及福利费、折旧费、摊销费、修理费以后的部分。产品出口退税和减免税项目按规定不能抵扣的进项税额也包括在内。

其他制造费可按固定资产原值（扣除建设期利息）的百分数估算，其他管理费通常按人员定额或取工资福利费总额的百分比估算，其他营业费用可按营业收入的百分比估算。此外，整个其他费用也可按照总成本费用中前五项费用之和的百分比计算，比如市政供水、排水及垃圾处理项目总成本费用中的其他费用可按外购原料及动力、职工薪酬、修理费、折旧摊销费及其他除财务费用外的总额 8%～12% 估算。

（7）利息支出。企业或公司为筹集所需资金而发生的费用称为借款费用，又称财务费用，包括利息支出、汇兑损失及相关手续费等。多数项目只考虑利息支出，利息支出包括长期借款利息、流动资金借款利息和短期借款利息。

长期借款利息是指对建设期间借款余额应在生产期支付的利息，通常与还款付息方式密切相关，常用的付息方式包括等额还本付息、等额还本利息照付方式以及按照息税前利润加折旧摊销最大资金还款能力付息等。在未与金融机构达成协议之前，长期借款利率可按央行基准利率上浮一定比率，常用上浮比率为 10%～20%。

流动资金与短期借款通常都是按期末偿还、期初再借的方式处理，并按一年期利率计息。短期借款数额应在财务计划现金流量表中得到反映，其利息应计入总成本费用表的利息支出中。

另外，根据成本费用与产量的关系，总成本费用可以分为可变成本和固定成本。固定成本是指不随产品产量变化的各项成本费用，主要包括职工薪酬、折旧摊销费、大修理及检修费、管理及其他费、财务费用等。可变成本是指随产品产量增减而成正比例变化的各项费用，主要包括外购原材料、燃料动力费等。

7. 税费

PPP项目财务评价中涉及的税费主要有关税、增值税、营业税、消费税、营业税金及附加、企业所得税等费用。当采用含税价格进行财务分析时，利润及利润分配表以及现金流量表中应单列增值税科目。目前国家正在推行营改增，营业税正在逐步被增值税取代。营业税金及附加包括城市建设维护税和教育费附加，目前以流转税（包括增值税、营业税和消费税）为计税依据，税率根据项目所在地分市，县、镇和县、镇以外三个等级。营业税金及附加应作为利润和利润分配表中的科目。

企业所得税是针对企业或公司应纳税所得额征收的税种，项目财务评价中应注意按有关税法对所得税前扣除项目的要求，正确计算应纳税所得额，并采用适宜的税率计算企业所得税。关于PPP项目的税收优惠政策较多，在前文补贴收入中已做相关说明，在具体财务分析中应充分掌握项目有关的税收政策，以实现较精准地预测。

8. 维持运营投资

由于PPP项目具有运营期长的特点，因此在运营期需要投入一定的固定资产投资才能得以正常运转，如设备的更新等。如果项目发生维持运营投资时，应将其列入现金流量表作为现金流出，参与内部收益率等指标的计算，同时也反映在财务计划现金流量表中，参与财务生存能力分析。该投资通常能为企业带来经济利益且该投资成本能够可靠计量，因而可将该部分投资资本化，计入固定资产原值，并提取折旧。

二、财务分析

在完成财务效益与费用识别之后，需要根据基础报表进行财务分析与评价。财务分析包括融资前分析和融资后分析，融资前分析主要是通过动态评价指标和静态评价指标进行项目盈利能力分析；融资后分析需要进行盈利能力分析、偿债能力分析以及财务生存能力分析。财务分析的内容如图2-1-5所示。

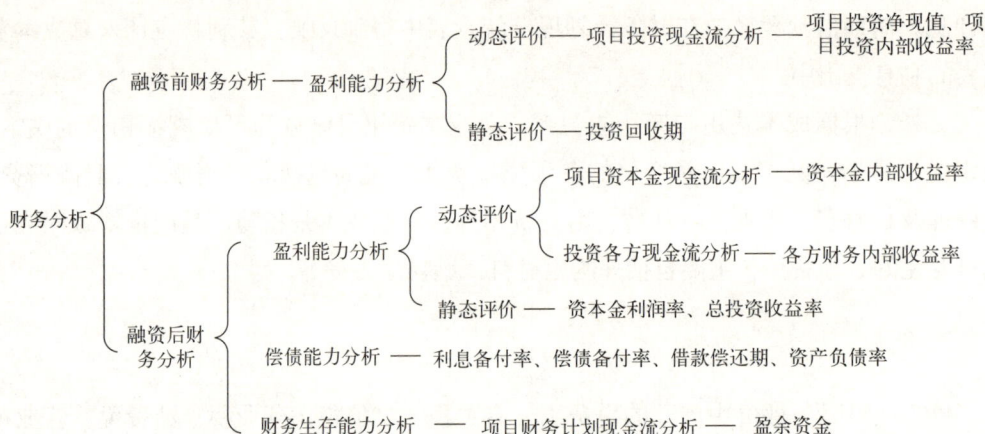

图2-1-5　财务分析的内容

1. 融资前分析

进行财务分析首先要进行融资前分析，它与融资条件无关，依赖数据少，报表编制简单，分析结论可满足方案比选和初步投资决策的需要。如果分析结果表明项目效益符合要求，再考虑融资方案，继续进行融资后分析。融资前分析主要是项目投资现金流量分析，是从项目投资总获利能力角度，考察项目方案设计的合理性，可从所得税前和所得税后两个角度进行分析。

项目投资现金流量表中的"所得税"应根据息税前利润（EBIT）乘以所得税率计算，称为"调整所得税"。所得税后分析是所得税前分析的延伸，由于所得税作为现金流出，可用于非融资条件下判断项目投资对企业价值的贡献，是企业投资决策依据的主要指标。

融资前分析所采用的评价指标主要有动态指标和静态指标，动态指标主要是财务净现值（FNPV）和财务内部收益率（FIRR），静态指标主要是静态投资回收期。一般将内部收益率判别标准中所采用的基准收益率（i_c）和计算净现值的折现率采用同一数值，可使根据 $FIRR \geqslant i_c$ 对项目效益的判断和根据 $FNPV \geqslant 0$ 对项目效益的判断结果一致。

财务基准收益率或计算项目投资净现值的折现率，应主要依据"资金机会成本"和"资金成本"确定，并充分考虑项目可能面临的风险。实践中，应根据项目性质使用有关部门发布的行业财务基准收益率，或参考有关主管部门发布的财务基准收益率。《建设项目经济评价方法与参数》（第三版）中对部分行业的财务基准收益率给出了参考值，可以在项目财务评价中加以利用。

2. 融资后分析

融资后分析包括盈利能力分析、偿债能力分析及财务生存能力分析。

（1）盈利能力分析

盈利能力分析包括动态分析与静态分析，动态评价指标包括资本金财务内部收益率、投资各方财务内部收益率、净现值及动态投资回收期等，静态指标包括静态投资回收期、资本金利润率以及总投资收益率。各指标的优缺点如表 2-1-1 所示。

盈利能力评价指标的优缺点　　　　　　　　　　　表 2-1-1

	类型	评价指标	优点	缺点
财务盈利能力分析	静态	静态投资回收期	直观地反映原始总投资的返本期限，概念清晰、简单易用；一定程度上反映项目的经济性与风险大小（回收期越短，风险越小）	没有反映资金的时间价值；舍弃了回收期以后的收入和支出数据，不能全面反映项目全生命周期内的真实效益，难以对不同方案的比选做出正确判断
		资本金利润率	可很好地衡量投资者投入的资本金的获利能力；公式简单，易操作	资本金基准利润率的确定较为复杂
		总投资收益率	用正常年份的年息税前利润除以技术方案总投资可得到结果，公式简单	没有考虑资金时间价值因素，不能正确反映建设期长短及投资方式等对项目的影响，无法直接利用净现金流量的信息
	动态	动态投资回收期	除了拥有静态投资回收期的优点外，还考虑了资金的时间价值	舍弃了回收期以后的收入和支出数据，不能全面反映项目全生命周期内的真实效益
		净现值	考虑了资金的时间价值；考虑了整个建设期和生命期的收入与支出的全部数据，并且直观、易于理解	计算比较麻烦；假定条件和范围过于严格，实际应用很难满足；不能比选出投资额具有差异的各方案，也无法从动态角度直接反映投资项目的实际收益率水平
		财务内部收益率	能够明确反映投资使用效率，概念清晰明确；不受行业基准收益率选取的影响，较客观；可用以评价不同生命周期或不同投资规模方案之间的相对优劣	计算过程较复杂、误差较大，在特殊情况下存在多解情况；不能反映投资方案经济效益的绝对量，因而无法直接用于资金限量情况下多个独立方案的最佳组合

（2）偿债能力分析

对筹措债务资金的项目，偿债能力考察项目是否具备按期偿还借款的能力，主要通过计算借款偿还期、利息备付率、偿债备付率、资产负债率、流动比率与速动比率等指标考察，计算方式如表 2-1-2 所示。

偿债能力分析与评价指标　　　　　　　　　　　表 2-1-2

	评价指标	数据来源	计算公式
偿债能力分析	借款偿还期	借款还本付息表	借款偿还后开始出现盈余年份 - 开始借款年份 + 当年借款额 / 当年可用于还款的资金额
	利息备付率		息税前利润 / 当期应付利息 ×100%
	偿债备付率		可用于还本付息的资金 / 当期应还本付息金额 ×100%
	资产负债表	资产负债表	负债总额 / 资产总额
	流动比率	流动资金估算表	流动资产 / 流动负债
	速动比率		速动资产 / 流动负债

（3）财务生存能力分析

在项目运营期间，确保从各项经济活动中得到足够的净现金流量是项目能够持续生存的条件。财务分析中应根据财务计划现金流量表，综合考察项目计算期内各年的投融资活动及经营活动所产生的各项现金流入和流出，计算净现金流量和累计盈余资金，分析项目是否有足够的净现金流量维持正常运营。财务生存能力主要考察以下两方面：

1）是否拥有足够的经营净现金流量。经营性项目通常在方案合理的情况下能够实现资金平衡，如不能实现，则可通过短期融资来维持运营，准经营性项目和非经营项目需要通过政府补贴或付费来实现资金平衡。

2）各年累计盈余资金不出现负值是财务生存的必要条件。在整个运营期间，允许个别年份净现金流出现负值，但不能容许任一年份的累计盈余资金出现负值。一旦出现负值时应适当进行短期融资，并应将该短期融资体现在财务计划现金流量中。

三、不确定性分析

不确定性分析主要包括盈亏平衡分析及敏感性分析。

（1）盈亏平衡分析

盈亏平衡分析主要是通过找到盈亏平衡点，即项目的盈利与亏损的转折点，在这一点上，销售收入等于总成本费用，正好盈亏平衡，用以考察项目对产出品变化的适应能力和抗风险能力。盈亏平衡点越低，表明项目适应产出品变化的能力越强，抗风险能力越强。正常年份应选择还款期间的第一个达产年和还款后的年份分别计算，以便分别给出最高和最低盈亏平衡点区间范围。

项目财务评价中，通常只做线性盈亏平衡分析，盈亏平衡点可采用产量和生产能力利用率两种表示方式。计算公式如下：

$$BEP_{生产能力利用率} = \frac{年固定成本}{年营业收入 - 年可变成本 - 年营业税金及附加} \times 100\%$$

$$BEP_{产量} = \frac{年固定成本}{单位产品价格 - 单位产品可变成本 - 单位产品营业税金及附加}$$

（2）敏感性分析

敏感性分析的目的在于找出敏感因素，估计项目效益对它们的敏感程度，粗略预测项目可能承担的风险。财务评价实践中，通常只进行单因素敏感性分析，即每次只改变一个因素的数值来进行分析，估算单个因素的变化对项目效益产生的影响。

根据项目特点，结合经验判断，选择对项目效益影响较大且重要的不确定因素进行分析。实践表明，产出物价格、建设投资、可变成本、生产负荷及建设工期等因素对项目效益影响较大，因此主要对这几个不确定因素进行敏感性分析。一般选择不确定因素变化的百分率为 ±5%、±10%、±15% 等；对于不便于用百分数表示的因素，如建设工期，可采用延长一定时间表示，如延长一年。

四、PPP 项目财务评价的关键点

PPP 项目通常都是投资额巨大、社会影响广泛、建设经营周期较长的公共投资项目，由于有了社会资本的参与，其财务评价与一般建设项目评价有所不同，需注意以下几个方面：

1. 计算期不同

传统项目的计算期是从项目启动到项目不能再提供产品 / 服务时的经济生命期，PPP 项目因为涉及特许期满后需移交给政府，所以对于社会资本而言，财务评价时的计算期是从项目启动到项目特许经营期结束；而对于政府部门而言，财务评价的计算期有两个：一是从项目启动后到项目移交完成，作为计算项目合作期内公共部门利益的财务评价指标；二是从项目启动到项目不能再提供产品或服务时的经济寿命期，评价项目在整个经济寿命期内的财务情况。

2. 项目合同对项目收益的影响

PPP 项目合同直接影响各参与者的收益和风险。与一般项目相同的是，PPP 项目的财务分析也需要预测项目提供的产品 / 服务的价格、市场需求、通货膨胀率、利率、税率等因素，不同的是 PPP 项目合同中通常会对以上因素做出一些特殊约定，这些约定会直接影响各方的收益和风险。在 PPP 项目中，社会资本通常会要求公共部门提供一定的担保，比如垃圾焚烧发电 PPP 项目中的垃圾保底量设定，交通 PPP 项目中的最低车流量保证甚至最低或固定回报率保证。这种情况下，社会资本就可以保证获得稳定的收益，而政府部门则可能因提供承诺或担保而承受风险。

3. 须体现主要参与者的收益情况

PPP 项目一个主要特点是项目的参与者多，也意味着项目的收益方也多，为达到多赢的目的，必须保证该项目能使所有参与者都受益，财务评价结果必须能够体现主要参与者的收益情况。

4. 影响净现金流的风险因素多

PPP 项目中重要工作之一是做好风险分担方案，因为风险分担方案将直接决定各参与者的收益，由于 PPP 项目的时间跨度大，风险在项目进行过程中可能发生各种变化，导致各方为风险付出代价，进行项目财务评价时，收益率等的设定需要考虑风险因素带来的影响。

5. 注意政府现金流量分析

利用 PPP 模式实现公共项目的目的在于降低政府债务压力，因此要注意实施 PPP 模式时政府投资部分不能继续给政府带来隐性债务。一是要做好政府财政承受能力论证，二是要透彻分析政府现金流量。做好政府现金流量分析可以对采用 PPP 模式效益做出一定评价，并且能够明晰政府现金收支情况。

第三节　PPP 项目财务评价示例

【示例】

某城市生活垃圾焚烧发电 PPP 项目采用 BOT 模式运作，特许经营期限 30 年（含建设期 2 年），回报机制为发电收入和可行性缺口补助方式。项目规划用地 120 亩，总投资估算约 3.5 亿元，主要包括厂区建设投资 2.78 亿和征地拆迁安置费用 0.72 亿。为了降低垃圾处理补贴单价，征地拆迁部分通过政府购买服务的形式实施，征地拆迁安置费用由中标社会资本出资，在中标社会资本出资满一年后，政府以购买服务费用形式分 5 年等额返还给中标社会资本。

本项目垃圾处理规模 500t/d，运营期在达产的前四年生产能力利用率分别为 70%、80%、80%、90%。正常年保底量为 500t/d，正常年运行达 8000 小时，正常年垃圾处理量为 16.67 万 t。财务分析中，财务基准收益率取行业财务基准收益率 5%。

1. 项目总投资估算

按估算指标分别估算，得出本项目总投资估算为 34990.43 万元，其构成见表 2-1-3。

2. 资金筹措方案

项目公司自筹资金占项目总投资（扣除征地拆迁费用）30%，为 8332.04 万元，其中政府出资按 833.20 万元考虑，占 10%；社会资本出资 7498.84 万元，占 90%。长期

投资估算构成表（万元）　　　　　　　　　　　表 2-1-3

序号	项目名称	金额（万元）	所占比例（%）
1	建筑工程	8500.00	24.29%
2	安装工程	3000.00	8.57%
3	设备购置	9750.00	27.86%
4	进场道路	400.00	1.14%
5	通电	80.00	0.23%
6	通水	120.00	0.34%
7	场地平整	500.00	1.43%
8	建设工程其他费	2025.71	5.79%
9	土地征用与补偿费用	7200.00	20.58%
10	预备费	2437.57	6.97%
11	建设期利息	915.32	2.62%
12	铺底流动资金	61.83	0.18%
13	合计	34990.43	100.00%
14	单位投资（万元/(t/d)），不包括土地征用费用	55.58	

借款资金占项目总投资70%，为19458.40万元，长期借款年利率按同期银行利率上浮20%估算，为5.88%。总投资筹措及使用计划见表2-1-4。

总投资筹措及使用计划（万元）　　　　　　　　　表 2-1-4

序号	项目	合计	建设期		生产期	备注
			1	2	3	
1	总投资	27790.43	8215.61	19512.99	61.83	
1.1	建设投资	26813.28	8043.98	18769.29		
1.2	建设期利息	915.32	171.62	743.70		
1.3	铺底流动资金	61.83			61.83	
2	资金筹措	27790.43	8215.61	19512.99	61.83	
2.1	项目单位自筹资金	8332.04	2378.09	5892.12	61.83	
	其中用于流动资金	61.83			61.83	
2.2	债务资金	19458.40	5837.52	13620.88		
2.2.1	国内长期借款	19458.40	5837.52	13620.88		

续表

序号	项目	合计	建设期		生产期	备注
			1	2	3	
2.2.2	国外长期借款					
2.3	其他资金					

3. 流动资金估算

流动资金估算表见表 2-1-5。

流动资金估算表（万元）　　　　　　　　　　　表 2-1-5

序号	项目	周转天数	周转次数	生产期					
				3	4	5	6	7	8
1	流动资产			234.49	252.28	252.28	274.13	293.13	293.13
1.1	应收账款	30	12	128.95	138.42	138.42	151.21	161.33	161.33
1.2	存货			58.24	66.56	66.56	74.88	83.20	83.20
1.2.1	原材料	20	18	29.58	33.80	33.80	38.03	42.25	42.25
1.2.2	燃料	90	4	16.38	18.72	18.72	21.06	23.40	23.40
1.2.3	其他	90	4	12.29	14.04	14.04	15.80	17.55	17.55
1.3	现金	30	12	47.30	47.30	47.30	48.04	48.61	48.61
2	流动负债			28.39	32.44	32.44	36.50	40.56	40.56
2.1	应付账款	20	18	28.39	32.44	32.44	36.50	40.56	40.56
3	流动资金			206.10	219.84	219.84	237.63	252.58	252.58
4	流动资金增加额			206.10	13.74	0.00	17.79	14.95	0.00
5	铺底（或自有）流动资金			61.83	75.57	75.57	93.36	108.31	108.31
6	流动资金借款			144.27	144.27	144.27	144.27	144.27	144.27

4. 总成本费用估算

正常年原辅材料、飞灰收集与固化费、垃圾渗滤液处理、动力燃料、人员工薪、其他材料及配件年费用 1370 万，进项税 124.10 万；固定资产采用平均年限法分类折旧，平均分摊在 28 年运营期中，年折旧摊销额 939.71 万元；大修理费及日常检修维护费按固定资产原值（扣除建设期利息）的 1% 估算；管理及其他费用：参考《市政公用设施建设项目经济评价方法与参数》及同类企业的费用水平，取费率为 8%。

生产期年均总成本费用 3071.74 万元，年均经营成本 1695.52 万元；按垃圾处理量折算，年平均单位垃圾处理单位总成本费用为 192.02 元 /t，年平均单位经营成本为 104.84 元 /t。详见 2-1-6 表：总成本费用估算表。

5. 收入估算

本项目的收入来源有 3 处，即售电收入、补贴收入和政府购买服务部分的收益。

（1）售电收入

按垃圾焚烧设计热值 5900kJ/kg，每吨垃圾可发电 328kW·h，正常年发电量为 5466.67 万 kW·h，考虑自用电占发电量的 18%，则正常年上网电量可达到 4482 万 kW·h，上网电价根据《国家发改委关于完善垃圾焚烧发电价格政策的通知》（发改价格〔2012〕801 号）规定，执行全国统一垃圾发电标杆电价每千瓦时 0.65 元（含税）。正常年售电收入 2913.73 万元。

（2）政府补贴收入

垃圾焚烧发电作为公用事业项目，不可能追求较高的利润，只能考虑回收投资和保本略有微利。合理财务内部收益率（税前）设定为 7%，投资不包括征地拆迁费用的情况下，通过价格反推法得出垃圾处理补贴单价 72.50 元 /t，进而正常年补贴收入为 784.98 万元。具体估算见表 2-1-7，营业收入及税金估算表。

（3）政府购买服务部分的收益

如前所述，征地拆迁部分通过政府购买服务的形式实施，先由社会资本出资，考虑给予社会资本 8% 的收益率，出资满一年后的第 1～5 年等额返还给社会资本，每年返还数额为 1803.29 万元。

本项目依《关于资源综合利用及其他产品增值税政策的通知》（财税〔2008〕156 号）的规定，实行增值税即征即退的政策。销项税税率 17%，城市维护建设税及教育附加分别为增值税的 7%、5%。设备进项税在前五年内予以抵扣。

6. 利润及利润分配

按垃圾处理补贴收费标准 72.50 元 /t 的情况分析企业利润，项目在运营期内年均利润总额可达 915.62 万元 / 年，年均所得税为 236.87 万元。盈余公积金按当年税后利润的 10% 提取，盈余公益金为当年税后利润的 5%，还款期部分利润用于归还长期借款。详见表 2-1-8：利润与利润分配表。

总成本费用估算表

表 2-1-6

序号	项目	年份													
		3	4	5	6	7	8	9	10	11	12	13	14	15	16
1	原材料及其他材料	455.00	520.00	520.00	585.00	650.00	650.00	650.00	650.00	650.00	650.00	650.00	650.00	650.00	650.00
2	燃料费	56.00	64.00	64.00	72.00	80.00	80.00	80.00	80.00	80.00	80.00	80.00	80.00	80.00	80.00
3	垃圾渗滤液处理费	84.00	96.00	96.00	108.00	120.00	120.00	120.00	120.00	120.00	120.00	120.00	120.00	120.00	120.00
4	飞灰收集与固化费用	84.00	96.00	96.00	108.00	120.00	120.00	120.00	120.00	120.00	120.00	120.00	120.00	120.00	120.00
5	职工薪酬	400.00	400.00	400.00	400.00	400.00	400.00	400.00	400.00	400.00	400.00	400.00	400.00	400.00	400.00
6	资产折旧、摊销费	939.71	939.71	939.71	939.71	939.71	939.71	939.71	939.71	939.71	939.71	939.71	939.71	939.71	939.71
7	大修理费、检修维护费	76.02	76.02	76.02	101.36	101.36	101.36	101.36	101.36	101.36	126.70	126.70	126.70	126.70	126.70
8	管理及其他费	167.58	167.66	167.66	176.49	183.29	183.29	183.29	183.29	183.29	185.31	185.31	185.31	185.31	185.31
9	财务费用	1151.68	1137.42	1105.41	1071.22	1019.94	950.77	869.37	788.66	704.93	618.05	528.94	436.50	340.59	241.08
9.1	长期借款利息	1144.15	1129.89	1097.88	1063.69	1012.41	943.24	861.84	781.13	697.39	610.52	521.41	428.97	333.05	233.55
9.2	流动资金借款利息	7.53	7.53	7.53	7.53	7.53	7.53	7.53	7.53	7.53	7.53	7.53	7.53	7.53	7.53
9.3	其他短期借款利息														
10	总成本费用	3413.99	3496.81	3464.80	3561.78	3614.30	3545.12	3463.73	3383.01	3299.28	3239.77	3150.66	3058.22	2962.31	2862.80
11	固定成本	2734.99	2720.81	2688.80	2688.78	2644.30	2575.12	2493.73	2413.01	2329.28	2269.77	2180.66	2088.22	1992.31	1892.80
12	可变成本	679.00	776.00	776.00	873.00	970.00	970.00	970.00	970.00	970.00	970.00	970.00	970.00	970.00	970.00
13	经营成本	1322.60	1419.68	1419.68	1550.84	1654.64	1654.64	1654.64	1654.64	1654.64	1682.01	1682.01	1682.01	1682.01	1682.01
14	单位成本（元/t）	292.63	262.26	259.86	237.45	216.86	212.71	207.82	202.98	197.96	194.39	189.04	183.49	177.74	171.77
15	单位经营成本（元/t）	113.37	106.48	106.48	103.39	99.28	99.28	99.28	99.28	99.28	100.92	100.92	100.92	100.92	100.92

续表

序号	项目	17	18	19	20	21	22	23	24	25	26	27	28	29	30
								年份							
1	原材料及其他材料	650.00	650.00	650.00	650.00	650.00	650.00	650.00	650.00	650.00	650.00	650.00	650.00	650.00	650.00
2	燃料费	80.00	80.00	80.00	80.00	80.00	80.00	80.00	80.00	80.00	80.00	80.00	80.00	80.00	80.00
3	垃圾渗滤液处理费	120.00	120.00	120.00	120.00	120.00	120.00	120.00	120.00	120.00	120.00	120.00	120.00	120.00	120.00
4	飞灰收集与固化费用	120.00	120.00	120.00	120.00	120.00	120.00	120.00	120.00	120.00	120.00	120.00	120.00	120.00	120.00
5	职工薪酬	400.00	400.00	400.00	400.00	400.00	400.00	400.00	400.00	400.00	400.00	400.00	400.00	400.00	400.00
6	资产折旧、摊销费	1011.14	1011.14	1011.14	1011.14	1011.14	1011.14	1011.14	1011.14	1011.14	1011.14	1011.14	1011.14	1011.14	1011.14
7	大修理费、检修维护费	126.70	177.37	177.37	177.37	228.05	228.05	228.05	253.39	253.39	253.39	253.39	253.39	253.39	253.39
8	管理及其他费用	191.03	195.08	195.08	195.08	199.14	199.14	199.14	201.16	201.16	201.16	201.16	201.16	201.16	201.16
9	财务费用	137.84	29.43	7.53	7.53	7.53	7.53	7.53	7.53	7.53	7.53	7.53	7.53	7.53	7.53
9.1	长期借款利息	130.31	21.90												
9.2	流动资金借款利息	7.53	7.53	7.53	7.53	7.53	7.53	7.53	7.53	7.53	7.53	7.53	7.53	7.53	7.53
9.3	其他短期借款利息														
10	总成本费用	2836.70	2783.02	2761.13	2761.13	2815.86	2815.86	2815.86	2843.22	2843.22	2843.22	2843.22	2843.22	2843.22	2843.22
11	固定成本	1866.70	1813.02	1791.13	1791.13	1845.86	1845.86	1845.86	1873.22	1873.22	1873.22	1873.22	1873.22	1873.22	1873.22
12	可变成本	970.00	970.00	970.00	970.00	970.00	970.00	970.00	970.00	970.00	970.00	970.00	970.00	970.00	970.00
13	经营成本	1687.72	1742.45	1742.45	1742.45	1797.19	1797.19	1797.19	1824.55	1824.55	1824.55	1824.55	1824.55	1824.55	1824.55
14	单位成本（元/t）	170.20	166.98	165.67	165.67	168.95	168.95	168.95	170.59	170.59	170.59	170.59	170.59	170.59	170.59
15	单位经营成本（元/t）	101.26	104.55	104.55	104.55	107.83	107.83	107.83	109.47	109.47	109.47	109.47	109.47	109.47	109.47

营业收入及税金估算表

表 2-1-7

序号	项目	年份													
		3	4	5	6	7	8	9	10	11	12	13	14	15	16
1	生产负荷（%）	70%	80%	80%	90%	100%	100%	100%	100%	100%	100%	100%	100%	100%	100%
2	收入	2589.09	2958.96	2958.96	3328.84	3698.71	3698.71	3698.71	3698.71	3698.71	3698.71	3698.71	3698.71	3698.71	3698.71
2.1	年垃圾处理费补贴收入	845.83	966.67	966.67	1087.50	1208.33	1208.33	1208.33	1208.33	1208.33	1208.33	1208.33	1208.33	1208.33	1208.33
2.1.1	日垃圾处理量（t/d）	350.00	400.00	400.00	450.00	500.00	500.00	500.00	500.00	500.00	500.00	500.00	500.00	500.00	500.00
2.1.2	年垃圾处理量（万 t）	11.67	13.33	13.33	15.00	16.67	16.67	16.67	16.67	16.67	16.67	16.67	16.67	16.67	16.67
2.1.3	计费垃圾处理量（万 t）	11.67	13.33	13.33	15.00	16.67	16.67	16.67	16.67	16.67	16.67	16.67	16.67	16.67	16.67
2.1.4	垃圾处理单价（元/t）	72.50													
2.2	年营业（售电）收入（万元）	2039.61	2330.99	2330.99	2622.36	2913.73	2913.73	2913.73	2913.73	2913.73	2913.73	2913.73	2913.73	2913.73	2913.73
2.2.1	年发电量（MW·h）	3826.67	4373.33	4373.33	4920.00	5466.67	5466.67	5466.67	5466.67	5466.67	5466.67	5466.67	5466.67	5466.67	5466.67
2.2.2	自用电量（MW·h）	688.80	787.20	787.20	885.60	984.00	984.00	984.00	984.00	984.00	984.00	984.00	984.00	984.00	984.00
2.2.3	年上网电量（MW·h）	3137.87	3586.13	3586.13	4034.40	4482.67	4482.67	4482.67	4482.67	4482.67	4482.67	4482.67	4482.67	4482.67	4482.67
2.2.4	上网电价（元/(MW·h))	6500.00	6500.00	6500.00	6500.00	6500.00	6500.00	6500.00	6500.00	6500.00	6500.00	6500.00	6500.00	6500.00	6500.00
3	税金及附加	162.58	198.95	187.75	233.07	269.44	565.24	565.24	565.24	565.24	565.24	565.24	565.24	565.24	565.24
3.1	增值税	145.16	177.63	167.63	208.10	240.57	504.68	504.68	504.68	504.68	504.68	504.68	504.68	504.68	504.68
3.1.1	销项税额	440.15	503.02	503.02	565.90	628.78	628.78	628.78	628.78	628.78	628.78	628.78	628.78	628.78	628.78
3.1.2	进项税额	294.98	325.39	335.39	357.80	388.21	124.10	124.10	124.10	124.10	124.10	124.10	124.10	124.10	124.10
3.2	营业税金及附加	17.42	21.32	20.12	24.97	28.87	60.56	60.56	60.56	60.56	60.56	60.56	60.56	60.56	60.56
3.2.1	城市维护建设税	10.16	12.43	11.73	14.57	16.84	35.33	35.33	35.33	35.33	35.33	35.33	35.33	35.33	35.33
3.2.2	地方教育附加	4.35	5.33	5.03	6.24	7.22	15.14	15.14	15.14	15.14	15.14	15.14	15.14	15.14	15.14
3.2.3	教育费附加	2.90	3.55	3.35	4.16	4.81	10.09	10.09	10.09	10.09	10.09	10.09	10.09	10.09	10.09

续表

序号	项目	年份													
		17	18	19	20	21	22	23	24	25	26	27	28	29	30
1	生产负荷（%）	100%	100%	100%	100%	100%	100%	100%	100%	100%	100%	100%	100%	100%	100%
2	收入	3698.71	3698.71	3698.71	3698.71	3698.71	3698.71	3698.71	3698.71	3698.71	3698.71	3698.71	3698.71	3698.71	3698.71
2.1	年垃圾处理费补贴收入	1208.33	1208.33	1208.33	1208.33	1208.33	1208.33	1208.33	1208.33	1208.33	1208.33	1208.33	1208.33	1208.33	1208.33
2.1.1	日垃圾处理量（t/d）	500.00	500.00	500.00	500.00	500.00	500.00	500.00	500.00	500.00	500.00	500.00	500.00	500.00	500.00
2.1.2	年垃圾处理量（万t）	16.67	16.67	16.67	16.67	16.67	16.67	16.67	16.67	16.67	16.67	16.67	16.67	16.67	16.67
2.1.3	计费垃圾处理量（万t）	16.67	16.67	16.67	16.67	16.67	16.67	16.67	16.67	16.67	16.67	16.67	16.67	16.67	16.67
2.1.4	垃圾处理价格（元/t）														
2.2	年营业(售电)收入（万元）	2913.73	2913.73	2913.73	2913.73	2913.73	2913.73	2913.73	2913.73	2913.73	2913.73	2913.73	2913.73	2913.73	2913.73
2.2.1	年发电量（MW·h）	5466.67	5466.67	5466.67	5466.67	5466.67	5466.67	5466.67	5466.67	5466.67	5466.67	5466.67	5466.67	5466.67	5466.67
2.2.2	自用电量（MW·h）	984.00	984.00	984.00	984.00	984.00	984.00	984.00	984.00	984.00	984.00	984.00	984.00	984.00	984.00
2.2.3	年上网电量（MW·h）	4482.67	4482.67	4482.67	4482.67	4482.67	4482.67	4482.67	4482.67	4482.67	4482.67	4482.67	4482.67	4482.67	4482.67
2.2.4	上网电价（元/（MW·h））	6500.00	6500.00	6500.00	6500.00	6500.00	6500.00	6500.00	6500.00	6500.00	6500.00	6500.00	6500.00	6500.00	6500.00
3	税金及附加	565.24	565.24	565.24	565.24	565.24	565.24	565.24	565.24	565.24	565.24	565.24	565.24	565.24	565.24
3.1	增值税	504.68	504.68	504.68	504.68	504.68	504.68	504.68	504.68	504.68	504.68	504.68	504.68	504.68	504.68
3.1.1	销项税额	628.78	628.78	628.78	628.78	628.78	628.78	628.78	628.78	628.78	628.78	628.78	628.78	628.78	628.78
3.1.2	进项税额	124.10	124.10	124.10	124.10	124.10	124.10	124.10	124.10	124.10	124.10	124.10	124.10	124.10	124.10
3.2	营业税金及附加	60.56	60.56	60.56	60.56	60.56	60.56	60.56	60.56	60.56	60.56	60.56	60.56	60.56	60.56
3.2.1	城市维护建设税	35.33	35.33	35.33	35.33	35.33	35.33	35.33	35.33	35.33	35.33	35.33	35.33	35.33	35.33
3.2.2	地方教育附加	15.14	15.14	15.14	15.14	15.14	15.14	15.14	15.14	15.14	15.14	15.14	15.14	15.14	15.14
3.2.3	教育费附加	10.09	10.09	10.09	10.09	10.09	10.09	10.09	10.09	10.09	10.09	10.09	10.09	10.09	10.09

表 2-1-8

利润与利润分配表

序号	项目	年份													
		3	4	5	6	7	8	9	10	11	12	13	14	15	16
1	营业收入	1743.26	1992.30	1992.30	2241.34	2490.37	2490.37	2490.37	2490.37	2490.37	2490.37	2490.37	2490.37	2490.37	2490.37
2	营业税金及附加	17.42	21.32	20.12	24.97	28.87	60.56	60.56	60.56	60.56	60.56	60.56	60.56	60.56	60.56
3	总成本费用	3413.99	3496.81	3464.80	3561.78	3614.30	3545.12	3463.01	3383.01	3299.28	3239.77	3150.66	3058.22	2962.31	2862.80
4	补贴收入	845.83	966.67	966.67	1087.50	1208.33	1208.33	1208.33	1208.33	1208.33	1208.33	1208.33	1208.33	1208.33	1208.33
5	增值税退税	145.16	177.63	167.63	208.10	240.57	504.68	504.68	504.68	504.68	504.68	504.68	504.68	504.68	504.68
6	利润总额（1-2-3+4+5+6）	-697.15	-381.53	-358.31	-49.81	296.11	597.70	679.10	759.81	843.55	903.05	992.16	1084.61	1180.52	1280.03
7	应纳税所得额（前5年弥补亏损）						597.70	679.10	759.81	843.55	903.05	992.16	1084.61	1180.52	1280.03
8	所得税						74.71	169.77	189.95	210.89	225.76	248.04	271.15	295.13	320.01
9	净利润	-697.15	-381.53	-358.31	-49.81	296.11	522.99	509.32	569.86	632.66	677.29	744.12	813.46	885.39	960.02
10	提取法定盈余公积金10%					29.61	52.30	50.93	56.99	63.27	67.73	74.41	81.35	88.54	96.00
11	累计法定盈余公积金					29.61	81.91	132.84	189.83	253.09	320.82	395.24	476.58	565.12	661.12
12	提取法定盈余公益金5%					14.81	26.15	25.47	28.49	31.63	33.86	37.21	40.67	44.27	48.00
13	累计法定盈余公益金					14.81	40.96	66.42	94.91	126.55	160.41	197.62	238.29	282.56	330.56
14	可供分配利润	-697.15	-381.53	-358.31	-49.81	251.69	444.54	432.93	484.38	537.76	575.70	632.50	691.44	752.58	816.02
15	其中用于还贷	-697.15	-381.53	-358.31	-49.81	251.69	444.54	432.93	484.38	537.76	575.70	632.50	691.44	752.58	816.02
16	利润分配														
17	未分配利润	-697.15	-381.53	-358.31	-49.81	251.69	444.54	432.93	484.38	537.76	575.70	632.50	691.44	752.58	816.02
18	归还以前年度未分配利润														
19	累计未分配利润	-697.15	-1078.68	-1437.00	-1486.81	-1235.11	-790.57	-357.65	126.73	664.49	1240.19	1872.69	2564.13	3316.71	4132.73
20	息税前利润	454.53	755.89	747.09	1021.41	1316.05	1548.47	1548.47	1548.47	1548.47	1521.10	1521.10	1521.10	1521.10	1521.10
21	息税折旧摊销前利润	1394.24	1695.61	1686.81	1961.12	2255.76	2488.18	2488.18	2488.18	2488.18	2460.82	2460.82	2460.82	2460.82	2460.82
	调整所得税				127.68	164.51	193.56	387.12	387.12	387.12	380.28	380.28	380.28	380.28	380.28

续表

序号	项目	17	18	19	20	21	22	23	24	25	26	27	28	29	30
1	营业收入	2490.37	2490.37	2490.37	2490.37	2490.37	2490.37	2490.37	2490.37	2490.37	2490.37	2490.37	2490.37	2490.37	2490.37
2	营业税金及附加	60.56	60.56	60.56	60.56	60.56	60.56	60.56	60.56	60.56	60.56	60.56	60.56	60.56	60.56
3	总成本费用	2836.70	2783.02	2761.13	2761.13	2815.86	2815.86	2815.86	2843.22	2843.22	2843.22	2843.22	2843.22	2843.22	2843.22
4	补贴收入	1208.33	1208.33	1208.33	1208.33	1208.33	1208.33	1208.33	1208.33	1208.33	1208.33	1208.33	1208.33	1208.33	1208.33
5	增值税退税	504.68	504.68	504.68	504.68	504.68	504.68	504.68	504.68	504.68	504.68	504.68	504.68	504.68	504.68
6	利润总额（1-2-3+4+5+6）	1306.12	1359.80	1381.70	1381.70	1326.97	1326.97	1326.97	1299.60	1299.60	1299.60	1299.60	1299.60	1299.60	1299.60
7	应纳税所得额（前5年涨补亏损）	1306.12	1359.80	1381.70	1381.70	1326.97	1326.97	1326.97	1299.60	1299.60	1299.60	1299.60	1299.60	1299.60	1299.60
8	所得税	326.53	339.95	345.42	345.42	331.74	331.74	331.74	324.90	324.90	324.90	324.90	324.90	324.90	324.90
9	净利润	979.59	1019.85	1036.27	1036.27	995.22	995.22	995.22	974.70	974.70	974.70	974.70	974.70	974.70	974.70
10	提取法定盈余公积金10%	97.96	101.99	103.63	103.63	99.52	99.52	99.52	97.47	97.47	97.47	97.47	97.47	97.47	97.47
11	累计法定盈余公积金	759.08	861.07	964.69	1068.32	1167.84	1267.37	1366.89	1464.36	1561.83	1659.30	1756.77	1854.24	1951.71	2049.18
12	提取法定盈余公益金5%	48.98	50.99	51.81	51.81	49.76	49.76	49.76	48.74	48.74	48.74	48.74	48.74	48.74	48.74
13	累计法定盈余公益金	379.54	430.53	482.35	534.16	583.92	633.68	683.44	732.18	780.91	829.65	878.38	927.12	975.85	1024.59
14	可供分配利润	832.65	866.87	880.83	880.83	845.94	845.94	845.94	828.50	828.50	828.50	828.50	828.50	828.50	828.50
	其中用于还贷	832.65	866.87	0.00	0.00	0.00	0.00	0.00	0.00	0.00	0.00	0.00	0.00	0.00	0.00
15	利润分配	0.00	0.00	880.83	880.83	845.94	845.94	845.94	828.50	828.50	828.50	828.50	828.50	828.50	828.50
16	未分配利润	832.65	866.87	0.00	0.00	0.00	0.00	0.00	0.00	0.00	0.00	0.00	0.00	0.00	759.39
17	归还以前年度未分配利润		866.87	880.83	880.83	759.39	759.39	759.39	759.39	759.39	759.39	759.39	759.39	759.39	759.39
18	累计未分配利润	4965.38	5832.25	6713.08	7593.92	6834.53	6075.13	5315.74	4556.35	3796.96	3037.57	2278.18	1518.78	759.39	0.00
19	息税前利润	1443.96	1389.23	1389.23	1389.23	1334.50	1334.50	1334.50	1307.13	1307.13	1307.13	1307.13	1307.13	1307.13	1307.13
20	息税折旧摊销前利润	2455.10	2400.37	2400.37	2400.37	2345.64	2345.64	2345.64	2318.27	2318.27	2318.27	2318.27	2318.27	2318.27	2318.27
21	调整所得税	360.99	347.31	347.31	347.31	333.62	333.62	333.62	326.78	326.78	326.78	326.78	326.78	326.78	326.78

7. 财务测算结果汇总

某城市生活垃圾焚烧发电PPP项目财务测算结果见表2-1-9。

主要技术经济指标 表2-1-9

序号	项目名称	单位	指标值	备注
1	项目总投资	万元	27790.43	
	其中：建设投资	万元	26813.28	
	建设期利息	万元	915.32	
	铺底流动资金	万元	61.83	
2	资金来源	万元	27790.43	
2.1	项目公司自筹	万元	8332.04	
	其中：政府投资	万元	833.20	
2.2	长期借款	万元	19458.40	
3	项目投资财务内部收益率			
3.1	税后全部投资	%	5.84	
3.2	税前全部投资	%	7.00	
4	资本金财务内部收益率	%	6.40	
5	项目投资财务净现值（$i=5\%$）			
5.1	税后全部投资	万元	2319.70	
5.2	税前全部投资	万元	5867.23	
6	项目投资回收期			
6.1	税后全部投资	年	13.92	
6.2	税前全部投资	年	12.60	
7	项目投资年平均投资收益率	%	4.74	息税前利润/总投资
8	项目资本金年平均净利润率	%	8.15	净利润/资本金
9	平均盈亏平衡点	%	83.31	投产后各年平均值
10	年均营业收入	万元	3593.03	生产期年均
11	年均总成本费用	万元	3071.74	同上

续表

序号	项目名称	单位	指标值	备注
12	年均利润总额	万元	915.62	同上
13	年均利税	万元	969.39	同上
14	长期借款偿还期	年	17.20	
15	单位服务费补贴	元/t	72.50	生产期平均值
16	单位总成本费用	元/t	192.02	生产期平均值
17	单位经营成本	元/t	104.84	生产期平均值

8. 财务分析

（1）盈利能力分析，见表 2-1-10。

项目盈利能力分析指标汇总表　　　　表 2-1-10

序号	名称	单位	盈利能力分析指标值	
			税前	税后
1	项目投资财务内部收益率	%	7.00%	5.84%
2	项目投资财务净现值（5%）	万元	5867.23	2319.70
3	项目静态投资回收期	年	12.60	13.92
4	项目动态投资回收期	年	19.90	24.34
5	资本金内部收益率	%		6.40%
6	总投资年均收益率	%	4.74%	
7	资本金年均净利润率	%		8.15%

由以上测算可见，项目投资及资本金盈利能力较好。项目投资财务内部收益率大于折现率（5%），项目投资财务内部收益率为7.00%，项目静态投资回收期为12.60年，项目资本金财务内部收益率6.40%，资本金年均净利润率8.15%，可达到一般投资者的期望值。项目投资现金流量见表 2-1-11。

（2）偿债能力及财务生存能力分析

通过计算利息备付率、偿债备付率、资产负债率和借款偿还期等指标分析判断企业的偿债能力（表 2-1-12）。

项目投资现金流量

表 2-1-11

序号	项目	合计	1	2	3	4	5	6	7	8	9	10	11	12	13	14	15
1	现金流入	121456.87			3238.72	3701.40	3701.40	4164.07	4626.75	4862.86	4626.75	4626.75	4626.75	4626.75	4626.75	4626.75	4626.75
1.1	营业收入	76339.81			2039.61	2330.99	2330.99	2622.36	2913.73	2913.73	2913.73	2913.73	2913.73	2913.73	2913.73	2913.73	2913.73
1.2	补贴及退税收入	43700.39			991.00	1144.30	1134.30	1295.60	1448.90	1713.01	1713.01	1713.01	1713.01	1713.01	1713.01	1713.01	1713.01
1.3	固定资产余值																
1.4	回收流动资金	252.58															
1.5	回收设备进项税	1416.67			208.11	226.11	236.11	246.11	264.11	236.11							
2	现金流出	95115.91	8043.98	18769.29	1691.28	1632.36	1607.42	1929.38	2103.54	2413.44	2607.00	2607.00	2607.00	2627.53	2627.53	2627.53	2627.53
2.1	建设投资（不含建设期利息）	26813.28	8043.98	18769.29													
2.2	设备重置费用	1000.00															
2.3	流动资金	252.58			206.10	13.74		17.79	14.95								
2.4	经营成本	45649.99			1322.60	1419.68	1419.68	1550.84	1654.64	1654.64	1654.64	1654.64	1654.64	1682.01	1682.01	1682.01	1682.01
2.5	营业税金及附加	13487.11			162.58	198.95	187.75	233.07	269.44	565.24	565.24	565.24	565.24	565.24	565.24	565.24	565.24
2.6	调整所得税	7912.96						127.68	164.51	193.56	387.12	387.12	387.12	380.28	380.28	380.28	380.28
3	净现金流量	26340.96	-8043.98	-18769.29	1547.44	2069.04	2093.97	2234.69	2523.21	2449.42	2019.75	2019.75	2019.75	1999.22	1999.22	1999.22	1999.22
4	累计净现金流量		-8043.98	-26813.28	-25265.84	-23196.80	-21102.83	-18868.13	-16344.92	-13895.51	-11875.76	-9856.02	-7836.27	-5837.05	-3837.83	-1838.61	160.61
5	所得税前净现金流量	34253.92	-8043.98	-18769.29	1547.44	2069.04	2093.97	2362.37	2687.72	2642.97	2406.86	2406.86	2406.86	2379.50	2379.50	2379.50	2379.50
6	所得税前累计净现金流量		-8043.98	-26813.28	-25265.84	-23196.80	-21102.83	-18740.46	-16052.74	-13409.77	-11002.90	-8596.04	-6189.18	-3809.68	-1430.18	949.32	3328.81

序号	项目	合计	年份													
			1	2	3	4	5	6	7	8	9	10	11	12	13	14	15
1	现金流入	4626.75	4626.75	4626.75	4626.75	4626.75	4626.75	4626.75	4626.75	4626.75	4626.75	4626.75	4626.75	4626.75	4626.75	4879.33	
1.1	营业收入	2913.73	2913.73	2913.73	2913.73	2913.73	2913.73	2913.73	2913.73	2913.73	2913.73	2913.73	2913.73	2913.73	2913.73	2913.73	
1.2	补贴及退税收入	1713.01	1713.01	1713.01	1713.01	1713.01	1713.01	1713.01	1713.01	1713.01	1713.01	1713.01	1713.01	1713.01	1713.01	1713.01	
1.3	固定资产余值																
1.4	回收流动资金															252.58	
1.5	回收设备进项税																
2	现金流出	2627.53	3613.95	2655.00	2655.00	2655.00	2696.05	2696.05	2696.05	2716.58	2716.58	2716.58	2716.58	2716.58	2716.58	2716.58	
2.1	建设投资（不含建设期利息）		1000.00														
2.2	设备重置费用																
2.3	流动资金																
2.4	经营成本	1682.01	1687.72	1742.45	1742.45	1742.45	1797.19	1797.19	1797.19	1824.55	1824.55	1824.55	1824.55	1824.55	1824.55	1824.55	
2.5	营业税金及附加	565.24	565.24	565.24	565.24	565.24	565.24	565.24	565.24	565.24	565.24	565.24	565.24	565.24	565.24	565.24	
2.6	调整所得税	380.28	360.99	347.31	347.31	347.31	333.62	333.62	333.62	326.78	326.78	326.78	326.78	326.78	326.78	326.78	
3	净现金流量	1999.22	1012.79	1971.74	1971.74	1971.74	1930.69	1930.69	1930.69	1910.17	1910.17	1910.17	1910.17	1910.17	1910.17	2162.75	
4	累计净现金流量	2159.84	3172.63	5144.37	7116.12	9087.86	11018.55	12949.25	14879.94	16790.11	18700.28	20610.45	22520.62	24430.79	26340.96	28503.71	
5	所得税前净现金流量	2379.50	1373.78	2319.05	2319.05	2319.05	2264.32	2264.32	2264.32	2236.95	2236.95	2236.95	2236.95	2236.95	2236.95	2489.53	
6	所得税前累计净现金流量	5708.31	7082.09	9401.15	11720.20	14039.25	16303.57	18567.88	20832.20	23069.16	25306.11	27543.06	29780.01	32016.97	34253.92	36743.45	

偿债能力分析指标汇总 表 2-1-12

序号	指标	年份								
		1	2	3	4	5	6	7	8	9
1	利息备付率			0.39	0.66	0.68	0.95	1.29	1.63	1.78
2	偿债备付率			1.00	1.01	1.00	1.01	1.01	1.00	1.00
3	资产负债率（%）	71.05	70.17	71.75	72.21	72.60	71.77	69.44	65.95	62.23

序号	指标	年份							
		10	11	12	13	14	15	16	17	
1	利息备付率	1.97	2.21	2.47	2.89	3.51	4.51	6.40	10.74	
2	偿债备付率	1.00	1.00	1.00	1.00	1.00	1.00	1.00	1.00	
3	资产负债率（%）	57.76	52.79	47.15	40.67	33.21	24.63	14.77	3.29	

经测算得出的偿债能力分析相关指标见上表，投产之后，利息备付率前几年较低，正常运营年份均达到 1，偿债备付率指标各年均达到 1，资产负债率最高在第一年为 71.05%，以后逐年降低，处于安全水平。表示在收入得以实现时，企业具有不错的偿债能力。运营期项目的现金流在各运营年份均能保证企业正常运营、收回投资、抵补成本、偿还长期借款、支付企业追加设备重置更新改造的投资，项目公司具有财务生存能力。财务计划现金流量表及资产负债表见表 2-1-13、表 2-1-14。

9. 不确定性分析

（1）盈亏平衡分析

以生产能力利用率表示的盈亏平衡点：

$BEP=$ 固定成本 / （营业收入－可变成本－税金）=83.31%

须引起经营者注意的是投产初期盈亏平衡点较高。日垃圾焚烧处理量须达到 386.6t 以上才能实现盈亏平衡，正常生产年盈亏平衡点范围在 67.13% 与 97.94% 之间。电力接入系统的建设与垃圾焚烧处理厂的建设同步进行是保证盈亏平衡的重要条件之一。

（2）敏感性分析

分析中测算了营业收入、经营成本、建设投资等因素的变化对项目公司财务内部收益率、财务净现值、静态投资回收期的影响。由分析结果可见，营业收入的变化对财务效益的影响最敏感，建设投资次之。因此，政府和社会资本方应当重视降低成本、增加收入，并做好前期投资控制。不确定性分析见表 2-1-15。

10. 政府现金流量分析

政府资金财务分析的目标是考察项目的建设与运营对政府收入和支出的影响。政府在投融资方案设计中，首先要站在政府的角度，比较采用 PPP 模式，与不采用 PPP 模式、通过传统的政府采购模式进行项目建设，哪种模式更能使资源合理配置，更能为社会创造最大效益。采用 PPP 模式和政府传统模式时，政府的现金流入和流出存在较大差别，政府现金流量见表 2-1-16。

表 2-1-13

财务计划现金流量表

序号	项目	合计	1	2	3	4	5	6	7	8	9	10	11	12	13	14	15
										计算期							
1	经营活动净现金流量	51558.99			1394.24	1695.61	1686.81	1961.12	2255.76	2413.47	2318.41	2298.23	2277.30	2235.05	2212.78	2189.66	2165.69
1.1	现金流入	115757.85			3174.40	3639.62	3629.62	4102.84	4568.05	4832.17	4832.17	4832.17	4832.17	4832.17	4832.17	4832.17	4832.17
1.1.1	营业收入	60267.01			1743.26	1992.30	1992.30	2241.34	2490.37	2490.37	2490.37	2490.37	2490.37	2490.37	2490.37	2490.37	2490.37
1.1.2	增值税销项税额	15216.48			440.15	503.02	503.02	565.90	628.78	628.78	628.78	628.78	628.78	628.78	628.78	628.78	628.78
1.1.3	增值税退税	11032.70			145.16	177.63	167.63	208.10	240.57	504.68	504.68	504.68	504.68	504.68	504.68	504.68	504.68
1.1.4	补贴收入	29241.67			845.83	966.67	966.67	1087.50	1208.33	1208.33	1208.33	1208.33	1208.33	1208.33	1208.33	1208.33	1208.33
1.2	现金流出	64198.86			1780.16	1944.02	1942.82	2141.72	2312.29	2418.70	2513.76	2533.94	2554.87	2597.11	2619.39	2642.50	2666.48
1.2.1	经营成本	42000.89			1322.60	1419.68	1419.68	1550.84	1654.64	1654.64	1654.64	1654.64	1654.64	1682.01	1682.01	1682.01	1682.01
1.2.2	增值税进项税额	4183.78			294.98	325.39	335.39	357.80	388.21	124.10	124.10	124.10	124.10	124.10	124.10	124.10	124.10
1.2.3	营业税金及附加	1323.92			17.42	21.32	20.12	24.97	28.87	60.56	60.56	60.56	60.56	60.56	60.56	60.56	60.56
1.2.4	增值税	11032.70			145.16	177.63	167.63	208.10	240.57	504.68	504.68	504.68	504.68	504.68	504.68	504.68	504.68
1.2.5	所得税	5657.57								74.71	169.77	189.95	210.89	225.76	248.04	271.15	295.13
1.2.6	其他流出																
2	投资活动净现金流量	−28065.86	−8043.98	−18769.29	−206.10	−13.74		−17.79	−14.95								
2.1	现金流入																
2.2	现金流出	28065.86	8043.98	18769.29	206.10	13.74		17.79	14.95								
2.2.1	建设投资（不含建设期利息）	26813.28	8043.98	18769.29	206.10												
2.2.2	维持运营投资（设备重置）	1000.00															

序号	项目	合计	计算期														
			1	2	3	4	5	6	7	8	9	10	11	12	13	14	15
2.2.3	流动资金	252.58			206.10	13.74		17.79	14.95								
2.2.4	其他流出																
3	筹资活动净现金流量	-14806.17	8043.98	18769.29	-1188.14	-1681.87	-1686.81	-1943.33	-2196.40	-2335.02	-2242.01	-2212.75	-2182.40	-2133.46	-2101.16	-2067.65	-2032.88
3.1	现金流入	27934.70	8215.61	19512.99	206.10												
3.1.1	项目资本金投入	8332.04	2378.09	5892.12	61.83												
3.1.2	建设投资借款	19458.40	5837.52	13620.88													
3.1.3	流动资金借款	144.27			144.27												
3.1.4	短期借款																
3.2	现金流出	42740.87	171.62	743.70	1394.24	1681.87	1686.81	1943.33	2196.40	2335.02	2242.01	2212.75	2182.40	2133.46	2101.16	2067.65	2032.88
3.2.1	长期借款利息支出	11926.66	171.62	743.70	1144.15	1129.89	1097.88	1063.69	1012.41	943.24	861.84	781.13	697.39	610.52	521.41	428.97	333.05
3.2.2	流动资金借款利息支出	188.27			7.53	7.53	7.53	7.53	7.53	7.53	7.53	7.53	7.53	7.53	7.53	7.53	7.53
3.2.3	短期借款利息支出																
3.2.4	偿还债务本金	19458.40			242.56	544.45	581.40	872.11	1176.45	1384.25	1372.64	1424.09	1477.47	1515.41	1572.21	1631.15	1692.29
3.2.5	应付利润（股利分配）	11167.55															
3.2.6	其他流出（短期借款偿还）																
4	净现金流量	8686.97							44.42	78.45	76.40	85.48	94.90	101.59	111.62	122.02	132.81
5	累计盈余资金								44.42	122.87	199.26	284.74	379.64	481.23	592.85	714.87	847.68

序号	项目	计算期														
		16	17	18	19	20	21	22	23	24	25	26	27	28	29	30
1	经营活动净现金流量	2140.81	2128.57	2060.42	2054.95	2054.95	2013.90	2013.90	2013.90	1993.37	1993.37	1993.37	1993.37	1993.37	1993.37	1993.37
1.1	现金流入	4832.17	4832.17	4832.17	4832.17	4832.17	4832.17	4832.17	4832.17	4832.17	4832.17	4832.17	4832.17	4832.17	4832.17	4832.17
1.1.1	营业收入	2490.37	2490.37	2490.37	2490.37	2490.37	2490.37	2490.37	2490.37	2490.37	2490.37	2490.37	2490.37	2490.37	2490.37	2490.37
1.1.2	增值税销项税额	628.78	628.78	628.78	628.78	628.78	628.78	628.78	628.78	628.78	628.78	628.78	628.78	628.78	628.78	628.78
1.1.3	增值税退税	504.68	504.68	504.68	504.68	504.68	504.68	504.68	504.68	504.68	504.68	504.68	504.68	504.68	504.68	504.68
1.1.4	补贴收入	1208.33	1208.33	1208.33	1208.33	1208.33	1208.33	1208.33	1208.33	1208.33	1208.33	1208.33	1208.33	1208.33	1208.33	1208.33
1.2	现金流出	2691.36	2703.59	2771.75	2777.22	2777.22	2818.27	2818.27	2818.27	2838.79	2838.79	2838.79	2838.79	2838.79	2838.79	2838.79
1.2.1	经营成本	1682.01	1687.72	1742.45	1742.45	1742.45	1797.19	1797.19	1797.19	1824.55	1824.55	1824.55	1824.55	1824.55	1824.55	1824.55
1.2.2	增值税进项税额	124.10	124.10	124.10	124.10	124.10	124.10	124.10	124.10	124.10	124.10	124.10	124.10	124.10	124.10	124.10
1.2.3	营业税金及附加	60.56	60.56	60.56	60.56	60.56	60.56	60.56	60.56	60.56	60.56	60.56	60.56	60.56	60.56	60.56
1.2.4	增值税	504.68	504.68	504.68	504.68	504.68	504.68	504.68	504.68	504.68	504.68	504.68	504.68	504.68	504.68	504.68
1.2.5	所得税	320.01	326.53	339.95	345.42	345.42	331.74	331.74	331.74	324.90	324.90	324.90	324.90	324.90	324.90	324.90
1.2.6	其他流出															
2	投资活动净现金流量		−1000.00													
2.1	现金流入															
2.2	现金流出		1000.00													
2.2.1	建设投资（不含建设期利息）															
2.2.2	维持运营投资（设备重置）		1000.00													

序号	项目	计算期 16	17	18	19	20	21	22	23	24	25	26	27	28	29	30
2.2.3	流动资金															
2.2.4	其他流出															
3	筹资活动净现金流量	-1996.81	-1981.63	-401.81	-7.53	-7.53	-1612.86	-1612.86	-1612.86	-1595.42	-1595.42	-1595.42	-1595.42	-1595.42	-1595.42	-1595.42
3.1	现金流入															
3.1.1	项目资本金投入															
3.1.2	建设投资借款															
3.1.3	流动资金借款															
3.1.4	短期借款															
3.2	现金流出	1996.81	1981.63	401.81	7.53	7.53	1612.86	1612.86	1612.86	1595.42	1595.42	1595.42	1595.42	1595.42	1595.42	1595.42
3.2.1	长期借款利息支出	233.55	130.31	21.90												
3.2.2	流动资金借款利息支出	7.53	7.53	7.53	7.53	7.53	7.53	7.53	7.53	7.53	7.53	7.53	7.53	7.53	7.53	7.53
3.2.3	短期借款利息支出															
3.2.4	偿还债务本金	1755.73	1843.79	372.39												
3.2.5	应付利润（股利分配）						1605.33	1605.33	1605.33	1587.89	1587.89	1587.89	1587.89	1587.89	1587.89	1587.89
3.2.6	其他流出（短期借款偿还）															
4	净现金流量	144.00	-853.06	1658.61	2047.41	2047.41	401.03	401.03	401.03	397.95	397.95	397.95	397.95	397.95	397.95	397.95
5	累计盈余资金	991.68	138.62	1797.23	3844.64	5892.05	6293.09	6694.12	7095.15	7493.11	7891.06	8289.01	8686.97	9084.92	9482.87	9880.83

表 2-1-14

资产负债表

序号	项目	1	2	3	4	5	6	7	8	9	10	11	12	13	14	15
1	资产	8215.61	27728.60	27023.38	26101.46	25161.75	24243.88	23367.59	22506.33	21643.02	20788.78	19943.97	19105.85	18277.76	17460.06	16653.16
1.1	流动资产总额			1651.16	1668.95	1668.95	1690.79	1754.22	1832.67	1909.07	1994.54	2089.54	2191.04	2302.65	2424.67	2557.48
1.1.1	现金			47.30	47.30	47.30	48.04	48.61	48.61	48.61	48.61	48.61	48.61	48.61	48.61	48.61
1.1.2	应收账款			128.95	138.42	138.42	151.21	161.33	161.33	161.33	161.33	161.33	161.33	161.33	161.33	161.33
1.1.3	存货			58.24	66.56	66.56	74.88	83.20	83.20	83.20	83.20	83.20	83.20	83.20	83.20	83.20
1.1.4	累计盈余资金							44.42	122.87	199.26	284.74	379.64	481.23	592.85	714.87	847.68
1.1.5	其他															
1.2	在建工程	8215.61	27728.60	1416.67	1416.67	1416.67	1416.67	1416.67	1416.67	1416.67	1416.67	1416.67	1416.67	1416.67	1416.67	1416.67
1.3	资产净值（长期应收）			25372.22	24432.51	23492.80	22553.09	21613.37	20673.66	19733.95	18794.24	17854.53	16914.81	15975.10	15035.39	14095.68
2	负债及所有者权益	8215.61	27728.60	27023.38	26101.46	25161.75	24243.88	23367.59	22506.33	21643.02	20788.78	19943.97	19105.85	18277.76	17460.06	16653.16
2.1	流动负债总额			172.66	176.72	176.72	180.77	184.83	184.83	184.83	184.83	184.83	184.83	184.83	184.83	184.83
2.1.1	应付账款			28.39	32.44	32.44	36.50	40.56	40.56	40.56	40.56	40.56	40.56	40.56	40.56	40.56
2.1.2	流动资金借款			144.27	144.27	144.27	144.27	144.27	144.27	144.27	144.27	144.27	144.27	144.27	144.27	144.27
2.1.3	其他短期借款															
2.2	建设投资借款	5837.52	19458.40	19215.84	18671.39	18089.99	17217.88	16041.43	14657.17	13284.53	11860.44	10382.97	8867.56	7295.35	5664.20	3971.91
2.3	负债小计	5837.52	19458.40	19388.50	18848.10	18266.71	17398.65	16226.25	14842.00	13469.36	12045.27	10567.80	9052.39	7480.18	5849.03	4156.73
2.4	所有者权益	2378.09	8270.20	7634.88	7253.35	6895.04	6845.23	7141.34	7664.33	8173.65	8743.51	9376.17	10053.46	10797.58	11611.04	12496.43
2.4.1	资本金	2378.09	8270.20	8332.04	8332.04	8332.04	8332.04	8332.04	8332.04	8332.04	8332.04	8332.04	8332.04	8332.04	8332.04	8332.04
2.4.2	资本公积金															
2.4.3	累计盈余公积金、公益金							44.42	122.87	199.26	284.74	379.64	481.23	592.85	714.87	847.68
2.4.4	累计未分配利润			-697.15	-1078.68	-1437.00	-1486.81	-1235.11	-790.57	-357.65	126.73	664.49	1240.19	1872.69	2564.13	3316.71
3	计算指标 资产负债率（%）	71.05%	70.17%	71.75%	72.21%	72.60%	71.77%	69.44%	65.95%	62.23%	57.94%	52.99%	47.38%	40.93%	33.50%	24.96%

序号	项目	1	2	3	4	5	6	7	8	9	10	11	12	13	14	15
1	资产	15857.45	14993.25	15640.71	16676.99	17713.26	17103.15	16493.04	15882.94	15269.75	14656.56	14043.38	13430.19	12817.00	12203.82	11590.63
1.1	流动资产总额	2701.48	1848.42	3507.03	5554.44	7601.86	8002.89	8403.92	8804.95	9202.91	9600.86	9998.81	10396.77	10794.72	11192.68	11590.63
1.1.1	现金	48.61	48.61	48.61	48.61	48.61	48.61	48.61	48.61	48.61	48.61	48.61	48.61	48.61	48.61	48.61
1.1.2	应收账款	161.33	161.33	161.33	161.33	161.33	161.33	161.33	161.33	161.33	161.33	161.33	161.33	161.33	161.33	161.33
1.1.3	存货	83.20	83.20	83.20	83.20	83.20	83.20	83.20	83.20	83.20	83.20	83.20	83.20	83.20	83.20	83.20
1.1.4	累计盈余资金	991.68	138.62	1797.23	3844.64	5892.05	6293.09	6694.12	7095.15	7493.11	7891.06	8289.01	8686.97	9084.92	9482.87	9880.83
1.1.5	其他	1416.67	1416.67	1416.67	1416.67	1416.67	1416.67	1416.67	1416.67	1416.67	1416.67	1416.67	1416.67	1416.67	1416.67	1416.67
1.2	在建工程															
1.3	资产净值（长期应收）	13155.97	13144.83	12133.69	11122.55	10111.40	9100.26	8089.12	7077.98	6066.84	5055.70	4044.56	3033.42	2022.28	1011.14	0.00
2	负债及所有者权益	15857.45	14993.25	15640.71	16676.99	17713.26	17103.15	16493.04	15882.94	15269.75	14656.56	14043.38	13430.19	12817.00	12203.82	11590.63
2.1	流动负债总额	184.83	184.83	184.83	184.83	184.83	184.83	184.83	184.83	184.83	184.83	184.83	184.83	184.83	184.83	184.83
2.1.1	应付账款	40.56	40.56	40.56	40.56	40.56	40.56	40.56	40.56	40.56	40.56	40.56	40.56	40.56	40.56	40.56
2.1.2	流动资金借款	144.27	144.27	144.27	144.27	144.27	144.27	144.27	144.27	144.27	144.27	144.27	144.27	144.27	144.27	144.27
2.1.3	其他短期借款															
2.2	建设投资借款	2216.18	372.39													
2.3	负债小计	2401.01	557.21	184.83	184.83	184.83	184.83	184.83	184.83	184.83	184.83	184.83	184.83	184.83	184.83	184.83
2.4	所有者权益	13456.44	14436.03	15455.89	16492.16	17528.43	16918.33	16308.22	15698.11	15084.92	14471.74	13858.55	13245.36	12632.18	12018.99	11405.80
2.4.1	资本金	8332.04	8332.04	8332.04	8332.04	8332.04	8332.04	8332.04	8332.04	8332.04	8332.04	8332.04	8332.04	8332.04	8332.04	8332.04
2.4.2	资本公积金															
2.4.3	累计盈余公积金、公益金	991.68	1138.62	1291.60	1447.04	1602.48	1751.76	1901.05	2050.33	2196.54	2342.74	2488.95	2635.15	2781.36	2927.56	3073.77
2.4.4	累计未分配利润	4132.73	4965.38	5832.25	6713.08	7593.92	6834.53	6075.13	5315.74	4556.35	3796.96	3037.57	2278.18	1518.78	759.39	0.00
3	计算指标															
	资产负债率（%）	15.14%	3.72%													

表 2-1-15

不确定性分析汇总表

一、敏感性分析

变化幅度	FIRR (%)					NPV (万元)					Pt (年)				
	-15.0%	-7.5%	0.0%	7.5%	15.0%	-15.0%	-7.5%	0.0%	7.5%	15.0%	-15.0%	-7.5%	0.0%	7.5%	15.0%
1.收入	4.14%	5.63%	7.00%	8.28%	9.50%	-2351.7	1816.1	6019.70	10151.7	14319.5	17.20	14.30	12.71	11.36	10.36
2.经营成本	8.08%	7.55%	7.00%	6.44%	5.86%	9477.8	7730.8	6019.70	4236.9	2490.0	11.57	12.07	12.71	13.24	13.95
3.建设投资	8.66%	7.78%	7.00%	6.31%	5.69%	9686.7	7835.3	6019.70	4132.5	2281.1	10.98	11.80	12.71	13.45	14.28
4.可变成本	7.58%	7.29%	7.00%	6.71%	6.42%	7805.1	6894.5	6019.70	5073.3	4162.6	12.03	12.32	12.71	12.95	13.29

二、盈亏平衡分析

以生产能力利用率表示的盈亏平衡点:

1. 按投产后的加权平均值 BEP=83.13%
2. 正常生产年产年盈亏平衡点范围在 67.13% 与 97.94% 之间

年份	3	4	5	6	7	8	9	10	11	12	13	14	15
BEP	144.50%	125.87%	124.32%	110.61%	97.94%	96.51%	93.46%	90.44%	87.30%	85.07%	81.73%	78.26%	74.67%

年份	16	17	18	19	20	21	22	23	24	25	26	27	28	29	30
BEP	70.94%	69.96%	67.95%	67.13%	67.13%	69.18%	69.18%	69.18%	70.21%	70.21%	70.21%	70.21%	70.21%	70.21%	70.21%

表 2-1-16

政府现金流量表

序号	项目	合计	1	2	3	4	5	6	7	8	9	10	11	12	13	14	15
													年份				
一	采用 PPP 项目净现金流量		-237.81	-2392.50	-2644.07	-2748.64	-2749.84	-2865.81	-1179.47	-1073.06	-978.00	-957.82	-936.89	-922.01	-899.73	-876.62	-852.64
1	现金流入	19200.42			17.42	21.32	20.12	24.97	28.87	135.27	230.34	250.51	271.45	286.33	308.60	331.71	355.69
1.1	税收	8137.88			17.42	21.32	20.12	24.97	28.87	135.27	230.34	250.51	271.45	286.33	308.60	331.71	355.69
1.2	利润分配	3186.24															
1.3	期末接收净资产	7876.30															
2	现金流出	33706.05	237.81	2392.50	2661.49	2769.95	2769.95	2890.79	1208.33	1208.33	1208.33	1208.33	1208.33	1208.33	1208.33	1208.33	1208.33
2.1	项目公司资本金	839.39	237.81	589.21	12.37												
2.2	垃圾处理补贴	32866.67			845.83	966.67	966.67	1087.50	1208.33	1208.33	1208.33	1208.33	1208.33	1208.33	1208.33	1208.33	1208.33
2.3	政府购买土地服务费用			1803.29	1803.29	1803.29	1803.29	1803.29									
二	不采用 PPP 项目净现金流量		-2099.43	-8397.70	-736.65	-755.69	-736.09	-825.79	-854.48	-1005.27	-1148.37	-1119.11	-1088.76	-1067.69	-1035.39	-1001.88	-967.11
1	现金流入	86763.39			2195.33	2497.22	2507.22	2801.11	3103.00	3075.00	2838.89	2838.89	2838.89	2838.89	2838.89	2838.89	2838.89
1.1	垃圾处理费																
1.2	售电收入	77217.84			1987.22	2271.11	2271.11	2555.00	2838.89	2838.89	2838.89	2838.89	2838.89	2838.89	2838.89	2838.89	2838.89
1.3	税收																
1.4	回收（固定）资产余值	7876.30															
1.5	回收流动资金	252.58															
1.6	回收设备进项税	1416.67			208.11	226.11	236.11	246.11	264.11	236.11							
2	现金流出	93610.59	2099.43	8397.70	2931.99	3252.92	3243.31	3626.90	3957.48	4080.27	3987.26	3958.00	3927.65	3906.58	3874.28	3840.77	3806.00
2.1	政府投资	10558.96	2099.43	8397.70	61.83												
2.2	财政购税收补贴																
2.3	借款本金偿还	24493.30			242.56	558.18	581.40	889.90	1191.41	1384.25	1372.64	1424.09	1477.47	1515.41	1572.21	1631.15	1692.29
2.4	借款利息支付	16177.07			1440.21	1425.94	1393.12	1358.94	1306.61	1236.56	1155.16	1074.45	990.71	903.84	814.73	722.29	626.37
2.5	经营成本	42236.99			1187.39	1268.79	1268.79	1378.06	1459.46	1459.46	1459.46	1459.46	1459.46	1487.34	1487.34	1487.34	1487.34
2.6	流动资金借款偿还	144.27															
三	有无对比增量净现金流量	16674.86	-1861.62	-6005.21	1907.42	1992.94	2013.75	2040.03	324.99	67.79	-170.37	-161.29	-151.87	-145.68	-135.66	-125.26	-114.47
四	累计净现金流量	66538.92	-1861.62	-7866.82	-5959.41	-3966.46	-1952.71	87.32	412.30	480.09	309.72	148.43	-3.44	-149.13	-284.79	-410.05	-524.52

序号	项目	合计	16	17	18	19	20	21	22	23	24	25	26	27	28	29	30
一	采用 PPP 项目净现金流量		-900.46	-893.91	-880.45	-875.71	-875.71	-567.29	-567.29	-567.29	-577.62	-577.62	-577.62	-577.62	-577.62	-577.62	7298.68
1	现金流入	18580.78	357.87	364.43	377.88	382.62	382.62	691.05	691.05	691.05	680.72	680.72	680.72	680.72	680.72	680.72	8557.02
1.1	税收	7507.86	357.87	364.43	377.88	382.62	382.62	368.94	368.94	368.94	362.10	362.10	362.10	362.10	362.10	362.10	362.10
1.2	利润分配	3196.63						322.11	322.11	322.11	318.62	318.62	318.62	318.62	318.62	318.62	318.62
1.3	期末接收净资产	7876.30															7876.30
2	现金流出	35065.06	1258.33	1258.33	1258.33	1258.33	1258.33	1258.33	1258.33	1258.33	1258.33	1258.33	1258.33	1258.33	1258.33	1258.33	1258.33
2.1	项目公司资本金	838.40															
2.2	垃圾处理补贴	34226.67	1258.33	1258.33	1258.33	1258.33	1258.33	1258.33	1258.33	1258.33	1258.33	1258.33	1258.33	1258.33	1258.33	1258.33	1258.33
2.3	政府购买征地服务费用																
二	不采用 PPP 项目净现金流量		-848.09	-840.02	-821.52	158.20	217.65	221.36	892.89	1315.42	1287.55	1287.55	1287.55	1287.55	1287.55	1287.55	9262.10
1	现金流入	86741.79	2838.89	2838.89	2838.89	2838.89	2838.89	2838.89	2838.89	2838.89	2838.89	2838.89	2838.89	2838.89	2838.89	2838.89	10946.17
1.1	垃圾处理收费	77217.84	2838.89	2838.89	2838.89	2838.89	2838.89	2838.89	2838.89	2838.89	2838.89	2838.89	2838.89	2838.89	2838.89	2838.89	2838.89
1.2	售电收入																
1.3	税收																
1.4	回收（固定）资产余值	7876.30															7876.30
1.5	回收流动资金	230.98															230.98
1.6	回收设备进项税	1416.67															
2	现金流出	91286.22	3686.98	3678.91	3660.42	2680.70	2621.24	2617.53	1946.00	1523.47	1551.34	1551.34	1551.34	1551.34	1551.34	1551.34	1684.07
2.1	政府投资	10552.53															
2.2	财政税收补贴																
2.3	借款本金偿还	24489.84	1757.85	1845.99	1880.30	1011.14	1011.14	1011.14	399.07								
2.4	借款利息支付	16135.74	524.30	420.94	312.39	201.83	142.38	82.92	23.47								
2.5	经营成本	39975.39	1404.84	1411.98	1467.72	1467.72	1467.72	1523.47	1523.47	1523.47	1551.34	1551.34	1551.34	1551.34	1551.34	1551.34	1551.34
2.6	流动资金借款偿还	132.73															132.73
三	有无对比增量净现金流量	20956.28	52.37	53.89	58.93	1033.91	1093.36	788.65	1460.18	1882.71	1865.17	1865.17	1865.17	1865.17	1865.17	1865.17	1963.42
四	累计净现金流量	127016.20	1430.25	1484.14	1543.06	2576.97	3670.33	4458.98	5919.15	7801.86	9667.03	11532.19	13397.36	15262.53	17127.69	18992.86	20956.28

第二章 PPP 项目物有所值评价与财政承受能力论证

PPP 模式引入社会资本，一方面能够提高项目的实施效率，节省成本，通过专业的运营团队提高服务质量，另一方面缓解了政府财政压力。但同时也有其固有的缺点和劣势，如前期谈判时间过长、交易成本过高，公私双方合作框架的复杂性导致项目风险增加等。对于项目是否采用 PPP 模式，一般通过物有所值（Value for Money，VFM）评价和财政承受能力论证判断项目可行性。只有预期 PPP 模式能带来物有所值且项目在政府财政承受能力范围内时，PPP 模式才予以采用，否则应当考虑其他采购模式。本章主要讨论物有所值评价与财政承受能力论证的过程与具体应用。

第一节　物有所值评价

一、物有所值评价内涵与意义

物有所值（Value for Money）的概念主要源于 20 世纪 90 年代的英国。英国审计署把它定义为"最优化利用可用资源以获取想要的结果"，其目标通常细化为管理学上的"3E 原则"，即经济（Economy）、效率（Efficiency）和效果（Effectiveness）。"经济"是指谨慎地利用资源，从而节省费用、时间和人力，即所需资源的成本最小化，是从成本角度对投入进行度量；"效率"是指使用较少的成本、时间和精力而提供相同的服务，是生产率的度量，即度量从投入中获得多少产出；"效果"是指使用相同的费用、时间和精力而提供更好的服务或获取更好的回报，是结果的度量，表明项目可否有效实现预期目标。

财政部《操作指南》中对"物有所值"定义为"一个组织运用其可利用资源所能获得的长期最大利益"，即少花钱、多办事、办好事。

判断物有所值的主要标准是相对于成本的效果，即物有所值是投入的成本与获得的效果之间的关系。对于提供产品和服务而言，投入的成本除了设施建设期所投入的成本，还包括设施运营维护期所投入的成本；效果除了产品和服务的数量，还包括产品和服务的质量，如及时性、适用性和便利性等。

PPP 项目的物有所值是一个相对概念，进行 PPP 项目物有所值评价时需要将 PPP 模式与政府传统采购模式进行比较。假设两种采购模式效果相同，则比较投入的多少就可以判断哪种模式更能实现物有所值；如果假设两种采购模式的投入相同，则比较所获效果的好坏就可以判断哪种模式更物有所值。PPP 项目物有所值（VFM）评价是判断是否采用 PPP 模式代替政府传统采购模式实施基础设施及公共服务项目的一种评估方法。物有所值评价包括定性分析和定量分析。

1. 物有所值的驱动因素

物有所值驱动因素是指引导、推动、激励 PPP 项目实现和提高物有所值的因素。各个国家和机构对物有所值驱动因素进行了识别与分析，得出了提高物有所值的驱动因素主要以下几项：

（1）统筹的风险转移安排。政府和社会资本按照最优化原则分担风险，政府科学合理地向社会资本转移风险；

（2）降低全寿命周期成本。将设计、建设成本与运营、维护和大修等成本全部整合，由社会资本方负责，激励其在全寿命周期内统筹考虑成本最小化，实现效率的提高；

（3）社会资本方在管理上可以专注于提供服务，如果由政府负责提供服务，政府通常还需要关注其他目标和约束；

（4）社会资本预先做好全寿命周期内的成本和资金规划，提高成本可预测性，降低项目建成后缺少运营维护资金的风险；

（5）政府制定详细的产出说明，注重结果导向而非投入和过程导向，促使社会资本在采购竞争和项目实施中进行创新；

（6）激励社会资本方提高资产利用率，利用单个项目创造多种收入来源，或者通过统筹利用其承担的多个项目取得规模经济效应，减少政府付费；

（7）政府按合同约定的产出说明和服务绩效监测办法对项目公司提供的服务进行质量、数量和及时性等方面的绩效监测和管理，实现按绩效向项目公司付费，并且罚劣奖优；

（8）PPP 项目合同应具备足够的灵活性，在项目生命周期内较少发生变更或由于变更产生的成本在合理范围；

（9）社会资本方的融资交割、服务供给等要及时、有效，政府资金提供、费用支付及配套工作等也要及时、有效。

2.进行物有所值评价的必要性

物有所值评价主要与PPP项目立项和审批中的三个层次问题相关，具体分析如下：

（1）对项目实施模式进行比选分析，即对采用传统政府投资模式和PPP模式采购项目的成本进行比较。如果采取PPP模式，则应当确保所带来的效率和服务质量提高超过了缔约成本的增加。

（2）在决定采用PPP模式以后，进入项目准备阶段，是物有所值评价重点阶段。要求进一步考虑采用何种具体运作方式，如BOT、TOT或其他方式，并对实施方案要点，如价格、支付等机制进行设计。物有所值评价以实施方案为基础，也是实施方案的重要补充。

（3）通过项目采购阶段的物有所值评价，可以根据社会资本报价计算物有所值量值，有助于为项目选择合适的投资者。

上述关键原则和要点已体现在特许经营法、操作流程和示范合同中，而确定这些原则的结论都离不开VFM评价。

二、物有所值评价在国外的应用

目前，英国、美国、澳大利亚、加拿大、新西兰、印度、南非、中国香港等国家和地区都提出了各自的物有所值定量评价框架和流程，虽不完全一致，但基本思路相同，即对拟采用PPP模式的基础设施及公共服务项目，比较政府在传统采购模式与PPP模式下的全寿命周期成本净现值。其中，英国、美国、印度还开发了定量评价模型和软件。下面就物有所值评价要素和公共部门比较值（Public Sector Comparator，PSC）构成的比较来说明物有所值评价在国外的应用状况。

1.各区域物有所值评价要素比较

物有所值评价最早发源于英国，其与PPP模式相关的法律制度体系较完善，也形成了一套成熟的物有所值评价体系。而澳大利亚PSC评价指南是最详细的，在澳大利亚有超过90%以上的PPP项目用这一指南进行前期决策，应用范围最广，并且导则中有详细的案例说明PSC的定量计算方法，可操作性很强。加拿大也是国际公认的PPP运用最好的国家之一，加拿大PPP市场成熟规范，项目推进有力，各级采购部门经验丰富，服务效率和交易成本优势显著。加拿大政府专门成立了"加拿大PPP中心基金"，并且将养老基金及保险基金等追求长期稳定收益的资金引入到投资基础设施的PPP模式中，拓宽了融资渠道。因此，以下选取英国、澳大利亚及加拿大三个较典型国家，通过评估执行时间、风险管理、折现率、定性评价内容以及项目可行性判断方法等物有所值评价要素的对比，来介绍国外 PPP 项目物有所值评价的应用，如表 2-2-1 所示。

典型国家 PPP 物有所值评价要素对比   表 2-2-1

国家	评价执行时间	风险管理	折现率	定性评价	项目可行性判断方法
英国	在年度预算阶段，开展计划形成阶段评估；在 OJEU 发出通知之前的 OBC 阶段，开展专案评估；在 OBC 阶段结束后、完成财务融资前，开始采购阶段评估	通过前两阶段的定性评估确认风险转移方案是否能够实现；第三阶段定性评估，仍然需要再次确认项目风险分担方案是否是合适的和可交付的	用以社会时间偏好折现率为标准的实际折现率计算，用于返还现金流量的折现率取 3.5%（适用于期限为 0～30 年的随期限增加使用较低的折现率）	前两个阶段考虑 PFI 项目的可行性、有益性和可实现性；最后阶段的定性评估考虑是否出现市场失灵、高效的采购流程和风险转移等情况	在定性和定量评估的基础上，进行总体判断，如果证明 PFI 方案可行，采购应当继续进行
澳大利亚	在收到符合 RFP 的投标方案后进行	识别风险、估计后果与发生概率、计算风险价值：风险价值 = 风险后果 × 发生概率 + 偶然因素	基于项目个别情况制定，根据市场无风险回报率 + 风险溢价以反映系统性的市场风险（政府承担所有系统性风险时不考虑风险溢价）	定性评估运营和服务交付的确定性、社会效益、设计有效性等方面	以 PSC 作为基准值来评估投标；在最终决定授予合同时，同时考虑定量和定性因素
加拿大	正式评估在投标方案提交后开始；选中投标方案后，根据合同，在财务融资结束前进行新一轮的评估	类似于澳大利亚的风险管理	折现率分别根据每个项目来确定，以反映当时的采购资本成本；而不是在立法或监管层面上设定固定的折现率	根据项目所定义的目标，定性评估公共采购和 PPP 采购在满足各自目标上的程度	以 PSC 成本作为基准，评估投标方案；但成本并非唯一因素

注：PSC 为公共部门比较值；PFI 为私人主动融资；OJEU 为欧盟官方公告；OBC 为纲要计划书；RFP 征求建议书。

2. PSC 构成差异

按照公共部门比较值构成中是否包括政府自留风险承担成本，可以将相关国家的公共部门比较值分为两类。第一类是英国、美国、澳大利亚及加拿大等，公共部门比较值中既包含可转移风险，也包含自留风险；第二类以新西兰为代表，公共部门比较值中包含可转移风险，但不包含自留风险。下面进行简要介绍和比较。

英国和美国都把公共部门比较值分解为四项：(1) 基本成本，包括建设投资、公共采购成本、监督成本以及按事先确定的年限提供服务的运营维护成本等全生命周期成本；(2) 融资成本，是指为项目安排融资的费用；(3) 风险承担成本，包括自留风险承担成本和可转移风险承担成本；(4) 竞争性中立调整，用来消除政府传统采购模式的市场扭曲效应。

澳大利亚公共部门比较值由四个部分构成：（1）基本公共部门比较值，即由政府实施项目和提供服务并达到 PPP 项目产出说明的要求时的成本；（2）竞争性中立调整值；（3）可转移风险承担成本；（4）自留风险承担成本。可见，澳大利亚的基本公共部门比较值相当于英美的基本成本和融资成本。

新西兰财政部国家基础设施中心提出，公共部门比较值由三部分组成：（1）项目建设和运营维护成本；（2）竞争性中立调整值；（3）PPP 模式下转移给社会资本的风险和任何额外费用。其中，项目建设和运营维护成本实质上相当于"基本公共部门比较值"。

上述两类公共部门比较值的构成各有利弊。含有自留风险的公共部门比较值优点是较详细地评估所有风险，当风险分配方案调整时，容易调整自留风险和可转移风险承担成本；缺点是首次测算风险承担成本的工作量较大。不包含自留风险的公共部门比较值与之相反，优点是首次测算工作量较小，缺点是当原自留风险调整为可转移风险时，需要再进行承担成本估算。两类公共部门比较值构成比较与 VFM 计算如图 2-2-1所示。

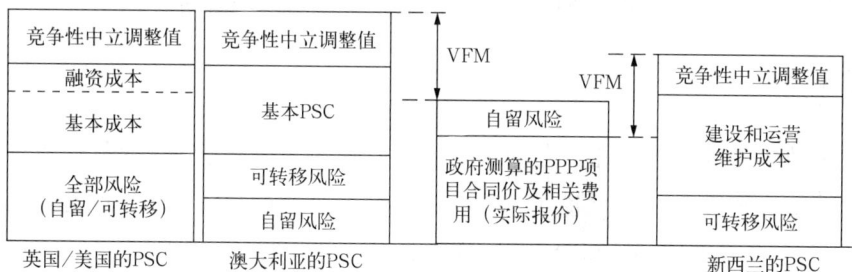

图2-2-1　两类PSC构成比较及相应VFM计算

三、物有所值评价框架

物有所值评价是政府进行 PPP 决策的有力工具，应谨慎、全面地做好物有所值评价的相关准备工作。为了保持其有效性，物有所值评价启动后就应首先制定详细的产出说明，明确产出和服务交付的规格要求，并定义一个由政府采用传统采购模式实施、所提供服务符合产出说明规格要求的参照项目。然后，进行物有所值定性评价和定量评价。无论是定性还是定量评价，都应包含项目风险评价。

物有所值定性评价通常着眼于难以用货币衡量的因素，理性检查一个项目是否采用 PPP 模式。国际上普遍认为物有所值定性评价很重要，但目前没有统一的、标准的评价框架和程序，一般是通过分析和回答一系列问题来定性判断。

目前，国外所实施的物有所值评价是一项贯穿整个 PPP 项目运作过程的工作。通常会在前期决策阶段、采购阶段、执行阶段都涉及物有所值评价。

1. 前期决策阶段

前期决策阶段对 PPP 项目所进行的物有所值定量评价主要是通过实施 PPP 项目时全生命周期内政府支出成本现值与公共部门比较值进行比较，从而确定一个明确的物有所值量值。此阶段由于 PPP 项目尚未实施，因而 PPP 项目全生命周期内政府支出成本现值只能通过预估得到，表现为影子报价（Shadow Bid，SB），此成本现值称为影子报价 PPP 值（简称 PPPs 值）。影子报价是指政府采用替代的融资和采购模式建设同一个项目并达到相同产出时所估计的成本。其中替代融资和采购模式主要指 PPP 模式。

前期决策阶段物有所值定量评价的主要步骤如下：

（1）制定公共部门比较值；

（2）制定影子报价，用来表示 PPP 项目全寿命周期内政府支出成本现值；

（3）计算公共部门比较值与影子报价之差，如果影子报价低于公共部门比较值，则物有所值量值为正，说明该项目采用 PPP 模式能够实现物有所值。

2. 采购阶段

物有所值定量评价通常还会在项目采购阶段开展，主要是在引入社会资本时，考察项目是否适合继续采用 PPP 模式。在项目采购阶段，物有所值定量评价是将公共部门比较值，与社会资本的实际报价（Actual Bid，AB）和政府自留风险承担成本（Retained Risk Cost，RRC）之和，称为实际报价 PPP 值（简称 PPPa 值），进行比较。如果各个社会资本的实际报价和政府自留风险承担成本之和均高于公共部门比较值，则可能需要终止 PPP 采购，进而转为采用政府传统采购模式。

3. 执行阶段

在项目执行阶段，仍然需要对引入的社会资本运作 PPP 项目情况进行考察。此阶段定量评价主要是持续对公共部门比较值与 PPP 项目实施的实际成本（即实际 PPP 值）进行比较。此阶段的定量评价也是政府考察项目成果、收集相关数据而需要展开的一项工作。

物有所值评价工作是一项贯穿 PPP 项目实施全过程的工作，特别是在前期决策阶段和采购阶段所进行的评价，直接决定了项目在较长的特许期内能否实现项目效益与价值。

图 2-2-2 展示了目前国外物有所值评价的基本框架。

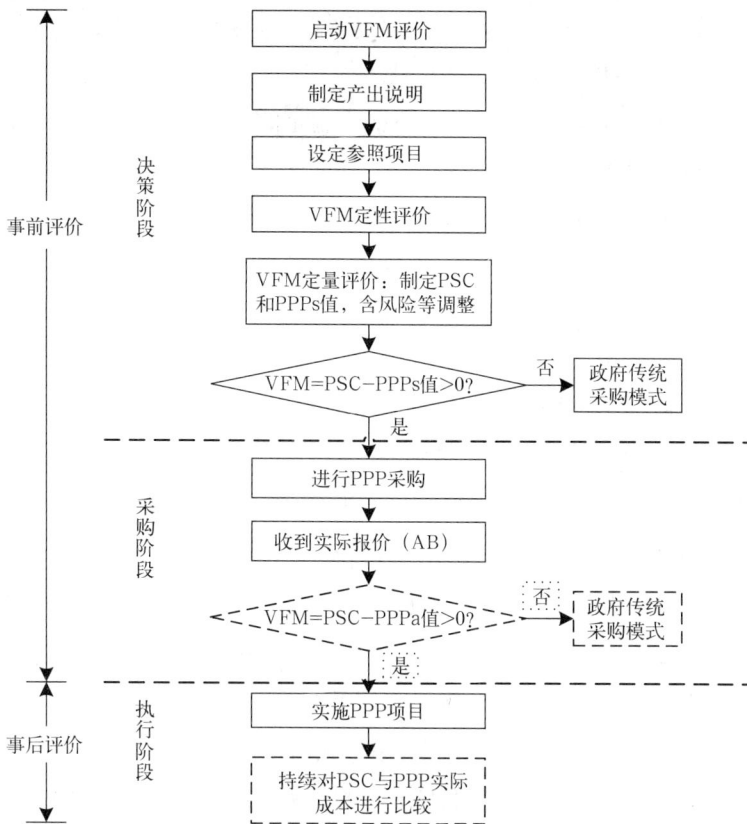

图2-2-2 物有所值评价基本框架

国内目前由于 PPP 项目实践经验不足，尚缺乏充足的数据积累，因此还难以形成成熟的计量模型，物有所值定量评价仍处于探索中。在财政部颁布的《PPP 物有所值评价指引（试行）》（以下简称《指引》）中提到"拟采用 PPP 模式实施的项目，应在项目识别或准备阶段开展物有所值评价"，即国内目前主要在 PPP 项目决策阶段开展物有所值评价。并且《指引》还指出"现阶段以定性评价为主，鼓励开展定量评价"，这主要是为了与国内 PPP 模式实施环境相适应，目前主要起引导作用，形成注重物有所值的意识，同时能够为 PPP 项目落地减轻负担，是一个实践积累的开端，为以后物有所值评价的优化奠定基础。

四、物有所值定性评价

物有所值定性评价是指对项目采用 PPP 模式与采用政府传统采购模式相比是否增加公共产品或服务供给、优化风险分配、提高效率、促进创新和公平竞争、有效落实政府采购政策等不可量化的因素进行分析的一种方法。

225

国外实践中，物有所值定性评价主要有两种分析方法。一种是根据制定的定性评价问题清单，通过先逐项分析、后综合判断的方式评价项目是否适合采用 PPP 模式；另一种先制定定性标准和计分方法，后根据所制定的标准与计分方法，评估和比较不同采购模式。根据我国实际，物有所值定性分析宜采用类似第二种的专家评分法，具体分析过程主要包括拟定定性分析指标、组建专家小组、召开专家小组综合会议和做出定性分析结论。

1. 拟定定性分析指标

PPP 项目物有所值定性评价指标从指标适用性角度可以分为基本指标和附加指标。基本指标体现的是对任何拟采用 PPP 模式的项目都应进行分析的关键问题，而附加指标则是针对具体项目有不同分析侧重点而设置的指标，可以根据项目实际自行拟定。定性分析指标根据性质分为可行性指标、有益性指标和可实现性指标。

（1）可行性评价指标。主要评价基于合同的方法在多大程度上可以满足服务要求，能否用明确的产出说明有效地把风险转移给社会资本；是否存在足够竞争以提高项目效益；全生命周期整合能力、法律政策环境以及融资环境等方面的状况。

（2）有益性评价指标。主要评价不同采购模式的相对优势，如采用 PPP 模式的风险转移和激励创新程度相对于传统政府采购的优势；政府与社会资本的长期合同关系的相对优劣；资产的寿命与收益情况，以及以绩效为导向而带来的效益提升等方面。

（3）可实现性评价指标。衡量可能的社会资本的能力和金融机构对其的约束，如全生命周期成本估算的准确性与融资的可行性；还包括负责项目采购的政府部门（即项目实施机构）是否有能力来管理所涉及的复杂过程以及落实采购政策。

根据《指引》中所列出的定性评价基本指标，且综合上述分类标准得出物有所值定性评价基本指标如表 2-2-2 所示。

物有所值定性评价基本指标及分类　　　　　　　　　　　　　表 2-2-2

序号	评价指标	性质	指标说明
1	风险识别与分配	有益性	主要通过查看项目识别阶段对项目风险的认识情况来评分；在项目识别阶段的物有所值评价工作开始前，着手风险识别工作，有利于在后续工作实现风险分配优化
2	全生命周期整合能力	可行性	主要通过查看项目计划整合全生命周期各环节的情况来评分；采用 PPP 模式，将项目的设计、建造、融资、运营和维护等全生命周期环节整合起来，是实现物有所值的重要机理
3	绩效导向和鼓励创新	有益性	主要通过察看在项目识别阶段项目绩效指标的设置情况及产出说明来评分；主要确定对 PPP 项目运营维护和产出进行检测的要求和标准及产出说明为社会资本合作方所提供创新的机会
4	潜在竞争程度	可行性	主要通过察看项目将引起社会资本之间竞争的潜力，以及预计在随后的项目准备、采购等阶段是否能够采取促进竞争的措施等来评分

序号	评价指标	性质	指标说明
5	政府机构能力	可实现性	主要通过察看政府的 PPP 理念，以及结合项目具体情况察看相关政府部门及机构的 PPP 能力等来评分；政府的 PPP 能力主要包括知识、技能和经验等，包括可通过购买服务获得的能力
6	可融资性	可实现性	主要通过预计项目对金融机构（贷款和债券市场）的吸引力来评分。吸引力越大，项目越具有融资可行性

根据《指引》要求，定性评价还应有一定的附加指标。结合 PPP 项目物有所值定性评价需完成的工作内容，总结出常用的附加指标如表 2-2-3 所示。

物有所值定性评价常用附加指标及分类　　　　　　　　　　　　　表 2-2-3

序号	评价指标	性质	指标说明
1	项目规模	可实现性	主要依据项目的投资额或资产价值来评分。PPP 项目的准备、论证、采购等前期环节的费用较大，只有项目规模足够大，才能使这些前期费用占项目全生命周期成本的比例处于合理和较低水平
2	项目资产寿命	有益性	主要依据项目资产预期使用寿命来评分；项目资产使用寿命长，为利用 PPP 模式提高效率和降低全生命周期成本提供了基础条件
3	项目资产种类	可行性	主要依据 PPP 项目包含的资产种类多少来评分；项目的资产种类越多，由社会资本方实施，将实现更高的效率和更好的效果
4	全寿命周期成本估计准确性	可实现性	主要通过察看对项目采用 PPP 模式的全生命周期成本的理解和认识程度，以及全生命周期成本将被准确预估的可能性来评分
5	法律和政策环境	可行性	主要通过察看现行法律、法规、规章和政策等制度是否限制政府采用 PPP 模式实施项目来评分
6	资产利用及收益	有益性	主要通过预计社会资本合作方增加额外收入的可能程度来评分
7	政府采购政策落实潜力	可实现性	主要通过预计有效落实政府采购政策的潜力，以及预计在随后的项目准备、采购等阶段是否能够进一步采取落实措施等来评分

实践中，通常由项目本级财政部门会同行业主管部门根据项目具体情况，在专家评分表（本章末附表 1）中已给定的基本指标基础上，组织确定不少于三项附加指标及其权重，附加指标可以选用《指引》中所列的附加指标，也可另行提出，但不可与基本指标重复。在各项评价指标中，六项基本评价指标权重为 80%，其中任一指标权重一般不超过 20%；补充附加指标权重为 20%，其中任一指标权重一般不超过 10%。基本指标和附加指标的评分参考标准示例见本章末附表 2。

2. 组建专家小组

在选取好评价指标后，由项目本级财政部门会同行业主管部门根据项目具体情况，选取不少于 7 名专家，组建专家小组，并确定组长。专家小组通常包括财政、资产评估、会计、金融等经济方面专家，以及行业、工程技术、项目管理和法律方面专家。项目所在地的省级财政部门已公布物有所值评价专家推荐名单的，应从推荐名单中遴选专家，并应在满足前述专业要求的前提下尽可能随机遴选。

定性分析所需材料应于专家小组会议召开之日前 5 个工作日送达被选择的各个专家。

3. 召开专家小组会议

PPP 项目实施机构将与项目物有所值定性评价相关的材料送达专家，并保证各个专家对项目有比较充分的了解之后，由项目本级财政部门会同行业主管部门组织召开专家小组会议。专家小组会议基本程序如下：

第一，专家在充分讨论项目情况后，对照评分参考标准（本章末附表 2），按指标对项目进行评分，填入专家评分表（本章末附表 1），并签名；

第二，针对每个指标，求专家评分的总分，根据一般加权平均计算方法，去掉一个最高分和一个最低分，然后计算每个指标对应的平均分，再对平均分按照指标权重计算加权分，得到评分结果，具体示例见本章末附表 3；

第三，经过讨论，形成专家小组意见，并填写 PPP 项目物有所值定性分析专家意见表，具体示例见本章末附表 4。

4. 做出分析结论

召开专家小组会议之后，由项目本级财政部门会同行业主管部门根据评分结果和专家小组意见，做出定性分析评价结论。原则上，评分结果在 60 分（含）以上的，项目通过物有所值定性分析；否则，项目不宜采用 PPP 模式，进而转用传统采购方式建设项目或取消项目。

实际应用评价指标与评分参考准则时，应注意以下两方面：一是评价指标通用性问题，通常需要根据拟建项目的具体情况进行调整；二是应与定量分析结合起来，避免同一要素在定性和定量评价中重复考虑，否则可能会扭曲采用不同项目采购模式的整体分析结果。例如，如果"项目完工时间"已经被量化并包含在风险的量化分析中，那么就必须将其排除在定性指标之外。

开展定性评价，耗费的人力与时间较少，可操作性强，还能够考量较多无法量化分析的方面和因素。特别是在社会资本的最低报价接近公共部门比较值时，对项目进行定性评价显得尤为重要。

五、物有所值定量评价

1.物有所值定量评价基本步骤

《操作指南》中指出，"物有所值定量评价主要通过对政府和社会资本合作项目全生命周期内政府支出成本现值与公共部门比较值进行比较，计算项目的物有所值量值，判断政府和社会资本合作模式是否降低项目全生命周期成本"。因此，物有所值定量评价是在项目个案基础上，比较PPP模式的总收益和总成本与传统公共采购模式的总收益和总成本，看哪种采购模式总成本低而效益高。鉴于项目合作期限长且效益量化困难，实践中，在进行物有所值定量评价时，一般假设不管采用何种采购模式，都将得到相同的产出、结果和影响（如社会经济效益和财务效益），即定量评价建立在产出规格相同的基础之上。基于这一假设，只需要比较不同采购模式的净成本现值，净成本现值小的采购模式物有所值。

政府传统采购模式的净成本现值即是公共部门比较值，而PPP模式下项目成本在不同阶段有不同的表现形式。在决策阶段，体现为影子报价；在采购阶段，PPP模式净成本现值一般等于社会资本的实际报价与政府承担的自留风险成本之和。因此，定量评价可以分为三大步：（1）制定公共部门比较值；（2）制定PPP值（影子报价或实际报价）；（3）计算物有所值量值。由于在公共部门比较值与影子报价中都涉及风险及其分配，因此需要完成项目定义与项目风险分析这两项基础工作，定量评价框架如图2-2-3所示。

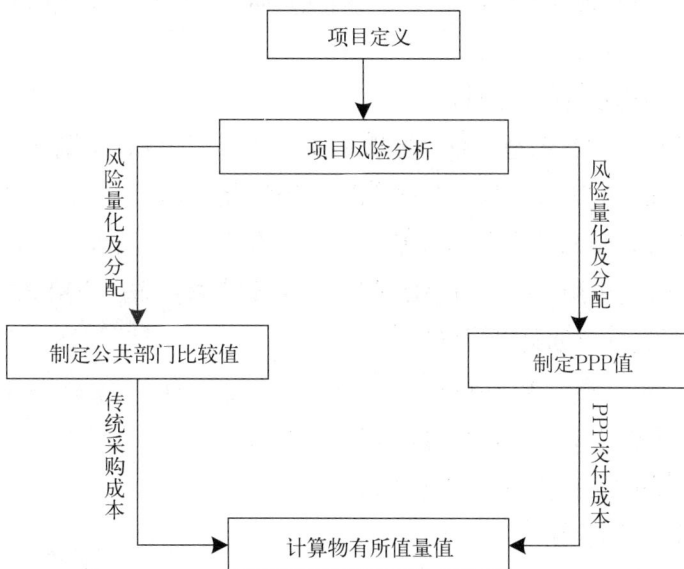

图2-2-3　物有所值定量评价框架

2. 公共部门比较值的制定

（1）公共部门比较值的含义与特点

公共部门比较值（PSC）是指假设政府作为项目供应商，采用传统采购模式提供与PPP项目产出说明要求相同的公共产品或服务且经调整后的全生命周期成本净现值。其表示的是假设一个项目由政府进行融资、拥有和实施时的成本估算，包括四个关键点：一是基于参照项目，即如果不采用PPP而采用传统采购模式，政府将提供同样产出要求的基础设施和公共服务；二是基于全生命周期成本；三是考虑资金时间价值，用净成本的现值表示；四是公共部门比较值包含风险、竞争中立等调整因素的量化值。

公共部门比较值是通过模拟政府运营项目产生的现金流入、流出情况，使用适当的折现率计算出来的净现值（NPV）。PSC通常具有以下特点：

1）为了充分发挥其对比作用，PSC方案能够提供与相应PPP方案相同的产品或服务；

2）PSC假设公共部门采用传统融资方式，并按照传统的方式持有和经营项目，因此，PSC的计算是基于公共部门的历史成本数据；

3）PSC假设公共部门使用最有效率的方式提供产品或服务，因此在成本和收入数据选取时，要充分考虑效率；

4）PSC衡量的生命周期应与PPP标书提出的特许期限一致，否则无法进行比较和评价；

5）PSC需要考虑全生命周期的风险成本和收益；

6）PSC作为定量评价指标，通过定量方法可将项目的多种影响因素计算在内，构成现金流模型，并进行计算。

（2）公共部门比较值的目的与作用

公共部门比较值的目的是为政府提供一种量化的评价物有所值的方法，是政府判断项目是否物有所值的重要工具，其重要性与计量方法的系统性和复杂性有关。

PSC的建立和使用是PPP项目前期一个完整的体系。一般在项目初步评估时建立和细化PSC系统，它应用于项目市场化前期，在采购之前发布。应用PSC有以下作用：

1）促进采购过程前期确定项目总成本；

2）关注于服务标准、风险分担和项目成本综合计算的方法，是前期决策中的关键管理工具，协助采购团队和主管部门管理采购过程；

3）提供可靠的方法证明采购物有所值；

4）提供明确的标准和评价工具；

5）鼓励企业凭借自身对资金精确和谨慎的评估，参与投标竞争。

6）引导企业评估，提高行业对风险的认识水平和管理水平。

在 PSC 的定量分析中，风险部分是最难以量化，也是 PSC 与普通财务评价差异最大的地方，需要运用风险定量分析方法和工具。

（3）公共部门比较值的构成

国际上主要国家的公共部门比较值的构成机理基本相同，并且都采用"净成本"概念。由公共部门比较值的内涵可以得出其四个核心组成部分：

1）初始公共部门比较值（即初始 PSC）。主要包括假定政府实施和交付参照项目时，将发生的直接和间接等全部成本，并扣除资本性收益和来自第三方的收入；

2）竞争中立调整值。该调整值是用来消除政府传统采购模式的市场扭曲效应。政府因其地位、权力和行政属性，相对于社会资本有一定的竞争优势或劣势。相对社会资本的优势，例如政府自己实施项目可能存在诸如减免税收、免费获得土地等情况，此类相对优势的量化值应加入到公共部门比较值。反之，如政府实施项目时按一定监管程序进行而带来相对劣势的量化值应抵扣公共部门比较值。由此实现竞争性中立，使 PPP 与政府传统采购两种模式能公平比较；

3）自留风险承担成本（RRC）。该项成本是政府愿意为在 PPP 模式下自留的风险所付出的成本，包括双方共担风险中政府自留的部分；

4）可转移风险承担成本（Transferable Risk Cost，TRC）。可转移风险承担成本是政府愿意为在 PPP 模式下向社会资本转移风险所付出的成本，包括双方共担风险中拟由社会资本承担的部分。

上述风险承担成本是因承担风险而增加的费用，如保险费、风险防范措施费用等。估算风险承担成本是项比较难的工作，原因在于一是风险分配的问题，即政府与社会资本之间风险优化配置的问题；二是风险量化的问题。

（4）公共部门比较值的制定原则

公共部门比较值的制定是一项需要大量积累的复杂工作，在其制定过程中要遵循一定的原则，主要有以下五个关键原则：

第一，公共部门比较值必须体现政府按既定产出说明交付服务的全部成本，也即它必须反映项目全生命周期中政府提供服务所发生的经风险调整后的全部现金流；

第二，政府自留风险必须明确，应估计与这些风险相关的所有费用，并加到相关年度的现金流中；

第三，对现金流的估算应在政府对项目拥有所有权的前提下，采用能最有效提供服务的方式进行；

第四，项目风险都包括在相关年度的现金流中，即反映在考虑风险后的现金流量期望中；

第五，现金流一定要选取适当的折现率折现。

除需要遵循以上原则外，制定公共部门比较值时还需注意，通常应在发布采购文件之前完成公共部门比较值的制定，并在采购过程中对公共部门比较值进行完善。但在采购文件发布之后，只有当公共部门比较值的某个重要组成部分被明显地错误定价或遗漏或者项目范围发生变化时，才考虑修订完善公共部门比较值。特别的，如果是来自社会资本的响应方案比已构建的公共部门比较值更有效，则不应修改公共部门比较值。因为此时社会资本的响应方案更有效的部分就是 PPP 模式物有所值的部分。

（5）公共部门比较值的制定步骤

制定公共部门比较值是一项非常复杂的数据密集型任务，需要经验丰富的工作人员和顾问支持，否则结果难以确信。PSC 作为公共部门比较基准，是由政府部门编制的。编制的第一步是要确定项目提供的产品标准或服务标准，从而明确项目范围，之后按照 PSC 的四大组成部分，即按初始 PSC、竞争性中立调整、可转移风险和自留风险的顺序分别进行识别和计算。四大组成部分细化过程也即 PSC 的编制计算过程，详见图 2-2-4。

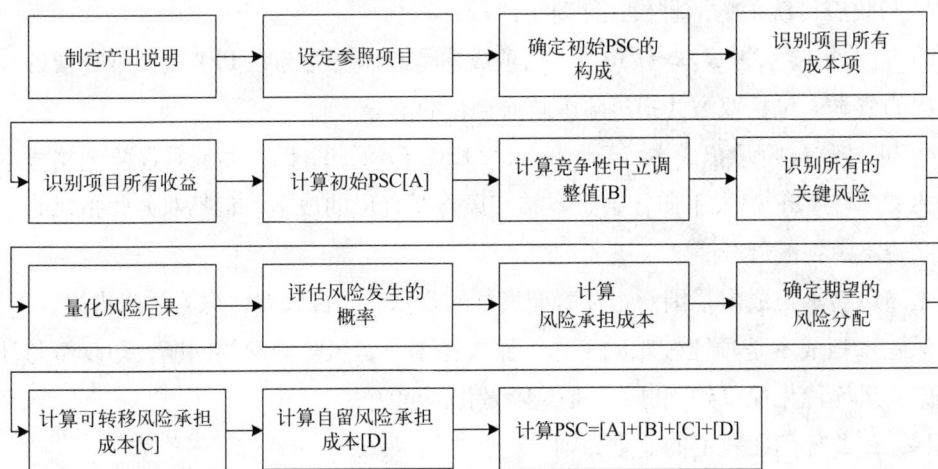

图2-2-4　PSC编制过程

1）制定产出说明。项目产出说明需确定政府要采购的公共产品或服务范围，以及每项服务的性能水平。要求在明确需求的基础上，定义项目的范围与内容。

2）设定参照项目。参照项目是指假设政府采用现实可行的、最有效的传统采购模式提供的、与 PPP 项目产出相同的虚拟项目。它应反映政府基于现行最佳实践的采购模式，以便满足项目产出说明的所有要素，并且应达到制定合格采购文件的要求。设定参照项目应遵循以下原则：

①参照项目与 PPP 项目产出说明要求的产出范围和标准相同；

②参照项目应采用基于政府现行最佳实践的、最有效和可行的采购模式；

③参照项目的内容不一定全部由政府直接承担，政府也可将项目部分内容外包给

第三方建设或运营，但外包部分的成本应计入参照项目成本；

④参照项目的各项假设和特征在计算全过程中应保持不变；

⑤参照项目财务模型中的数据口径应保持一致。

3）确定初始 PSC 的构成

PSC 主要包括假定政府实施和交付参照项目时，将发生的建设和运营维护净成本，并扣除资本性收益以及参照项目与 PPP 项目付费机制相同情况下能够获得的使用者付费收入。

①建设净成本，主要是投资成本，包括项目设计、施工与采购所需设备等方面投入的现金以及固定资产、土地使用权等实物和无形资产投入。

②运营维护成本，主要是两个方面。一方面，直接运营维护成本，包括参照项目全生命周期内运营维护所需的原材料、设备等成本和直接参与提供服务人员的工资、保险等。另一方面，间接运营维护成本，包括管理费用、行政费用、销售费用和运营期财务费用，以及不直接参与提供服务的人员工资、物业管理费和项目辅助性费用。

③资本性收益，是指参照项目全生命周期内产生的转让、租赁或处置资产所获的收益。资本性收益应从建设净成本中抵减。

④使用者付费收入或其他收入，是指参照项目全生命周期内，假定政府采用 PPP 模式提供项目基础设施和公共服务从项目使用者获得的收入或其他收入。该部分收入可以抵消成本，应该从基本公共部门比较值中扣除。

参照项目中假定政府向使用者收取费用的，该项使用者付费收入不得高于 PPP 模式下社会资本收取的使用者付费。

⑤其他成本，主要包括未纳入建设成本的咨询服务费用等交易成本，项目连接设施和配套工程建设成本，以及为获取相关收入所提供的周边土地或商业开发收益权等。

4）计算初始 PSC。初始 PSC 各项组成的预期现金流需要在参照项目的全生命周期进行预测，并折现为现值。初始 PSC 应采用下列公式计算：

初始 PSC=（建设成本−资本性收益）+（运营维护成本−使用者付费收入）+其他成本

5）计算竞争中立调整值。计算竞争性中立调整值主要是为保障在物有所值定量分析中政府和社会资本能够在公平基础上进行比较，并体现到参照项目的预期现金流中。计算公式如下：

竞争中立调整值=传统模式少支出的土地费用+行政审批费用+税费+其他应增费用−PPP 项目咨询费−其他应扣减费用

6）识别所有的关键风险。结合项目实施方案中的风险分配框架，进一步识别项目所面临的关键风险。有必要对所有可量化的关键风险进行全面和真实地定价，并包括在公共部门比较值之中。需要注意，一些类似的风险，本身可能微不足道，但耦合在一起时就可能成为关键风险。与此同时，应努力查明并记录与项目相关联的所有风险，对于无法量化的风险及其原因也应适当记录下来。

7) 量化风险后果。一旦确定了所有关键风险，必须评价和量化风险发生可能带来的后果，包括直接后果和间接后果，并确定风险发生的时点，因为不同的风险通常在项目期内有不同的成本－时间曲线。根据各个风险情况建立风险矩阵，风险矩阵应说明每个风险如何分配（转移、自留或共担），并确定每个风险的主要后果、风险概率、财务影响和潜在应对策略。

8) 评估风险发生的概率。在确定关键风险和评价各种潜在后果之后，需要估算得出每个后果发生的概率，并考虑概率是否随时间动态变化。有多种风险估值技术可以用来估计概率，如主观估计、蒙特卡洛模拟及多变量统计技术等。特定项目或特定风险采用的风险估值技术，取决于该项目的性质以及风险的复杂性等。

9) 计算风险承担成本。风险承担成本一般通过计算各个风险的承担成本，然后加总得到。由于一个特定的风险常常有一个以上的可能后果，风险承担成本应该是所有这些后果按照概率分布进行加权计算后求和。有时候，虽然特定的风险是可识别的，但可能非常难以评估与该风险有关的所有经济财务影响。因此，为了消除可能有没关注到的情况带来的不确定性，可以在量化关键风险成本时加入一个不可预见费，以防止出现风险值被低估的情况。某个风险的承担成本使用下面的公式计算：

单个风险承担成本 = ∑(风险某个后果 × 该后果发生的概率) + 不可预见费(如有)

10) 确定期望的风险分配。基于 PPP 模式下的风险分担原则，将项目风险分为可转移风险、自留风险和共担风险，可转移风险由社会资本承担，自留风险由政府承担，共担风险由社会资本和政府共同承担。

11) 计算可转移风险和自留风险承担成本。可转移风险承担成本是政府愿意为在 PPP 模式下向社会资本转移风险所付出的成本。自留风险承担成本是政府愿意为 PPP 模式下自留的风险所付出的成本。特别的，如某个风险是共担风险，则把该风险分解为转移部分和自留部分，通常是由两方均分承担该共担风险成本。一旦所有可转移风险和自留风险确定，在参照项目全生命周期内，与每个风险相关的预期现金流都折现为净现值。每个风险应列为一个独立的现金流，经过汇总形成公共部门比较值的可转移部分和自留部分。

对于风险概率难以进行较准确估计时，根据《政府和社会资本合作项目财政承受能力论证指引》的内容，可采用概率法和情景分析法进行风险承担成本估算。

12) 计算 PSC。经过以上步骤，得出公共部门比较值，计算公式如下：

PSC = 初始 PSC + 竞争性中立调整 + 可转移风险承担成本 + 自留风险承担成本

值得注意的是，PSC 编制过程应该按照以上流程循序渐进，不要为了编制的速度而把 PSC 分成几部分分别编制，因为 PSC 的每一部分都是基于上一部分的信息来确定的。比如，在确定初始 PSC 的时候，项目团队需要尽可能准确估计各项成本。如果同时进行风险识别，因为风险的影响和后果计算都是基于初始 PSC 中的各项成本，所以在成本没有确定时候，无法确定风险的范围，对风险成本的估算也不会准确。

一般情况下，产品标准或服务标准和 PSC 是在招标之前确定，并需要经过相关部门审批。在 PSC 最终定案之前，所有信息不得公布于投标人，以免投标人基于错误的信息编制标书，造成资源浪费和不公平竞争。

在 PSC 通过审批定案之后，不能随意更改调整，除非外部因素或新的信息引起了项目的重大变化，比如 PSC 编制基准的变化。为了保证招投标过程的公平、公正和透明客观，即使要进行 PSC 变更，PSC 和产品标准也应在接收投标文件之前确定，之后则不再变更。

3. PPP 值的构成及计算

PPP 值是指政府实施 PPP 项目所承担的全生命周期成本的净现值。在项目不同阶段，PPP 值的计算依据不同。

（1）项目识别与准备阶段 PPP 值计算

项目识别与准备阶段 PPP 值包括政府预测的 PPP 项目合同价款（即影子报价政府建设运营成本）与自留风险承担成本。政府预测的 PPP 项目合同价款是政府估计的使 PPP 项目在财务上可行的金额，主要涵盖政府应承担的建设运营成本，包括政府建设成本、政府运营维护成本和政府其他成本，这些成本中包括应给社会资本的合理回报。政府建设成本体现为 PPP 项目全生命周期内股权投资；政府运营维护成本即政府给社会资本的合理回报，体现为运营补贴；政府其他成本体现为风险承担和配套投入。项目识别与准备阶段 PPP 值由上述四项财政支出责任的现值组成。计算中如果社会资本获得了使用者付费的收入或其他来源的收益，则应减去这些收入和收益。特别的，如果这些收入或收益足以弥补社会资本所发生的费用和应得的合理回报，则政府就不用支付此部分费用，此时的回报机制为使用者付费。由上可得，项目识别与准备阶段 PPP 值的计算公式如下：

PPPs 值 = 政府股权投资支出 + 运营补贴 + 自留风险承担成本 + 配套投入

政府股权投资支出、运营补贴、自留风险承担成本及政府配套投入的测算参照《政府和社会资本合作项目财政承受能力论证指引》及后文财政承受能力论证所提到的相关准则进行测算。

（2）实际报价 PPP 值

实际报价 PPP 值是根据最优的社会资本报价计算出的成本净现值，加上风险承担成本，计算公式如下：

PPPa 值 = 实际报价政府建设运营成本 + 政府自留风险承担成本

实际报价政府建设运营成本是根据采购中最优社会资本的响应文件测算出的政府应承担的建设运营成本，包括政府建设成本、政府运营维护成本和政府其他成本。

（3）实际 PPP 值

实际 PPP 值是在 PPP 项目执行阶段计算的政府实际建设运营成本，并根据现状调整最初预测的评价时点之后的运营维护成本，然后加入在评价时点前已发生的政府自留风险承担成本与预测未来可能发生的风险承担成本。计算公式如下：

实际 PPP 值 = 政府实际建设运营成本 + 已产生的自留风险承担成本 + 将来可能的自留风险承担成本

政府实际建设运营成本包括政府实际建设投资成本、政府实际运营维护成本和政府实际产生的其他成本。

4. 物有所值量值和指数的计算

物有所值定量分析结果通常以物有所值量值（即 VFM 值）或物有所值指数的形式表示。根据项目前期决策、采购、执行三个阶段 PPP 值的计算，可以在各阶段对项目进行物有所值评价，计算出 VFM 值与 VFM 指数。计算公式如下：

$$FM 值 = PSC 值 - PPP 值$$

$$物有所值指数 = （PSC 值 - PPP 值）\div PSC 值 \times 100\%$$

通过 PSC 的构成分析与制定，加之各阶段 PPP 值的预测与计算，可得各阶段 VFM 值的计算，如图 2-2-5 所示。

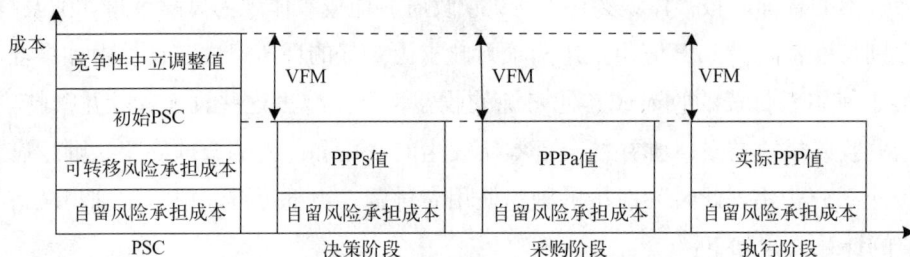

图2-2-5 各阶段VFM值计算

判断物有所值评价通过与否的方法有物有所值量值、物有所值指数大于零以及 PSC 值大于 PPP 值三种判断方法。

值得注意的是，为了使公共部门比较值与 PPP 值具有可比性，在计算时应对两者做出以下假设：

（1）相同的基准日期；

（2）相同的折现率；

（3）相同的物价变动指数，可由政府部门和融资部门商议决定，并在招标文件中加以体现；

（4）相同的现金流时间（特许经营期）假设。

5. 物有所值定量评价的影响要素

判断项目能否采用 PPP 模式，需要考虑全生命周期成本、复杂的融资结构、大量的不确定因素、资金时间价值等方方面面。物有所值定量评价作为 PPP 模式决策的主要依据之一，也受多种因素的影响，其中最为关键的因素包括折现率、风险调整和竞争性中立调整。

（1）折现率

定量评价中项目成本、收入、风险承担成本、竞争性中立调整等包括的具体内容都需用现金流表示。各种现金流在全生命周期内发生的具体时间不同，根据资金的时间价值原理，需要一个折现率将未来各年现金流折算为起始年的现值才能进行比较计算。因此，折现率的大小影响现值的大小，从而对物有所值定量评价产生显著影响。

折现率的类型比较多，比较典型的有五种：资本的社会机会成本、社会时间偏好折现率、利用资本资产定价模型确定的折现率、无风险利率及行业基准收益率。

国外折现率选取的是行业平均收益水平，通过统计该行业采用 PPP 模式的社会资本方的平均收益水平确定。由于国外实践经验丰富，并且有专门的部门统计收益水平的数据，因此容易确定。而国内在财务分析中，用基准收益率作为折现率使用。其选取的顺序依次为资金机会成本、本行业内相似项目的财务内部收益率或投资者期望收益率、行业基准收益率。行业基准收益率应从本行业内选取规模与风险都具有代表性的项目，通过计算这些项目财务内部收益率的加权平均值确定。由于政府部门的投资一般不考虑资金的机会成本和收益水平，因此，基准收益率最常取的是行业基准收益率，例如轨道交通项目的财务基准收益率为 3%，垃圾处理项目中焚烧工艺为 5%、堆肥工艺和填埋工艺为 4%，供热项目则取 5% 的基准收益率。

（2）风险调整值

在介绍公共部门比较值构成时已经指出，自留风险和可转移风险承担成本是公共部门比较值的两个重要组成部分，对物有所值具有显著影响。估算风险调整值的关键，一是如何确定政府和社会资本之间的风险分配；二是风险调整值的确定，即风险定价。

风险分配和转移是 PPP 模式物有所值的核心驱动因素之一。政府应当依据风险分担原则，优化风险配置，最大程度提高物有所值，而不是向社会资本最大化转移风险。

为了确定风险的优化配置，需要针对每个风险比较政府与潜在社会资本承担该风险的能力，判断谁更有能力承担该风险。某个风险的承担方应能够有效控制和管理该风险，并从中获得优势效益。

值得注意的是，有效的风险分配应该激励社会资本提供效率高、效果好的公共服务。转移给社会资本的风险太少将限制物有所值的实现。反之，转移给社会资本的风险太多，特别是向社会资本转移其难以控制的风险，反而会导致社会资本提高要价，使项目更加昂贵，降低物有所值。

一般的，政府承担法律、政策和最低需求等风险，社会资本承担设计、建设、融资及运营维护等风险，政府和社会资本合理共担不可抗力等风险。实践中，每个 PPP 项目面临的风险情况各不相同，且政府及其项目实施机构、社会资本的具体情况也不同，应根据项目具体情况做好风险分配，选取适宜的分析方法完成定量分析。

(3) 竞争性中立调整

项目采用政府传统采购模式与采用 PPP 模式相比，可能存在税费待遇，监管要求、投保避险、土地费用等多方面差异，两者既有相对优势，也有相对劣势。一般可将上述两方面的调整概括为税收调整和政府管理费的调整。竞争性中立调整就是要将相关差异按实反映到公共部门比较值中，以使物有所值定量评价能真正对两种采购模式进行公平比较。

【示例1】接前文案例，根据以上介绍对某城市生活垃圾焚烧发电项目进行物有所值定量评价，以判断该项目采用 PPP 模式是否物有所值。

1. PSC 值计算

(1) 建设和运营维护净成本

1) 建设净成本。项目总投资约 35000 万元，项目资本金比例按建设投资 30% 计，约为 8340 万元（扣除向社会资本融资的征地拆迁费用 7200 万元），前 2 年投入分别为 2378.09 万元和 5892.12 万元。其余 70% 资金采取贷款形式筹集，长期借款年利率按同期银行利率上浮 20% 估算，为 5.88%。

项目第 17 年需投入设备重置费 1000 万元，更新改造费用以及各年大修理费、检修维护费及现值见表 2-2-4。

该参照项目无固定资产和无形资产投入，土地使用权价值已纳入总投资，无资本性收益。

经计算，建设净成本现值为 27265.43 万元。

2) 运营维护净成本。运营维护净成本主要包括参照项目全生命周期内运营维护所需的原材料、设备、人工等成本，以及管理费用和运营期财务费用等，并扣除假设参照项目与PPP项目付费机制相同情况下能够获得的使用者付费收入或其他收入。

各年原材料、设备、人工等成本，以及各年管理费用、运营期财务费用和其他收入数额及现值见表2-2-5，计算得出运营维护净成本现值为-13294.48万元。

（2）竞争中立调整值

1）土地费用。本项目总投资3.5亿元中，已经包含土地费用，在此不单独列项。

2）审批费用。本项目行政审批费用暂按100万元预估。

3）有关税费。相关税费主要包括：增值税、城市维护建设税、教育附加费、地方教育附加费、企业所得税、印花税和土地使用税。增值税即征即退，故不纳入此项。印花税按照PPP合同价款的0.3‰贴花计算，暂估PPP合同价为27791.43万元，则印花税为8.34万元。土地使用税按4元/m²收取，厂区占地面积为120亩（1亩=666.67m²），所以土地使用税为每年32万元，每年一缴。第一年支出的印花税以及各年支付的城市维护建设税、教育附加费、地方教育附加费、企业所得税、土地使用税汇总详见表2-2-5，折现率取5%，现值约为3455.99万元。

（3）全部风险承担成本

全部风险承担成本取项目的全部建设成本和一定时期内的运营成本的18%，见表2-2-5，计算得现值为8223.58万元。

（4）汇总

综上，本项目PSC值=13970.95+3555.99+8223.58=25750.52万元。如表2-2-4所示。

PSC计算表　　　　　　　　　　　　表2-2-4

序号	项目	现值（万元）
一、	建设和运营维护净成本	13970.95
1	建设净成本	27265.43
2	运营维护成本	-13294.48
二、	竞争性中立调整值	3555.99
1	土地费用	0
2	审批费用	100
3	有关税费	3455.99
三、	全部风险承担成本	8223.58
四、	PSC值（=一+二+三）	25750.52

表 2-2-5

建设和运营维护净成本、竞争性中立调整和全部风险成本计算表（万元）

序号	项目	现值	1	2	3	4	5	6	7	8	9	10	11	12	13	14	15
											年份						
1	建设净成本	27265.43	2099.49	8397.94	434.10	694.96	737.11	1091.27	1409.81	1578.94	1574.67	1626.57	1680.42	1748.13	1805.11	1864.23	1937.40
1.1	政府直接投资	9664.20	2099.13	8396.52	56.88												
1.2	借款本金偿还	14566.18			250.80	563.64	587.27	893.96	1193.32	1386.09	1374.28	1425.79	1479.24	1517.24	1574.12	1633.12	1694.34
1.3	大修理费、检修维护费	2082.66			76.02	76.02	76.02	101.36	101.36	101.36	101.36	101.36	101.36	126.70	126.70	126.70	126.70
1.4	更新改造费用	952.38															
2	运营维护净成本	-13294.48			264.36	44.54	11.20	-226.33	-485.12	-558.21	-638.31	-719.72	-804.19	-888.03	-977.41	-1070.14	-1162.54
2.1	原材料成本	8009.42			395.50	452.00	452.00	508.50	565.00	565.00	565.00	565.00	565.00	565.00	565.00	565.00	565.00
2.2	动力、燃料费	708.80			35.00	40.00	40.00	45.00	50.00	50.00	50.00	50.00	50.00	50.00	50.00	50.00	50.00
2.3	炉渣转运营理费	992.32			49.00	56.00	56.00	63.00	70.00	70.00	70.00	70.00	70.00	70.00	70.00	70.00	70.00
2.4	职工薪酬	5661.29			380.00	380.00	380.00	380.00	380.00	380.00	380.00	380.00	380.00	380.00	380.00	380.00	380.00
2.5	管理及其他费	3181.15			187.52	194.37	194.37	203.76	210.61	210.61	210.61	210.61	210.61	213.14	213.14	213.14	213.14
2.6	财务费用	8396.56			1151.08	1136.33	1103.91	1069.38	1017.75	948.36	866.86	786.05	702.22	615.24	526.02	433.46	337.44
2.7	其他收入	40244.01			1987.22	2271.11	2271.11	2555.00	2838.89	2838.89	2838.89	2838.89	2838.89	2838.89	2838.89	2838.89	2838.89
3	竞争性中立调整	3555.99	140.34	32.00	32.95	34.49	33.29	35.80	37.34	144.05	239.45	259.65	280.61	295.52	317.82	340.96	364.97
3.1	审批费用	100	100.00														
3.2	相关税费	3455.99	40.34	32.00	32.95	34.49	33.29	35.80	37.34	144.05	239.45	259.65	280.61	295.52	317.82	340.96	364.97
4	全部风险成本	8223.58	1478.81	3512.34	221.25	237.11	237.11	258.90	291.60	291.60	291.60	291.60	291.60	291.60	291.60	291.60	291.60

序号	项目	现值	年份 1	2	3	4	5	6	7	8	9	10	11	12	13	14	15
1	建设净成本	27265.43	2000.05	3087.30	2167.41	1315.21	1315.21	1353.22	582.71	342.08	380.09	380.09	380.09	380.09	380.09	380.09	380.09
1.1	政府直接投资	9664.20															
1.2	借款本金偿还	14566.18	1757.85	1845.99	1880.30	1011.14	1011.14	1011.14	399.07								
1.3	大修理费、检修维护费	2082.66	126.70	126.70	177.37	177.37	177.37	228.05	228.05	228.05	253.39	253.39	253.39	253.39	253.39	253.39	253.39
1.4	更新改造费用	952.38		1000													
2	运营维护净成本	-13294.48	-1260.82	-1355.63	-1458.92	-1467.72	-1467.72	-1463.92	-1463.92	-1463.92	-1460.12	-1460.12	-1460.12	-1460.12	-1460.12	-1460.12	-1460.12
2.1	原材料成本	8009.42	565.00	565.00	565.00	565.00	565.00	565.00	565.00	565.00	565.00	565.00	565.00	565.00	565.00	565.00	565.00
2.2	动力、燃料费	708.80	50.00	50.00	50.00	50.00	50.00	50.00	50.00	50.00	50.00	50.00	50.00	50.00	50.00	50.00	50.00
2.3	炉渣转运清理费	992.32	70.00	70.00	70.00	70.00	70.00	70.00	70.00	70.00	70.00	70.00	70.00	70.00	70.00	70.00	70.00
2.4	职工薪酬	5661.29	380.00	380.00	380.00	380.00	380.00	380.00	380.00	380.00	380.00	380.00	380.00	380.00	380.00	380.00	380.00
2.5	管理及其他费	3181.15	213.14	220.28	225.35	225.35	225.35	230.42	230.42	230.42	232.95	232.95	232.95	232.95	232.95	232.95	232.95
2.6	财务费用	8396.56	237.81	134.45	25.90	6.93	6.93	6.93	6.93	6.93	6.93	6.93	6.93	6.93	6.93	6.93	6.93
2.7	其他收入	40244.01	2838.89	2838.89	2838.89	2838.89	2838.89	2838.89	2838.89	2838.89	2838.89	2838.89	2838.89	2838.89	2838.89	2838.89	2838.89
3	竞争性中立调整	3555.99	389.87	396.43	409.88	414.62	414.62	400.94	400.94	400.94	394.10	394.10	394.10	394.10	394.10	394.10	394.10
3.1	审批费用	100															
3.3	相关税费	3455.99	389.87	396.43	409.88	414.62	414.62	400.94	400.94	400.94	394.10	394.10	394.10	394.10	394.10	394.10	394.10
4	全部风险成本	8223.58	291.60	291.60	291.60	291.60	291.60	291.60	291.60	291.60	291.60	291.60	291.60	291.60	291.60	291.60	291.60

2. PPP 值计算

PPP 值可等同于 PPP 项目全生命周期内股权投资、运营补贴、风险承担和配套投入等各项财政支出责任的现值。

（1）股权投资

本项目资本金比例 30%，为 8340 万元（总投资 35000 万元扣除土地费用 7200 万元后的 30%），由政府和中选社会资本按股权比例出资。其中政府持股比例 10%，出资方式为红线外水、电、路建设，在建设期第一年投入。

（2）运营补贴

项目运营期间，政府需向项目公司支付垃圾处理补贴，在采购阶段，补贴单价暂时未定，偏保守可考虑按补贴上限值计算，也可按补贴上下限的中间值计算。此测算暂按中间值 55 元 /t 计算，不考虑政府分红利润，各年运营补贴如表 2-2-6 所示，折现率按 5%，折算成现值为 12994.67 万元，见表 2-2-6。

运营补贴支出表　　　　　　　　　　　　表 2-2-6

年份	3	4	5	6	7 ~ 30
保底垃圾量（t）	350	400	400	450	500
运营补贴（万元）	641.67	733.33	733.33	825.00	916.67
现值（万元）			12994.67		

（3）风险承担成本

风险承担支出应充分考虑各类风险出现的概率和带来的支出责任，可采用比例法、情景分析法及概率法进行测算。由于各类风险支出数额和概率难以进行准确测算，故采用比例法计算，可以按照项目全部建设成本和一定时期内运营成本的一定比例确定风险承担支出，风险承担成本比例取 18%，其中政府自留风险占项目全部风险承担成本的比例取 20%，即自留风险占项目建设成本及运营成本的比例为 3.6%。故 PPP 值中的全生命周期风险承担成本如表 2-2-7 所示（第 7 年及之后各年运营成本额相差不大，为计算简便起见，取 1620.00 万元 / 年，风险承担成本为 58.32 万元 / 年）。

风险承担成本表　　　　　　　　　　　　表 2-2-7

年份	1	2	3	4	5	6	7-30
建设 / 运营成本（万元）	8215.61	19512.99	1229.18	1317.28	1317.28	1438.34	1620.00
风险承担成本（万元）	295.76	702.47	44.25	47.42	47.42	51.78	58.32
现值（万元）				1672.38			

（4）配套投入

本项目配套投入支出包含征地拆迁及垃圾转运配套设施投入。由于传统模式下也需要建设转运站和购置转运车辆，故这部分配套投入与传统模式下该部分配套投入相抵消，不予计算。征地拆迁安置费用，先由社会资本出资，考虑每年 8% 的收益率，政府以购买服务形式分 5 年等额返还给社会资本。社会资本支付满 1 年后，政府以购买服务费用形式分 5 年等额返还给社会资本，其购买服务费用如表 2-2-8 所示。

政府购买服务费用　　　　　　　　　　表 2-2-8

年份	2	3	4	5	6
政府购买服务费用（万元）	1803.29	1803.29	1803.29	1803.29	1803.29

（5）汇总

将以上 4 部分投入汇总如表 2-2-9 所示，折现算得 PPP 值为 23308.34 万元。

PPP 值计算表　　　　　　　　　　表 2-2-9

序号	项目	现值	年份						
			1	2	3	4	5	6	7~30
1	股权出资	834.00	834.00						
2	运营补贴	12994.67			641.67	733.33	733.33	825.00	916.67
3	风险承担支出	1672.38	295.76	702.47	44.25	47.42	47.42	51.78	58.32
4	配套投入	7807.29		1803.29	1803.29	1803.29	1803.29	1803.29	
PPP 值		834.00+12994.67+1672.38+7807.29=23308.34							

3. 定量评价结果

本项目 PPP 值 = 23308.34 万元 <PSC 值 =25750.52 万元，由此可见，采用 PPP 模式，对政府而言，更能够节约财政支出，PPP 模式物有所值。

第二节　财政承受能力论证

一、财政承受能力论证的含义与作用

财政部 2015 年 4 月发布的《政府和社会资本合作项目财政承受能力论证指引》（以下简称《财承指引》）明确提出，对部分政府付费或政府补贴的项目，只有通过责任识别、支出预期、能力评估等环节的财政承受能力论证，才能采用 PPP 模式实施，没有通过论证的，不宜采用 PPP 模式。

财政承受能力论证是指识别、测算政府和社会资本合作（PPP）项目的各项财政支出责任，科学评估项目实施对当前及今后年度财政支出的影响，为 PPP 项目财政管理提供依据。从定义来看，开展 PPP 项目财政承受能力论证相当于为 PPP 项目装上了"安全阀"，一方面为政府履行合同义务提供了重要保障，消除了社会资本的后顾之忧；另一方面有利于规范 PPP 项目财政支出管理，有序推进项目实施，有效防范和控制财政风险，实现 PPP 可持续发展。

1. 财政承受能力论证的作用

在当前我国经济发展态势相对疲软的新常态下，PPP 模式因其能够缓解地方财政支出压力，减少债务规模而被寄予厚望。尽管 PPP 模式被认为是一条具有效率且极可能解决当前政府债务扩大与政府支出需求扩大二者矛盾的途径，但是，由于 PPP 项目针对的主要是具有非排他、非竞争性的公共物品或服务，审批通过 PPP 项目一方面意味着社会资本的引入，另一方面也增加政府的直接财政支出或隐性债务，故 PPP 模式只有被限定在一定规模内才能发挥其作用。在 PPP 模式开展初期，应重视财政承受力论证，将每年因 PPP 项目而引起的财政支出从总量上给予限制。其作用主要体现在以下几个方面：

（1）防范和控制财政风险

政府希望通过 PPP 模式解决经济运行中出现的现实问题，同时也不能忽视 PPP 项目本身存在的风险。财政承受能力论证要求对包括股权投资、运营补贴、风险承担、配套投入等在内的 PPP 项目全生命周期过程的财政支出责任进行识别，并进行定性和量化测算，科学评估项目实施对当前及今后年度财政支出的影响，为 PPP 项目财政管理提供依据。同时，它明确了风险分担原则并对风险进行定性分析与量化测算，顺应了建设现代财政制度的要求，从程序上、结果上防范和控制财政风险。

（2）提升政府预算管理能力

通过财政承受能力论证的 PPP 项目，各级财政部门应当在编制年度预算和中期财政规划时,将PPP项目财政支出责任纳入预算统筹安排。这是PPP项目管理的核心,可以杜绝"体外循环",确保财政资金全部纳入预算。同时,也给PPP项目投资者吃了一颗"定心丸",降低了项目回款风险。将PPP项目支出纳入年度预算,还意味着其接受各级人大的监督,从而提升了PPP项目运营过程的透明度,提升了政府预算管理能力。

(3)防止PPP项目投资过热

《财承指引》第二十五条要求:"每一年度全部PPP项目需要从预算中安排的支出责任,占一般公共预算支出比例不应超过10%。省级财政部门可根据本地实际情况,因地制宜确定具体比例,并报财政部备案,同时对外公布。"有了额度限制,将有效防止PPP项目投资过热,同时可以倒逼地方政府有效利用财政资金,让地方政府淘汰一些低效项目,优先发展较为紧迫、质量较高的项目,减少业界一直担心的无效投资,防范可能出现的财政风险。

财政承受能力论证一方面要评估财政支出能力如何,即根据PPP项目预算支出责任,评估PPP项目实施对当前及今后年度财政支出的影响;另一方面,要平衡不同行业和领域的PPP项目,防止过于集中于某一行业和领域。此举还可以促使地方政府在投资时将眼光放得更长远,不能只考虑眼前需要,还要考虑未来负担,从而避免背上越来越沉重的包袱。

(4)促进信息公开

随着各地PPP项目的陆续上马,公众对其关注度也越来越高。财政承受能力论证对信息披露提出了较高要求,各级财政部门(或PPP中心)应当通过官方网站及报刊媒体,每年定期披露当地PPP项目目录、项目信息及包括PPP项目的财政支出责任数额及年度预算安排情况、财政承受能力论证考虑的主要因素和指标等在内的财政支出责任情况;项目实施后,还应跟踪了解项目运营情况,包括项目使用量、成本费用、考核指标等信息,定期对外发布。这就意味着,从项目立项到项目实施,财政部门将对PPP项目进行动态监控,同时,公众也能多频次、多维度地了解PPP项目的动态信息,保障了公众的知情权。

2.论证主体与方法

财政承受能力论证的主体是各级财政部门(或PPP中心)。各级财政部门(或PPP中心)负责组织开展行政区域内PPP项目财政承受能力论证工作,并与各行业部门通力合作,必要时可通过政府采购方式聘请专业中介机构协助。省级财政部门负责汇总统计行政区域内的全部PPP项目财政支出责任,对财政预算编制、执行情况实施监督管理。并且要以财政承受能力论证结论为依据,会同有关部门统筹做好项目规划、设计、采购、建设、运营、维护等全生命周期管理工作。

财政承受能力论证采用定量和定性分析方法，坚持合理预测、公开透明、从严把关，统筹处理好当期与长远关系，严格控制 PPP 项目财政支出规模。具体工作流程后面会做详细介绍。

二、财政承受能力论证的工作流程

财政承受能力论证工作主要包括四个核心板块：PPP 项目全生命周期过程财政支出责任识别、支出责任测算、承受能力评估和信息披露。财政承受能力论证工作流程如图 2-2-6 所示。

1. 支出责任识别

PPP 项目全生命周期过程的财政支出责任，主要包括政府股权投资、运营补贴、风险承担及配套投入。

其中，股权投资支出责任是指在政府与社会资本共同组建项目公司的情况下，政府承担的股权投资支出责任。如果社会资本单独组建项目公司，政府不承担股权投资支出责任。

运营补贴支出责任是在项目运营期间，政府承担的直接付费责任。不同付费模式下，政府承担的运营补贴支出责任不同。政府付费模式下，政府承担全部运营补贴支出责任；可行性缺口补助模式下，政府承担部分运营补贴支出责任；使用者付费模式下，政府不承担运营补贴支出责任。

风险承担支出责任是政府承担风险带来的财政支出责任，也即政府自留风险承担成本。根据风险承担原则，由政府承担的法律风险、政策风险、最低需求风险以及因政府方原因导致项目合同终止等突发情况，会产生风险承担支出责任。

配套投入支出责任主要是政府提供的项目配套工程等其他投入责任，通常包括土地征收和整理、建设部分项目配套措施、完成项目与现有相关基础设施和公用事业的对接、投资补助、贷款贴息等。配套投入支出通常依据项目实施方案合理确定。

2. 支出责任测算

各类支出责任测算过程中，应综合考虑各类支出的特点、情景和发生概率等因素，对项目全生命周期内财政支出责任分别进行测算。

（1）股权投资支出测算

股权投资支出责任应当依据项目资本金要求以及项目公司股权结构合理确定。股权投资支出责任中的土地等实物投入或无形资产投入，应依法进行评估，合理确定价值。

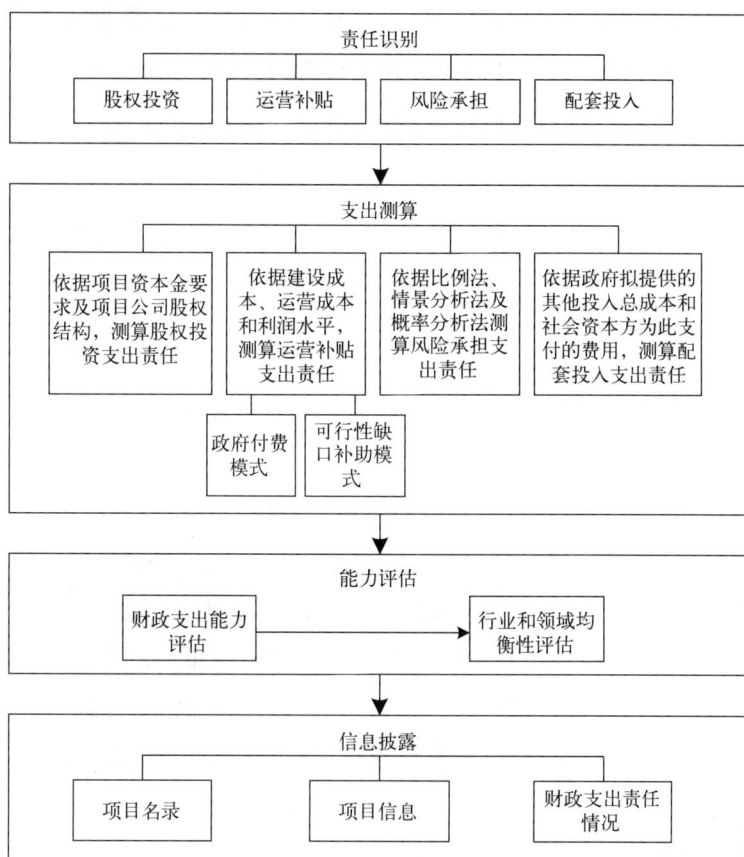

图2-2-6 财政承受能力论证工作流程

计算公式为:

$$股权投资支出 = 项目资本金 × 政府占项目公司股权比例$$

（2）运营补贴测算

运营补贴支出应当根据项目建设成本、运营成本及利润水平合理确定,并按照不同付费模式分别测算。

对政府付费模式的项目,在项目运营补贴期间,政府承担全部直接付费责任。根据《财承指引》政府每年直接付费数额包括:社会资本方承担的年均建设成本（折算成各年度现值）、年度运营成本和合理利润。计算公式为:

$$当年运营补贴支出数额 = \frac{项目全部建设成本 × (1+合理利润率) × (1+年度折现率)^n}{财政运营补贴周期（年）} + 年度运营成本 × (1+合理利润率)$$

注:n代表折现年数。财政运营补贴周期指财政提供运营补贴的年数。

对可行性缺口补助模式的项目,在项目运营补贴期间,政府承担部分直接付费责任。政府每年直接付费数额包括:社会资本方承担的年均建设成本(折算成各年度现值)、年度运营成本和合理利润, 再减去每年使用者付费的数额。计算公式为:

$$当年运营补贴支出数额 = \frac{项目全部建设成本 \times (1+合理利润率) \times (1+年度折现率)^n}{财政运营补贴周期 (年)}$$
$$+ 年度运营成本 \times (1+合理利润率) - 当年使用者付费数额$$

注:n 代表折现年数。财政运营补贴周期指财政提供运营补贴的年数。

其中, 年度折现率应考虑财政补贴支出发生年份, 并参照同期地方政府债券收益率合理确定; 合理利润率应以商业银行中长期贷款利率水平为基准, 充分考虑可用性付费、使用量付费、绩效付费的不同情景, 结合风险等因素确定。并且应当充分考虑合理利润率变化对运营补贴支出的影响。

PPP 项目的定价和调价机制通常与消费物价指数、劳动力市场指数等因素挂钩, 会影响运营补贴支出责任。在可行性缺口补助模式下, 运营补贴支出责任受到使用者付费数额的影响, 而使用者付费的多少因定价和调价机制而变化。在计算运营补贴支出数额时, 应当充分考虑定价和调价机制的影响。上述公式也存在不足之处, 例如按公式计算建设投资分摊值与等额年值相比偏高, 财政补贴值偏高, 财政补贴估值失真。实践中, 运营补贴支出根据后期严密的财务测算可得到较准确的结果, 方才具有参考价值。

对于采用使用者付费的 PPP 项目, 则不考虑运营补贴值。

(3) 风险承担测算

风险承担支出应充分考虑各类风险出现的概率和带来的支出责任, 可采用比例法、情景分析法及概率法进行测算。值得注意的是, 如果 PPP 项目合同约定保险赔款的第一受益人为政府, 则风险承担支出应为扣除该等风险赔款金额的净额。

1) 比例法。在各类风险支出数额和概率难以进行准确测算的情况下, 可以按照项目的全部建设成本和一定时期内的运营成本的一定比例确定风险承担支出。

2) 情景分析法。在各类风险支出数额可以进行测算、但出现概率难以确定的情况下, 可针对影响风险的各类事件和变量进行"基本"、"不利"及"最坏"等情景假设, 测算各类风险发生带来的风险承担支出。计算公式为:

风险承担支出数额 = 基本情景下财政支出数额 × 基本情景出现的概率 + 不利情景下财政支出数额 × 不利情景出现的概率 + 最坏情景下财政支出数额 × 最坏情景出现的概率

3) 概率法。在各类风险支出数额和发生概率均可进行测算的情况下, 可将所有可变风险参数作为变量, 根据概率分布函数, 计算各种风险发生带来的风险承担支出。

(4) 配套投入测算

配套投入支出责任应综合考虑政府将提供的其他配套投入总成本和社会资本方为此支付的费用。配套投入支出责任中的土地等实物投入或无形资产投入，应依法进行评估，合理确定价值。计算公式为：

配套投入支出数额＝政府拟提供的其他投入总成本－社会资本方支付的费用

3. 能力评估

识别和测算单个项目的财政支出责任后，汇总年度全部已实施和拟实施的 PPP 项目，进行财政承受能力评估。根据《财承指引》中"每一年度全部 PPP 项目需要从预算中安排的支出责任，占一般公共预算支出比例应当不超过 10%"的要求，评估 PPP 项目实施对当前及今后年度财政支出的影响。汇总的年度全部已实施和拟实施的 PPP 项目支出责任满足上述要求的，则通过财政承受能力论证。

若某 PPP 项目通过论证且经同级人民政府审核同意实施后，各级财政部门应当将其列入 PPP 项目目录，并在编制中期财政规划时，将项目财政支出责任纳入预算统筹安排。并且，在 PPP 项目正式签订合同时，财政部门（或 PPP 中心）应当对合同进行审核，确保合同内容与财政承受能力论证保持一致，防止因合同内容调整导致财政支出责任出现重大变化。

4. 信息披露

省级财政部门应当汇总区域内的项目目录，及时向财政部报告，财政部通过统一信息平台（PPP 中心网站）发布。其他各级财政部门应当通过官方网站及报刊媒体，每年定期披露当地 PPP 项目目录、项目信息及财政支出责任情况。对于每个项目目录中的 PPP 项目进行跟踪、监管并及时公布实施情况。及时有效的信息披露可以加强公众监督，实现财政透明，从而促进成熟财务管理体系的建立。

【示例 2】某城市生活垃圾焚烧发电项目在通过物有所值评价之后，还需要进一步考察政府财政承受能力，以明确 PPP 项目给财政带来的负担是否在可控范围内。

1. 股权支出

该市政府与社会资本共同成立项目公司，市政府持有股权 10%，以红线外现有水、电、路入股，不增加政府财政支出，故不予考虑。

2. 运营补贴支出

本项目采用可行性缺口补助模式，政府承担部分运营补贴支出责任。项目第 3～6

年保底垃圾处理量分别为 350t/ 天、400t/ 天、400t/ 天、450t/ 天，第 7 ~ 30 年保底量按设计规模 500t/ 天，一年按 8000 小时计算。垃圾处理补贴单价暂按 55 元 /t 考虑。运营补贴数额如表 2-2-10 所示。

运营补贴数额 表 2-2-10

年份	3	4	5	6	7 ~ 30
垃圾处理量（t/ 天）	350	400	400	450	500
运营补贴（万元）	641.67	733.33	733.33	825.00	916.67

3. 风险承担成本支出

风险承担支出按照项目的全部建设成本和一定时期内的运营成本的一定比例计算。运营期风险承担成本按项目运营成本的 3.6% 计算，建设期风险承担支出按建设成本的 3.6% 计算。故项目风险承担支出如表 2-2-11。

项目风险承担支出 表 2-2-11

年份	1	2	3	4	5	6	7 ~ 30
风险承担支出（万元）	295.76	702.47	44.25	47.42	47.42	51.78	58.32

4. 配套投入支出

本项目配套投入支出包含征地拆迁及垃圾转运配套设施投入。征地拆迁工作由政府在建设期实施，费用为 7200 万元，先由社会资本出资，考虑一定的收益率（暂按 8% 考虑），项目建成后政府以购买服务费加以返还。为加强城乡统筹后环卫系统进一步完善，需建设垃圾转运站并购置转运车辆。建设期第一年配套建设 30t 转运站 9 座，每座造价 150 万元，支出为 1350 万元；建设期第二年需购置转运车辆（8t/辆）20 辆，按 30 万元 / 辆计算，配套投入支出为 600 万元。配套投入支出数额如表 2-2-12 所示。

配套投入支出数额 表 2-2-12

年份	1	2	3	4	5	6
购买服务费用		1803.29	1803.29	1803.29	1803.29	1803.29
转运设施配套投入	1350	600				

将以上几项支出汇总，得出该项目所产生的财政支出如表 2-2-13 所示。

财政支出数额表　　　　　　　　　　　　　表 2-2-13

项目	年份						
	1	2	3	4	5	6	7 ~ 30
股权投资支出							
运营补贴支出			641.67	733.33	733.33	825.00	916.67
风险承担支出	295.76	702.47	44.25	47.42	47.42	51.78	58.32
配套投入支出	1350	2403.29	1803.29	1803.29	1803.29	1803.29	
合计（万元）	1645.76	3105.76	2489.21	2584.04	2584.04	2680.07	974.99

5. 结论

该市 2015 年一般公共预算支出平均约为 38.55 亿元，2016 年一般公共预算支出按 5% 增长率计算，为 40.48 亿元。今后年度一般公共预算支出保守估计按 5% 的增长率进行测算，本项目财政支出占一般公共预算支出比例如表 2-2-14 所示。

财政支出占预算支出比例表　　　　　　　　　　表 2-2-14

年份	2016	2017	2018	2019	2020	2021	2022	2023
财政支出（万元）	1645.76	3105.76	2489.21	2584.04	2584.04	2680.07	974.99	974.99
一般公共预算支出（亿元）	40.48	42.50	44.63	46.86	49.20	51.66	54.25	56.96
占比	0.41%	0.73%	0.56%	0.55%	0.53%	0.52%	0.18%	0.17%

如表所示，本项目财政支出占一般公共预算支出比例最高的是 2017 年（即建设期第 2 年），为 0.73%。考虑到今后年度一般公共预算支出增长率可能大于 5%，故财政支出占一般公共预算支出比例将更小。目前该市只有此一个 PPP 项目，对比财政部《政府和社会资本合作项目财政承受能力论证指引》第二十五条要求"每一年度全部 PPP 项目需要从预算中安排的支出责任，占一般公共预算支出比例应当不超过 10%"，可知财政对本项目具有承受能力。故该项目通过财政承受能力论证。

第三节　物有所值评价与财政承受能力论证的局限性及优化措施

一、物有所值评价的局限性

1. 运用 PPP 模式的动机

亚洲开发银行在《PPP 手册》中认为，政府部门在基础设施建设中采用 PPP 模式的主要动机包括：一是吸引社会资本，通常是为了补充公共资源或将公共资源用于满足其他公共需求；二是提高效率，更有效地利用现有资源；三是通过职能、风险和责任的再分配，推动相关行业的改革。

狭义物有所值评价是将 PPP 模式与政府传统采购模式进行比较，其前提条件是，无论采用哪种模式，项目都会及时实施。假如当前政府缺乏资金，如果按照传统采购模式进行可能要若干年后才能实施，而采用 PPP 模式可以立即实施，项目越早投入运营，公众就会越早享受其带来的社会效益，从而获得社会效益的时间价值。从另一个角度来看，虽然政府采用传统采购模式比采用 PPP 模式效率更高，成本更低，但是政府当期缺乏资金，无力实施经济社会发展急需的项目。这时，采用 PPP 模式引入社会资本，尽早实施项目带来的效益本身将足以超过因采用 PPP 模式所增加的投入，因而也可看作是实现了物有所值。实践中，许多发展中国家因为缺少资金就采用 PPP 模式，并且没有进行物有所值评价。

2. 定性定量两阶段评价的局限

无论是定性还是定量评价，事前的物有所值评价总是基于预期，因为关于项目实施效果的信息只能在事后获得。因此，在一个 PPP 项目开发过程中，物有所值评价经常会出现折中情况：在早期阶段，信息的可用性与准确性之间存在折中；在过程的后期，分析结果有时"难以修改采购路径"，进而也会出现折中。许多国家和地区进行分布迭代分析：通常在过程的早期进行定性评价，后期进行定量评价。然而，这种两阶段做法也存在一个潜在的问题：在筛选的后期进行定量评价时，由于此时改变采购方法或模式将会成本高昂，因此产生了利用定量评价"提供正确结果"的推力，此时，定量评价可能变成合理化先前决定的工具，而不再是实际决策的工具。

3. 基准数据缺乏和评价方法不完善

物有所值评价方法及理念理解并不困难，难点在于方法运用需要积累大量的数据。

比如，目前我国环保行业统计做得比较完善，单方污水或垃圾处理费比较清晰，使得我国污水或垃圾处理是民企参与最多的公共项目和服务行业。鉴于我国 PPP 模式的应用刚起步，而基准数据本身需要长期的积累，政府、行业协会和咨询公司应该着手做好整理与统计数据与评价方法的完善。这也是现阶段物有所值主要在识别和准备阶段展开的主要原因。

目前财政部在《操作指南》中规定："财政部门（政府和社会资本合作中心）会同行业主管部门，从定性和定量两方面开展物有所值评价工作。定量评价工作由各地根据实际情况开展。"同时在《PPP 物有所值评价指引（试行）》中提到："物有所值评价包括定性评价和定量评价。现阶段以定性评价为主，鼓励开展定量评价。"这就意味着政府目前并没有强制要求做物有所值评价，也不是要求一步到位，是要求要有此理念。只要有了物有所值的理念和追求，再加上 PPP 项目采用的公开招标、竞争性谈判等手段与合同签订前的确认谈判，就能逐步提高 PPP 项目的物有所值。因此，物有所值评价很重要，目前应该思考的是如何做好物有所值评价而不是值不值得做的问题。

二、财政承受能力论证的局限性

《财承指引》中对支出责任测算和能力上限都给出了参照公式与标准。但是仍然存在一定缺陷，主要体现在以下方面：

一方面，政府支出责任测算虽然给出了详细的公式，但是针对每个项目的情况不同而产生的差异通过固定公式是体现不出来的，因而《财承指引》也着重强调了可以根据项目实际情况采取其他合理方法测算支出责任。目前指引给出的运营补贴计算公式只适用于识别阶段的初步估计，按公式计算时受投资估算、合理利润率、折现率等众多因素影响，严格的限制条件使其计算结果准确性不足。比如按公式计算建设投资分摊值与等额年值相比偏高，财政补贴值偏高，财政补贴估值失真。实践中，运营补贴支出根据后期严密的财务测算可得到较准确的结果，使其具有实际参考价值。

另一方面，《指引》目前根据我国宏观经济状况设置"每一年度全部 PPP 项目需要从预算中安排的支出责任，占一般公共预算支出比例应当不超过 10%"的限制。随着后面 PPP 模式的成熟，能力评估限值应及时调整，并且应多元化能力评估指标，以全面评估政府的财政承受能力。

三、优化物有所值评价的措施

针对目前我国物有所值评价存在的缺陷，可从以下几方面优化物有所值评价：

（1）端正运用 PPP 模式的动机，深化物有所值理念

随着国家大力推行 PPP 模式，一些地方政府将不具备实施 PPP 模式的项目也套用 PPP 模式，使得本来就不够成熟的物有所值评价流于形式。如果运用 PPP 模式的动机不正确，有科学的评价方法也没有用，只会继续加大政府负担。因此，政府在采用 PPP 模式前首先要做好项目筛选，确定项目适合采用 PPP 模式后再加以实施，同时深化物有所值理念，使物有所值能发挥其作用，引导 PPP 模式良性发展。

（2）建立科学合理的物有所值定性评价指标体系

开展物有所值定性评价采用的是专家评审打分法，在评价指标的选择、权重上根据项目实际有所调整，可以说，科学合理的物有所值定性评价指标体系是开展定性评价的基础。在实践中主要涉及评价指标的选择、评价指标权重及评价指标评分标准设计三个层面的问题。同时，定性评价指标体系中应注意不要包含定量因素，否则会重复计算。并且定性评价与定量评价要独立开展，防止定性评价对定量评价产生潜在影响，克服定性定量两阶段评价的局限性。

（3）加强物有所值定量评价的影响因素研究

物有所值定量评价作为 PPP 模式决策的主要依据之一，同样也受到多种因素的影响，包括风险分配与量化、竞争性中立调整、折现率等。例如风险分配与量化问题，由于风险概率的评估所需要的完善齐全的数据库还没有建立，现在更多是根据经验进行估算。因此，应加强物有所值定量评价的影响因素研究，使物有所值定量评价更加准确。

（4）注重项目数据收集与经验积累

我国正处于物有所值评价起步与探索期，政府、行业协会和咨询公司应该着手做好数据整理与统计以及评价方法的完善，工作中要注意对项目数据收集与经验积累。

四、优化财政承受能力论证的措施

中国 PPP 项目才刚起步，项目思路与相关数据还不够清晰，项目实践经验也有待增加。财政承受能力论证工作也还需要不断总结提高，主要可以从以下几个方面采取措施。

（1）注重宏观经济状况，确保可控的债务总额

为防止 PPP 项目的实施加剧财政收支不平衡，应当合理控制 PPP 项目财政支出责任，达到 PPP 模式限制与推动发展并存，寻求二者平衡点的目的。考虑宏观经济环境状况，设置每年 PPP 项目支出责任限制值，一方面保证每年 PPP 项目审批总额自动随着经济发展状况提高或降低，使之与经济本身匹配，达到减轻政府财政支出压力，缓

解债务危机的目的；另一方面，以硬指标从制度上倒逼地方政府重视 PPP 项目的前期财政审批论证，迫使地方政府梳理出质量高、需求更迫切的公共项目，并避免与市场争利，真正发挥 PPP 模式的作用。

（2）合理设置财政承受能力大小

目前，我国 PPP 模式正处在发展阶段，当前设置的财政承受能力为"每一年度全部 PPP 项目需要从预算中安排的支出责任，占一般公共预算支出比例应当不超过10%"，以此为 PPP 模式发展的"天花板"。待 PPP 模式在我国发展成熟，配合同步趋于完善的财政预算体系，下一阶段可考虑重新调整该比重，并在最后将其转变为一种软约束。

（3）完善预算制度，落实财政承受能力原则考量

建立完善的预算管理制度，将 PPP 项目支出责任纳入预算，方能确保 PPP 模式依照财政承受能力原则进行的前期论证有效，对财政支出责任进行有效控制。这是 PPP 项目周期长、见效缓的特性结合我国当前强调的中长期预算制度的结果，是 PPP 模式稳步发展的关键一步。我国初期开展 PPP 项目仍应重视项目的前期论证，以财政可承受为前提，再强调物有所值，双管齐下方能达到预期效果。

（4）加快完善 PPP 项目审批工作机制

各地方财政部门（PPP 中心）在前期审批论证 PPP 项目时，应按照地方财政收支情况合理论证当地 PPP 项目的财政承受能力大小，并以此为上限合理安排各地方 PPP 模式开展规模，使财政承受能力原则得到自上而下的贯彻。这对各地解决当前普遍存在的"推进城镇化建设与控制地方债务规模"二者矛盾至关重要，也更有利于从国家层面上把握规划 PPP 项目。

（5）充分实现 PPP 模式与其他债务解决方式的结合

PPP 模式能在很大程度上解决一部分地方政府债务问题，但出于可控考虑，PPP 项目总量需要限定在一定可控范围内，因此其发挥的作用有限。当前地方政府债务普遍偏高，土地财政已经被证明是非可持续的解决财政方法，但地方政府筹措解决政府债务的合法渠道不多，因此才对 PPP 模式趋之若鹜，缺乏真正的思考和理解。解决政府债务问题，可逐步推出其他缓解地方债务问题的举措，以充分实现 PPP 模式与其他债务解决方式的结合，如落实发展地方债务置换，理顺匹配各级政府财权事权等，多方结合，方能切实解决问题。

附：PPP 项目物有所值定性分析相关表格

PPP 项目物有所值定性分析专家评分表 　　　　　　　　　　　附表 1

指标		权重	评分
基本指标	风险识别与分配		
	全生命周期整合潜力		
	绩效导向与鼓励创新		
	潜在竞争程度		
	政府机构能力		
	可融资性		
	基本指标小计	80%	—
附加值表（不少于三项）			
	附加指标小计	20%	—
合计		100%	—

专家签字：
　年　月　日

PPP 项目物有所值定性分析评分参考标准 　　　　　　　　　　附表 2

编号	指标	评分参考标准
1	风险识别与分配	● 81～100 分：项目资料表明，已进行较为深入的风险识别工作，预计其中的绝大部分风险或主要风险将在政府与社会资本合作方之间合理分配。 ● 61～80 分：项目资料表明，已进行较为深入的风险识别工作，预计其中的大部分主要风险可以在政府与社会资本合作方之间合理分配。 ● 41～60 分：项目资料表明，已进行初步的风险识别工作，预计这些风险可以在政府与社会资本合作方之间合理分配。 ● 21～40 分：项目资料表明，已进行初步的风险识别工作，预计这些风险难以在政府与社会资本合作方之间合理分配。 ● 0～20 分：项目资料表明，尚未开展风险识别工作，或没有清晰地识别风险
2	全生命周期整合潜力	● 81～100 分：项目资料表明，设计、融资、建造和全部运营、维护将整合到一个合同中；对于存量项目采用 PPP 模式，至少融资和全部运营、维护整合到一个合同中。 ● 61～80 分：项目资料表明，设计、融资和建造以及核心服务或大部分非核心服务的运营、维护将整合到一个合同中；对于存量项目采用 PPP 模式，至少有融资和核心服务或大部分非核心服务的运营、维护将整合到一个合同中。 ● 41～60 项目资料表明，设计、融资、建造和维护等将整合到一个合同中，但不包括运营；或融资、建造、运营和维护等将整合到一个合同中，但不包括设计；对于存量项目采用 PPP 模式，仅运营和维护将整合到一个合同中。 ● 21～40 分：项目资料表明，融资、建造和维护等将整合到一个合同中，但不包括设计和运营。 ● 0～20 分：项目资料表明，设计、融资、建造等三个或其中更少的环节将整合到一个合同中

编号	指标	评分参考标准
3	绩效导向与鼓励创新	● 81 ~ 100分：绝大部分绩效指标符合项目具体情况，全面合理，清晰明确，项目产出说明提出了较为全面、清晰和可测量的产出规格要求。 ● 61 ~ 80分：大部分绩效指标符合项目具体情况，全面合理，清晰明确，项目的产出规格要求较为全面、清晰和可测量。 ● 41 ~ 60分：绩效指标比较符合项目具体情况，但不够全面和清晰明确，缺乏部分关键绩效指标；项目的产出规格要求不够全面、清晰和可测量。 ● 21 ~ 40分：已设置的绩效指标比较符合项目具体情况、明确，但主要关键绩效指标未设置；项目的产出规格要求不够全面、清晰和可测量，并对如何交付提出了较多要求。 ● 0 ~ 20分：未设置绩效指标或绩效指标不符合项目具体情况，不合理、不明确；项目的产出说明基本上没有明确产出规格要求，或主要对如何交付进行了要求
4	潜在竞争程度	● 81 ~ 100分：项目将引起社会资本（或其联合体）之间竞争的潜力大且已存在明显的证据或迹象，例如参与项目推介会的行业领先的国内外企业数量较多。 ● 61 ~ 80分：项目将引起社会资本（或其联合体）之间竞争的潜力较大，预期后续通过采取措施可进一步提高竞争程度。 ● 41 ~ 60分：项目将引起社会资本（或其联合体）之间竞争的潜力一般，预期后续通过采取措施可提高竞争程度。 ● 21 ~ 40分：项目将引起社会资本（或其联合体）之间竞争的潜力较小，预期后续通过采取措施有可能提高竞争程度。 ● 0 ~ 20分：项目将引起社会资本（或其联合体）之间竞争的潜力小，预期后续不大可能提高竞争程度
5	政府机构能力	● 81 ~ 100分：政府具备较为全面、清晰的PPP理念，且本项目相关政府部门及机构具有较强的PPP项目运作能力。 ● 61 ~ 80分：政府的PPP理念一般，但本项目相关政府部门及机构具有较强的PPP项目运作能力。 ● 41 ~ 60分：政府的PPP理念一般，且本项目相关政府部门及机构的PPP项目运作能力一般。 ● 21 ~ 40分：政府的PPP理念较欠缺，且本项目相关政府部门及机构的PPP项目运作能力较欠缺且不易较快获得。 ● 0 ~ 20分：政府的PPP理念欠缺，且本项目相关政府部门及机构的PPP项目运作能力欠缺且难以获得
6	可融资性	● 81 ~ 100分：预计项目对金融机构的吸引力很高，或已有具备强劲实力的金融机构明确表达了对项目的兴趣。 ● 61 ~ 80分：预计项目对金融机构的吸引力较高。 ● 41 ~ 60分：预计项目对金融机构的吸引力一般，通过后续进一步准备，可提高吸引力。 ● 21 ~ 40分：预计项目对金融机构的吸引力较差，通过后续进一步准备，可提高吸引力。 ● 0 ~ 20分：预计项目对金融机构的吸引力很差
7	项目规模	● 81 ~ 100分：新建项目的投资或存量项目的资产公允价值在10亿元以上。 ● 61 ~ 80分：新建项目的投资或存量项目的资产公允价值介于2亿 ~ 10亿元之间。 ● 41 ~ 60分：新建项目的投资或存量项目的资产公允价值介于1亿 ~ 2亿元之间。 ● 21 ~ 40分：新建项目的投资或存量项目的资产公允价值介于5000万 ~ 1亿元之间。 ● 0 ~ 20分：新建项目的投资或存量项目的资产公允价值小于5000万元。 （注：可根据具体项目的类型、所在地区等因素设定金额大小）
8	项目资产寿命	● 81 ~ 100分：资产的预期使用寿命大于40年。 ● 61 ~ 80分：资产的预期使用寿命为31 ~ 40年。 ● 41 ~ 60分：资产的预期使用寿命为21 ~ 30年。 ● 21 ~ 40分：资产的预期使用寿命为11 ~ 20年。 ● 0 ~ 20分：资产的预期使用寿命小于10年 （注：可根据具体项目的类型、所在地区等因素设定年限长短）
9	项目资产种类	● 81 ~ 100分：项目的资产种类在三个以上。 ● 61 ~ 80分：项目是两类较复杂或技术要求较高资产的组合。 ● 41 ~ 60分：项目是两类中等复杂程度资产的组合，或者是若干个同类资产打包项目。 ● 21 ~ 40分：项目是两类复杂程度较低资产的组合，或者项目是一个较为复杂的资产。 ● 0 ~ 20分：项目只包括一个较为简单的资产

续表

编号	指标	评分参考标准
10	全生命周期成本估计准确性	● 81～100分：项目相关信息表明，项目的全生命周期成本已被很好地理解和认识，并且被准确预估的可能性很大。 ● 61～80分：项目相关信息表明，项目的全生命周期成本已被较好地理解和认识，并且被准确预估的可能性较大。 ● 41～60分：项目相关信息表明，项目的全生命周期成本已被较好地理解和认识，但尚无法确定能否准确预估。 ● 21～40分：项目相关信息表明，项目的全生命周期成本理解和认识还不够全面清晰。 ● 0～20分：项目相关信息表明，项目的全生命周期成本基本上没得到理解和认识
11	法律和政策环境	● 81～100分：项目采用PPP模式符合现行法律法规规章和政策等的要求，甚至存在鼓励政策。 ● 61～80分：项目采用PPP模式受到现行法律法规规章和政策等的个别限制，并且可以较为容易地解决。 ● 41～60分：项目采用PPP模式受到现行法律法规规章和政策等的个别限制，并且解决的可能性很大。 ● 21～40分：项目采用PPP模式受到现行法律法规规章和政策等的少量限制，但解决的可能性不大。 ● 0～20分：项目采用PPP模式受到现行法律法规规章和政策等的严格限制
12	资产利用及收益	● 81～100分：预计社会资本在满足公共需求的前提下，非常有可能充分利用资产增加额外收入。 ● 61～80分：预计社会资本在满足公共需求的前提下，较有可能充分利用资产增加额外收入。 ● 41～60分：预计社会资本在满足公共需求的前提下，利用项目资产增加额外收入的可能性一般。 ● 21～40分：预计社会资本利用项目资产获得额外收入的可能性较小。 ● 0～20分：预计社会资本利用项目资产获得额外收入的可能性非常小

PPP 项目物有所值定性分析评分结果计算表

附表 3

指标		权重 A	总分 B	最高分 C	最低分 D	平均分 E=（B-C-D）÷（专家数 -2）	加权分 F=E×A
基本指标	风险识别与分配						
	全生命周期整合潜力						
	绩效导向与鼓励创新						
	潜在竞争程度						
	政府机构能力						
	可融资性						
	基本指标小计	80%	—	—	—	—	—
附加值表（不少于三项）							
	附加指标小计	20%	—	—	—	—	—
	评分结果	100%					

PPP 项目物有所值定性分析专家意见表

项目名称	
委托单位	
评分结果	

专家小组意见：

组长签名：

　年　　月　　日

	姓名	单位	专业领域	签名
组长				
专家				
专家				
专家				
专家				
专家				
专家				

第三章 PPP 项目绩效评价

财政部《关于推广运用政府和社会资本合作模式有关问题的通知》（财金〔2014〕76 号）指出，要认真做好 PPP 项目评估论证工作，稳步开展项目绩效评价。并提出 PPP 项目绩效评价重点从绩效目标实现程度、运营管理、资金使用、公共服务质量、公众满意度等方面开展。另外，财政部、环境保护部印发了《关于推进水污染防治政府和社会资本合作的实施意见》（财建〔2015〕90 号），围绕项目绩效评价、基于绩效的资金分配机制与奖惩机制、推广第三方绩效评价等提出了原则要求，目的是通过绩效评价，激励社会资本强化管理创新、技术创新，提高公共服务质量。

PPP 项目绩效评价可以为衡量 PPP 项目的实施是否提高了公共产品或服务质量和效率提供参考标准，是否满足使用者或政府要求，以及长期运行过程中是否始终满足合同约定的标准要求。绩效评价与合同约束、信息公开、过程监管等工作共同构成了 PPP 项目工作规范体系。

第一节　PPP 项目绩效评价概述

一、PPP 项目绩效内涵与特征

1. PPP 项目绩效内涵

（1）绩效的含义

绩效的概念具有多维度的建构特点，对其进行观察与度量的角度不同，其概念内涵亦有差异，迄今为止，并没有得到非常明确的界定。对于绩效的内涵界定，从管理学、经济学以及社会学等不同学科领域有不同的认识。总结目前学术界的基本观点，可以得出以下 3 种绩效内涵的观点：1）关注结果的观点。持此观点的学者们将绩效理解为组织内部员工对目标实现的贡献，将绩效明确界定为"行动的结果"，关注的是工作或行为产生的最终结果，通常由一些容易定量化的指标来衡量，如产量、利润率等。2）关注行为过程的观点。此观点认为绩效是组织员工的工作行为，关注行为过程所带来的效益，其难点在于行为的权衡难以形成合理的量化标准，从而可操作性较差。

3）综合论。从绩效管理的实践来看，行为与结果具有不可分割性，二者具有手段与目的的辩证关系。因此，认为绩效具有行为与结果的双重内涵的综合绩效论开始被更多地接受。

（2）项目绩效

项目绩效的概念同样没有形成统一的观点，并且很容易与项目管理绩效、项目成功及项目管理成功等概念混淆。下面对这几个概念进行辨析。

1）项目绩效与项目管理绩效。项目管理主要涵盖项目的建设施工阶段，仅是整个生命周期一部分；相应地，项目管理活动的产出即项目管理绩效，则主要关注项目管理活动的行为与结果，而项目整个生命周期的产出效果即项目绩效则更关注长远的、宏观的目标，旨在衡量其对于组织战略的支持程度。项目绩效与项目管理绩效主要区别在于二者所涵盖的生命周期阶段不同、研究目的及关注的主体不同。同时，由于项目管理绩效从属于项目绩效，二者之间也存在着紧密的联系，体现在项目管理绩效贡献于项目绩效，但并不能完全决定项目绩效。二者的区别与联系见表 2-3-1。

项目绩效与项目管理绩效的区别与联系　　　　　　　表 2-3-1

	区别			联系
	所涵盖生命周期阶段	研究目的	关注的主体	
项目绩效	项目全生命周期阶段	实现项目成功，即实现项目最初的目标和预想	投资者与使用者	项目管理绩效贡献于项目绩效，项目管理绩效一般正向作用于项目绩效，但并不存在必然性
项目管理绩效	项目建设施工阶段	实现项目管理成功，按照约定的成本、质量、进度完成项目	项目管理团队	

2）项目成功与项目管理成功。与项目绩效与项目管理绩效二者间的关系类似，项目成功是实现了项目所有目标，而项目管理成功是项目满足成本、时间和质量目标。项目成功涵盖项目的全生命周期，而项目管理成功只涵盖其中的一段，因此，项目成功关键因素和项目成功标准中必然包括项目管理成功的关键因素和成功标准。同样，项目管理成功在一定程度上贡献于项目成功。

绩效与成功是两个不同的概念，有着紧密的联系。一般的，绩效是测量的对象，而成功则是对绩效测量结果的界定，它是一个相对的概念，是指当前经济技术条件下绩效可能达到的最佳值范围，而随着项目管理实践的不断发展，成功所对应的绩效值也将逐渐增大。两组概念中项目管理绩效对应项目管理成功，项目绩效对应项目成功，而项目管理绩效和项目绩效之间的关系与项目管理成功和项目成功之间的关系相同。将项目整个生命周期可划分为项目投资机会研究、可行性研究、设计、建设施工、使用及使用后报废六个阶段，两个概念间的关系可用图 2-3-1 表示。

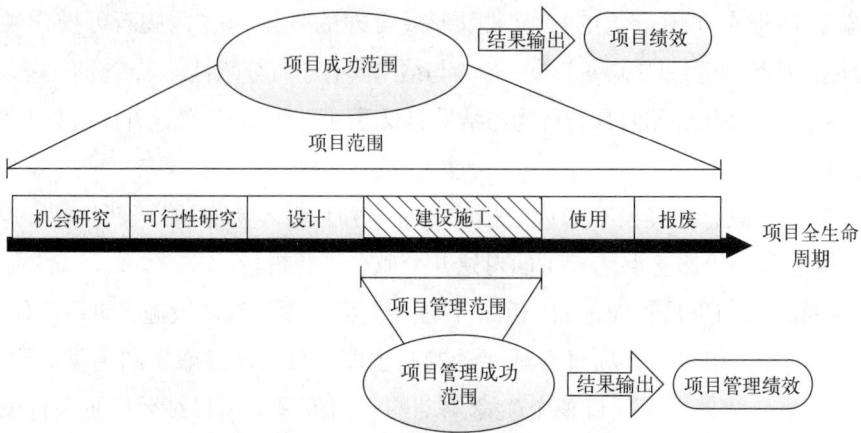

图2-3-1 项目成功、项目管理成功与项目绩效、项目管理绩效相互关系

（3）PPP 项目绩效定义

经过上述辨析与认识，我们可以结合 PPP 项目的特点对 PPP 项目绩效进行界定。PPP 项目的本质特征包括：1）采用特许经营、民营化及外包等方式，政府通常把项目的建设、运营和维护特许权交给项目公司；2）由于是政府职责范围内的项目，这些项目产品或服务通常都带有公共性和公益性，除了关注经济效益，也要使经济效益服从于社会效益；3）参与主体多元化，收益方式多样化；4）风险分担的复杂性，要求各参与主体进行合理的风险分担，实现共赢发展；5）由于 PPP 项目合作期限一般较长，故更加关注整个项目生命周期的管理与控制。

PPP 项目的特殊性决定了 PPP 项目绩效与一般的政府投资项目或传统建设项目绩效有所不同，下面结合其本质特征和项目绩效的思想对 PPP 项目绩效的定义进行讨论。

PPP 项目绩效是指在项目各参与主体通力合作的情况下，PPP 项目从识别到移交完成整个实施全周期各个阶段经济性、效率性、效果性和公平性四方面目标的实现程度。主要包含以下两层含义：

1）PPP 项目绩效的概念与一般项目绩效相似，均表现为项目全过程的"结果（实现目标）＋过程（行为）"，但与一般项目绩效涵盖的范围不同。首先，理解以上概念需要明确其中所指的"项目全过程"所涵盖的范围，如果我们将 PPP 项目全周期划分为 5 个阶段，即识别、准备、采购、执行、移交，则项目全过程包含所有 5 个阶段，而一般项目绩效涵盖项目全生命周期。其次，在其概念中项目绩效涉及两部分内容，即"结果（实现目标）＋过程（行为）"，其中项目绩效的"结果（实现目标）"部分通常的表述方式包括项目成功标准、项目实施的结果领域、关键绩效指标（KPI）等；而项目绩效的"过程（行为）"部分内容通常的表述方式包括项目成功关键因素（CSFs）、项目管理的促成领域等。

2）PPP 项目绩效界定的前提是充分考虑其公共品性质和公益性目标。PPP 项目不同于一般私营项目，它既以为社会资本带来赢利为目标，同时也是为了满足社会公共需求，要保障公共福利不受损失。PPP项目绩效界定必须以社会资本赢利和公共利益目标实现为前提。因此，相比传统项目绩效重点关注经济性而言，PPP项目需要根据"4E"准则去考察项目绩效，即要把项目经济性（Economy）、效率性（Efficiency）、效果性（Effectiveness）及公平性（Equity）并重考虑，且要实现PPP项目各个阶段物有所值。

PPP项目绩效的界定如图2-3-2所示。

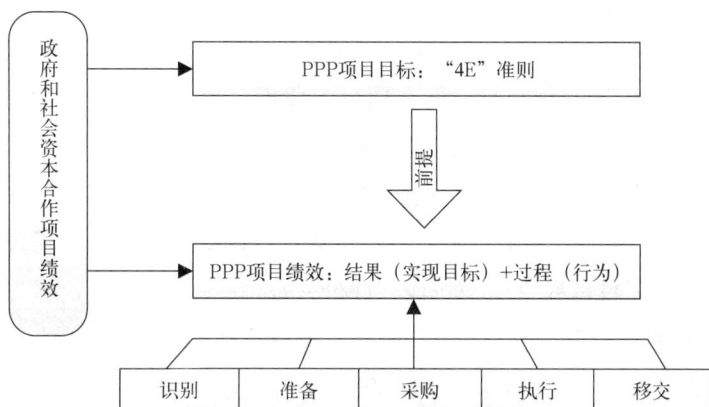

图2-3-2　PPP项目绩效的界定

2. PPP项目绩效特征

由于PPP项目的特性，PPP项目绩效也具有其特殊性，主要体现在以下几方面：

（1）关注的项目阶段更广

传统项目实施中主要关注项目建设与完工移交等项目管理阶段，这也是传统项目的关键阶段。而对于PPP项目而言，从项目准备与采购阶段的风险分担与回报机制设计，到项目执行过程中项目建设与运营维护，再到项目移交阶段的资产与产权交割等事项，无一不与PPP项目的成功实施密切相关。因此，PPP项目绩效比一般传统项目管理绩效关注的项目阶段更广，其绩效测度工作也更加复杂。

（2）注重公众参与

PPP项目一般都会涉及公众利益，并且通常伴有政府投资。国家在推行PPP模式时设立了大量专项资金或设立PPP基金，对这些资金的利用情况也是PPP项目绩效重点关注的一个层面。政府对这些资金的使用以及对PPP项目信息的公开，有助于引入公众监督，提升资金使用效率，有助于公众参与提升PPP项目绩效。

（3）经济效益和社会效益并重

PPP项目绩效除了要求经济与效率方面达到相应目标外，也要在效果与公平性方面满足公共利益要求，达到一定的社会效益。具体来讲，经济效益方面应该满足总投资可控、建设质量与进度达标、运营成本合理、政府支付费用在合理范围等，社会效益应满足项目能够提供高质量公共产品或服务、公众满意程度高以及对自然环境保护等方面。比如对于垃圾焚烧发电项目采用 PPP 模式时的绩效，既要关注总投资是否超标、项目质量验收情况、运营成本是否合理、政府补贴价格是否可承受等方面外，还要考察项目对公众生活环境的改善、减少环境压力等方面。

（4）要求从后评价到过程评价转变

传统的项目管理绩效评价模式来源于企业管理中的绩效评价理论，因此，绝大部分为"后评价（Post Evaluation）"，即在项目完成后（通常是竣工验收后），依据所建立的绩效评价指标体系，采用合适的评价方法对项目绩效进行评价。但后评价这种对结果的考察总结是在项目与项目之间传承的，并不能对于某单一项目本身实现改进。科学而有效的项目（特别是 PPP 项目）绩效评价不应是一次性的"后评价"，而应是将评价贯穿于整个项目过程之中，形成"评价—反馈—改善—再评价"这样一个循环往复的过程。特别的，PPP 项目的物有所值评价就是在 PPP 项目识别、准备、执行等不同阶段对资金价值的一个考核，因而 VFM 评价也是一种过程评价。过程评价要求建立基于过程的评价指标体系，其过程如图 2-3-3 所示。PPP 项目的特征决定了对 PPP 项目绩效评价要实现从后评价到过程评价的转变。

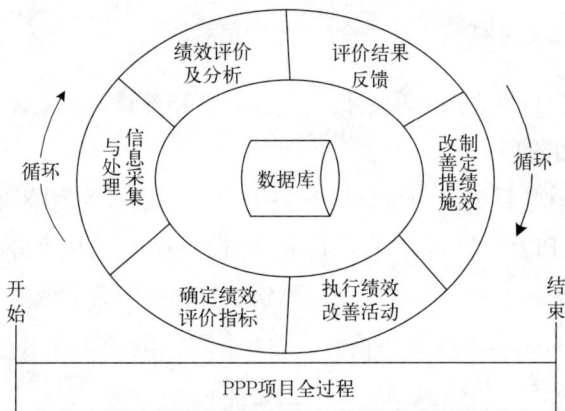

图2-3-3　PPP项目绩效过程评价

二、PPP 项目绩效评价范畴

1. PPP 项目绩效评价定义

前面对绩效、项目绩效及 PPP 项目绩效做了较详细的梳理，旨在明确 PPP 项目绩效的内涵与范围,更清晰地理解PPP项目绩效评价。PPP项目绩效按"4E"准则进行考核,也即是强调PPP项目绩效评价应当反映PPP项目的初衷——以较低的投入实现公共产品或服务供给效率的提升,提高经济效益与社会效益。PPP项目大多是公用基础设施项目,其反映的应该是经济效益与社会效益的整体改进,并且效益在社会成员间分配的公平性也应纳入考虑范围,尽可能兼顾效率与公平。

PPP项目绩效评价是指从项目利益相关者包括政府部门、社会资本、承包商、供应商、社会公众等项目干系人需求和目标出发,考虑项目环境、运营能力、技术管理、可持续发展等重要因素,从项目经济、效率、效果、公平等角度进行全面和客观的评价。经济性是指项目获取利润及花费成本的合理性;效率是指资源的有效利用,用最少的投入获得最大产出;效果是指项目产出带来的影响;公平一方面考虑利益相关者满意度,另一方面要考虑社会效益与可持续发展。

2. PPP项目绩效评价层次

PPP项目绩效评价主要包括项目日常运营绩效监测、阶段性的中期评估和项目全周期绩效评价三个层次。

(1)运营绩效监测层次

主要是项目日常运行过程中的绩效监测。重点对项目的关键绩效指标进行评测,如污水处理项目的污水处理量、处理后污水排放量、污染物排放指标等,关注所设定绩效目标实现情况,并以绩效监控结果作为政府支付购买服务付费或补贴的依据,同时通过绩效监控加强项目运营的监管。

(2)中期评估层次

中期评估是项目实施过程中阶段性的绩效评价。在项目日常运行绩效监测基础上,每隔3~5年开展一次中期评估,对阶段目标实现程度、公共产品或服务的数量和质量、资金使用效率、运营管理、可持续性、公众满意度等方面进行综合评价,以评价结果促进公共产品和服务供给质量和效率提升。

(3)全周期绩效评价层次

全周期绩效评价是指项目合作期满、移交完毕后,对项目整个实施周期绩效进行的评价,包括对项目总体目标实现程度、成本效益、可持续性等进行评价,评价结果可作为完善PPP模式制度体系的参考依据,为后续项目提供参考。

3. PPP项目绩效评价主客体

(1)评价主体

PPP项目参与方和利益相关方众多,项目的绩效评价应该尽可能客观、有效、有代表性。评价主体是评价行为的组织者和发动者，评价主体对整个绩效评价实施、监督都起着关键作用。在 PPP 项目绩效评价中，绩效评价主体可以是政府部门、私营投资者或其他相关者，不同主体绩效评价的目的不同。也有观点认为 PPP 项目绩效评价应由独立第三方机构完成，但是鉴于 PPP 项目期限较长、关系面较多，一般意义的第三方很难对项目有一个全局性认识。

PPP 项目三个层次的绩效评价主体存在差异，主要评价主体有以下几种：

1）项目公司。项目公司作为 PPP 项目的经营者，需要通过绩效自评发现经营中的不足之处，同时也是对政府绩效监测与支付结果合理性的考察。在绩效监测与支付时，项目公司作为评价主体应做好绩效自评。

2）政府部门或其指定的第三方评估机构。政府部门是三个层次绩效评价中最主要的主体，具体可以是 PPP 项目实施机构或政府指定的其他部门。政府正是通过三个层次的绩效评价来实现政府的绩效监管，以保障项目良性运作。对于专业性较强的项目，政府难以胜任其绩效评价工作时，可委托第三方评估机构实施。《关于推进水污染防治政府和社会资本使用的实施意见》（财建〔2015〕90 号）及《关于印发城市管网专项资金绩效评价暂行办法的通知》（财建〔2015〕201 号）都强调要推广第三方绩效评价。

（2）评价客体

评价客体是指评价对象，即项目及其带来的影响，包括项目的经济、效率、效果及公平四个方面。通过建立评价指标体系，对项目绩效目标实现程度、运营管理、资金使用、公共服务质量、公众满意度等方面进行评价。由 PPP 项目的特殊性可以建立一套适合 PPP 项目的绩效评价指标体系，或者在 PPP 模式广泛实践的基础上，建立适用于某一类别或是单个项目的绩效评价指标体系，并在具体应用的过程中加以改进。

4. PPP 项目绩效评价目的与原则

不论是 PPP 项目还是一般建设项目，进行项目评价的目的都是为了提高项目决策和实施的科学化水平，促进各类资源合理有效配置，充分发挥投资效益，实现绩效改进。PPP 项目绩效评价（主要是前两个层次的评价）另一重要目的是实现政府监管，政府在 PPP 项目执行阶段主要行使监管职能，绩效评价是其重要的监管手段之一。此外，相比一般项目，PPP 项目绩效评价更频繁，是一个全过程的评价。PPP 项目多为公共项目，因而绩效评价目的也在于如何实现社会效益提升并兼顾效率与公平。

由于 PPP 项目的公共性及公私合营的建设运营模式，需要通过强化绩效评价掌握项目建设、运营情况。因此，就具体项目而言，PPP 项目绩效评价目的在于通过动态评价和反馈机制，及时发现并改进项目中存在的问题，实现项目参与方的预期目标。与项目评价相比，项目绩效评价出发点更明确，对影响项目成功诸方面因素考虑得更全面综合，作为涵盖事前、事中、事后三阶段的评价，项目绩效评价关注项目整个生命周期内各方面绩效表现与最终核心目标的差距，同时也为其他项目的执行提供可供参考的依据。

从 PPP 项目绩效评价定义可知，PPP 项目绩效评价不仅要关注 PPP 项目作为公共性项目的社会公平性，又要关注 PPP 项目作为社会资本投资项目的投入产出效率。因此，PPP 项目绩效评价中应当遵循以下原则：

（1）"4E"原则

PPP 项目绩效评价要全面系统地评价项目的经济、效率、效果及公平方面，并综合项目这几方面的评价情况，最终得出项目整体绩效。项目绩效评价不应只注重经济性方面的财务指标，还要关注项目的效率性与效果性，而 PPP 项目的公益性与公共性决定 PPP 项目也必须关注效益分配的公平性。因此，4E 原则成为 PPP 项目绩效评价的首要原则。

（2）科学性与可靠性原则

PPP 项目绩效评价不但要坚持从实际出发，实事求是，采用科学适用的指标选取方法和评价方法，还必须坚持可靠性原则，要深入调查，收集准确的基础资料，使评价建立在全面可靠数据的基础上。

5. PPP 项目绩效评价时点

对 PPP 项目的绩效进行评价集中在项目执行和移交阶段。在项目执行和移交阶段，项目有实际成果可以考量，进行绩效评价依据充足，可量化指标较多。PPP 项目三个层次的绩效评价有不同评价时点，运营绩效监测层次评价时点根据项目性质与特征、项目合同约定等设定，以实现对项目运营情况的把控为原则。接着，PPP 项目在建设完成后运营 2 ～ 3 年会进行一次中期评估，这是对项目建设成果及运营效果进行的一次重要的考核，其与传统项目的项目后评价类似，其后每运营 3 ～ 5 年，都进行一次中期评估。第三层次评价在 PPP 项目移交完成后，其目的是反映 PPP 项目实施全周期的绩效。PPP 项目绩效评价的时间阶段如图 2-3-4 所示。

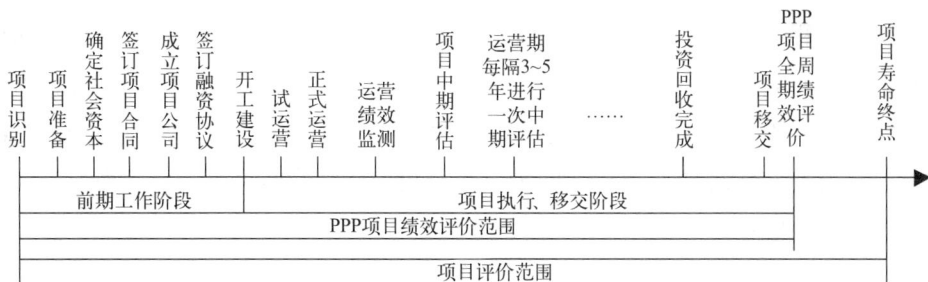

图2-3-4　PPP项目绩效评价的时间阶段

第二节　PPP 项目运营绩效监测

一、PPP 项目运营绩效监测的特点与作用

1. PPP 项目运营绩效监测的特点

（1）微观层次的绩效评价

PPP 项目运营绩效监测是项目日常运行过程中的绩效监控。重点对项目的关键绩效指标进行评测，如水污染防治类项目污染物减排量、河道水体水质改善程度等，属于微观层次绩效评价。通常根据项目性质与特征、项目合同约定等设定监测时点，要求简单实用、可操作性强。

（2）以产出说明为前提

对 PPP 项目的运营绩效监测需要通过关键绩效指标来反映，所谓关键绩效指标是指通过对项目的输入端、输出端的关键参数进行设置、取样、计算、分析，衡量项目实施绩效的一种目标式量化管理指标。项目关键绩效指标来源于最初设定的项目绩效目标，而 PPP 项目运营绩效目标是通过产出说明加以确定。因此，PPP 项目运营绩效监测是以项目产出说明为基础和前提。

（3）评价指标专业性、针对性强

PPP 项目运营绩效监测所建立的关键绩效指标体系具有专业性强、针对性强的特点。因为该指标体系主要体现项目类型与特性，同类项目也存在关注的方面不同。如综合管廊项目关键绩效指标包括入廊收费制度建立情况、入廊率及建设公里数等，海绵城市项目绩效关注区域内水生态、水环境、水资源、水安全、显示度等各项指标。

2. PPP 项目运营绩效监测的作用

（1）政府重要的监管手段

对 PPP 项目所建立起的运营绩效监测，可以使政府方及时了解项目运营状态，及时发现运营过程中存在的问题，并及时作出调整。绩效监测结果与奖惩方式结合是政府进行监管的有效手段之一。政府可设置激励措施，对项目运营执行效果较好的项目公司，给予一定程度的经济奖励，建立诚信社会资本名录进行宣传，并且大力引荐该企业参与政府其他新建 PPP 项目。同时，对于项目公司的违法违规及违约行为，也要设置相应的惩罚措施。

（2）政府支付依据

对于政府付费或可行性缺口补助项目，必须根据项目实际运营绩效进行支付，当

项目达到约定运营标准时，政府方按照合同约定的金额或单价支付，反之，当未达到约定运营标准时，项目公司则无法得到足额支付。因此，PPP项目的运营绩效监测是政府支付的重要依据。以绩效监测结果作为政府支付依据，可以对项目公司形成激励和约束。

（3）为后期评价提供可靠依据

作为实施较频繁的日常监测行为，PPP项目运营绩效监测积累了丰富的项目运营等相关的数据和经验。从而为后期PPP项目中期评估及项目全周期绩效评价提供可靠依据，也是项目实施中纠偏的关键环节。

二、PPP 项目运营绩效监测实施流程

PPP项目运营绩效监测首先要制定清楚的产出标准说明，并结合产出标准设定相应支付机制与惩奖机制，在运营中实施绩效监测并完成支付。实施流程如图2-3-5所示。

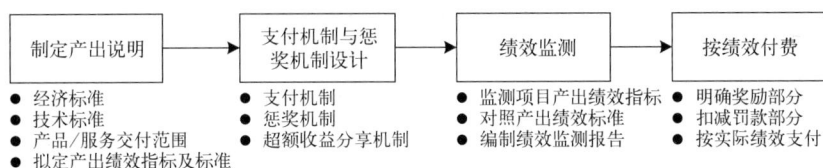

图2-3-5　PPP项目绩效监测与支付实施流程

1. 制定产出说明

产出说明（Output Specification），是指项目建成后项目资产所应达到的经济、技术标准，以及公共产品和服务的交付范围、标准和绩效水平等。《操作指南》提到"对于列入年度开发计划的项目，项目发起方应按财政部门（政府和社会资本合作中心）的要求提交相关资料。新建、改建项目应提交可行性研究报告、项目产出说明和初步实施方案"，政府部门在完成项目筛选之后，需要制定项目产出说明以明确项目经济、技术标准、产品/服务交付范围及项目产出绩效指标，PPP项目合同中也会对项目运营需达到的标准进行详细约定，从而为绩效监测结果设定参照标准。

2. 支付机制与惩奖机制设计

根据项目性质、回报机制和运营标准，在PPP项目合同中设定政府支付机制及惩奖机制，约定支付标准、数额、程序以及未达标准时的处罚措施等。为防止公共利益受损，还应设置超额利润分享机制，这些机制的设计是按绩效付费的基础。

3. 绩效监测

项目运营期间，在根据项目特征和性质及合同所约定的绩效监测时点，根据拟定的项目产出绩效指标所涉及的各方面考察项目运营情况，然后对照产出说明制定的标准进行评价。最后根据评价结果编制绩效监测报告，可用作备案及信息披露等。

4. 按绩效支付

根据绩效监测结果，按照支付与惩奖机制进行支付。政府有支付义务的，项目实施机构应根据项目合同约定的产出说明，按照实际绩效直接或通知财政部门向社会资本或项目公司及时支付。项目实际绩效优于约定标准的，项目实施机构应执行项目合同约定的奖励条款，并可将其作为项目期满合同能否展期的依据；未达到约定标准的，项目实施机构应执行项目合同约定的惩处条款或救济措施。

三、各类 PPP 项目运营绩效监测

根据 PPP 项目可经营性及收益情况，不同类型项目的绩效监测侧重点不同。

1. 经营性 PPP 项目

经营性 PPP 项目通常采用的是使用者付费机制，政府对此类项目的绩效监测主要是出于对项目运营的监管，主要体现在项目产品或服务数量是否满足要求、质量是否达到标准。如对收费高速公路运载能力、收费管理情况、道路及设备养护维修情况、安全性等方面进行考察。对于有超额利润的项目，也可通过对项目绩效监测，判断是否根据超额利润分享机制参与超额利润的分配。

2. 准经营性 PPP 项目

准经营性 PPP 项目需要政府进行缺口补助，必须通过项目运营绩效监测考察项目绩效目标实现情况，并且根据考察结果进行支付。准经营性 PPP 项目绩效监测的内容大体包括"量"和"效"两个方面。"量"即项目提供公共产品或服务的数量，"效"即项目提供公共产品或服务本身效果或在提供公共产品或服务的同时，项目对环境的影响是否满足相关法律法规要求。以垃圾焚烧发电 PPP 项目为例，运营绩效监测内容除应包括垃圾处理量、上网电量外，还应监测烟气、污水、恶臭、噪声、炉渣、飞灰等排放或处置是否满足要求。

3. 非经营性 PPP 项目

非经营性项目是公益性强且无投资收益来源的项目，如市政道路、公园、街路绿化等。非经营性 PPP 项目通常采用政府付费机制，政府通过购买服务方式为公众提供公共产品或服务。对于此类项目，财政部控制较为严格，因为若采用的模式不当会加深政府财政负担，同时这类项目的绩效与政府付费多少直接相关，项目实施机构会更加关注项目绩效情况。财政部出台的《政府购买服务管理办法（暂行）》（财综〔2014〕96 号）针对政府购买服务的主体、内容、方式和流程、资金管理以及绩效管理等事项做了详细规定。文件规定："政府采购服务事项应按规定纳入政府购买服务指导性目录进行管理；同时以列举加概括的方式规定，住房保障、公共交通运输、环境治理、城市维护、规划编制、工程服务等领域，适合由社会力量承担的服务事项，属于应当纳入目录进行购买的服务事项；但对于市政道路、公园、街路绿化等非经营性项目则规定，应由财政部门在充分征求相关部门意见后，确定是否纳入政府购买服务指导目录，并根据经济社会发展变化、政府职能转变及公众需求等情况进行动态调整。"可以看出，财政部对非经营性项目采用 PPP 模式管控较严。

从下面案例可以看出运营绩效监测在非经营性 PPP 项目中的重要作用。由于 ×× 路为无使用者付费的城市道路，故而采用"政府付费"的回报机制。根据《财政部关于规范政府和社会资本合作合同管理工作的通知》（财金〔2014〕156 号），政府付费具体包含可用性付费、使用量付费和绩效付费三种方式。三种政府付费方式的各自特点和适用条件见表 2-3-2。

不同政府付费方式特点及条件　　　　　　　　　　表 2-3-2

支付方式	付费依据	适用条件
可用性付费	公共产品 / 服务可用	通用
使用量付费	公共产品 / 服务实际用量	项目公司对公共基础设施需求有较为乐观的预期或者有一定影响能力，可以承担需求风险，多用于污水处理、垃圾处理等公用设施项目
绩效付费	公共产品 / 服务质量、运维绩效	通用，且通常与可用性付费或者使用量付费搭配使用

为充分调动社会资本参与项目的积极性，同时，也为提高公共产品和服务质量，×× 路 PPP 项目最终采用了基于可用性且与绩效挂钩的政府付费方式，即由 ×× 市政府为基于可用性绩效指标的城市道路和基于运维绩效指标的公共交通服务向项目公司付费。可用性绩效指标从质量、工期、环境保护、安全生产等方面对道路质量提出

严格要求，如未达到标准绩效指标，根据协议扣除履约保函中的相应金额；运维绩效指标从四个层级十七个方面设置了三十八项运维绩效指标。前三级为基本考核指标，第四级为奖励考核指标，具体如下：

第一层级：考核车道、人行道、路基、排水和其他设施（如桥梁、隧道）的维护，需符合《城镇道路养护技术规范》CJJ 36-2006；

第二层级：考核安全管理和突发事件管理，需符合《公路工程安全施工技术规程》JTJ 076-95 和《城市道路养护维修作业安全技术规程》SZ-51-2006 等；

第三层级：考核环境保护，需符合《公路建设项目环境影响评价规范》JTGB 03-2006 和《公路环境保护设计规范》JTGB 04-2010 等；

第四层级：考核利益相关者满意度，主要对道路使用者及道路周边居民、企业进行公共调查，满意度需达到 80% 以上。

在运营维护期内，项目实施机构主要通过常规考核和临时考核的方式对项目公司服务绩效水平进行考核，并将考核结果与运维绩效付费支付挂钩。基于可用性且与绩效挂钩的政府付费方式的采用，使 ×× 路 PPP 项目有效避免了单一基于可用性政府付费模式下"重建设、轻运营"、"假 PPP、真 BT"现象的出现，显著提高了公共交通服务质量。对社会投资人而言，该付费模式在保证了固定收益的同时还能通过运维水平的提升，获得一定的绩效收益。

第三节　PPP 项目中期评估

《操作指南》指出，在项目执行阶段，项目实施机构应在项目运营期每 3 ～ 5 年对项目进行中期评估，重点分析项目运行状况和项目合同的合规性、适应性和合理性。通过中期评估，有利于发现 PPP 项目前期及建设、运营过程中存在问题，并及时进行调整，保证项目处于良性、可持续发展状态。

一、PPP 项目中期评估的概念与特点

1.PPP 项目中期评估的概念

PPP 项目中期评估是指对建设期完全结束，并且已经处于稳定运营期的 PPP 项目实施过程、运营情况、效益和影响、可持续性、运营效率、监管体系、风险分担、项目合同实施状态等方面进行的全面、系统、客观的分析。通过对项目活动实践的检查

评价和分析总结，确定项目是否在预期状态和可控范围。并通过及时有效的信息反馈，为实施运营中出现的问题提出改进措施，同时也为项目后续运营发展和政府与社会资本合作状况提出好的建议，从而达到成功实施项目的目的。PPP 项目中期评估的时点介于项目开始稳定运营和项目移交时刻之间。

2. PPP 项目中期评估的特点

PPP 项目由于其本身的特殊性，决定了其中期评估与一般建设项目后评价有所不同。

（1）评估内容不同

传统建设项目后评价是在项目已经完成并运行一段时间后，对项目的目的、执行过程、效益、作用和影响进行系统地、客观地分析和总结，其评价重点在于项目前期决策和建设过程。而 PPP 项目中期评估，除第一次中期评估内容涉及项目前期及建设过程外，其余中期评估主要针对项目运营过程。并且针对具体项目的评估与其项目性质密切相关，所建立的评价内容和指标因项目而异。开展评估前首先应当根据评估对象，确定评估指标。

（2）评估重点不同

与一般建设项目相比，PPP 项目绩效评价一个最重要的特征就是其内容涉及政府和社会资本的合作，本质上是利益和风险的分配问题。所以与一般建设项目后评价相比，PPP 项目中期评估除了项目本身之外，更重要的是对政府与社会资本伙伴关系的评价，内容一般包括项目风险的实际分担情况、项目合同的变更和实践情况、项目运营效率与监管情况等。

二、PPP 项目中期评估的内容

我国 PPP 模式正在大力推广阶段，对 PPP 项目的中期评估目前基本没有涉及。即便有所涉及，也是只针对某个方面进行评估，或者是将传统建设项目的后评价照搬到 PPP 项目上来，缺乏从整体上建立适合 PPP 项目的中期评估框架体系。根据传统建设项目后评价体系，结合 PPP 项目的特点，PPP 项目中期评估内容如图 2-3-6 所示。

1. 项目实施过程评估

PPP 项目投资数额较大、融资过程复杂、前期工作多，并且每个阶段都涉及较复杂的内容，涉及的利益主体较多。目前我国对于 PPP 项目的推广、运作及实施经验还

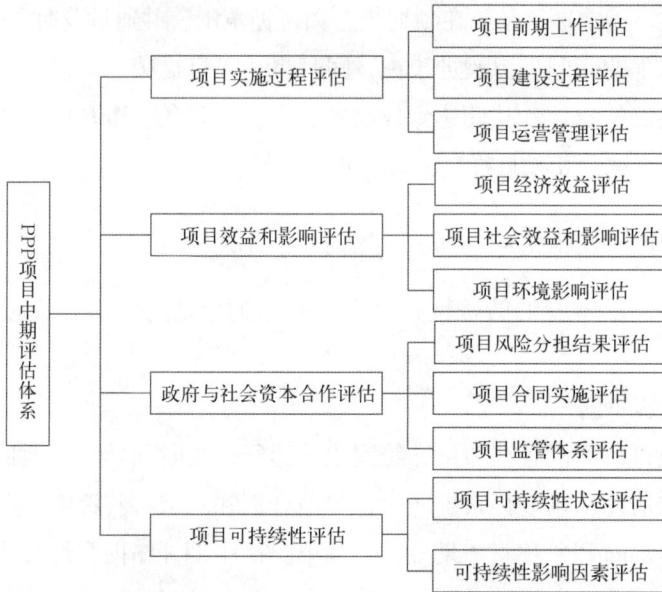

图2-3-6　PPP项目中期评估内容

比较缺乏，因此对项目实施过程进行评估与总结在当前具有十分重要的意义。

　　PPP 项目实施过程评估可以从三个方面进行，分别是项目前期工作评估、项目建设过程评估、项目运营管理评估。其中前期工作和建设两部分工作在评估时已经结束，这两部分的评估主要在于总结 PPP 项目前期运作和建设经验，主要在第一次中期评估涉及，在后续的中期评估中不再涉及。而运营管理工作正在进行中，进行评估的目的主要是了解项目当前运营状态。PPP 项目中期评估在项目运营过程中不断进行，后面的中期评估主要是对项目运营管理和维护进行评估，以便促进项目实施、收集项目有关信息，及时解决项目运营过程中的各种问题。此外，还要注重对项目具有重大影响的问题进行深入研究，以真正提高项目运营管理水平。PPP 项目实施过程评估的详细内容如表 2-3-3 所示。

PPP 项目实施过程评估详细内容　　　　　　　　表 2-3-3

	评估内容
项目前期工作评估	项目发起与筹备，项目规划，可行性研究，项目立项决策，风险预测与评估，PPP 咨询顾问与代理机构选取，社会资本考核，投融资方案，项目合同及相关协议设计，项目公司成立等
项目建设过程评估	设计、施工及供应商的选取，项目管理团队组建，开工准备，开工，合同管理，工程造价控制，工程质量管理，工程进度控制，施工安全计划、检查和保障措施，健康和环境保护，变更处理，资金使用，竣工验收等
项目运营管理评估	运营准备工作，生产试运行，生产计划，设备运行及现场管理组织，企业安全管理制度，应急预案，安全法规执行情况，人力资源培训，运营成本控制与收益状况，运营工作可靠性，项目公司治理及管理模式等

2. 项目效益和影响评估

PPP 项目效益和影响评估是在项目投入运营一段时间后，在运营稳定的情况下，从财务角度分析项目的成本和收益，从国家或地区角度评价项目所产生的宏观经济效益。最后从城市中观角度，运用社会学、经济学和环境学理论方法分析项目对社会、文化及自然环境等方面所产生的影响。其评价内容包括以下几个方面。

（1）项目经济效益评估

PPP 项目经济效益一方面体现在 PPP 项目具有盈利性，主要从项目的财务评价指标衡量，比如盈利能力指标、偿债能力指标和项目成本收益等方面，也是对项目效益的定量考察。PPP 项目经济效益评估的内容如表 2-3-4 所示。

PPP 项目经济效益评估详细内容 表 2-3-4

	评估内容
项目财务状况	盈利能力评价：财务净现值，财务内部收益率，财务效益费用比，项目投资回收期等 偿债能力评价：偿债备付率，利息备付率，借款偿还期等
项目成本	项目设施建设成本，配套设备购买成本，财务费用，人力资源成本，运营管理成本，单位成本等
项目收益	营业收入，其他业务收入，税费减免，政府补助等

（2）项目社会效益和影响评估

项目的社会效益评估通常是指以国家的各种社会政策为基础，分析和评估投资项目对实现国家和地方的社会发展目标所做的贡献和产生的影响。主要涉及增加就业、社会稳定、产业调控、节能降耗及社会影响等方面。而 PPP 项目社会影响评价主要体现在文化、生活、安全等方面。社会影响评估是社会学理论和方法在项目评估中的实际应用，贯彻社会发展以人为本的观点，重点在人文分析。

由于 PPP 项目社会效益和影响评估所体现的问题具有多目标、难以量化的特点，评估内容涉及城市各个层次、社会生活各个领域的发展目标，难以定量化，因此一般采用定性指标加以衡量。PPP 项目中期评估中社会效益和社会影响主要从表 2-3-5 所列几项展开评估。

PPP 项目社会效益和影响评估详细内容 表 2-3-5

	评估内容
社会效益方面	人民生活条件改善程度，就业状况改善程度，产业调控，技术进步程度，节能优化情况，能耗节约率等
社会影响方面	提高城市形象，促进城市发展，受影响者范围及其反映，城市各层次主体的参与状况等； 改善城市人口分布状况，对周边地区人口的影响等； 提高城市运行效率，完善城市功能和产业布局，改善居民生活条件和生活质量等； 促使城市空间结构优化，引导城市良性发展等

（3）项目环境影响评估

项目环境影响评估是以环境学为理论基础，研究 PPP 项目对城市环境和资源的影响。由于环境问题的产生具有社会问题的根源，且评价方法中有环境经济评价的内容，因此环境影响评估的内容容易和国民经济评价和社会影响评估相重叠。PPP 项目的环境影响主要发生在建设施工阶段和运营管理与维护阶段。通常是根据已建立的环境评估标准来衡量环境影响，评估详细内容如表 2-3-6 所示。

PPP 项目环境影响评估详细内容   表 2-3-6

	建设施工期环境影响	运营期环境影响
空气污染	车辆废气，弃土弃渣的扬尘，建筑材料释放的有毒气体等	环保项目需要专业评估
对水环境的影响	施工作业废水，生活污水等	生产过程中生产污水及生活污水
对土体的影响	地面、土体沉降及变形的影响，地表开挖与填筑造成的水土流失等	—
噪声和振动	施工机械和运输车辆产生的噪声和振动等	设备运行噪声等
固体废弃物	工程废弃物，生活垃圾等	生产垃圾，生活垃圾等
辐射	—	设备运营所产生的电磁干扰
城市景观	施工占道，影响市容等	对城市景观协调性的影响等

3. 政府与社会资本合作评估

（1）项目风险分担结果评估

一般来说，在 PPP 项目准备阶段就在着手风险分配框架的构建。进一步在社会资本采购阶段，政府部门会通过采购文件首先主导利益共享和风险分担机制。随着 PPP 项目合同的签订，政府部门和社会资本建立起初步的风险分担机制。项目在融资及建设准备阶段，随着融资协议的签订以及项目建设合同、设备、材料采购协议等相继签订，在项目开工建设之前，基本的利益和风险分担机制基本形成。最后，在项目建设施工、项目运营及项目移交阶段，项目公司、政府部门及其他参与方根据风险分担机制共同应对项目产生的风险，并根据实际情况优化风险分担机制，政府部门同时还要承担监督落实风险分担机制的任务。PPP 项目风险分担机制建立与项目阶段的关系如图 2-3-7 所示。

PPP 项目风险分担结果评估是在项目进入稳定运营期后，对项目所发生的实际风

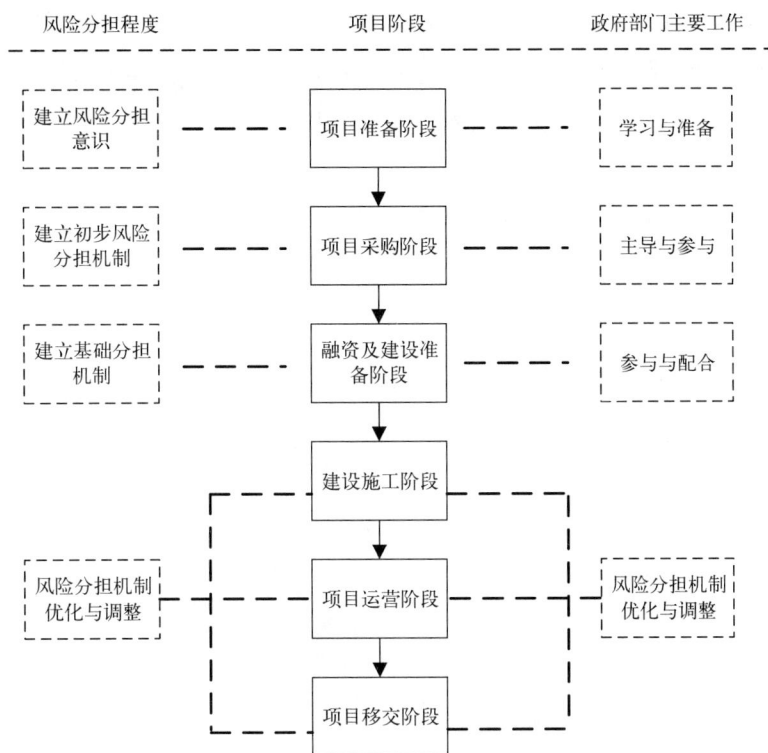

图2-3-7　PPP项目风险分担机制与项目阶段关系

险、风险的实际应对情况及风险带来的影响进行评估。一方面,对于预期范围内的风险,重点考察该类风险是否按照之前的风险分担机制执行,考察偏离性;另一方面,对于预期范围之外的风险,重点分析政府和项目公司对风险的承担情况,考察的是合理性。评价内容如表2-3-7所示。

PPP项目风险分担结果评估内容

表2-3-7

	评估内容
风险分担的公平性	各方承担的风险是否与收益匹配
风险分担的偏离性	实际发生风险后的应对措施与计划的偏离程度
风险分担的合理性	承担方是否最适合承担该风险
风险分担的有效性	实际承担风险所需的时间和成本是否能接受,风险承担之后项目的财务和运行是否处于正常状态

(2) 项目合同实施评估

项目合同是整个PPP项目运作的核心。但合同的签订在项目开工之前就已经完成,实际运营过程中，很可能出现合同没有明确规定的地方，或者双方认为某些条款对解决实际问题不合适，都可能需要重新磋商加以解决。项目合同条款的规范性、适应性、合理性、可操作性及实施的有效性等都会直接或间接影响项目进展和成功。此外，合同的变更扩充或终止等都会对运营产生影响。PPP 项目合同实施评估是在项目运营稳定之后，对合同实施状况和实际影响所做的分析和评估。PPP 项目合同实施评估内容见表 2-3-8。

PPP 项目合同实施评估详细内容 　　　　　　　　　　　　　　　　表 2-3-8

	评估内容
合同的规范性	项目合同是否规范，是否能被国际惯例或国家法律所认可等
合同的适应性	合同内容是否概括了大多数内容，关键条款是否齐全，具体问题能否找到具有针对性的条款等
合同的合理性	项目合同内容中风险分担、回报机制设置等是否合理
合同的可操作性	是否有较强的操作性，能否直接应用等
合同的有效性	是否严格按合同执行，按合同执行后的效果和影响等
合同的变更程度	是否有补充协议，合同内容修正情况等

（3）项目监管体系评估

从公共利益出发，应该加强对 PPP 项目的监管，也可以引导项目公司承担一部分社会责任。对 PPP 项目监管体系的评估主要从监管内容、监管组织、监管手段、监管范围及监管效果五个方面去考察。通常要求监管内容全面，监管组织专业，监管手段多样，监管范围合理及监管效果突出。PPP 项目监管体系评估内容见表 2-3-9。

PPP 项目监管体系评估详细内容 　　　　　　　　　　　　　　　　表 2-3-9

	评估内容
监管内容	服务价格监管、产品或服务质量监管、安全监管、退出监管（期末移交及提前终止）、项目公司治理等
监管组织	监管组织的设立方法、监管体制类型（纵向和横向）、监管结构（政府主管部门的法定机构 + 专业职能部门等）
监管手段	合同监管、产权约束、惩奖机制、内外部监管及信息化手段等监管形式是否适用
监管范围	项目及其产出的公共产品或服务等方面
监管效果	项目产品或服务价格及其变动是否可控，民众投诉的数量等

4.项目可持续性评估

项目可持续性评估是指对项目建成投入运营后,项目的既定目标是否能够按期实现,并产生较好的效益,项目公司能否依靠自己的能力继续实现既定目标,项目是否具有可重复性等方面作出评估。PPP 项目可持续性评估是以可持续发展理论为指导,以项目过程评估、效益和影响评估以及政府和社会资本合作评估结果为基础,考察PPP 项目自身的可持续性及其与城市同类基础设施系统、城市可持续发展战略之间的关系。主要从项目环境相容性、技术清洁性、经济合理性及社会公平性四方面开展可持续性评估,内容见表 2-3-10。

PPP 项目可持续性评估详细内容   表 2-3-10

	评估内容
项目环境相容性	项目造成的环境承载量增加值,生态足迹计算值等
项目技术清洁性	项目设计、施工及运营阶段减量化、资源再利用,资源综合利用等情况
项目的经济合理性	项目财务生存能力,对城市经济贡献程度等
项目的社会公平性	项目布局的合理性,对地区经济影响的均衡性等

三、PPP 项目中期评估的实施流程

PPP 项目中期评估目的是实现 PPP 项目实施与管理的改进,因而需要建立反馈机制以保障评估成果得到有效利用,充分反映评估的工作意义。反馈机制主要是对评估成果的反馈渠道、反馈方式、成果保护及应用途径等问题进行设计,并且还应与政府政策制定、计划管理、投资执行过程及项目经验总结交流与学习建立紧密联系,确保反馈机制能够在待建、新建和已有项目中充分发挥作用。

一般而言,PPP 项目中期评估应该由项目实施机构或其聘请独立的第三方机构进行评估,具体选择哪种方式,应根据项目复杂程度、评估时间要求、工作难度以及经费支持情况确定。通常要进行一次评估需要完成人员、经费、时间等资源的准备。评估工作应由经济、技术、管理等方面的专家组成,经费根据具体项目而定。

PPP 项目中期评估实施步骤通常包括以下几步:制定中期评估计划、确定评估范围、选定评估机构、实施评估工作和编写中期评估报告。中期评估成果必须及时、有效地反馈给项目公司及相关决策机构,重视评估成果对项目公司的影响。此外,还应

注重将一般性的经验和原则反映给社会，分享项目经验，主要通过 PPP 项目综合信息平台进行信息披露，加强社会交流与共同学习。PPP 项目中期评估程序与反馈机制如图 2-3-8 所示。

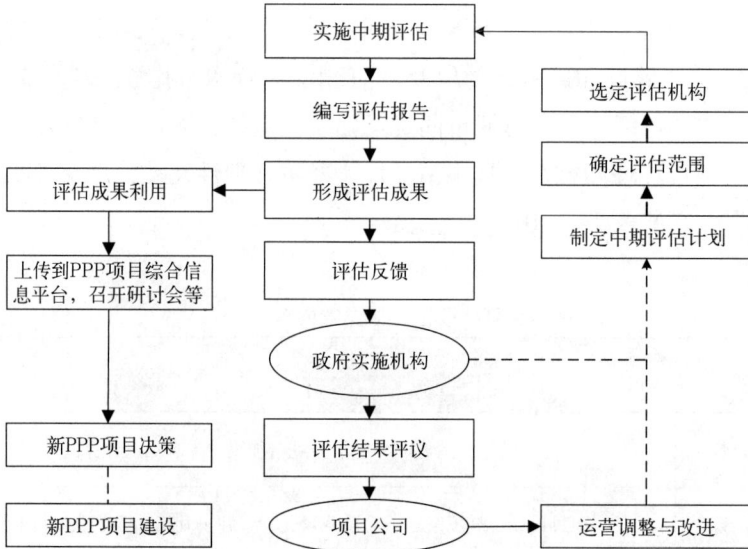

图2-3-8　PPP项目中期评估程序与反馈机制

第四节　PPP 项目全周期绩效评价

PPP 项目全周期绩效评价是在 PPP 项目完成移交工作后，对项目从识别阶段到建设运营阶段，直至移交阶段项目整个实施全周期的绩效进行的回顾性评价，其评价时点、流程、评价指标体系等与前两个层次的绩效评价有很大不同。

一、PPP 项目全周期绩效评价实施流程

PPP 项目全周期绩效评价是绩效管理的重要一环，在明确评价实施机构之后，从项目的识别阶段、准备阶段、采购阶段、执行阶段及移交阶段所获得的指标信息出发，经过评价机构分析之后，与评价标准进行比对，从而得出项目绩效水平。因此，PPP 项目全周期绩效评价实施流程主要包括绩效评价计划阶段、信息收集与获取阶段、评价实施阶段以及评价结果反馈阶段。PPP 项目全周期绩效评价实施流程如图 2-3-9 所示。

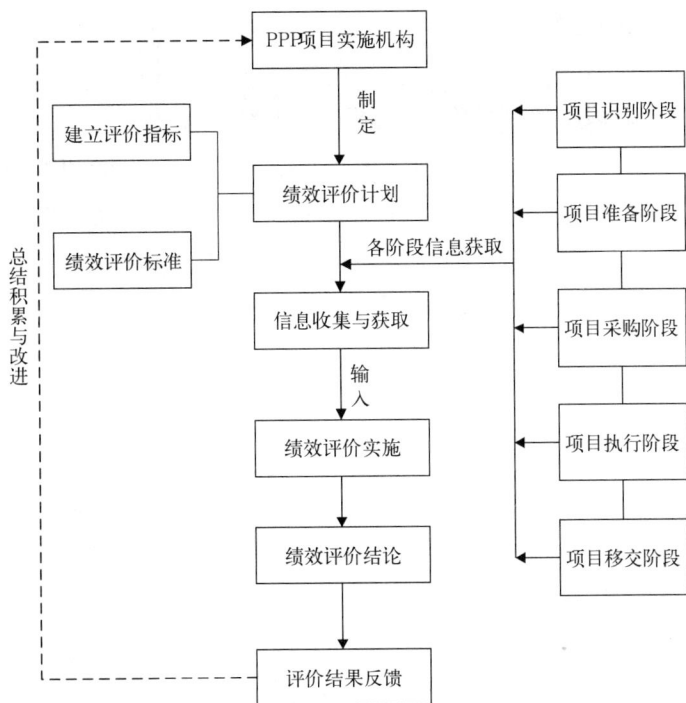

图2-3-9　PPP项目全周期绩效评价实施流程

1. 绩效评价计划阶段

PPP项目全周期绩效评价计划的制定主要在于PPP项目绩效指标的选取、绩效标准的制定或绩效目标的制定。PPP项目全周期绩效评价指标除了选取一般关键绩效指标外，针对具体项目的绩效评价，项目评价主体应就项目的具体情况进行进一步分析，根据项目的性质和特点，调整指标体系构成、确定指标相对权重。

对于项目全周期绩效评价标准，可以用该领域的示范项目作为依据，或动态寻找标杆项目为标准，也可以根据项目公司的历史较高绩效水平作为参考，确定项目绩效评价标准。

2. 信息收集与获取阶段

PPP项目全周期绩效评价中占用时间最长的是项目信息收集与获取阶段，主要是进行持续不断的沟通和数据的收集与记录，该阶段是连接PPP项目全周期绩效评价计划与绩效评价实施的重要环节。

信息收集与获取的顺利进行需要PPP项目实施机构及时有效地信息披露，也需要项目公司加强内部管理，使得数据收集和记录制度化，并尽量真实和客观。

3. 绩效评价实施阶段

绩效评价实施阶段主要是评价者根据建立的评价指标体系、绩效评价标准和收集的数据，并运用科学的评价方法，对 PPP 项目全周期绩效进行评价，得出评价结论，编制评价报告。在评价过程中，需要对最初所设定的绩效评价指标进行检验。即原有的项目绩效评价指标是否可以清晰地反映出项目的问题，如果不能通过原有指标体系表现，评价主体就要对指标进行适当调整，为今后类似项目绩效评价指标体系建立提供参考。

4. 评价结果反馈阶段

根据 PPP 项目全周期绩效评价结论，分析 PPP 项目各阶段存在的主要问题，找出原因，提出类似项目实施应注意和改进的方面，将评价结果反馈给项目实施机构，为后续项目实施提供经验借鉴。

二、PPP 项目全周期绩效评价指标体系

1. 评价指标体系构建原则与方法

（1）评价指标体系构建原则

评价指标体系是评价指标的集合，要使各个评价指标更好地整合起来以实现评价的目的，应遵循以下原则：

1）建立的指标体系与评价目标相一致；绩效评价指标应与绩效评价的目的和评价对象的系统运行目标保持一致，这种一致性不仅包括内容上的一致性，同时还包括了完整性的含义，完整地反映系统总目标。

2）实用性和可操作性；指标的选择要充分考虑 PPP 项目的特点，反映指标的数据要尽量采用现行条件下的相关材料，且便于收集。

3）指标选择精炼；结构简单精炼的评价指标体系能够有效地缩短评价信息的处理过程乃至整个评价过程，从而提高评价的工作效率。

4）定量指标和定性指标相结合。PPP 项目除了有经济效应还有着较大的社会效益，应当建立可量化指标与定性指标，做到定量指标和定性指标相结合，得到良好的评价效果。

（2）评价指标体系构建方法

构建全周期绩效评价指标体系首先要选择绩效评价指标。在建立指标体系的基本原则指导下，选择绩效评价指标的方法主要有以下几种：

1）关键绩效指标法

关键绩效指标法（Key Performance Indicators，KPI）是一种重要的绩效评价考核工具，它结合了目标管理和量化考核的思想，通过对目标层层分解的方法使得各级目标不会偏离战略目标，可很好地衡量绩效，起到价值评价和行为导向的作用。从反映PPP项目全周期绩效的众多可用绩效目标中选择最重要、最关键、最能反映PPP项目全周期绩效管理成效和水平的指标。该方法的重要原理是"二八原理"，即抓住问题的关键，对关键指标进行提炼。

2）平衡计分卡法

平衡计分卡（Balance Score Cards，简称BSC）是由美国学者 Robert S.Kaplan 和 David P.Norton 在 1992 年提出的绩效评价方法，该方法主要从顾客层面、财务层面、内部流程控制层面和创新与学习层面对企业进行综合评价。运用到 PPP 项目全周期绩效评价上来，主要是从项目的财务维度、项目内部控制与管理维度、公众满意度维度以及项目创新与学习维度去建立评价指标。

此方法能够将财务指标与非财务指标结合起来，是一个较为有效的绩效评价工具；它关注组织的总体目标，而不是单单考虑某一个部门的效益最优；它将组织的利益相关者全面考虑在内，对环境多变的企业较适用。这些方面都是对 PPP 项目进行全周期绩效评价过程中特别需要关注的。PPP 项目内外部环境和风险转变概率较大，需要考虑参与方的利益和总体目标，协调各方为提高 PPP 项目绩效做出努力，所以将平衡计分卡法应用到 PPP 项目全周期绩效评价具有重要意义。

3）基准标杆法

标杆基准法是企业将自身的关键绩效行为，与那些在行业中领先的、最具影响的或最具竞争力企业的关键绩效作为基准，进行深入全面的比较研究，探究这些基准企业的绩效形成原因，在此基础上建立企业可持续发展的关键绩效标准，并提出改进绩效的具体程序、步骤和方法。对于 PPP 项目全周期绩效指标的选取，也可以通过该方法，参照政府颁布的 PPP 示范项目与运作良好的 PPP 项目的绩效考核指标，制定适合本项目的绩效评价指标和标准。

4）案例分析法

案例分析法是指对案例进行较长时间的分析研究，并从典型案例中得到普遍规律的分析研究方法。比如，以若干 PPP 项目为分析研究对象，通过对其系统观察，分析研究来归纳总结出绩效评价需要评定的要素。

2.评价指标体系构建

依据 PPP 项目实施过程每个阶段的主要工作，以及对每个阶段影响项目绩效的关键因素分析的结果，运用 KPI 法依照 PPP 项目识别阶段、项目准备阶段、采购阶段、项目执行阶段及项目移交阶段五个阶段提炼绩效指标。PPP 项目全周期绩效评价指标体系如表 2-3-11 所示。

PPP 项目全周期绩效评价指标体系

表 2-3-11

目标	项目阶段	一级指标	二级指标	指标性质
PPP 项目绩效	项目识别阶段	项目必要性	项目可行性	定性指标
			项目产品或服务的需求状况	定性指标
	项目准备阶段	运作方式合理性	运作方式设计合理性	定性指标
			回报机制合理性	定性指标
		物有所值量值	VFM 值	定量指标
			定性评价结果	定量指标
		财政承受能力评价结果	项目支出占政府公共预算支出比例	定量指标
	项目采购阶段	社会资本采购过程	社会资本竞争充分性	定性指标
			采购过程合法合规性	定性指标
		中标社会资本综合实力	项目资金到位率	定量指标
			技术方案经济性与先进性	定性指标
			项目管理团队能力	定性指标
			社会资本信誉	定性指标
		项目合同	融资结构合理性	定性指标
			风险分配合理性	定性指标
			合同可操作性	定性指标
			合同公平性	定性指标
			合同完整性	定性指标
			定价与调价机制合理性	定性指标
		政府补贴安排	政府付费或缺口补助合理性	定性指标
	项目执行阶段	项目管理	设计质量	定性指标
			设备合格率	定量指标
			分项工程合格率	定量指标
			整体竣工验收评级	定量指标
			总进度提前/拖延天数	定量指标
			成本控制率	定量指标
			安全事故次数	定量指标
			环境影响程度	定性指标

续表

目标	项目阶段	一级指标	二级指标	指标性质
PPP 项目绩效	项目执行阶段	运营管理	产品/服务质量	定性指标
			经营成本降低/增加额	定量指标
			资产周转率	定量指标
			设备故障率	定量指标
			用户/公众满意程度	定性指标
		政府监督与信用	监管机制有效性	定性指标
			政府配套落实率	定量指标
			政府付费/补贴落实率	定量指标
	项目移交阶段	移交过程管理	资产性能状况	定性指标
			技术转移程度	定性指标
			人员培训服务情况	定性指标

以上指标根据其性质划分为定性指标和定量指标，对指标的含义解释或计算方式将在以下评价标准中加以说明。

三、PPP 项目全周期绩效评价标准与评价方法

上节在已有项目及文献研究的基础上对 PPP 项目分阶段提炼出 39 个二级指标，其中定量指标 15 项，定性指标 24 项。指标涵盖 PPP 全生命周期中的各个阶段，能够实现对 PPP 项目绩效全面、准确地评价。下一步工作是对各个指标制定一个评价参考标准，将定性指标加以量化，并给出定量指标计算方法或比对标准，以实现 PPP 项目全周期绩效的量化分析。

1. 绩效评价标准

（1）定性指标评价标准

对于定性指标的评价标准，可以采用"差"、"中"、"好"、"极好"四个尺度去衡量某项目在该指标上所体现出的水准。将四个尺度赋予一定的分值，即可将各绩效评价指标量化。定性指标评价标准如表 2-3-12 所示。

（2）定量指标计算及标准

定量指标标准的设定一般通过标杆法来实现，即参照行业与类似成功项目设定一个客观标准，通常这些标准之间存在矛盾性，设立时需要有侧重，注重构建实现综合

定性指标评价标准　　　　　　　　　　　　　　　　表 2-3-12

定性指标	差	中	好	极好
项目可行性	项目性质，经济性及社会效益不显著，项目可行性较差，PPP 论证结果差	项目有一定经济效益和社会效益，项目总体可行，能够用 PPP 模式实施项目	项目经济效益和社会效益较好，从需求状况得出项目优势明显，适合采用 PPP 模式	项目经济和社会效益好，项目优势显著，无实施障碍，能够使用 PPP 模式实现效益最大化
项目产品或服务的需求状况	周边该类项目已趋于饱和，已有项目能够胜任后面长时间产品或服务提供	项目区域内存在类似项目与其竞争，项目建成后有一定的市场份额	周边类似项目较欠缺，或已有项目不能胜任将来提供产品或服务	周边基本不存在类似项目，对该项目需求迫切
运作方式设计合理性	运作方式不适合项目特点，实施复杂，落地困难	运作方式复杂，实施起来协调工作量大	运作方式与项目性质基本匹配，操作简单	运作方式设计合理，非常符合项目特点，便于操作
回报机制合理性	没有充分考虑到社会资本利益，回报来源不清晰	对项目回报来源有一定的认识，但未充分挖掘项目潜力	回报机制设计与项目结合较好，回报来源清晰	回报机制设计与项目性质与特点匹配，能实现双方互利互惠
社会资本竞争充分性	参与资格预审的社会资本数量少，并且通过资格预审的家数不超过 3 家	参与资格预审的社会资本数量为 3 家，且通过资格预审的各社会资本间不能实现充分竞争	最终参与竞标的社会资本数 4～6 家，各参与社会资本形成了一定的竞争	最终参与竞标的社会资本 7 家以上，包括该领域内实力较强的社会资本，形成了充分竞争
采购过程合法合规性	采购流程不清晰，存在较多不按规定操作的现象	采购过程基本合法合规，存在部分不按规定操作的现象	采购过程基本合法合规，只存在部分小细节不到位	采购过程公开透明，完全按照法律法规的规定进行项目采购
技术方案经济性与先进性	项目未经任何技术经济性和可建造性的论证，设计中未考虑可维护性的要求	项目采用的技术不够先进，进行了简单的经济论证和可建造性论证，考虑了可维护性要求，未单独进行可维护性设计	项目采用的技术较先进，进行了经济论证和可建造性论证，进行了可维护性设计	项目采用成熟且先进的技术，对经济性和可建造性有完善的论证，专门进行可维护性设计，并论证可行性
社会资本管理团队能力	项目管理团队能力差，类似项目经验欠缺，不能胜任项目建设、运营管理	项目管理团队能力一般，少部分成员具备类似经验，不能完全胜任项目建设、运营管理	项目管理团队能力较强，大部分成员具备类似项目经验，能胜任项目建设、运营管理	项目管理团队能力很强，大部分或全部成员具备类似项目经验，能够实现项目的优化管理
社会资本信誉	社会资本信誉差，不能或不能完全履约	社会资本信誉一般但未出现大的失信行为	社会资本总体信誉良好，具有较强的履约能力	社会资本信誉极好，能够与政府充分合作，帮政府解决一些难题
融资结构合理性	融资渠道单一，资金到位时间未考虑资金使用计划，融资成本高	融资结构基本合理，资金到位时间与资金使用计划不够匹配，融资成本偏高	融资结构合理，资金到位时间与资金使用计划基本匹配，融资成本较低	融资渠道丰富，资金到位时间与资金使用计划完全匹配，融资成本最低
风险分配合理性	风险分配不清晰，双方风险与收益严重不对等	实现一定的风险分配，双方风险与收益存在不对等情况	风险分配较合理，双方实现了风险共担	风险分配合理，能够实现双方互担风险，实现共赢
合同可操作性	合同可操作性差，多数条款约定不明确或矛盾，合同执行困难	合同可操作性一般，少数条款约定不明确或矛盾	合同可操作性较好，实施起来基本无障碍	合同可操作性强，双方能够无障碍实施
合同公平性	合同存在多处对政府方或社会资本方不公平条款	合同存在少量对政府方或社会资本方不公平条款	合同双方基本处于公平、平等地位	合同双方处于完全公平、平等地位
合同完整性	关键条款不完备或约定不清晰，无法执行	关键条款基本具备，但部分条款约定不清晰，执行困难	关键条款基本完备、清晰，便于执行	各类条款完备、清晰，便于执行

续表

定性指标	差	中	好	极好
定价与调价机制合理性	项目产品/服务价格确定与调整机制不清晰，调价因素不全面，灵活度与操作性差	项目产品/服务价格确定和调整机制存在缺陷，操作困难	项目产品/服务定价和调价机制完整、基本合理，但其灵活性有待提升	项目定价和调价机制科学、合理，调整程序清晰，机制运行良好
政府付费或缺口补助合理性	政府付费或缺口补助严重不合理，超出政府或公众承受范围	政府付费或缺口补助偏高，不够合理	政府付费或缺口补助基本合理	政府付费或缺口补助非常合理，能实现互惠
设计质量	项目设计功能不满足使用要求、经济性差，设计变更多	项目设计功能基本满足使用要求、经济性一般，设计变更较多	项目设计功能满足使用要求、经济性一般，存在一定设计变更	项目设计功能完全符合使用要求、经济性好、变更少
环境影响程度	建设施工过程对环境带来较大污染，没有有力的预防和治理措施	建设施工过程给环境带来不利影响，经过治理基本达标	建设施工过程对环境影响不大，经过治理完全达标	预防和治理措施完善，建设施工过程对环境基本无影响
产品/服务质量	产品/服务质量较差，不符合合同要求	产品/服务质量一般，不完全符合合同要求	产品/服务质量较好，基本符合合同要求	产品/服务质量非常好，完全符合合同要求
用户/公众满意程度	用户/公众对项目产品/服务不满意	项目产品/服务能基本满足用户/公众要求，但仍存在缺陷	用户/公众对项目的实施感到满意	项目很好的解决用户/公众面临的问题，满意度高
监管机制有效性	监管机制设计不合理、运行不顺畅，监管效果不好	监管机制运行较差，监管存在漏洞	监管机制运行较好，基本实现良好的监管	监管机制运行良好，监管到位、有效
资产性能状况	移交资产状况不佳，可运营性差，不符合合同要求，需要恢复性大修	移交资产状况一般，运营效率低，不符合合同要求，需要进行维修	移交资产状况较好，基本符合合同要求，能够正常运营	移交资产状况良好，完全符合合同要求，能够正常运营
技术转移程度	技术转移不到位，政府方不能实现项目良好运营	完成了部分技术转移，一些关键技术交接不彻底，影响政府方运营	关键技术基本实现完全转移，能够实现运营	技术转移完全，政府方能够实现项目良性运转
人员培训服务情况	社会资本没有对政府方运营人员进行良好的培训	社会资本开展了一定的人员培训服务，效果一般	社会资本对政府方运营人员进行良好的培训，能满足运营要求	社会资本有着良好培训体系，使政府方运营人员熟练掌握运营技术

效果佳的标准组合。定量指标计算及标准如表 2-3-13 所示。

定量指标计算及标准　　　　　　　　　　　　　表 2-3-13

定量指标	指标计算或含义	标准参照
VFM 值	PSC 值 -PPP 值	大于 0
定性评价结果	专家评分得分	大于 60
项目资金到位率	社会资本方实际到位资金/预期到位资金	—
项目支出占政府公共预算支出比例	项目支出（最高年度）/政府公共预算支出	—
设备合格率	进场设备合格数/总进场数	—

续表

定量指标	指标计算或含义	标准参照
分项工程合格率	分项工程合格数 / 总分项工程数	—
整体竣工验收评级	合格或不合格	—
总进度提前 / 拖延天数	总进度提前天数或拖延天数	—
成本控制率	成本节约数 / 总成本或成本超额数 / 总成本	—
安全事故次数	安全事故发生的次数	—
经营成本降低 / 增加额	年均实际经营成本 - 预期年均经营成本	—
资产周转率	收入 / 平均资产总额	—
设备故障率	设备发生故障的次数	—
政府配套落实率	到位的政府配套资金 / 政府承诺配套资金，或政府到位配套设施数量 / 政府承诺配套设施数量	—
政府付费 / 补贴落实率	政府足额、及时付费或支付补贴次数 / 政府应付费或支付补贴总次数	—

2.PPP 项目绩效评价方法

大多传统项目的绩效评价方法也都适用于 PPP 项目，随着绩效评价体系研究的不断深入，综合评价方法逐渐完善，常用的评价方法有专家评分法、经济分析法、运筹学和其他数学方法、数理统计法等。

（1）专家评分法

专家评分法是在定量和定性分析的基础上，以分数、评语等方式对评价对象做出评价。专家评分法常常以主观判断为基础，简便易行。主要步骤是：对每个指标分出评价等级，然后用具体的数值和区间表示每个等级对应的评价标准，相关专家根据标准对指标进行评价，最后通过一些数学统计方法计算出评价对象的总分值。

（2）经济分析法

这是以事先议定好的某个综合经济指标来评价不同对象的一种综合评价方法。其优点是含义明确，便于不同对象的对比；不足之处是计算模型不易建立，而且对涉及因素较多的对象来说，很难给出一个统一的固定公式。

（3）模糊综合评价法

模糊综合评价法是将边界不清、不易定量的因素定量化，以模糊数学为基础进行综合评价的一种方法。目前，模糊集合论已经十分广泛应用在各个领域，如设计方案的模糊综合评价，企业的经济效益等。适用于评价因素多、结构层次多的对象系统。优点是：不仅适用于同一部门不同时期和同一时期不同单位（属同系统），而且能建立多种评价等级，有利于准确确定评定对象所属的等级。不足之处是：确定各等级临界值比较麻烦，没有一定数量的专家协作难于应用。如果选择的隶属函数不合理，就会造成评价错误，因此，需要格外慎重。但是模糊综合评价法仍以其特有的魅力，尤对以定性指标和客观性指标评价事物的情形，具有不可替代的重要作用。

（4）数理统计法

数理统计方法主要有主成分分析、聚类分析、因子分析等，该类方法主要在环境质量、经济效益方面应用较多。数理统计方法是一种客观的判断方法，优点是可以排除人为因素对评价的干扰和影响，比较适宜于指标间相关程度较大的对象之间的评价，其应用时要求评价对象的各因素须有具体的数据值。

PPP 项目是一个复杂的系统，其绩效评价涉及许多因素，并且包含许多指标，一些定性指标不能通过项目数据计算得到。因此，要充分结合各方法的优缺点选取适宜方法或几种方法组合进行 PPP 项目绩效评价。

第三篇

案例篇

案例一 ××市城市生活垃圾焚烧发电PPP项目

一、项目简介

因××市经济发展和城镇化进程加快，城市及乡镇生活垃圾产生量不断扩大，现有××市QH生活垃圾填埋场即将达到设计库容，填埋工艺已不能适应循环低碳、现代文明城市发展的需要。为实现"无害化、减量化、资源化"处理生活垃圾，保护区域生态环境，加强基础设施建设，促进地方经济更快发展，××市人民政府决定采用PPP方式建设××市城市生活垃圾焚烧发电项目。

1. 项目区位

项目规划用地面积约120亩，建设规模为日处理生活垃圾500t，位于该市生活垃圾卫生填埋场旁。

2. 项目产出

项目建成后，正常年上网电量4482万kWh，年处理生活垃圾16.67万t。项目以城市生活垃圾"无害化、减量化、资源化"处理为服务内容，并通过垃圾焚烧发电入网提供该市部分生产生活用电。项目以现代化、花园式的城市生活垃圾焚烧发电厂为建设目标，未来将成为该市绿色旅游项目和环保、科普教育基地。

3. 投资规模

项目估算总投资为34990.43万元，其中建筑安装工程费12600万元（其中红线外道路、通水、通电建设费用833.7万元），设备购置费9750万元，工程建设其他费用9225.71万元（其中征地拆迁安置费用7200万元，该部分费用由政府向社会资本融资完成，不纳入项目公司核算范围），预备费2437.57万元，建设期利息915.32万元，铺底流动资金61.83万元。

二、运作模式

1. BOT方式

生活垃圾焚烧发电PPP项目具有投资回收期长、预期项目收益稳定、特许经营期限长等特点，综合考虑上述因素，××市政府决定采用建设—运营—移交（BOT）方式运作项目，具体运作方式如图3-1-1所示。

市政府指定该市投资建设开发有限公司作为出资代表与中标的社会资本签订股东协议，并按股权比例出资设立项目公司。市政府指定该市城市管理和行政执法局作为项目实施机构，与项目公司签订特许经营协议，并对项目公司进行监管。项目公司与金融机构签订融资合同实现项目融资。项目公司负责该市城市生活垃圾焚烧发电项目的投资、建设、运营及维护，特许经营期满后将项目资产完好、无偿地移交给市政府。

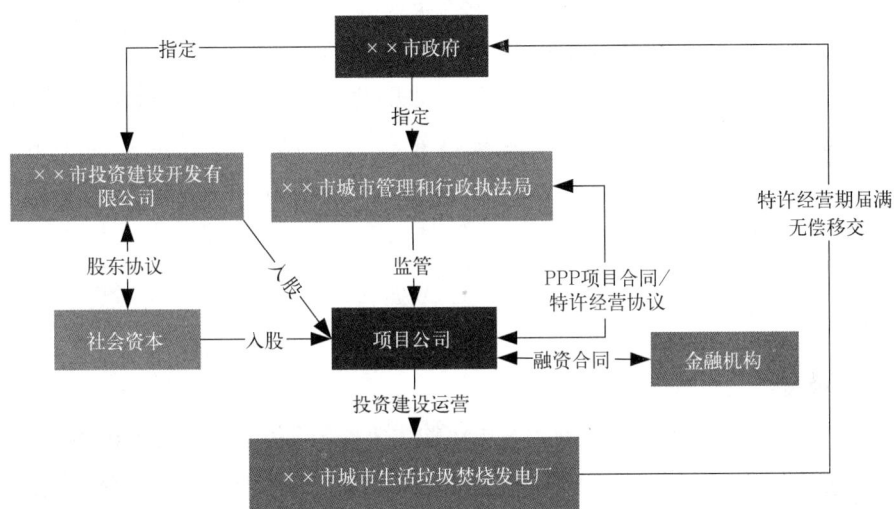

图3-1-1 项目运作方式图

2.特许经营期限及范围

（1）特许经营期

考虑到当地垃圾填埋厂即将达到设计容量上限，亟需兴建垃圾焚烧发电厂以缓解垃圾处理压力，根据项目建设投资成本和预期运营收益进行经济测算，测得项目特许经营期限以30年为宜，包含建设期，以促使项目公司加快项目建设进度，尽快建成投入使用。项目特许经营期自项目公司签署PPP项目合同之日起至第30年结束。

（2）特许经营范围

近期（2020年之前）服务范围为该市市区和周边4个乡镇镇区，日处理垃圾能力为500t/d，年处理能力约为16.67万t。2020年后考虑到服务区域人口的继续增长和城乡统筹并相应留有一定的富余，预留二期建设场地。考虑未来湖南省生活垃圾跨区县统筹处理的需要，在特许经营期内，如果市政府要求项目公司处理设计服务范围以外的生活垃圾，在项目具备处理能力的前提下，项目公司应予以处理，政府应按照合同约定的垃圾处理服务费单价向项目公司支付费用。

三、交易结构

1. 项目投资安排

该垃圾焚烧发电项目总投资为 34990.43 万元，其中征地拆迁安置费用 7200 万元。征地拆迁费用可以由项目公司投入，也可以由政府出资，作为政府配套投入。考虑到政府当前财政资金压力较大，故征地拆迁安置费用先由社会资本投入，政府则以购买服务费用形式分若干年返还给社会资本。项目公司负责其余 27790.43 万元投资。××市政府指定该市投资建设开发有限公司和中选社会资本按照 10%：90% 的股权比例共同出资组建项目公司，项目资本金设定为项目公司负责的投资的 30%，即 8337.13 万元。政府方出资方式为红线外水电路建设投入。社会资本方以现金方式出资。

2. 项目回报机制

（1）垃圾焚烧发电收入

垃圾焚烧发电收入是生活垃圾焚烧发电厂的主要收入来源之一，上网电价的确定对项目运作起到关键作用。《国家发改委关于完善垃圾焚烧发电价格政策的通知》（发改价格〔2012〕801 号）中规定，"以生活垃圾为原料的垃圾焚烧发电项目，均先按其入厂垃圾处理量折算成上网电量进行结算，每吨生活垃圾折算上网电量暂定为 280kW·h，并执行全国统一垃圾发电标杆电价每千瓦时 0.65 元（含税）。"本项目上网电价按照发改委上述标准执行。

（2）垃圾处理补贴

由于垃圾焚烧发电收入不能覆盖项目成本及合理收益，项目运营期间，××市政府以垃圾处理补贴形式向项目公司支付可行性缺口补助。垃圾处理补贴以项目公司所负责的投资、运营成本及合理收益为基础进行计算，作为社会资本竞价标的之一，由社会资本报价。

（3）政府支持政策

依据财政部《关于资源综合利用及其他产品增值税政策的通知》（财税〔2008〕156 号），项目可享受增值税"即征即退"的优惠政策；依据《关于公共基础设施项目和环境保护节能节水项目所得税优惠政策问题的通知》（财税〔2012〕10 号）和《环境保护、节能节水项目所得税优惠目录》的有关规定，项目可享受企业所得税"三免三减半"的优惠政策，自项目取得第一笔生产经营收入所属纳税年度起，第一年至第三年免征企业所得税，第四年至第六年减半征收企业所得税。

3. 收益分享机制

项目公司的利润，在缴纳各种税款、弥补上年度亏损及依法提取法定公积金之后的盈余，由股东双方按照股权比例进行分配。同时，在本项目实际运营过程中可能会产生一定的超额利润，而出于公共利益最大化的考虑，市政府需要对可能的超额利润进行控制。

（1）如果国家批复的上网电价超过合同约定的上网电价而产生超额收益，则市政府可以调低垃圾处理补贴方式分享超额收益。

（2）如果项目运营过程中取得其他超额收益（如开发沼气或其他废物利用等），则市政府按股权比例分享超额收益。

（3）上级对该项目的补助、奖励资金，视为政府对项目的投入，由政府方统筹安排，并运用到该项目上。

四、风险分配

项目咨询机构采用问卷调查法识别出主要风险因素，并将各类风险因素的重要性程度进行评级，并以此作为风险筛选的依据。对筛选出来的重要风险因素按照风险收益对等原则、风险可控原则在政府和项目公司间分配。

1. 项目主要风险识别

首先根据文献调查及案例经验确定该项目可能面临的16个风险因素，并设计调查问卷。在问卷中将风险因素的重要性程度分为"很低"、"低"、"一般"、"高"、"很高"五个等级，由专家评判每一个风险因素的重要性程度属于哪一个级别。问卷的发放对象包括政府相关职能部门人员、专门从事风险研究的学者和专家以及从业人员。

2. 风险分配结果

根据上一步骤筛选出重要性程度较高的10个风险因素，根据风险分配优化、风险收益对等和风险可控等原则，综合考虑政府风险管理能力、项目回报机制和市场风险管理能力等要素，在政府部门和项目公司之间合理分配项目风险。分配结果如表3-1-1所示。

风险分配结果 　　　　　　　　　　　　　　　　表3-1-1

序号	分类	风险因素名称	风险承担方		备注
			政府	项目公司	
1	前期风险	社会资本选择风险	✓		
2		项目融资风险		✓	

续表

序号	分类	风险因素名称	风险承担方 政府	风险承担方 项目公司	备注
3		成本超支风险		✓	通货膨胀引起的成本超支由政府承担
4	运营风险	垃圾供应量不足风险	✓		
5		环境标准提高风险	✓	✓	共同承担
6	移交风险	移交时设施不达标风险		✓	
7		项目产权风险		✓	
8		环境保护风险		✓	
9	其他风险	民意风险	✓	✓	共同承担
10		政府监管不足风险	✓		

五、项目采购

1. 采购方式

由于该项目采购需求中核心边界条件和技术经济参数明确、完整，符合国家法律法规及政府采购政策，且采购过程中不作更改，适宜采用公开招标方式。因此，本项目选择公开招标采购方式。

2. 竞价标的及垃圾处理补贴价格形成机制

（1）竞价标的

1）垃圾处理补贴单价。垃圾焚烧发电项目属于可行性缺口补助类项目，此类项目一般以单位补贴金额或内部收益率作为标的。如果以内部收益率为标的，项目内部收益率确定后，根据项目实际投资可以核算单位补贴金额，因此，上述两种标的在本质上是相同的。考虑到项目采购的操作简便性，本项目采用单位补贴金额（即垃圾处理补贴单价）作为竞价标的。

垃圾处理补贴单价取决于项目建设投资及运营成本，且投资额及运营成本与社会资本方技术、经营管理水平、经验等密切相关，因此，将垃圾处理补贴单价作为标的，不仅有利于吸引实力强、经验丰富、管理水平高的企业投标中标，而且可以有效激励社会资本方节约投资、提高经营效率。另外，为合理控制垃圾处理补贴数额并防止社会资本低价抢标，在采购文件中设置了垃圾处理补贴报价的上下限范围，报价越低，评分越高。

2）政府购买服务费用收益率。对于征地及拆迁安置费用，在中标社会投资人出资满一年后，考虑一定收益率，政府采用购买公共服务形式分 5 年等额支付给中选社会资本。此部分相当于政府向社会资本融资，不涉及资金核算问题，与建设、运营质量等无直接联系，政府只需控制融资成本，因此，此部分以购买服务费用收益率作为竞价标的较为合理。

（2）垃圾处理补贴结算单价形成机制

中选社会资本的垃圾处理补贴中标价并非结算单价，为控制投资风险，政府方在采购文件中设定一个投标基准价（政府方可行性研究估算的项目投资），项目竣工验收后，根据经审计的实际投资额最终确定垃圾处理补贴结算价。如果实际投资等于或高于此投资基准价，垃圾处理补贴单价按中标价结算；如果实际投资低于此投资基准价，则垃圾处理补贴结算单价在中标价基础上适当下调。

3. 评标办法

项目招标采用综合评分法进行评标。综合评分得分 = 技术部分得分 + 经济部分得分 + 商务部分得分 + 投标报价得分。评审过程包括初步评审和详细评审。

（1）初步评审

评标委员会对投标文件进行初步评审，有一项不符合评审标准的，否决其投标，评审因素如表 3-1-2 所示。

初步评审标准　　　　　　　　　　　　　　表 3-1-2

条款	评审因素
形式评审标准	投标人名称、投标文件格式、报价完整且唯一
响应性评审标准	质量、投标有效期、投标保证金、权利义务、技术标准和要求、投标报价

（2）详细评审

评标委员会分别对技术部分、经济部分、商务部分、报价部分进行打分，并计算出综合评分总分，详细评审标准如表 3-1-3 所示。

详细评审标准　　　　　　　　　　　　　　表 3-1-3

评审部分	详细评审内容
技术方案部分	技术文件编制水平、工艺方案、建设管理方案、运营与维护及移交方案
经济方案部分	总体经济方案、项目投资估算、项目财务评价
商务部分	投标人业绩与经验、投标人财务状况、融资方案、风险管理、项目公司组建计划
报价部分	垃圾处理补贴单价报价、收益率报价合理性

六、项目实施要点

1. 工作边界

在 PPP 项目运作中，明确政府与项目公司之间的工作边界，可以有效避免双方后续的工作纠纷。项目前期涉及大量工作，包括 PPP 项目识别及准备阶段各项工作和项目前期立项相关工作两大类。PPP 项目识别及准备阶段各项工作由政府主导完成；项目前期立项相关工作由政府和项目公司共同协调配合完成。项目前期工作越充分，越有利于 PPP 项目实施方案和采购文件、合同的编制。本项目基于合作共赢的原则，并考虑具体工作由哪一方开展更有利及尽量加快项目进度等原则，较为合理地确定了双方的工作边界。

（1）政府负责的工作

一是 PPP 项目实施方案编制、财政承受能力论证、物有所值评价等 PPP 项目识别、准备阶段所需完成的工作；

二是项目范围内征地拆迁安置工作；

三是红线外进场道路、通水、通电等基础设施建设。

（2）中标社会投资人或项目公司负责的工作

一是红线内场地平整、地质勘察、工程设计、建设、运营及移交；

二是电力输出系统建设与并网。

（3）政府与项目公司联合完成的工作

一是有关项目核准（立项）的相关工作，包括可行性研究、环境影响评价、节能评估、地质灾害危险性评价、职业病危害预评价、社会稳定风险评估、建设项目用地预审、选址意见书、建设用地规划许可证、水土保持方案等文本编制工作由政府负责，相关专家评估评审及报批工作由项目公司负责；

二是周边建设环境的维护。

2. 垃圾处理补贴结算

（1）试运营期间的垃圾处理补贴

试运营期间的垃圾处理补贴按实际处理量计算。

（2）正常运行期间垃圾处理补贴

项目公司主要营业收入包括垃圾焚烧发电收入和政府支付的垃圾处理补贴。如果垃圾处理量过少，项目公司收益难以覆盖其建设及运营成本，由于目前该市进入垃圾填埋场的生活垃圾量约为本项目设计规模的 60%，为了保证社会资本目标利润的稳定性，双方在合同中约定了保底量。

另一方面，垃圾处理量越大，项目公司发电收入和补贴收入越高，根据项目财务测算，垃圾处理量达到设计规模时，项目即可以获得合理收益。未来考虑到城市化进程加快、垃圾收运能力不断提高以及跨区县统筹处理垃圾等因素，垃圾处理量将不断增加，因此需要对超过设计量可能带来的超额利润进行遏制。因此，在合同中对超过设计量的垃圾处理补贴进行如下约定：当月实际日平均垃圾处理量超过设计量时，垃圾处理补贴按实际处理量结算，但应扣除超过设计量部分垃圾处理所对应的固定资产折旧费、无形资产和其他资产摊销费以及财务费用之和的一定比例，此比例由政府和社会资本方协商确定。

若垃圾供应量持续超量，现有生产设施无法满足垃圾处理量要求，项目公司通过追加投资扩大生产规模，则市政府应提高垃圾处理补贴价格，或承担部分投资。

3. 价格调整机制

垃圾处理补贴单价在项目采购阶段由社会资本报价，竣工验收后确定，市政府和项目公司在项目合同中具体约定垃圾处理补贴结算单价。该价格的确定是在当时的生产管理水平和政策经济环境基础之上的，在长达 28 年的运营期间，许多影响补贴单价的因素（诸如原材料价格、职工工资福利津贴、国家税收政策、银行贷款利率以及运营期间的行业标准等）会发生变化，垃圾处理补贴单价也必须进行调整。

（1）经营成本变动引起的调整

自项目开始运营日起一定时间内（通常为 1 ～ 2 个运营年），基于燃料成本、人工成本、财务费用、CPI、城镇土地使用税和房地产税等因素的变化，项目公司可向市政府申请对垃圾处理补贴进行调整。调价公式为：

$$P_n = P_{n-1} \times K$$

式中　P_n——第 n 年调整后的垃圾处理补贴价格；

　　　P_{n-1}——第 $n-1$ 年的垃圾处理补贴价格；

　　　n——调整价格的当年；

　　　K——调价系数。

调价系数公式：

$$K=a(E_n/E_{n-1})+b(L_n/L_{n-1})+c(CPI_n/CPI_{n-1})$$

式中　E_n——第 n 年该省统计部门公布的"工业生产者购进价格指数"燃料类对应的第 n 年燃料价格指数；

　　　E_{n-1}——第 $n-1$ 年该省统计部门公布的"工业生产者购进价格指数"燃料类对应的第 $n-1$ 年燃料价格指数；

　　　L_n——第 n 年该省统计部门公布的第 n 年"电力、煤气及水的生产和供应"行业在岗职工平均工资；

L_{n-1}——第 $n-1$ 年该省统计部门公布的第 $n-1$ 年"电力、煤气及水的生产和供应"行业在岗职工平均工资;

CPI_n——第 n 年时该市统计部门公布的第 n 年居民消费价格指数;

$tCPI_{n-1}$——第 $n-1$ 年时该市统计部门公布的第 $n-1$ 年居民消费价格指数。

且 $a+b+c=100\%$,a、b、c 取值由该市政府在每个运营年根据项目设计资料及运营统计数据进行修订。

式中 a——燃料成本在经营成本构成中所占比例;

b——人工成本在经营成本构成中所占比例;

c——CPI 因素调价权重,即除燃料成本、人工成本以外的其他因素在经营成本构成中所占比例。

(2)上网电价变动引起的调整

发电上网收入是项目公司的主要收入来源,上网电价的调整直接关系着项目公司的收益大小。因此,当上网电价调整,也相应调整垃圾处理补贴。调价公式为:

$$P = P_0 - Q(1-Y)(M-M_0)$$

式中 P——调整后的垃圾处理补贴单价(元/t);

P_0——调整前的垃圾处理补贴单价(元/t);

Q——当期实际每吨垃圾上网发电量(kW·h/t);

Y——城市建设维护税和教育费附加占售电收入比例(%);

M——当期实际的上网电价(元/(kW·h));

M_0——调整前的上网电价(元/(kW·h))。

Q、Y、M、M_0 可以通过对项目公司运行状况分析和国家相关政策规定获得。

七、案例总结

随着社会经济发展和城镇化建设的加速进行,垃圾填埋工艺已不能适应循环低碳、现代文明城市发展的需要。选用垃圾焚烧发电工艺,对于环境保护、能源再生、提升城市形象具有重大意义。同时,"十二五"期间国家大力扶持垃圾焚烧发电技术,并在发电配套费用、上网电价及税收方面都出台了一系列优惠政策。因此,垃圾焚烧发电类 PPP 项目具有广阔前景,本案例项目已入选财政部第二批示范项目,对于同类项目建设具有良好的示范作用。

垃圾焚烧发电 PPP 项目运作中,最为重要的是垃圾处理补贴单价的确定和调整,关系到政府的财政支出和项目公司的盈利空间。补贴单价要根据项目建设运营成本、上网电价、垃圾供应量、社会资本预期收益、政府财政承受能力等多方面因素综合考虑,垃圾处理补贴单价的调整可以参考上文中提出的调价公式,依据项目运营实际情况进行调整。

其次,需要明确项目重要边界条件。对于项目经营边界,要清晰界定项目经营服务范围、内容及期限;对于投资边界,明确政府与社会资本的出资比例、出资方式、出资时间、上级政府的政策性补助款项的使用方式等;对于工作边界,需明确划分政府方和社会资本方在项目不同阶段的工作职责、权利和义务。

最后,鉴于垃圾焚烧发电类项目的特点,建议运作方式以BOT方式为主;采购方式选择公开招标方式;依据项目盈利情况设定超额收益分享机制;在进行风险分配时对民意风险和环保风险多加关注。

案例二 RT县城乡给水排水一体化PPP项目

一、项目简介

RT县城乡给水排水一体化项目拟将全县自来水供水系统和污水工程遵循一个规划实施、一个标准建设、一家公司运营、一个模式管理的思路，采取PPP模式运作，引进社会资本的资金和经营管理经验，由县政府授权RT县水务投资有限公司与社会资本组建项目公司，负责全县所有乡镇自来水供水厂、污水处理厂的建设、经营、维护、管理，真正实现全县城乡给水排水的高标准建设、规范化运营、专业化管理，从而全面解决困扰RT县人民群众多年的给水排水工程的融资、管理难题。

1. 项目范围

本项目包括自来水供水系统和污水处理厂两大板块,分一、二期实施。

一期新建项目主要包括：第二自来水厂主体一期工程建设、第二自来水厂配水管网建设（供水范围包括县城与周边9个乡镇）。一期存量项目主要包括：自来水项目和污水处理厂项目。其中自来水项目包括：11个乡镇集中供水工程，XT水库工程。污水处理厂项目包括：县城污水处理厂及配套管网，SX工业园污水处理厂及配套管网。

二期新建项目主要包括：第二自来水厂主体二期工程建设及管网延伸、县城污水处理厂扩建、SX工业园污水处理厂扩建、排水管网扩建、15个乡镇污水处理厂。二期存量项目主要包括8个乡镇集中供水工程，以及3个乡镇生活污水处理工程。

2. 投资规模

项目总投资约10.819亿元（含存量项目）。基于统筹全县给水排水一体化投资建设的总体思想，本PPP项目的实施采取"统一规划、分期实施"的思路，整个项目分一期、二期两个阶段进行投资建设，其中一期项目投资共计5.83亿元（新建项目总投资3.83亿元，存量项目特许经营权转让价款2亿元）。

二、运作模式

1."TOT+BOT"复合模式

通过对本项目实际情况的分析,结合 PPP 模式运作的特点,构建本项目的运作模式,如图 3-2-1 所示。

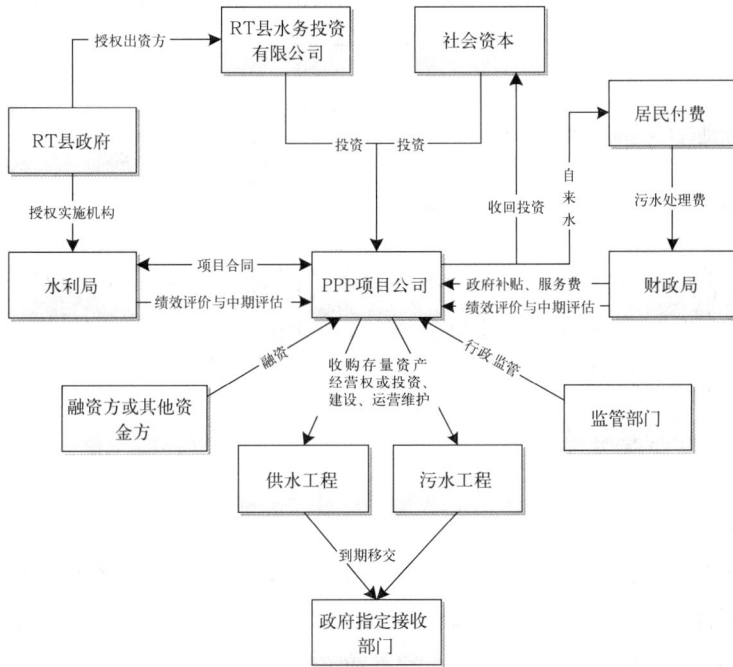

图3-2-1 项目运作方式

（1）RT 县政府授权水利局为实施机构，负责项目准备、采购、监管和移交等工作;指定 RT 县水务投资有限公司为代表政府的出资方，与社会资本共同组建项目公司。政府授权项目公司本项目特许经营权。

（2）本项目采用"TOT(Transfer-Operate-Transfer, 转让—经营—移交)+ BOT(Build-Operate-Transfer, 建设—运营—移交)"的复合模式，各项目运作方式见表 3-2-1 所示。

项目运作方式详表　　　　　　　　　　　　表 3-2-1

序号	项目名称	运作方式
一	供水项目	
1	第二自来水厂主体一期工程（新建，含原水管线）	新建水厂由项目公司投入项目建设所需的全部资金，存量项目由政府将特许经营权授予项目公司。新建与存量项目均由项目公司负责运营维护，特许经营期满后无偿移交给政府
	XT 集中供水工程、第二自来水厂供水范围内 9 个乡镇的集中供水工程（存量）	

续表

序号	项目名称	运作方式
2	第二自来水厂配水管网一期（新建）	项目公司负责投资、建设、运营、维护，政府给予补贴，特许经营期满后无偿移交给政府
3	JYX 集中供水工程（存量）	直接授予特许经营权，由项目公司负责运营，特许经营期满后无偿移交给政府
4	XT 水库（存量）	将特许经营权转让给项目公司，由项目公司负责维护。政府不再单独支付维护费用。特许经营期满后无偿移交给政府
二	污水项目	
1	县城污水处理厂、SX 工业园污水处理厂以及污水管网（存量）	政府将污水处理厂特许经营权转让给项目公司，由项目公司负责运营维护，特许经营期满后无偿移交给政府。配套管网由政府投资建设，将特许经营权转让给项目公司，由其负责维护。特许经营期满后无偿移交给政府

（3）根据城区发展规模和实际需求，特许经营期内其他政府要求建设的供水、排水设施均由项目公司负责投资、建设、运营。如项目公司不按约定投资建设，政府有权折价购买项目公司股权。

2. 特许经营期限及范围

（1）特许经营期

考虑到本项目属于重要的民生工程，收费情况需为社会和公众所接受和承受，且在正常情况下投资者能归还银行贷款和利息、收回股本投资和达到最低投资收益率，同时项目移交时处于较好的运行状态。综合权衡后，确定特许经营期为 30 年（不含建设期），自新建第二自来水厂一期工程正式投入商业运营之日起计算。

（2）特许经营范围

本次特许经营范围的界定针对一期项目，二期项目实施时再对特许经营范围进行界定。

1）新建第二自来水厂（含管网）。供水范围包括县城部分区域及周边 9 个乡镇。一期供水规模为 4 万 t/天，可分期建设，近期按 2 万 t/天考虑。具体规模由社会资本深入调研后提报政府确定。

新建第二自来水厂供水规模的确定是立足 RT 县规划发展状况长远考虑的。目前，原有自来水厂满足了 RT 县一定区域范围的供水需求。为避免重复建设而造成资源浪费，在本项目特许经营期内，保持原有自来水厂的取水规模，不再增加取水量、不扩大供水规模。

配套管网由项目公司负责投资、建设、运营、维护。原则上，项目公司将第二自来水厂管网铺设至以上各乡镇各村村口，村口以下的管网，由乡镇村组自筹资金，可由项目公司负责建设与维护。

2）XT集中供水工程。包括XT集中供水工程,以及已铺设的配套管网的运营维护。

3）JYX集中供水工程。包括JYX集中供水工程,以及已铺设的配套管网的运营维护。项目公司须按照政府要求将管网延伸至各村口,RT县政府逐年支付政府补贴。如项目公司不按照政府要求进行该部分管网延伸,政府将在项目中期评估中对其他模块的政府补贴予以扣减,具体操作模式将在项目合同中明确。

JYX集中供水工程作为乡镇集中供水的典型范例,届时其他乡镇（非第二自来水厂供水范围内的9个乡镇）集中供水工程运作实施时,将参照其相关原则。

4）XT水库。授予项目公司特许经营权,项目公司负责XT水库水源工程的维护。

5）县城污水处理厂、SX工业园污水处理厂及配套管网。授予项目公司县城污水处理厂、SX工业园污水处理厂的特许经营权,由项目公司负责运营维护;配套管网由政府投资建设,将特许经营权转让给项目公司,由其负责维护。

三、交易结构

1.投融资安排

（1）股权结构

根据财政部《关于规范政府和社会资本合作合同管理工作的通知》（财金〔2014〕156号）,项目公司可以由社会资本（可以是一家企业,也可以是多家企业组成的联合体）出资设立,也可以由政府和社会资本共同出资设立,但政府在项目公司中的持股比例应当低于50%,且不具有实际控制力及管理权。

一般同类项目政府所占股比范围：5%～20%。考虑到本项目存量资产特许经营权转让变现的实际情况,政府有一定可支配现金,占股比例可以相对较高。综上,政府在项目公司中占股比例设定为20%,社会资本占股比例为80%。

（2）资本金额度与出资方式

根据《国务院关于调整固定资产投资项目资本金比例的通知》（国发〔2009〕27号）要求,本项目最低资本金比例为30%。资本金比例提升,则债务资金减少,债务资金的融资成本也相应减少。根据项目实际情况,本项目资本金比例设定为30%。其余70%资金由项目公司或社会资本负责融资,承担融资义务。可以采取银行贷款、委托贷款、特许经营权抵押贷款、资产支持债券、项目收益债等多种形式。政府方不为本项目融资提供任何形式的担保。

目前资本金的计算按一期项目考虑,二期项目实施时,再根据项目投资情况追加资本金。本项目中一期项目总投资58300亿元,资本金需求为17490万元,其中：政府出资 3498 万元，社会资本出资 13992 万元。社会资本以现金方式出资，RT 县人民政府以存量资产特许经营权及前期费用投入出资，存量资产特许经营权与前期费用投入之和超出 3498 万元的部分，项目公司成立后 3 个月内支付给 RT 县人民政府。

2. 回报机制及竞价体系

根据相关项目资料，结合与政府相关部门沟通及调研情况，设置一期项目回报机制及竞价体系如表 3-2-2 所示。二期项目回报机制参照一期项目在具体实施时另行协商确定。

四、实施关键问题总结

1. 城乡给水排水一体化的立意

根据 RT 县供水、排水的现状，基于县城和乡镇给水排水的实际情况，经县委县政府及咨询单位反复研究，创新性地提出对全县给水排水进行打包打捆一体化投资、建设、运营管理的立意和思路。

在城乡给水排水一体化的思路下，RT 县给水排水才能真正走向规范化管理、规模化经营，统筹安排给水排水建设、运营等各项工作，解决制约 RT 县经济社会发展和人民生活水平提高的给水排水瓶颈问题。

2. 规范的运作程序

本项目是 RT 县重大的民生工程，是关系到全县及所有乡镇给水排水安全的重要基础设施建设项目。项目采用 PPP 模式建设，是通过县委县政府以及相关部门领导多次研究和论证后做出的决定。根据县领导要求，从项目启动阶段，项目的实施和操作完全严格按照国家财政部及其他部委和湖南省相关法律法规及文件的要求执行，确保项目运作合法合规，同时顺利高效地落地和推进。

3. 充足的前期工作安排

PPP 模式属于新生事物，为使本项目 PPP 模式的实施真正落到实处，发挥 PPP 模式的优势，提高公共服务的质量和水平，县领导要求脚踏实地、一步一个脚印做好前期准备工作。首先，项目实施机构采购可研单位，对项目进行详细调研，编制项目可行性研究报告，并认真组织可研报告的评审论证工作，完成项目立项工作；其次，采购 PPP 咨询单位，根据项目实际情况及政府的具体诉求，为本项目量身定制 PPP 项目实施方案，编制物有所值和财政承受能力论证报告，通过多轮汇报和讨论，明确了项

表 3-2-2

项目回报机制及竞价体系

序号	项目名称	运作方式	回报方式	具体回报方案	竞价标的
一	供水项目				
1	第二自来水厂主体一期工程（新建，含原水管线）、XT集中供水工程（存量）	BOT+TOT：新建水厂采用BOT模式，存量项目采用TOT模式	使用者付费，政府承诺基本水量	（1）第二自来水厂主体一期工程（含原水管线）：分期建设，近期按2万t/天考虑，依据审定的数额核算，中标的投资内部收益率（税前），核定水价。（2）XT集中供水工程（存量）进行特许经营权转让，转让价款为:1618万元。9个乡镇集中供水工程的特许经营权直接授予子项目公司	（1）定额下浮率 （2）全投资内部收益率（税前）
2	第二自来水厂配水管网一期（新建）	PPP项目公司负责投资、建设、运营、维护，政府给予子补贴	政府补贴	（1）结算金额根据政府投评中心审定的数额确定，依据审定金额、中标的投资内部收益率，计算每年政府补贴金额，政府可提前偿还管网建设资金，则每年政府补贴金额相应减少。（2）运营过程中，管网运营维护费用由项目公司支付	（1）定额下浮率 （2）全投资内部收益率（税前）
3	JYX集中供水工程（存量）	TOT	政府补贴	项目公司按照政府要求将管网延伸至各村口，转让价款为:7100万元。项目公司负责运营维护。政府不再单独支付维护费用	全投资内部收益率（税前）
4	XT水库（存量）	TOT	政府补贴	政府将特许经营权转让给项目公司，转让价款为:2095万元。政府逐年支付补贴购买服务。政府逐年支付维护费用	全投资内部收益率（税前）
二	污水项目				
1	县城污水处理厂、SX工业园污水处理厂（存量）	TOT	使用者付费＋政府补贴，政府承诺基本水量	（1）转让厂区特许经营权，固定特许经营权转让价款（县城污水处理厂：2095万元，SX工业园污水处理厂：2237万元），以一定的投资内部收益率计算污水处理服务费单价。PPP项目公司向用户征收的污水处理费不足部分由政府补贴。（2）管网由政府向项目公司代建，委托项目公司运营维护、管网运营维护费用按实结算，由政府逐年向PPP项目公司支付。（3）社会资本方需要提交污水处理量单价计算的详细测算报表，若让社会资本方对所提交的报表进行调整改变，则根据提交的报表对污水处理服务费单价进行调整	污水处理服务费单价
2	污水管网	TOT	政府补贴	政府将特许经营权转让给项目公司，转让价款:6950万元。项目公司负责运营维护。政府逐年支付补贴费用按实结算	全投资内部收益率（税前）

注：新建第二自来水厂供水范围为RT县中心城区及周边9个乡镇。基于"同网同价"考虑，将新建第二自来水厂并网，远期离RT县中心城区及周边9个乡镇，统一设计回报机制及竞价标的。XT集中供水工程供水能力较强，且距离县城较近，远期考虑与第二自来水厂并网，因此也列入同一模块。

目实施思路；再次，社会资本的甄选和采购方面，根据项目边界情况，设置合理的采购条件，采购程序严格按照相关法律法规及规章文件执行，确保选择有实力的符合项目实际需求的社会资本。项目实施机构会同政府其他部门及项目咨询机构，按照 PPP 项目操作流程，做好充足的前期工作安排。

4. 完善的政府配套

RT 县人民政府对本项目十分重视，根据项目的进展和需求，给予全方位完善的政府配套：

（1）组建 PPP 项目领导小组和办公室，具体负责 PPP 项目运作的组织、推进和协调。

（2）为新建项目提供建设便利，包括负责相关区域内的征地拆迁和安置等相关工作，将施工期间所需的临时用水、用电连接至项目红线外 1m 处，为项目办理建设工程规划许可证、建设工程施工许可证以及初步设计、施工图设计等相应审批工作提供便利等。

（3）为避免重复建设而造成资源浪费，在本项目特许经营期内，保持原有自来水厂的取水规模，不再增加取水量、不扩大供水规模，并合理划定其供水范围为三江大道以北。

（4）回收全部存量资产的经营权，并妥善处理好债权债务问题，交由项目公司管理、运营、维护。

（5）由政府负责投资建设县城污水处理厂与 SX 工业园污水处理厂的配套管网。

（6）对社会投资方的合理诉求提供支持，为确保项目顺利进行，将定期组织召开项目协调会。

（7）为项目公司争取国家政策性贷款或其他低成本融资提供必要支持。

5. 严谨的合同边界条件

本项目是一个十分复杂的复合型项目：从项目类型来看，既有新建项目，又有存量项目；从项目所属行业来看，既有供水工程，又有污水工程；从项目所属地域来看，既有县城供排水，同时需要统筹和兼顾乡镇供水和排水问题。

针对这种实际情况，县政府会同各主管部门、专业咨询单位全程参与，从项目启动阶段开始，到项目实施方案的规划，再到社会资本的采购和合同条款的设置，全面梳理项目范围和主要边界条件，厘清了项目实施思路，为项目后续的规范实施奠定了基础。

6. 合理的风险分配

本项目风险分配机制按照风险分配优化、风险收益对等和风险可控等原则，综合考虑政府风险管理能力、项目回报机制和市场风险管理能力等要素进行设计，在政府部门和项目公司间合理分配项目风险。通过分析，风险分配情况如表3-2-3。

风险分配表　　　　　　　　　　　　　　　　表 3-2-3

序号	风险因素名称	风险承担方		备注
		项目公司	政府	
1	工程技术风险	—	—	
1.1	工程先进性	✓		
1.2	工程适用性	✓		
1.3	工程可靠性	✓		
1.4	工程可得性	✓		
2	工程风险	—	—	
2.1	工程地质		✓	
2.2	水文地质		✓	
2.3	工程变更	—	—	视具体原因而定
3	资金风险	—	—	
3.1	汇率	✓		
3.2	利率	✓		
3.3	资金来源中断	✓		
3.4	资金供应不足	✓		
3.5	资金投资增加	✓		
4	政策风险	—	—	
4.1	政治条件变化		✓	
4.2	经济条件变化		✓	
4.3	政策调整		✓	
5	外部协作条件风险	—	—	
5.1	交通运输	✓		
5.2	供电	✓		
5.3	供水	✓		
6	项目运营	✓		
7	不可抗力	✓	✓	

7. 创新的运作模式

借鉴供水和污水行业的运作模式经验，考虑到本项目新建和存量项目并存的实际情况，设计采用"TOT(Transfer-Operate-Transfer, 转让—经营—移交)+BOT(Build-Operate-Transfer, 建设—运营—移交)"的复合模式。

8. 科学的经济测算

对于 PPP 项目相关的重要决策，包括产品定价、物有所值分析中 PPP 值及 PSC 值的计算、财政承受能力论证中政府财政支出责任的测算等，都有赖于科学的经济测算和分析。只有基于科学的经济测算和分析，才能做出可靠的判断和决策。

因此，RT 县政府对本项目经济测算提出了很高的要求。专业咨询机构根据县政府的要求，构建了完备的经济测算模型，并充分调研、结合市场及行业情况，合理确定测算条件，完成经济测算，并进行相关分析，为县政府的决策提供科学依据，确保政府及公共利益不受损害，同时兼顾项目公司的合理收益。

9. 灵活的回报机制及竞价标的

由于本项目是一个复杂的复合型项目，因此需要有一套灵活的回报机制及相应的竞价标的与之相适应。对此，咨询机构充分发挥专业优势，结合以往类似项目经验和教训以及本项目情况，从理论和实践结合的层面科学设置了合理的回报机制和竞价体系，得到 RT 县政府及相关部门领导的认可。

在该回报机制和竞价体系的指导下，本项目已顺利完成社会资本的采购工作。目前已签订 PPP 项目合同及合资协议。

案例三　JBJ 生态新镇建设 PPP 项目

一、项目简介

2014 年 3 月，国家发改委颁发《国家新型城镇化规划 (2014—2020 年)》（中发〔2014〕4 号），位列全国 62 个综合试点地区名单的 ZZ 市制定了《ZZ 市国家新型城镇化综合试点工作方案》。JBJ 镇根据形势发展趋势和镇域特色优势，制定了生态新镇建设概念性规划，提出了"打造旅游名镇，加快转型升级"的总体战略，拟淘汰落后的"五小"工业企业，完善城镇基础配套，改造城镇环境，提升旅游接待和承载能力，建设生态文明新镇，促进产城旅一体化发展，打造新农村建设和新型城镇化的典范和名片。根据这种思路和 JBJ 具体情况，Y 县人民政府决定积极采用 PPP 模式加快建设营运 JBJ 生态新镇。

1. 项目区位

JBJ 镇位于 Y 县东部，地处 XG 赣交界的 LX 山脉中段西侧。其地理条件优越，人文底蕴深厚，旅游资源丰富。森林覆盖率达 96%，以湖泊、溶洞、地下河、天坑、峡谷、天生桥、瀑布、古生物化石等地质遗迹景观为主体，为"国家地质公园"、"国家湿地公园"、"国家级水利风景区"。

2. 投资规模

总估算投资 19.54 亿元，整体分两期四年建设完成。一期投资估算 9.15 亿元，项目包括安置区、游客服务中心、景观大道、环湖道路、污水处理厂及其管网建设、土地开发整理；二期投资估算 10.39 亿元，项目包括镇区基础设施改造、滨湖酒店、BY 寺宗教文化修缮、温泉度假山庄和 BFL 片区综合开发。

3. 项目范围

JBJ 生态新镇基础设施建设与 Y 县 JBJ 旅游总体规划确定区域的特许经营（含景点建设及其范围内的土地整理开发），按项目性质不同分为三个项目包：
项目包一：JBJ 生态新镇新建项目及 Y 县政府确定区域的土地整理；
项目包二：安置区、游客服务中心、景观大道、污水处理厂及管网、镇区基础设施改造等建设；

项目包三：地质博物馆、景区码头、游船、YY 仙境、环湖道路、大坝下片区改造、滨湖酒店、BY 寺、温泉度假山庄、BFL 片区和出租景点经营权回购区域内的建设和特许经营。

以上项目范围经合同双方认可的专业机构出具报告后，再经双方论证达成一致意见，在不违反法律强制性规定的前提下可以进行调整。其中，项目包一、项目包二的项目范围、建设标准与时序由 Y 县政府主导；项目包三的项目范围、建设标准与时序由项目公司主导，但项目公司应按经双方确认的投资总额、旅游策划方案进行投资、建设与运营。

二、运作方式

1. 项目包运作

按三个项目包，具体运作如图 3-3-1 所示。

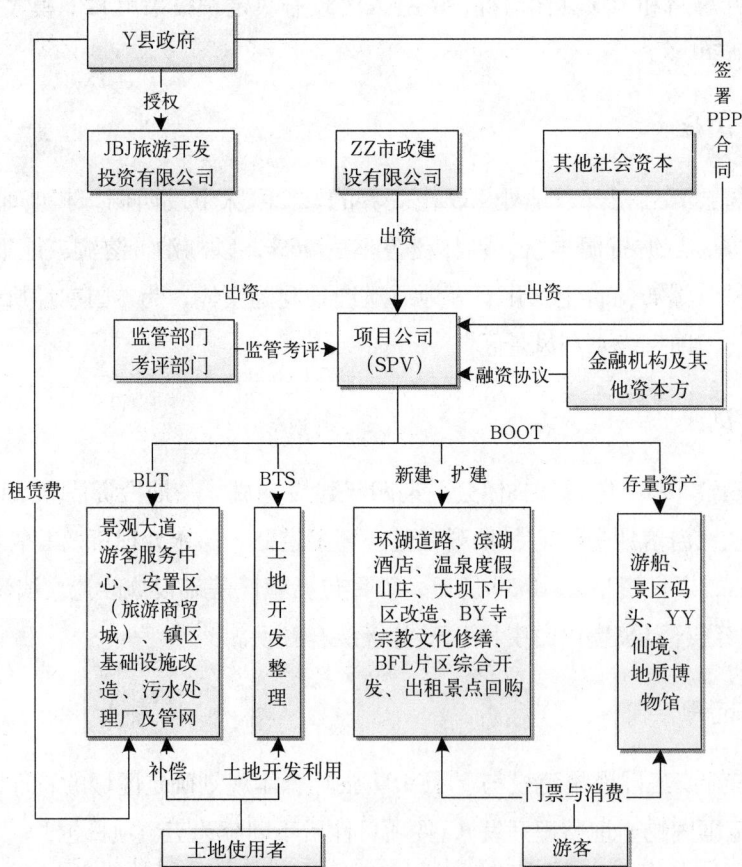

图3-3-1 项目包运作图

（1）BLT 项目包

包括安置区、游客服务中心、绕镇路、污水处理厂及其管网、镇区基础设施改造等项目。采用"建设—租赁—转让"方式，由项目公司投入项目建设所需的全部资金，在竣工验收合格后所有权归政府，政府分年度支付可行性服务费。

（2）BTS 项目包

采用"建设—移交—出让"方式，由 Y 县政府将 JBJ 生态新镇新建项目及 Y 县政府确定区域的土地交项目公司整理开发，土地所有权性质为国有，提请政府变性并以招拍挂的形式进行土地出让，由政府分年度支付可行性服务费用。

（3）BOOT 项目包

包括已有旅游设施、环湖道路、大坝下片区改造、滨湖酒店、BY 寺宗教文化修缮、温泉度假山庄和 BFL 片区综合开发等项目，采用"建设（扩建 / 购买）—拥有—运营—转让"方式。

对已经相对成熟的旅游设施地质博物馆、景区码头、游船、YY 仙境等项目，其设施和经营权作政府方资本金注入项目公司，由项目公司负责扩建并运营。项目公司将原政府出租景点回购，用于项目整体运作。特许经营期满后，相应的所有权和经营权全部移交给 Y 县政府。

滨湖酒店、温泉度假山庄由项目公司投入项目建设所需的全部资金，特许经营期内产权归项目公司所有并负责运营。经营期满后，由项目公司与政府共同委托具有相应资质的资产评估机构，对折旧后的固定资产（土地成本在 30 年内摊销完毕）进行评估，依据评估结果项目固定资产可有偿移交给 Y 县政府，项目公司也可向政府申请延长特许经营期限。

环湖道路、BY 寺宗教文化修缮、BFL 片区综合开发由项目公司投入项目建设所需的全部资金，特许经营期内，项目产权归项目公司所有并负责运营，经营期满后无偿移交给 Y 县政府。大坝下片区改造部分因产权属于省水利厅，在特许经营期内进行租赁开发经营。

2. 特许经营期限

项目包一：项目公司完成土地整理开发，Y 县政府暂定在 6 年（含建设期）内支付完可行性费用，额度按 6 年测算，但期限不超过 8 年；

项目包二：项目公司完成项目建设，Y 县政府在 15 年（含建设期）内支付完可行性费用，额度按 15 年测算，期限不超过 18 年；

项目包三：项目公司特许经营权 30 年（含建设期）。

政府应保证项目公司特许经营权的合法性和排他性。除非依据本合同提前终止，项目公司的特许经营权在整个特许期内始终持续有效。

3. 资产权属

项目包一、包二的资产所有权、使用权、收益权、处置权归 Y 县政府；项目包三在特许经营期内资产所有权、使用权、经营权、收益权及特许经营权归项目公司，出于项目范围内的融资目的，项目公司可以将土地使用权进行抵押、质押，并将所取得的资金必须用于本项目，但相关方案报 Y 县政府备案。

三、交易结构

1. 分期投资规模与计划

一期项目：投资估算 9.15 亿元由项目公司通过资本金筹资 2.01 亿元，其中市政公司出资 1.71 亿元，旅投公司出资 0.3 亿元（已有旅游项目及其配套设施特许经营权出资），其余 7.14 亿元由项目公司采用银行贷款或其他融资方式解决。

二期项目：投资估算 10.39 亿元由项目公司通过资本金筹集 2.29 亿元，其中市政公司出资 1.94 亿元，旅投公司出资 0.35 亿元（已有旅游项目及其配套设施经营权折价出资），其余 8.1 亿元由项目公司采用银行贷款或其他融资方式解决。

2. 融资方案

（1）项目公司出资方按期缴纳出资；

（2）在征得 Y 县政府同意的情况下，项目公司可引入其他专业领域社会资本方进行融资，提升项目实施能力；

（3）项目公司可将本合同项下的单个项目与第三方社会资本新设项目公司；

（4）项目公司可以根据项目建设期和运营期分期融入资本。

3. 项目回报机制

如 Y 县政府争取到的国家、省、市、县专项项目扶持、专项基金（债券）、政策性补贴、低息贷款等支付给项目公司的，则及时抵减政府付费本金或降低相应款项的项目内部投资收益率。

（1）回报来源

1）政府争取的国家、省、市专项扶持项目资金或债券优先用于支付政府可行性服务费。

2）土地开发整理后提请拍卖出让后取得的全部收益用于支付政府可行性服务费。

3）项目公司应分给 Y 县旅投的利润及其他收益用于政府支付可行性服务费。

4）项目公司产生的税收（包括但不限于工程建设、景区旅游项目经营和土地二级开发产生的税收）由县财政返还项目公司，用于支付政府可行性服务费。

5）通过以上方式仍不足以支付当年的政府可行性服务费，由县级财政补贴剩余不足部分。

以上回报方式需经县政府报县人大常委会决议通过。

（2）付费机制

1）项目包一

付费期内 Y 县政府每年的可行性服务费用 =（经审计认定的建筑安装工程费用 + 工程建设其他费用 + 建设期投资资金利息）× 年金现值系数

其中建设期利息年利率9%，项目公司按经 Y 县政府和项目公司双方认可的实际资金计划需求（半年）从财务投资人或金融机构筹措资金，自款项实际拨付到项目公司之日起计息，建设期内资本金不计息；工程建设其他费用根据实际发生金额结算；年金现值系数计算公式：$A = P\ (A/P, i, n)$，其中 i 为年利率9%，n 等于付费期限（6 年）减建设期。

2）项目包二

付费期内 Y 县政府每年的可行性服务费用 =（经审计认定的建筑安装工程费用 + 工程建设其他费用 + 建设期投资资金利息）× 年金现值系数

其中建设期利息年利率9%，项目公司按经 Y 县政府和项目公司双方认可的实际资金计划需求（半年）从财务投资人或金融机构筹措资金，自款项实际拨付到项目公司之日起计息，建设期内资本金不计息，且资本金应先于其他资金到项目公司；工程建设其他费用根据实际发生金额结算；年金现值系数计算公式：$A = P\ (A/P, i, n)$，其中 i 为年利率9%，n 等于付费期限（15 年）减建设期。

3）项目包三

使用者付费，项目工程费用经政府审计认定，项目按双方确认的旅游策划方案建设完成并投入运营使用后，当项目投资内部年度收益率低于6.5%（须会计师事务所审计认定）时，低于部分由政府补偿。

4. 收益分享机制

项目公司的利润，在缴纳各种税款、弥补上年度亏损及依法提取法定公积金之后的盈余，由股东双方按照股权比例进行分配。项目投资内部收益率高于13.5%（须会计师事务所审计认定）时，高于部分由项目公司与县政府按4：6进行分配。

四、风险分配

按照财政部《政府和社会资本合作模式操作指南（试行）》要求，对项目设计、建造、财务、运营维护等对应的技术风险、投资控制、施工风险等及利率变动等商业风险由项目公司负责；对法律、法规、政策等变动带来的风险主要由政府承担，地震、火山、自然灾害等不可抗力等风险由政府和项目公司合理共担，同时要求项目公司采取保险措施适当分担不可抗力可能产生的风险。依照前述风险分配原则，根据本项目融资、建设、运营维护等不同阶段可能面临的风险类别，本项目风险分配如表 3-3-1 所示。风险分配还应在项目合同中进一步细化，依照风险产生的具体原因确定风险的分担方式。

风险分配表

表 3-3-1

序号	风险因素名称	风险承担方		备注
		项目公司	政府	
1	项目审批风险		✓	
2	征地拆迁风险		✓	
3	工程技术风险	—	—	
3.1	工程先进性	✓		
3.2	工程适用性	✓		
3.3	工程可靠性	✓		
3.4	工程可得性	✓		
4	工程条件风险	—	—	
4.1	工程地质	—	—	视具体情况而定
4.2	水文地质	—	—	视具体情况而定
4.3	工程变更	—	—	视具体情况而定
5	工程建设风险	—	—	
5.1	工程质量风险	✓		
5.2	工程安全风险	✓		
5.3	工程进度风险	✓		
6	资金风险	—	—	
6.1	如期完成项目融资的风险	✓		
6.2	利率	✓		
6.3	资金来源中断	✓		
6.4	资金供应不足	✓		
6.5	投资增加	—	—	视具体情况而定
7	外部协作条件风险	—	—	
7.1	交通运输	—	—	视具体情况而定
8	项目运营风险	—	—	
8.1	景区运营环境污染风险	✓		
8.2	安全责任风险	✓		
9	政治风险	—	—	

续表

序号	风险因素名称	风险承担方		备注
		项目公司	政府	
9.1	政治条件变化		✓	
9.2	政策调整		✓	
10	不可抗力	—	—	视具体情况而定

五、项目采购

JBJ 生态新镇 PPP 项目涵盖范围广、施工技术与质量要求高、政府可支付的年度预算偏低，需要具备集团化统一管理并能减少耗损、降低项目成本的规模企业和具备社会资本集合能力的专业投资机构参与，以保障项目如期完成投资建设运营。经多方调研与洽谈，并根据《中华人民共和国政府采购法》及财政部《关于印发政府和社会资本合作模式操作指南（试行）的通知》（财金〔2014〕113 号）等法律文件相关规定，在湖南政府采购网、Y 县招投标网发布了资格预审公告，如报名人数达不到规定数量，则依法变更采购方式，如只有一家有效报名，原则同意采取单一来源采购方式确定社会资本。

六、治理机构

Y 县政府出资代表 JBJ 旅投公司与 ZZ 市政公司共同出资设立项目公司具体实施本项目。

（1）项目公司设股东会、董事会和监事会。董事共 7 人，其中 Y 县政府委托旅投公司委派 3 人，市政公司委派 4 人，董事长由市政公司在其委派的董事中指定，为项目公司的法定代表人。监事共 3 人，股东双方各委派一人，公司员工选举产生一人，监事会主席由 Y 县方委派的监事担任。

（2）项目公司高级管理人员至少包括总经理 1 人、常务副总经理 1 人、副总经理 2~3 人、财务总监 1 人，由董事会聘任或解聘，可以由董事兼任。其中，Y 县政府委托旅投公司可以提名常务副总经理 1 人、副总经理 1~2 人，市政公司可以提名总经理 1 人、副总经理 1 人、财务总监 1 人。

（3）项目公司股东依照《公司法》规定分取红利，认缴新增资本。

七、项目实施要点

1. 项目前期工作

可行性研究报告、环境影响评价书、地质勘察报告、水土保持方案、项目基本规划设计、施工图设计与审查、投资概预算、土地收储报批、工程施工许可证等项目前期工作由 Y 县政府负责，但并不解除项目公司对此应承担的风险责任。上述前期工作发生的费用原则上由项目公司打包给 Y 县政府实施。

Y 县政府应提供办理取得土地所需的相关资料、文件，并原则上承诺项目公司以土地成本价顺利获得项目土地的出让权，协助并确保项目公司完成土地使用权证的手续办理。征地拆迁由 Y 县政府负责，由此产生的征地拆迁补偿费用、土地平整费用以及临时使用土地补偿费等由项目公司打包给 Y 县政府实施。

2. 工程费用审定

（1）根据相关法律、法规和规章的规定；

（2）按《FN 省建设工程消耗量标准》及其关联文件计价，整体优惠 2.3%；

（3）材料价的确定：材料价以开工当期的《ZZ 市建设工程造价信息》中的预算价为结算依据，没有预算价的，以市场价为结算依据；没有市场价的，由项目公司和 Y 县政府共同核定，其中地材价格以《Y 县建设工程造价信息》中的信息为结算依据；主要材料价格的调整参照《关于工程主要材料价格调整的通知》（× 建价〔2008〕2 号）中的规定执行；

（4）人工费按《关于发布 2014 年 FN 省建设工程人工工资单价的通知》（× 建价〔2014〕112 号）文件执行（人工单价按综合工资单价和最低工资单价的平均值计取），若施工期内有人工单价的文件调整，按上述原则予以调整；

（5）劳动保障基金按不低于应返还项目公司的标准计提。

3. 服务价格及调整

按照收益与风险匹配、社会可承受原则，就旅游项目建立服务价格适时调整机制。

八、案例总结

国家"城乡一体化"和"新型城镇化"战略的实施，对提升整体产业结构、调节城乡差距、构筑新型和谐社会关系、治理生态人文环境极具重大意义，使整个城乡经济社会更加全面、协调、可持续发展。乡村旅游作为乡镇新经济和第三产业的增长极，可以扩大内需促进经济发展，更能提高国民整体生活素质，增强全民幸福感，具有极其广泛的发展前景。

本案例项目已入选财政部第二批示范项目。作为综合性的 PPP 项目，生态新镇项目运作中首要的是理顺各项目的性质。为此，咨询机构对每个项目都进行了实地调研，进行分期分类，找出项目潜在的经济点和项目的风险点，这关系到 PPP 项目的成败，也关系到政府财政支出和项目公司盈利空间的契合。

其次，项目的"概念性"特点，需要对各项目的边界条件予以控制。对投资进行审定，对项目财务明确监管，对政府出资方式和比例、社会资本出资和融资时间、政策性扶持款项规定、项目包间关联、各项目服务范围、内容及期限等明确限制。

最后，确定各项目包的运行方式。依据项目盈利情况设定超额收益分享机制；依据项目风险的不可控性进行收益合理控制机制，减少双方理念与操作的距离，促成了项目的合作。

参考文献

[1] 刘晓凯，张明. 全球视角下的PPP：内涵、模式、实践与问题 [J]. 国际经济评论，2015，4：53-67.

[2] 彭芳，祝小宁. PPP模式下我国政府在基础设施建设中的职能转变 [J]. 四川兵工学报，2008，29（4）：120-123.

[3] 张雨. 新形势下PPP项目政府采购方式探讨 [J]. 中国政府采购，2015，5：77-80.

[4] 蔺海荣. 浅析PPP模式在基础设施建设领域中的应用 [J]. 现代商业公共管理，2015：94-95.

[5] 陈伟强，章恒全. PPP与BOT融资模式的比较研究 [J]. 价值工程，2003，2：4-5.

[6] 李亚臻，史可. 内涵PPP：政企从长相思到长相守——专访知名PPP专家、清华大学教授王守清 [J/OL]. 投资与合作，2015，11.

[7] 佘渝娟，叶晓甦. PFI与PPP项目融资模式比较研究 [J]. 财经视线，2010，24：55-56.

[8] 郭濂. PPP模式：背景、挑战与建议. 证券时报网 [EB/OL]. [2015-07-20]. http://kuaixun.stcn.com/2015/0720/12365594.shtml.

[9] 孟春. 经济新常态下推广运用PPP模式的思考 [R]. 长沙：湖湘财政论坛——2015 PPP国际论坛. 2015，6.

[10] 朱振鑫. 被曲解的PPP——民生宏观PPP系列研究之五 [J/OL]. 大岳咨询，2015，12.

[11] 易继元，刘文杰. 新常态下的伙伴关系——PPP实操读本 [M]. 北京：民主与建设出版社，2015.

[12] 吕汉阳. PPP项目操作流程与运作要点之项目识别篇 [J]. 中国政府采购，2015，8（171）：47-48.

[13] 吕汉阳，张志强. PPP项目操作流程与运作要点之项目准备篇 [J]. 中国政府采购，2015，9（172）：64-66.

[14] 吕汉阳，张志强. PPP项目操作流程与运作要点之项目采购篇 [J]. 中国政府采购，2015，9（173）：37-38.

[15] 陈柳钦. PPP：新型公私合作融资模式 [J]. 建筑经济，2005，03：76-80.

[16] 王东. PPP主体关系中的政府：角色定位与行为机制框架 [J]. 中国政府采购，2015，03：74-79.

[17] 李妍，薛俭. 城市基础设施公私合作模式中的政府监管机制研究——基于参与主体之间的博弈分析 [J]. 上海经济研究，2015，05：72-78.

[18] 王光远，李磊. 浅谈工程咨询在政府和社会资本合作(PPP)模式中的发展定位 [J]. 中国工程咨询，2015，03：13-15.

[19] 王映. PPP模式遭遇"成长的烦恼" [J]. 法人，2015，09：80-82.

[20] 郑晓莉，陈峰. 城市轨道交通 PPP 模式中的政府角色定位 [J]. 都市快轨交通，2009，04：10-14.

[21] 张万宽. 发展公私伙伴关系对中国政府管理的挑战及对策研究 [J]. 中国行政管理，2008，01：46-48.

[22] 杭怀年，王建平. PPP 模式公私博弈框架和合作机制构建 [J]. 建筑经济，2008，09：40-42.

[23] 何寿奎. 公共项目公私伙伴关系合作机理与监管政策研究 [D]. 重庆：重庆大学，2009.

[24] 上海市财政局纪鑫华. 提高中介咨询质量优化 PPP 模式设计 [N]. 中国财经报，2015-08-25（007）.

[25] 石昕川. 我国大型建筑企业作为投资主体参与基础设施 PPP 项目的角色分配研究 [D]. 重庆：重庆大学，2012.

[26] 刘洪积. 基于博弈论的 PPP 模式收益分配研究 [D]. 成都：西南交通大学，2010.

[27] 微口网. PPP 项目中"诸葛亮"缘何不好当. [2016-02-19]. http://www.vccoo.com/v/f6636.

[28] 崔红永. PPP 模式中如何选择咨询机构 [N]. 中国建设报，2015-03-06（006）.

[29] 杜亚灵. PPP 项目盈利模式 [EB/OL]. PPP 资讯，[2015-10-19]. http://mp.weixin.qq.com/s?__biz=MzA4MDI2MTU3Nw==&mid=400047425&idx=1&sn=b205c006a037c5c62800dfd6940e6139&scene=23&srcid=0531ViOq4q2vt1Fb3q0S3Gvs#rd.

[30] 赵欣. PPP 项目融资模式的应用与实践——以北京地铁四号线融资为例 [J]. 热点透视，2008，07：28-29.

[31] 屈哲. 基础设施领域公私合作制问题研究 [D]. 大连：东北财经大学，2012.

[32] 鲁庆成. 公私合伙（PPP）模式与我国城市公用事业的发展研究 [D]. 武汉：华中科技大学，2008.

[33] 郭艳. 高速公路 PPP 项目风险分担及收益分配研究 [D]. 西安：长安大学，2013.

[34] 尚应应. PPP 项目的"加油站"——政府补贴 [EB/OL]. PPP 资讯，[2015-10-17]. http://mp.weixin.qq.com/s?__biz=MzA4MDI2MTU3Nw==&mid=400020031&idx=2&sn=52d6b4810768c401924287dc93d8f0f1&scene=23&srcid=0531ApZLbRB9VAMzcdo06rOc#rd.

[35] 廖楚晖，刘向杰，段吟颖. 政府融资项目的财政补贴机制研究 [J]. 中南财经政法大学学报，2011，01：39-44.

[36] 邱秋露，简迎辉，边立民. 风险视角下水利 BOT 项目政府补贴研究 [J]. 武汉理工大学学报，2014，38（2）：465-468.

[37] 邓小鹏，熊伟，袁竞峰，李启明. 基于各方满意的 PPP 项目动态调价与补贴模型及实证研究 [J].3 东南大学学报，2009，36（9）：1252-1257.

[38] 盛和太. PPP/BOT 项目的资本结构选择研究 [D]. 北京：清华大学，2013.

[39] 刘婷，王守清，盛和太，胡一石. PPP 项目资本结构选择的国际经验研究 [J]. 建筑经济，2014，35（11）：11-14.

[40] 袁永博，叶公伟，张明媛. 基础设施 PPP 模式融资结构优化研究 [J]. 技术经济与管理研究，2011（3）：91-95.

[41] 李超. 准经营性基础设施 PPP 项目资本结构研究 [D]. 天津：天津大学，2013.

[42] 王守清. 特许经营项目融资（BOT/PFI/PPP）[M]. 北京：清华大学出版社，2008.

[43] 何佳. 考虑政府支持的 PPP 项目投资决策研究 [D]. 浙江：浙江大学，2010.

[44] 袁吉伟. PPP 项目融资关键问题分析 [J]. 水工业市场，2015（39）：51-54.

[45] 刘宇红. 吉林市政府融资平台 PPP 融资模式研究 [D]. 吉林：吉林大学，2015.

[46] 亓霞，王守清，李湛湛. 对外 PPP 项目融资渠道比较研究 [J]. 项目管理技术，2009，7（6）：28-32.

[47] 张祎. 基于层次分析法的 PPP 项目融资渠道选择研究 [J]. 河南工程学院学报（社会科学版），2012，27（2）：38-41.

[48] 万冬君. 基础设施 PPP 融资模式及其在小城镇的应用研究 [J]. 土木工程学报，2006（6）：115-118.

[49] 李成龙. 我国地方政府投融资平台存在的问题及对策 [J]. 中国管理信息化，2015，18（24）：152-154.

[50] 周伟. 商业银行在 PPP 项目融资中的机遇与策略 [J]. 时代金融，2015（11）：108-110.

[51] 刘佳嵘，王守清. 我国 PPP 项目前期决策体系的改进和完善 [J]. 项目管理技术，2011（5）：17-22.

[52] 胡耀，张健. PPP 项目投资决策流程及其关键因素识别 [J]. 中国港湾建设，2013，8（4）：92-96.

[53] 沙骥. PPP 模式在我国基础设施建设中的应用研究 [D]. 南京：东南大学，2004.

[54] 黄怿炜. PPP 项目评价方法与决策研究 [D]. 上海：同济大学，2007.

[55] 芦明一. PPP 项目融资在轨道交通建设中应用的案例对比研究 [D]. 北京：中国地质，2014.

[56] 刘峥. 垃圾处理 PPP 项目投资结构的设计研究 [D]. 北京：清华大学，2011.

[57] 谢滋. 我国的城市轨道交通应用 PPP 模式的策略和措施 [D]. 北京：北京交通大学，2010.

[58] 周正祥，张秀芳，张平. 新常态下 PPP 模式应用存在的问题及对策 [J]. 中国软科学，2015（9）：82-95.

[59] 成虎. 工程管理概论 [M]. 北京：中国建筑工业出版社，2007.

[60] 刘新平，王守清. 试论 PPP 项目的风险分配原则和框架 [J]. 建筑经济，2006（2）：59-63.

[61] 刘先涛，杨萍，高军. BOT 项目风险分担模式研究 [J]. 科技管理研究，2006（10）：185-187.

[62] 李洁，成虎. BOT/PPP 公路项目风险和可变合同条件研究 [M]. 南京：东南大学出版社，2015.

[63] 陈国容. 浅析岑梧高速公路 BOT 合同中的主要风险条款 [J]. 隧道建设，2005，25（5）：73-75.

[64] 柯永建，王守清. 基于案例的中国 PPP 项目的主要风险因素分析 [J]. 中国软科学，2009（5）：107-113.

[65] 彭桃花，赖国锦. PPP 模式的风险分析与对策 [J]. 中国工程咨询，2004，（7）：11-13.

[66] 何涛. 基于 PPP 模式的交通基础设施项目风险分担合理化研究 [D]. 天津：天津大学管理与经济学部，2011.

[67] 董留群. 论高速公路工程项目全生命周期风险的识别 [J]. 项目管理技术，2008，6（8）：37-41.

[68] 戴大双，于英慧，韩明杰．BOT 项目风险量化方法与应用 [J]．科技管理研究，2005，2：98-103．

[69] 宋金波，宋丹荣，姜珊．垃圾焚烧发电 BOT 项目的风险分担研究 [J]．中国软科学，2010，7：71-79．

[70] 杨学英．基础设施特许经营项目的经营模式、风险及财务评价 [D]．武汉：武汉大学，2005．

[71] 马力，常相全．BOT 项目风险评价体系研究 [J]．济南大学学报，2001，11（2）：24-25．

[72] 国家发展改革委,建设部．建设项目经济评价方法与参数（第三版）[M]．北京:中国计划出版社，2006．

[73] 建设部标准定额研究所．建设项目经济评价案例 [M]．北京：中国计划出版社，2006．

[74] 焦新武．PPP 项目财务评价与一般政府投资项目的不同点及具体处理措施 [J]．甘肃科技，2016，02：74-75．

[75] 周清松，陈婷，苏新龙．PPP 模式财务管理探讨 [J]．中国商论，2015，31：56-61．

[76] 潘新元．BOT 建设项目的财务评价 [D]．南京：南京理工大学，2010．

[77] 曹红．BOT 项目可行性的财务评价研究 [D]．西安：西安理工大学，2008．

[78] 周越．HW 大桥 BOT 项目财务评价研究 [D]．青岛：中国海洋大学，2012．

[79] 袁禾．基于 DCF 模型的水务 BOT 投资项目财务评价研究 [D]．北京：北京交通大学，2011．

[80] 彭建莹．LG 污水处理项目财务评价研究 [D]．广州：华南理工大学，2014．

[81] 牛志强．垃圾焚烧发电 BOT 项目财务可行性研究 [D]．成都：西南交通大学，2012．

[82] 郭鹰．试论政府在 PPP 项目财务评价中的折现率取值 [J]．生产力研究，2009，15：175-177．

[83] 李莉．现行企业财务评价指标的缺陷及改进研究 [D]．兰州：兰州商学院，2014．

[84] 刘彩华，范光羽．投资项目财务评价方法的理论探究 [J]．中国管理信息化，2010，02：42-44．

[85] 李兆章．国际 PPP 项目发起人财务模型的建立 [J]．现代商业，2014，36：256-257．

[86] 财政部政府和社会资本合作中心．PPP 物有所值研究 [M]．北京：中国商务出版社，2014．

[87] 李佳嵘．基于我国国情的 PSC 评价体系研究 [D]．北京：清华大学，2011．

[88] 郭上．我国 PPP 模式物有所值评价研究 [D]．北京：财政部财政科学研究所，2015．

[89] 王盈盈，冯珂，尹晋，王守清．物有所值评价模型的构建及应用——以城市轨道交通 PPP 项目为例 [J]．项目管理技术，2015，08：21-27．

[90] 钟云，薛松，严华东．PPP 模式下水利工程项目物有所值决策评价 [J]．水利经济，2015，05：34-78-79．

[91] 袁竞峰,王帆,李启明,邓小鹏.基础设施PPP项目的VFM评估方法研究及应用[J].现代管理科学，2012，01：27-30．

[92] 高会芹，武艺，李承梅．PSC 指标在 VFM 评价中的应用研究 [J]．价值工程，2012，05：130-13．

[93] 彭为，陈建国，Cui Qingbin，穆诗煜．公私合作项目物有所值评估比较与分析 [J]．软科学，2014，05：28-32．

[94] 高会芹，刘运国，亓霞，傅鸿源. 基于 PPP 模式国际实践的 VFM 评价方法研究——以英国、德国、新加坡为例 [J]. 项目管理技术，2011，03：18-21.

[95] 李佳嵘，王守清. 我国 PPP 项目前期决策体系的改进和完善 [J]. 项目管理技术，2011，05：17-22.

[96] 伊超. 基于资金价值（VFM）的非自偿性 PPP 项目决策机制研究 [D]. 济南：山东建筑大学，2014.

[97] 闵宏东. 物有所值定量评价在 PPP 项目中的应用分析 [J]. 金融经济，2016，06：82-84.

[98] 黄徐会. PPP 模式下财政承受能力研究——基于英国的实证分析 [J]. 地方财政研究，2015，08：37-43.

[99] 郝震冬. 公路 PPP 项目财政承受能力论证实证研究——以山西某一级公路项目为例 [J]. 经济研究导刊，2016，04：65-71.

[100] 刘笑霞. 论我国政府绩效评价主体体系的构建——基于政府公共受托责任视角的分析 [J]. 审计与经济研究，2011，03：11-19.

[101] 胡芳. 大型公共工程项目绩效评价研究 [D]. 长沙：湖南大学，2012.

[102] 孟薇. 高速公路 BOT 项目绩效评价研究 [D]. 哈尔滨：东北林业大学，2009.

[103] 易弘蕾. 大型公共项目可持续性的评价分析研究 [D]. 广州：华南理工大学，2014.

[104] 孙洁. BOT 项目绩效评价探索 [J]. 湖南财经高等专科学校学报，2009，05：17-21.

[105] 严丹良. 公私合作项目绩效评价研究 [D]. 西安：西安建筑科技大学，2014.

[106] 刘彦. BOT 项目全过程绩效影响因素体系研究 [D]. 大连：大连理工大学，2013.

[107] 赵忠坤. PPP（公私合营）项目的绩效评估研究 [D]. 昆明：云南大学，2015.

[108] 赵新博. PPP 项目绩效评价研究 [D]. 北京：清华大学，2009.

[109] 刘晴. PPP 模式下基础设施建设项目绩效评价研究 [D]. 西安：西安建筑科技大学，2015.

[110] 王超，赵新博，王守清. 基于 CSF 和 KPI 的 PPP 项目绩效评价指标研究 [J]. 项目管理技术，2014，08：18-24.

[111] 袁竞峰，季闯，李启明. 国际基础设施建设 PPP 项目关键绩效指标研究 [J]. 工业技术经济，2012，06：109-120.

[112] 李伟丽. PPP 项目绩效管理体系研究 [D]. 青岛理工大学，2011.

[113] 杨悦. VFM、绩效指标在 PPP 项目中的交叉应用研究 [J]. 商，2016，03：61.

[114] 游亚宏. 政府投资项目采购及其绩效评价研究 [D]. 天津：天津大学，2006.

后记

时下，如果我们问一个普通的工程从业人员PPP是什么，那么他可能会回答说，PPP是政府与社会资本合作、是一种融资模式、是一种项目管理模式，至于它是怎么合作、怎么融资、怎么管理，往往没有清楚的看法。编者在从事PPP研究和实践操作的过程中，深感部分从业人员对PPP内涵认识的混乱，某些PPP项目的运作方式及程序也是照搬照抄，完全脱离了实际。国内PPP从业人员对PPP的了解也只是从各部委出台的PPP相关政策中解读一二，而PPP参考书也多过于学术或是界定不清，对PPP项目的实际操作没有起到应有的指导作用。

在PPP模式如火如荼推广的过程中，编者完成了20余项PPP咨询项目，遇到了各种问题与挑战，深感PPP项目运作过程之复杂，运作方式之灵活多样，十分有必要将自己的研究成果与心得形成文字，与大家分享。经过紧张的筹备，写书之事在2015年年中被提上了日程。抱着对读者负责的态度，在成书过程中数度修改，不断完善，以求做到通俗易懂、深入浅出。经过近一年的努力，终于2016年7月完稿。读者在阅读本书的过程中，不会被晦涩难懂的高深术语困扰，能找到想了解的专业知识。可以说，本书是专门为PPP从业人员量身打造的一本工具书，也为理论研究人员提供了通往PPP实践的桥梁。

本书即将付梓之际，编者感慨万千。想起在成稿的攻坚阶段，团队成员同心同力、废寝忘食、一起奋斗的难忘时光。大家都将书稿视为珍宝，为了达到尽善尽美，不断的讨论甚至争论，反复修改、完善。有的小伙伴由于工作强度过大而生病，有的则彻夜失眠，真正做到了全力以赴。但是回想起来，那是一段十分美好的回忆，这回忆里有汗水，也有笑声和收获的喜悦，最重要的是这回忆里有"PPP中南小分队"。

由于时间和编者水平有限，本书在编著过程中不免有所遗漏和不足。如果读者看了本书以后，能够增长一些PPP专业知识，能够对解决PPP项目运作过程中遇到的问题有所启发，那么编者的心愿也就达到了。如果读者能为本书提供宝贵的意见，那将是编者莫大的荣幸。

编者

2016年8月